Kunst—
konzeption
des
Landes
Baden—
Württemberg

KUNST—
KONZEPTION
des Landes Baden—Württemberg

Impressum

Der Kunstkoordinator des Landes Baden-Württemberg

Konzeption:
Dr. Dr. Hannes Rettich

Redaktion:
Hans-Dieter Schmidt

Graphic design:
hace BDG, Stuttgart

Verlag:
VUD Verlag- und Druck GmbH,
Freudenstadt

ISBN 3-923719-19-1

Diese Veröffentlichung wurde von der Landeskreditbank Baden-Württemberg unterstützt.

Landes-
Kreditbank
Baden-
Württemberg

Kunstkonzeption des Landes Baden-Württemberg

»Kunst ist schön,
macht aber viel Arbeit.«

Karl Valentin.

Vorwort

Kultur als integraler Lebensbestandteil

Das Verhältnis von Staat, Gesellschaft und Kultur ist seit jeher ein ebenso dynamischer wie spannungsreicher Entwicklungsprozeß. Jede Konzeption, die den Versuch unternimmt, kunst- und kulturpolitische Leitlinien für dieses Spannungsfeld zu entwerfen, muß sich des Wandels bewußt sein, dem soziale und kulturelle Anschauungen unterliegen. Eine kunstpolitische Konzeption kann und darf kein Dogma sein, weil Kunst das Gegenteil von Dogmatismus ist.

Auf der anderen Seite heißt das nicht, Kulturpolitik mit Beliebigkeit gleichsetzen zu dürfen. Gerade die Kunstförderung bedarf klarer Prinzipien, die ihre Möglichkeiten, aber auch ihre Grenzen bezeichnen. Und jede kulturpolitische Standortbestimmung muß das gesellschaftspolitische Umfeld und die zeithistorischen Bezüge reflektieren, um die Interessen und Bedürfnisse der Menschen zutreffend erfassen zu können. In diesem Sinne sind die nachstehenden Überlegungen zu werten.

Der Kulturbegriff hat in den letzten Jahrzehnten eine tiefgreifende Änderung erfahren. War Kultur jahrhundertelang ein dem Alltag geradezu entgegengesetztes, stark elitär geprägtes Interessen- und Tätigkeitsgebiet für wenige, so ist sie heute ohne Zweifel ein integraler Bestandteil aller Lebensbereiche. Kunst und Kultur haben den elfenbeinernen Turm verlassen, sie sind zu einer sozialen Notwendigkeit unseres Zusammenlebens geworden.

Gesellschaftlicher Wandel

In dieser Entwicklung spiegelt sich auch der grundlegende gesellschaftliche und technische Wandel, der sich mit dem Fortschreiten von der Industriegesellschaft zur postindustriellen Gesellschaft vollzogen hat.

Mehr und mehr verliert die Arbeitswelt ihren prägenden Charakter für den einzelnen. Während ein Arbeiter vor vierzig Jahren noch etwa 2.400 Stunden im Jahr berufstätig war, sind es jetzt nur noch rund 1.600 Stunden. Der Anteil an Freizeit hat sich also im Laufe einer Generation um ein Drittel erhöht. Flexiblere Arbeitszeiten vergrößern darüber hinaus die individuelle Verfügbarkeit der nicht zum Broterwerb erforderlichen Zeit.

Aber die Veränderungen, die wir registrieren müssen, sind nicht nur quantitativer, sondern auch qualitativer Art. Die Technik der Industriegesellschaft war eine stark normierende, den Menschen in maschinell vorgegebene Produktionsabläufe einspannende Technik. Der Preis für die Entlastung von schwerer körperlicher Arbeit bestand vielfach in psychisch belastender Monotonie. Vor diesem Hintergrund war es verständlich, daß die freie Zeit in erster Linie als Chance zur Regeneration, zum Konsum und zur Befriedigung individueller materieller Ansprüche genutzt wurde.

Automatisierung und Computerisierung haben mittlerweile jedoch in großem Umfang die arbeitsteilige Massenproduktion übernommen. Das Aufgabenspektrum der Menschen verschiebt sich demgegenüber zunehmend in den Dienstleistungsbereich, der der Güterproduktion vor- oder nachgelagert ist oder sich gänzlich in den zwischenmenschlichen Beziehungen abspielt.

Damit werden auch in der beruflichen Praxis andere als die einstmals geforderten Qualifikationen wesentlich: Kreativität, Teamgeist, Denken in Zusammenhängen, Kommunikationsfähigkeit, Flexibilität und fortwährende Lernbereitschaft. Ganzheitliche Persönlichkeitsbildung ist wichtiger als schmalspuriges Spezialistentum. Die individuelle Entfaltungsmöglichkeit ist nicht länger eine Domäne der Freizeit, sondern sie dringt immer stärker auch in den beruflichen Alltag ein und wird zur notwendigen Voraussetzung seiner erfolgreichen Bewältigung.

Herausforderungen für Bildungs- und Kulturpolitik

Diese Entwicklung ist eine Herausforderung sowohl für die Bildungspolitik wie für die Kulturpolitik, wobei zwischen beiden Bereichen vielfältige und enge Verflechtungen bestehen. Das Ziel einer ganzheitlichen Persönlichkeitsbildung kann nur erreicht werden, wenn gleichrangig neben die Wissensvermittlung eine Erziehung zur selbstverantwortlichen, kritischen und schöpferischen Gestaltung der Lebensumwelt tritt.

Wir brauchen Menschen mit kreativer Fantasie, die den Problemen der Gegenwart mit zukunftsgerichteten Ideen begegnen.

Die aktive Beschäftigung oder die Auseinandersetzung mit künstlerischen Inhalten kann wesentlich dazu beitragen, derartige Qualifikationen zu erwerben und zu fördern. Kulturelles Engagement spricht den Menschen in seinem Denken, Fühlen und Handeln an, fördert seine Urteils- und Kritikfähigkeit. Kunst setzt Individualität nicht nur voraus, sondern sie erzieht auch dazu. Ästhetische Bildung erweitert das persönliche Bewußtsein, sie ist Bereicherung und Ansporn in einem.

Diese Zusammenhänge aufzuzeigen heißt nicht, Kunst und Kultur zu „instrumentalisieren". Sie sind und bleiben Werte an sich und dürfen weder der Arbeitswelt untergeordnet noch als ihr bloßes kompensatorisches Gegenüber mißdeutet werden. Aber ebensowenig darf die Tatsache übersehen werden, daß sich die Maßstäbe für den Zuwachs an Lebensqualität entscheidend verändert haben. Wohlstandsmehrung ist nicht mehr automatisch mit einer Steigerung materieller Konsummöglichkeiten identisch; sie wird für immer mehr Menschen zum Gradmesser individueller Entfaltungschancen „jenseits von Angebot und Nachfrage".

Dies ist der Ansatz für eine Kulturpolitik, die den Kulturbegriff erweitert, indem sie ihn nicht mehr nur an die traditionellen Institutionen der Kultur und an deren herkömmlichen Adressatenkreis bindet. Vielmehr soll auf möglichst unmittelbare Weise versucht werden, den neuen Lebensbedürfnissen der Menschen gerecht zu werden und sie zu aktiven Gestaltern des kulturellen Geschehens zu machen. Ebenso wie die Kunst selbst immer auch eine Auseinandersetzung mit der Gesellschaft und den Menschen ist, muß die moderne Gesellschaft befähigt werden, sich aktiv und kompetent mit der Kunst, ihren Bedingungen und Erzeugnissen auseinanderzusetzen.

Zwischen Kunst und Gemeinschaft müssen mehr Brücken geschlagen werden, die von beiden Seiten her betreten werden können. Man kann dies durchaus als die Notwendigkeit bezeichnen, eine Kulturgesellschaft auf breitem, demokratischem Fundament aufzubauen.

Ausbau der kulturellen Infrastruktur

Dazu bedarf es einer weit gefächerten, in die Fläche wie in die Spitze hineinwirkenden, kulturellen Infrastruktur. Wir fangen hierbei keineswegs bei Null an. Gerade Baden-Württemberg verfügt schon heute über ein differenziertes Angebot an kulturellen Einrichtungen: Jugendmusikschulen, Jugendkunstschulen, private, kommunale und staatliche Museen, Theater, Galerien, Volkshochschulen, soziokulturelle Zentren, unzählige Laienmusik- und Theatergruppen, kulturorientierte Arbeitsgemeinschaften, nicht zu vergessen die in den allgemeinbildenden Schulen, den Kunst- und Musikhochschulen und in den Rundfunkanstalten geleistete Kulturarbeit.

Dennoch kann und muß diese Infrastruktur durch verstärkte Kooperation noch ausgeweitet und dichter verknüpft werden, insbesondere um laienkünstlerische Aktivitäten zu wecken und zu unterstützen. Das bedingt auch, die Kraft der Vereine weiter zu stärken, in denen entscheidend wichtige „Basisarbeit" für das Gedeihen einer lebendigen Kulturgesellschaft geleistet wird.

Vereine schaffen Raum und Gelegenheit zu eigener kreativer Betätigung der Menschen, sie vermitteln kulturelle und gesellschaftliche Traditionen, führen die Jugend an die Gemeinschaft und ihre tragenden Werte heran und bilden ein wirksames Gegengewicht zu zivilisatorischen Normierungstendenzen.

Auch die zu erwartenden demographischen Entwicklungen müssen in der Gestaltung einer künftigen Kulturlandschaft ihren Niederschlag finden. Der Anteil älterer Menschen an der Bevölkerung wird in den nächsten Jahrzehnten drastisch ansteigen. Diese „aktiven Senioren" werden mehr und mehr das gesellschaftspolitische Bild prägen und soziale und kulturelle Mitwirkungsmöglichkeiten beanspruchen.

Dabei darf es jedoch nicht zu einem altersspezifischen kulturpolitischen Zielgruppendenken kommen. So sicher traditionelle Kultureinrichtungen und Kunstformen ihr Publikum auch weiter behalten werden, so gewiß ist auf der anderen Seite aber auch, daß die sogenannte alternative Kunst nicht für die Jugend allein reserviert bleiben darf. Eine derartige schematische Betrachtungsweise würde weder den Kunstformen noch den Generationen und ihrem Verhältnis zueinander gerecht. Gerade die Kunst bietet mannigfache Chancen, den notwendigen Dialog zwischen den Generationen zu verstärken und der drohenden Vereinsamung durch frühzeitige Auflösung des Familienverbands und technische Ersatz-Kommunikationsmittel zu begegnen. Je technisierter die Lebensumwelt wird, um so größer ist der Bedarf und die Notwendigkeit direkter zwischenmenschlicher Kontakte. Wir wollen hierfür vielfältige Räume und Anlässe schaffen, die zur schöpferischen Selbsterfahrung wie zur Begegnung mit dem kreativen Potential anderer behilflich sein können.

Eine herausgehobene Rolle bei der Vervollständigung der kulturellen Infrastruktur spielen Staatliche Schlösser und Gärten und auch die Denkmalpflege. Diese trägt maßgeblich dazu bei, die Vertrautheit des persönlichen Wohn- und Lebensumfelds zu bewahren und wertvolle Bausubstanz neuen kulturellen Nutzungsmöglichkeiten zuzuführen. Ihre Akzeptanz bei allen Schichten der Bevölkerung zeigt, daß eine denkmalpflegerische Politik, die zeitgenössische Wertvorstellungen mit historischen Kulturzeugnissen verbindet, auch weiterhin zum Kernbestand jeder Kunst- und Kulturpolitik gehören muß.

Die Kunstförderung soll künftig nicht nur durch den Ausbau der Kooperation innerhalb und zwischen den einzelnen Kunstgattungen neu akzentuiert werden, sondern auch durch die Erweiterung und Intensivierung der grenzüberschreitenden kulturellen Aktivitäten. Sie dienen sowohl der Darstellung der eigenen Kultur im Ausland als auch der Präsentation fremder Kulturen und ihrer Werke bei uns und vermitteln vor allem die künstlerische Begegnung und die Zusammenarbeit mit ausländischen Künstlern und Ensembles. Dadurch will die Landesregierung dazu beitragen, den europäischen Kulturraum in Anknüpfung an die gesamteuropäische Tradition neu zu beleben und die eigene kulturrelle Identität in der Vielfalt der nationalen und regionalen Traditionen darzustellen.

Kunst und Politik

Die Förderung der Kunst durch den Staat ist in einer modernen demokratischen Gesellschaft weder ein obrigkeitlicher Gnadenakt noch eine ins Belieben von Parteien oder Personen gestellte Großzügigkeit. Sie ist Pflichtaufgabe eines Gemeinwesens, das sich ebensosehr als Kulturstaat wie als Rechts- und Sozialstaat versteht. Das Grundgesetz weist die Kulturhoheit den Bundesländern zu. Deshalb ist es eine zentrale politische Verantwortung der Länder und ihrer Kommunen, die bestmöglichen Voraussetzungen für ein freies, dynamisches und pluralistisches Kulturleben zu schaffen. Die Rolle der Gemeinden als Träger kultureller Einrichtungen und Impulsgeber für kulturelle Veranstaltungen kann dabei nicht hoch genug eingeschätzt werden.

Die Landesregierung wendet zur Kunst- und Kulturförderung im engeren Sinne jährlich rund 400 Millionen Mark auf. Bezieht man die indirekten Wirkungen mit ein, die durch die Ausgaben für Universitäten, Schulen und durch die Unterstützung des Vereinslebens entstehen, liegt der Betrag noch weit höher. Diese Mittel sind keine Subventionen im herkömmlichen Sinn und erst recht nicht „Luxusausgaben“. Sie sind Investitionen, die für den Bestand und die Zukunftssicherung unserer Gesellschaft nicht weniger wichtig sind als wirtschafts-, wissenschafts- oder sozialpolitische Ausgaben. Mit der Zweckbindung eines Großteils der Toto-Lotto-Einnahmen für die dauerhafte und langfristige Kunst- und Kulturförderung hat Baden-Württemberg schon früh einen beispielhaften Weg eingeschlagen, der bundesweit anerkannt wird.

Öffentliche Kunstförderung hat im übrigen, wie sich immer deutlicher zeigt, auch für das private Mäzenatentum eine bedeutsame Initialfunktion. Mehr und mehr kommen komplementäre Finanzierungen aus öffentlichen und privaten Mitteln zustande, die den Bau von Museen, die Erweiterung von Kunstsammlungen, die Förderung von Künstlern oder die Stiftung von Preisen ermöglichen. Diese Entwicklung gilt es zielgerichtet fortzusetzen und zu verstärken. Mit dem Beschluß, in Stuttgart ein Museum für Gegenwartskunst zu errichten und es mit exponierten Werken privater Sammler auszustatten, ist der Landesregierung auf diesem Gebiet ein wichtiger Schritt nach vorne gelungen.

Wir sind der Auffassung, daß durch entsprechende Änderungen im Stiftungs- und Steuerrecht, wie sie auch die von der Landesregierung eingesetzte sogenannte Bausch-Kommission vorgeschlagen hat, das private Mäzenatentum noch weit stärker als bisher angeregt werden könnte und sollte. Es gibt mittlerweile viele Beispiele unternehmerischer Kunstförderung, die vom lebendigen Kultur- und Gemeinschaftsgeist in unserem Land zeugen. Die Landesregierung unterstützt mit Nachdruck alle derartigen Aktivitäten.

Dasselbe gilt für das immer mehr an Bedeutung gewinnende Sponsorentum. Es ist erfreulich, daß früher vorhandene, wechselseitige Berührungsängste auf diesem Gebiet nach und nach abgebaut werden. Kunst und Wirtschaft sind keine Gegensätze. Im Gegenteil: Die Wirtschaft kann der Kunst Impulse geben, Initiativen fördern und Finanzhilfen leisten. Die Kunst wiederum vermittelt der Wirtschaft und den in ihr tätigen Menschen nicht nur Lebensqualität, sondern sie trägt auch entscheidend dazu bei, Standortqualitäten zu verbessern. Dies geschieht allerdings mit der klaren Prämisse, daß die Kunst weder als ökonomischer Nutzen-Faktor eingesetzt noch von den privaten Sponsoren inhaltlich beeinflußt werden darf. Kunst ist ein humaner Faktor, der allen Menschen zugute kommt.

Das Verbot, Kunst und Kultur zu instrumentalisieren, gilt selbstverständlich in gleicher Weise für die Politik. Während alle anderen politischen Bereiche von bestimmten Ordnungsprinzipien – beispielsweise von der Geltung der Mehrheitsentscheidung – geprägt sind, bedarf die Kunst der inhaltlichen und politischen Freiheit. Weder staatliche noch marktwirtschaftliche „Spielregeln“ können auf die Entwicklung und Bewertung künstlerischen Schaffens angewandt werden.

Kunst ist immer auch Widerspruch, Opposition, Gegenmodell, radikales Infragestellen. Das ist zwar nicht ihre einzige, aber doch eine unerläßliche Funktion. Deshalb ist ein – latenter oder offener – Konflikt zwischen Kunst und Politik nicht nur möglich, sondern immer wieder auch notwendig. Die Politik muß diesen Konflikt aushalten, sie darf weder der Versuchung „des goldenen Zügels“ noch der Gefahr unterschwelliger Kulturfeindlichkeit erliegen. Im Kunstbereich gilt das Motto „wer zahlt, schafft an“ so wenig wie eine Prioritätensetzung nach politischer Opportunität.

Es wäre allerdings auch für das künstlerische Schaffen nicht von Vorteil, wenn Autonomie mit Abschottung verwechselt würde. Der Kunstfreiheit der Künstler entspricht die Meinungsfreiheit der Bürger, einschließlich der Politiker. Erst wenn beide Freiheitspostulate respektiert und ernstgenommen werden, entsteht der fruchtbare Dialog, der in einer freiheitlichen Gesellschaft unerläßlich ist.

Baden-Württemberg hat eine reiche und vielfältige Kunst- und Kulturlandschaft, auf deren Grundlage die Perspektiven für morgen entwickelt werden können. Unser Ziel ist es, alle Bürger zu einer engagierten Diskussion der Ideen und Konzepte zu gewinnen, mit denen sich die schöpferischen Möglichkeiten der Menschen erweitern und über den Tag hinaus sichern lassen. Die Kulturgesellschaft ist nach unserem Verständnis die einzig sinnvolle Fortentwicklung einer Wohlstandsgesellschaft, in der die Gegensätze von Mensch und Technik, Ökonomie und Ökologie, materiellem Konsum und sozialer Isolierung überwunden und zu einer ganzheitlichen, befriedigenden Synthese zusammengeführt werden.

Diese gesellschaftspolitischen Überlegungen und kunstpolitischen Thesen müssen im administrativen Bereich auf der Basis objektiver und einsichtiger Prinzipien der Kunstförderung umgesetzt werden.

Bewährte Prinzipien der Kunstförderung

Baden-württembergische Kunstförderung war bisher schon an vier solcher Prinzipien ausgerichtet, und diese werden auch in der Zukunft die Leitlinien sein, nämlich

- *das Prinzip der Liberalität,*
- *das Prinzip der Pluralität,*
- *das Prinzip der Subsidiarität und*
- *das Prinzip der Dezentralität.*

Liberalität

Das Prinzip der Liberalität leitet sich aus dem grundgesetzlich normierten Gebot der Kunstfreiheit ab. Dies bedeutet nicht mehr und nicht weniger als die Forderung an Politik und Administration, die Eigenverantwortlichkeit der Künstler und der Kunstvermittler zu respektieren und dies auch dann, wenn Kunst unbequem und aggressiv wird.

Diese Maxime der Liberalität wird in einer demokratischen Gesellschaftsform im Grundsatz von jedermann anerkannt. Dies gilt für alle Beteiligten: die Künstler, die Politiker und die Administratoren.

Die Politiker sollten sich stets darüber im klaren sein, daß Kunst und Künstler nicht dem Staat gehören. Aber sie gehören zum Staat, weil sie darin leben und weil sie ihn prägen, allerdings mit anderen Mitteln als die Politiker. Kunst kann und will nämlich nichts zu tun haben mit den Abhängigkeiten der Politiker von Wahl und Wiederwahl, von Kompromiß und Zugeständnis. Kunst sucht nicht den Weg des geringsten Widerstands und nicht den größten gemeinsamen Nenner. Während Politik vom Kompromiß lebt, ist Kunst kompromißlos. Mit diesem unterschiedlichen Selbstverständnis müssen beide leben: Künstler und Politiker.

Aber nicht nur Künstler und Politiker, auch die Kunstadministratoren haben es manchmal nicht leicht im Umgang mit der Liberalität. Normen und Richtlinien sind die wichtigsten Pfeiler eines Rechtsstaates und die sicherste Garantie gegen Willkür und Ermessensmißbrauch. Aber Kunst in ihrem Hang zum Chaos und zur Improvisation entzieht sich der Reglementierung. Kunst zeichnet sich dadurch aus, daß es genormte Sachverhalte kaum gibt, daß Ausnahmen häufig zur Regel werden und Veränderungen zum Prinzip.

Es ist nicht leicht, diesen Wesensmerkmalen in der Kunst administrativ gerecht zu werden. Ein hohes Maß an Verwaltungsphantasie und Verwaltungsflexibilität ist dafür erforderlich. Am wichtigsten aber ist, daß die Bürokratie der Versuchung widersteht, sich in Inhalte einzumischen oder diese zu werten.

In der Praxis bedeutet dies, daß z. B. alle Intendanten bei der Gestaltung ihrer Spielpläne völlig frei sind, daß Aufsichtsgremien lediglich über wirtschaftliche und rechtliche Aspekte, nicht aber über Kunstinhalte und Kunstproduktionen bestimmen können. Dasselbe Prinzip gilt selbstverständlich auch für Museen und Museumsleiter, für den Bereich der Literatur, des Films und der Musik. Die Verantwortung für die Kunstinhalte liegt ausschließlich bei den Künstlern und den Kunstvermittlern.

Pluralität

Das Prinzip der Pluralität steht in einem unmittelbaren Zusammenhang mit dem Kunstfreiheitsprinzip. Denn die Vielfalt der Kunstformen und Kunsteinrichtungen kann nur im Zeichen einer liberalen Kunstförderung gedeihen. Dies gilt für die Spitzenkunst in gleicher Weise wie für die Breitenkunst. Es wäre ganz falsch, hier Gegensätze konstruieren zu wollen etwa in der Weise, daß die Elite gegen die Basis ausgespielt wird. Beides ist nötig.

Die Spitzenkunst setzt Maßstäbe und hat Vorbildfunktion, die Basis bildet dafür die Grundlage und schafft die Voraussetzungen. In diesem Punkt sind Vergleiche von Kunst und Sport absolut zutreffend.

Die Folgerungen daraus für den Förderbereich sind ganz konkret: Wir dürfen nicht der Versuchung erliegen, Hauptinteresse nur den Großprojekten zuzuwenden.

Die Theaterakademie in Stuttgart, die Künstlerakademie Schloß Solitude, das Zentrum für Kunst und Medientechnologie in Karlsruhe, die vorgeschlagene Filmakademie und das geplante Haus des Buches sind wichtige, ehrgeizige und auch finanzaufwendige Projekte. Es ist aber ebenso wichtig, den Nachholbedarf im Bereich der Laienmusik zu befriedigen, die Fortbildungskapazität für Musiklehrer zu erweitern und eine Projektförderung für die Bereiche Rock, Pop und Jazz einzuführen. Ohne eine flächendeckende Mindestversorgung mit Büchern in öffentlichen Bibliotheken wird die Einrichtung eines deutsch-französischen Fernseh-Kulturkanals fragwürdig. Gerade weil die Aktivitäten im professionellen Kunstbereich vielfältig und teilweise spektakulär sind, bedarf es dringend mehrerer Klammern mit dem Laien- und Schulbereich. Die in Ochsenhausen entstehende Landesakademie für die musizierende Jugend, die geplante Landesakademie für Schultheater und Schulkunst, die Jugendmusik- und Jugendkunstschulen sowie die Bestellung von Theaterpädagogen sind Beispiele dafür.

Aber nicht nur die Ausgewogenheit von Spitze und Breite sind ein Ausweis für Pluralität. Auch die gleichrangige Funktion von etablierter Kunst und alternativer Kunst ist zu akzeptieren.

Ganz ohne Zweifel ist es für alle Kunstkonsumenten einfacher und für viele genußreicher, sich mit tradierten Kunstformen und Kunstinhalten zu beschäftigen. Die Auseinandersetzung mit dem Experiment, der Avantgarde und der Normabweichung kann zwar reizvoll sein, ist aber meist auch etwas mühsam.

Es kommt hinzu, daß alternative Kunstrichtungen häufig nicht nur in ihren formalen Präsentationen, sondern auch in ihren inhaltlichen Darstellungen provozieren und zur Auseinandersetzung reizen. Das ist gut so! Denn Kunst ohne Reflexion verkommt zum reinen Amusement. Allerdings ist auch der spektakuläre Gag um seiner selbst willen und die bloße l'art-pour-l'art-Provokation allein noch kein Kriterium für alternative Kunst!

Als „Kultureinrichtungen neuen Typs“ verstehen sich die soziokulturellen Zentren. Das Kennzeichnende und Neue an diesen Einrichtungen ist die Multifunktionalität ihrer Arbeit. Sie sind weder Theater noch Konzerthaus, weder Gemäldegalerie noch Kino – und doch haben sie von allem etwas und sie setzen diese verschiedenen Künste zueinander in Bezug. Mit dieser Arbeit verstehen sie sich auch als Diskussionsforen und Kommunikationszentren. Der gesellschaftspolitische Aspekt der Kunst steht hier im Zentrum des Selbstverständnisses, und gerade deshalb sind diese Einrichtungen nicht unumstritten. Aber unbestreitbar ist, daß diese soziokulturellen Zentren, Kulturringe und sonstigen Kulturinstitutionen insbesondere beim jungen Publikum auf zunehmende Akzeptanz treffen und deshalb verstärkt in das System der Kunstförderung einbezogen werden müssen.

Damit ist keine Wertung zwischen der traditionellen und der alternativen Kunst verbunden. Aber an zahlreichen Beispielen aus der Kunstgeschichte läßt sich ablesen und nachweisen, daß die „Subkultur“ häufig befruchtend und stimulierend auf die „Traditionskultur“ gewirkt und auf diese Weise einen wichtigen Beitrag zum ständigen Kunstprozeß geleistet hat.

Außerdem haben alternative Kunsteinrichtungen nicht selten die Tendenz, wenig später zu „Klassikern“ zu werden. All dies beweist die Lebendigkeit, Bildungsfähigkeit – und auch die Unsicherheit der Kunstszene. Nicht zuletzt darin besteht ihr Charme, – und deshalb sind Kunstsubventionen immer auch Risikoprämien.

Subsidiarität

Das Prinzip der Subsidiarität bedeutet Hilfe zur Selbsthilfe und wird im administrativen Alltag durch Mischfinanzierungen realisiert. Staatliches Handeln im Kunstbereich kann und darf nicht den Ehrgeiz haben, alles in „eigener Regie“ betreiben zu wollen. Dies würde nicht nur dem Kulturauftrag der Städte und Gemeinden widersprechen, sondern auch bürgerschaftliche Initiativen und mäzenatische Aktivitäten aller Art verhindern. Vielmehr sind Anreiz und partnerschaftliche Hilfe hier die geeigneten Förderungsinstrumente.

Dies gilt insbesondere im Verhältnis zu den Städten und Gemeinden. Kunst- und Kulturpolitik ist vorwiegend eine kommunale Gestaltungsdomäne. Die Schaffung und Förderung kultureller Einrichtungen gehört von jeher zum Kernbestand der kommunalen Selbstverwaltung. Damit sind die Gemeinden aufgerufen, entsprechend den örtlichen Gegebenheiten in diesem Bereich tätig zu werden. Da aber diese örtlichen Verhältnisse unterschiedlich sind, müssen das Engagement und die Hilfe des Landes da und dort auch individuell ausgerichtet werden. Kunstangebote und Kunstakzeptanz in den zentralen Orten können nicht schematisch und undifferenziert etwa auf den ländlichen Raum übertragen werden. Die gewünschte kulturelle Vielfalt unseres Landes lebt davon, daß nicht alle Regionen gleichförmig ausgerichtet und strukturiert sind.

Von diesen Überlegungen müssen auch die Förderprinzipien bestimmt sein. Dies bedeutet konkret, daß eine Landesförderung vor allem dort unterstützend tätig wird, wo bereits vorhandene Aktivitäten in den Gemeinden oder Bürgerschaften vorhanden sind. Das geeignete administrative Instrument dafür ist die Mischfinanzierung.

Beispielhaft dafür gilt in der ganzen Bundesrepublik die baden-württembergische Kommunaltheaterförderung. Sowohl der hohe staatliche Beteiligungsprozentsatz an den Betriebskosten der städtischen Theater (40 %) als auch die automatische Angleichung der Landeszuschüsse an die Steigerungsbeträge der Gemeinden garantieren die Selbständigkeit und Unabhängigkeit kommunaler Haushaltsentscheidungen und sichern die Existenz dieser besonders kostenträchtigen kommunalen Kultureinrichtungen. Ähnliches gilt für das staatliche Finanzierungssystem der Kommunalen Kinos, der nichtstaatlichen Orchester und der Kleinbühnen.

In all diesen Fällen ist die staatliche Förderung gebunden an die vorherige Förderung durch Städte und Gemeinden. Damit ist sichergestellt, daß Form und Umfang der kommunalen Kultureinrichtungen nicht vom Land bestimmt werden, sondern daß die Initiative dafür in aller Regel im Ermessen der Kommunen liegt. Diese Formen von Mischfinanzierungen sind also eine Garantie für kommunale Selbstverwaltung und keine „Angebots-Diktatur". Natürlich soll damit auch ein Anreiz dafür gegeben sein, daß die Gemeinden ihre vorhandenen Kunsteinrichtungen großzügig fördern und aufgeschlossen sind für neue Aktivitäten. Das partnerschaftliche Hilfsangebot des Staates soll dafür ein Stimulans sein. Selbstverständlich müssen diese staatlichen Hilfen in der Regel dauerhaft sein, damit die Gemeinden sich bei ihren Finanzentscheidungen langfristig darauf verlassen können. Die bisherigen und auch die zukünftigen Subventionsmodelle sind so angelegt.

Ähnliche Überlegungen bestimmen auch das staatliche Handeln bei privaten Initiativen im Kunstbereich. Mäzenatische Leistungen und Sponsoren-Aktivitäten nehmen zu. Dieser sehr aktuelle Bereich wird in einem eigenen Kapitel dargestellt. Es ist jedenfalls außerordentlich erfreulich, daß hier ein bürgerschaftliches Engagement sichtbar wird, das nicht nur gesteigertes Kunstinteresse beweist, sondern auch dem totalen Anspruchsdenken ein Gegenmodell bietet. Die in Baden-Württemberg auf Initiative aller damals im Landtag vertretenen Parteien entstandene Kunststiftung praktiziert dieses Prinzip staatlicher und privater Mischfinanzierung. Auch hier bedeutet Subsidiarität Anreiz und Hilfe zugleich.

Dezentralität

Das Prinzip der Dezentralität ist in einem Land mit besonders eigenständigen und selbstbewußten Regionen von besonderer Bedeutung. Dies heißt, daß Kunstförderung nicht nur auf die großen Zentren beschränkt sein darf, sondern daß auch regionale Aktivitäten dieselbe Aufmerksamkeit verdienen und durch Finanzzuwendungen gefördert werden müssen. Dabei handelt es sich nicht um die Unterstützung einer „Sonderkultur für die Regionen" und auch nicht um „zufällige Einzelentscheidungen". Bereits in den bisherigen Veröffentlichungen der Landesregierung zur Kunstpolitik wurde ausführlich begründet, daß es sich hier um einen kulturpolitischen Grundsatz handelt, der bisher schon praktiziert worden ist und auch in der Zukunft fortgesetzt werden soll.

Die bereits erwähnte Kommunaltheaterförderung, die in der Bundesrepublik an der Spitze stehende Finanzierung unserer das ganze Land bespielenden Landestheater, das Wanderausstellungsprogramm unserer staatlichen Kunstsammlungen und die Dauerleihgaben für kommunale und private Museen (für die der Etatansatz von 1988 bis 1990 von bisher 1 Mio. DM auf 2 Mio. DM verdoppelt wird) sind anschauliche Beispiele dafür.

Dasselbe gilt für dezentrale Landesausstellungen. Nicht nur in den staatlichen Museen der Landeshauptstadt werden Großausstellungen gezeigt, sondern auch in der Region (Barock-Ausstellung 1981 in Bruchsal und Renaissance-Ausstellung 1986 in Heidelberg).

Neben den Ludwigsburger Schloßfestspielen mit ihrem Schwerpunkt im Mittleren Neckarraum ist nun das Bodensee-Festival für die Städte Konstanz und Friedrichshafen entstanden. Die geplante Kooperationsstruktur wird den Gedanken des Austauschs und damit eine Verbindung im Sinne von Dezentralität noch verstärken.

Die Internationale Bachakademie gibt Konzerte im ländlichen Raum, und unsere dezentralen Freilichtmuseen sollen zu Kulturzentren ausgebaut werden.

Insbesondere dem Laienkunstbereich kommt im Rahmen der dezentralen Kunstpolitik eine wichtige Funktion zu. Der klassische Ort für Eigenbetätigungen im künstlerischen Bereich ist der Verein. Dies gilt vor allem für die Sparten Musik und Theater. Dort finden die effektivsten dezentralen Aktivitäten statt, und diese müssen noch stärker als bisher unterstützt werden. Die Laien-Ensembles müssen in ihrer Breitenarbeit gefördert werden, und das meist ehrenamtliche Engagement in diesem Bereich muß belohnt werden. Die Erhöhung der Chorleiter-Pauschale, die Bereitstellung von Mitteln für anspruchsvolle Literatur für die Laienmusik, die geplante Einrichtung von Ausstattungszentren und das Projekt „Musik für Erwachsene" sind nur einige Beispiele dafür.

Dies sind nur Stichworte aus einem Angebotskatalog dezentraler Aktivitäten und Pläne. Der Perspektiventeil dieser Kunstkonzeption enthält neben einigen Großprojekten in den zentralen Orten unseres Landes vor allem Vorschläge, die in den Regionen Wirkungen auslösen. Aus diesem Grund wurde auch darauf verzichtet, eine getrennte Kunstkonzeption für die einzelnen Lebens- und Siedlungsräume unseres Landes zu entwickeln. Dezentralität ist ein Prinzip, das nicht nur den ländlichen Raum betrifft, sondern der gewachsenen Struktur unseres ganzen Landes entspricht.

Trotz all dieser „Subventionsprinzipien“, „Strukturgrundsätze“ und „Förderungsmaßnahmen“ muß klar sein: Kunst kann nicht geplant werden und Kunst kann nicht genormt werden. Spontaneität, Zufälligkeit und auch ein Stück Chaos sind wesentliche Ingredienzien für Kreativität. Eine Kunstkonzeption kann deshalb immer nur ein politisches und administratives Gerüst sein. Die Inhalte werden von den Künstlern bestimmt.

Stuttgart, den 30. Oktober 1989

Dr. h.c. Lothar Späth
Ministerpräsident

Professor Wolfgang Gönnenwein
Staatsrat für Kunst

Vorbemerkungen

Diese Kunstkonzeption ist eine Gemeinschaftsarbeit!

Sie ist unter Mitwirkung des Ministeriums für Wissenschaft und Kunst (für die professionelle Kunst), des Ministeriums für Kultus und Sport (für die Laien-, außerschulische Jugend- und die Schulkunst), des Innenministeriums (für die Denkmalpflege und die Ostdeutsche Kulturarbeit) und des Finanzministeriums (für die Staatlichen Schlösser und Gärten) entstanden.

Diese Ministerien haben ihrerseits Gespräche mit den einschlägigen Verbänden geführt. Außerdem wurden die Kommunalen Spitzenverbände um Vorschläge gebeten.

Alle Beiträge sind in mehreren Redaktionsgesprächen mit den Beteiligten erörtert worden.

Das Ergebnis liegt vor. Es ist gegliedert in einen Bestands-Teil und in einen Perspektiven-Teil.

Eine Darstellung des Bestandes baden-württembergischer Kunstförderung erschien deshalb geboten, weil

- *die Vielfalt der Förderungsmöglichkeiten im Interesse der Kunstklientel übersichtlich dargestellt werden sollte,*
- *viele baden-württembergische Förderungsmodelle auch bundesweites Interesse ausgelöst haben und weil*
- *eine Bilanzierung die unverzichtbare Voraussetzung für Perspektiven-Überlegungen ist.*

Im Perspektiven-Teil wird untersucht, auf welchen Gebieten Defizite vorhanden sind und wie diese beseitigt werden könnten. Dabei gelten zwei selbstverständliche Prämissen:

1. *Die Defizite und die „Therapie-Vorschläge" können nicht abschließend aufgezählt werden und nicht für alle Zeiten erschöpfend sein. Kunst unterliegt in ihrem Selbstverständnis einem dauernden Wandel, und darauf muß auch die Kunstförderung flexibel reagieren.*
2. *Die Vorschläge im Perspektiven-Teil können sicherlich nicht von heute auf morgen und nicht alle auf einmal realisiert werden. Die Umsetzung in administrative Realität muß sich orientieren an den finanziellen Möglichkeiten und an politischen Einzelentscheidungen.*

An der Summierung dieser politischen Einzelentscheidungen läßt sich dann ablesen, welcher Stellenwert der Kunst beigemessen wird. Denn hier werden die Prioritäten sichtbar, und damit „wird die Wahrheit konkret".

Finanzaspekte

Allerdings werden gerade die Anhänger der konkreten Sachverhalte, insbesondere die Finanzpolitiker, im Perspektiven-Teil Kostenangaben vermissen. Darauf wurde bewußt verzichtet. Denn bei vielen der neuen Projekte könnten nur Kosten-Schätzungen angegeben werden, die dann ohne Verbindlichkeit und somit ohne haushaltspolitischen Aussagewert wären. Die konkreten und präzisen Kostenermittlungen für die einzelnen Projekte werden dann vorgenommen, wenn ihre Inhalte durch politische Entscheidungen grundsätzlich akzeptiert und Prüfungsaufträge für die Realisierung erteilt werden.

Bei dieser finanziellen Realisierung werden sicherlich auch die sog. Lotto-Toto-Mittel eine Rolle spielen: Nach der Erfahrung der vergangenen Jahre besteht da und dort die Auffassung, alle neuen Ideen und Vorhaben könnten aus diesen Lotto-Toto-Mitteln realisiert werden. Dies ist ein Trugschluß. Bei der Einführung des Zahlenlottos in Baden-Württemberg am 6. März 1958 entsprach es dem ausdrücklichen Willen von Landesregierung und Landtag, und zwar aller damals vertretenen drei Fraktionen, daß die Lotto-Mittel für Sonderzwecke auf kulturellem Gebiet verwendet und keinesfalls zur Verstärkung einer größeren Zahl von Haushaltstiteln zersplittert werden sollten. Insbesondere sollten die Lotto-Mittel, und dies gilt auch für die seit 1970 hinzugekommenen Toto-Mittel, nicht zur Finanzierung von Daueraufgaben des Landes herangezogen werden, um Steuermittel einzusparen. Dieses Prinzip sollte wieder mehr beachtet werden.

Kooperationen

Die im Vorwort erwähnten vier Prinzipien, die bisher schon Grundlage baden-württembergischer Kunstpolitik waren, müssen ergänzt werden durch politische und administrative Maßnahmen mit dem Ziel der verstärkten Kooperation. Damit wird eine Klammer hergestellt zwischen dem professionellen Kunstbereich einerseits und dem Laien- und Schulkunstbereich andererseits.

Auf dem Weg von der Industriegesellschaft zur Kulturgesellschaft nimmt nicht nur das Freizeitangebot, sondern auch das Kunstinteresse immer mehr zu. Die in den letzten Jahren sprunghaft angestiegenen Zahlen der Museumsbesucher belegen dies ebenso wie das wachsende Interesse der Schüler an Arbeitsgemeinschaften im Kunstbereich und die starke Akzeptanz von Angeboten im Bereich der Amateurkunst. Die Konsequenz daraus kann sich nicht nur darauf beschränken, nach Möglichkeit alle Bereiche noch mehr als bisher zu fördern, sondern es bedarf struktureller Maßnahmen, um auf diese erfreulichen Trenderscheinungen zu reagieren. Die Kunstkonzeption enthält dazu zahlreiche Vorschläge, die den Kooperationsgedanken fördern und die auch zu Konsequenzen in der Geschäftsverteilung der Ministerien führen könnten.

Diese und alle übrigen Ideen und Projekte der Kunstkonzeption sollten unter allen Beteiligten umfassend und engagiert diskutiert werden in einem intensiven, lebhaften und – wo es nötig ist – auch in einem kontroversen Dialog.

Stuttgart, den 20. Oktober 1989

Dr. Dr. Hannes Rettich
Koordinator für die Kunstförderung des Landes Baden-Württemberg

Stuttgarter Ballett: Peter I. Tschaikowski, „Dornröschen", Choreographie/Inszenierung: Marcia Haydèe nach M. Pepita; Bühnenbild und Kostüme: Jürgen Rose; Bild: Stuttgarter Ballett

Kapitel 1

THEATER

Einleitung

Über die Funktionen des Theaters ist unendlich viel geschrieben worden: „Eine Probebühne des Lebens" soll es sein, ein „Spiegelbild menschlicher Wirklichkeit", eine „moralische Anstalt", eine „subventionierte Opposition" oder schlicht „eine Lebenshilfe".

Man kann diese Definitionsversuche beliebig verlängern. Bertolt Brecht hat es in seiner Einleitungsthese zum „Kleinen Organon für das Theater" auf den lapidaren Satz gebracht:

„Theater besteht darin, daß lebende Abbildungen von überlieferten oder erdachten Geschehnissen zwischen Menschen hergestellt werden, und zwar zur Unterhaltung."

Über die Formen dieser Unterhaltung gibt es bisweilen Meinungsverschiedenheiten und Streit – in den Feuilletons, den Dramaturgien und manchmal auch in den Parlamenten. Das ist gut so und war schon immer so. Die Theatergeschichte ist reich an Skandalen und Ärgernissen. Diese waren und sind wichtige Beiträge zur Lebendigkeit des Theaters – auch zur Lebendigkeit der Kulturpolitik!

Der erwünschte Meinungsstreit über die Unterhaltungsformen des Theaters ist auch der sicherste Schutz gegen Einseitigkeiten. Denn Theater darf niemals einseitig sein, sicherlich nicht einseitig Boulevard, aber auch nicht einseitig Kanzel. Theater soll unterhalten, aber auch in der Form von Provokation. Dazu gehört auch der weite Bereich des Experiments und der Avantgarde. In diesem Sinne sind Theaterzuschüsse immer auch Risikoprämien.

Die beste Garantie für diese Pluralität des Theaters ist eine breite Theaterlandschaft. Diese ist in Baden-Württemberg vorhanden.

A. Bestand

A 1 Professioneller Bereich

In der Theaterlandschaft der Bundesrepublik wird strukturell im wesentlichen zwischen vier Theaterrechtsformen unterschieden:

1. Staatstheater,
2. Kommunaltheater,
3. Landesbühnen und
4. Privattheater bzw. Kleinbühnen.

Nach dieser historisch bedingten Unterscheidung werden - wiederum in der gesamten Bundesrepublik - diese vier Theaterrechtsformen auch unterschiedlich von den Zuschußträgern Land und Gemeinden subventioniert.

A 1.1 **Staatstheater**

In der Bundesrepublik existieren 18 Staatstheater. Rechtsträger dieser Staatstheater ist in jedem Fall das betreffende Bundesland. Die kommunale Beteiligung der jeweiligen Sitzorte ist unterschiedlich.

In Baden-Württemberg bestehen zwei Staatstheater in Stuttgart und Karlsruhe. Die beiden Sitzstädte leisten einen Beitrag in Höhe von jeweils 50% des Zuschußbedarfs. Diese Praxis beruht auf einer vertraglichen Vereinbarung (zum Sponsoring vgl. Kap. 11, A 1).

Die Württembergischen Staatstheater mit Großem und Kleinem Haus, das „Flaggschiff" der Drei-Sparten-Theater, Bild: Landesbildstelle Württemberg, Stuttgart

Das Badische Staatstheater im Zeichen der Kooperation mit französischen Bühnen, Luftbild Pampel, Karlsruhe, freigegeben durch das RP Karlsruhe Nr. 0/27794; copyright: Badisches Staatstheater Karlsruhe

A 1.2 **Kommunaltheater**

In der Bundesrepublik existieren 54 Kommunaltheater, davon in Baden-Württemberg acht, und zwar in den Städten Mannheim, Freiburg, Heidelberg, Ulm, Pforzheim, Heilbronn, Konstanz und Baden-Baden. Rechtsträger der Kommunaltheater sind stets die Städte (in Baden-Baden die Bäder- und Kurverwaltung; dazu vgl. B 1.3).

A 1.2.1 Laufende Zuschüsse:

Die direkte Landesbeteiligung ist unter einer bundesweiten Betrachtungsweise sehr unterschiedlich. Sie reicht von einer ganz minimalen Bezuschussung (z. B. in Nordrhein-Westfalen mit ca. 3 bis 5% des Zuschußbedarfs) bis hin zu einer automatischen Bezuschussung in Höhe von 40% des Zuschußbedarfs hier in Baden-Württemberg.

Diese automatische Bezuschussung wurde von einer früher im Landtag existierenden Theaterkommission im Interesse des Gleichheitsgrundsatzes festgelegt und geht von folgenden kulturpolitischen Erwägungen aus:

- □ In finanziell günstigen Haushaltsjahren sollen die Städte ermuntert werden, für ihre Kommunaltheater zusätzliche Leistungen zu erbringen. Sie können dies in dem Bewußtsein tun, daß das Land sich mit 40% daran beteiligt.
- □ In finanziell schwachen Haushaltsjahren sollen die Gemeinden daran gehindert werden, ihre Sparaktionen besonders auf die Theater zu erstrecken; denn sie würden dieses in dem Bewußtsein tun müssen, daß die Stadtkasse effektiv nur mit jeweils 60% des Einsparungsbetrages entlastet wird.

Dies bedeutet in jedem Fall, daß Umfang und Ausmaß der Finanzausstattung dieser kommunalen Theater vom Willen der Stadt abhängen und von ihr gesteuert werden.

Das Stadttheater Pforzheim im Bau: Das letzte Kommunaltheater-Provisorium wird damit beseitigt; Bild: Städtisches Hochbauamt Pforzheim

A 1.2.2 Zuschüsse zu Baumaßnahmen:

Das Land beteiligt sich außerdem bei Theaterbaumaßnahmen mit einem Zuschuß in Höhe von 40%.

Dieses System der Staatszuschüsse für Kommunaltheater hat sich hervorragend bewährt und wird in der gesamten bundesdeutschen Theaterlandschaft als ein Vorbild bezeichnet.

A 1.2.3 Opern- und Ballett-Gastspiele in der Region:

Da die Landesbühnen in Baden-Württemberg jeweils nur über die Sparte Schauspiel verfügen, wurde ein zusätzliches Subventionsinstrument geschaffen, um die theaterlosen Städte und Gemeinden auch mit musikalischen Produktionen zu versorgen: Die Kommunaltheater, die auch über eine Musiksparte verfügen (Mannheim, Freiburg, Heidelberg, Ulm und Pforzheim) erhalten für jedes Opern- und Ballettgastspiel in einer Region Baden-Württembergs - über die grundlegende Bezuschussung hinaus - noch einen Sonderzuschuß von derzeit rund 16 TDM.

Von diesem kulturpolitischen Angebot machen erfreulicherweise insbesondere die Theater in Pforzheim und Ulm regen Gebrauch.

A 1.3 **Landesbühnen**

In der Bundesrepublik existieren 15 Landesbühnen, davon allein in Baden-Württemberg drei. Sie haben ihre Sitzorte in Esslingen, Tübingen und Bruchsal.

Die Landesbühnen werden in der Rechtsform von öffentlich-rechtlichen Anstalten (in Esslingen und in Tübingen) bzw. in der Rechtsform eines eingetragenen Vereins (in Bruchsal) geführt. Die jeweiligen Rechtsträger-Gremien setzen sich aus Vertretern des Landes (Ministerium für Wissenschaft und Kunst und Finanzministerium), der Sitzstädte und der bespielten Region (Landkreise und bespielte Gemeinden) zusammen.

Es ist die Funktion der Landesbühnen, daß sie nicht nur ihren Sitzort bespielen, sondern in erster Linie die Region der theaterlosen Städte und Gemeinden nach dem Prinzip der Wanderbühnen mit Theaterproduktionen versorgen.

A 1.3.1 Laufende Zuschüsse zu den Betriebskosten:

Angesichts des in Baden-Württemberg für alle Kunstbereiche geltenden Prinzips der Dezentralität mißt die Landesregierung diesen Landesbühnen besondere Bedeutung bei. Dieses ist ablesbar an den prozentual besonders hohen Zuschußquoten des Landes zum Gesamtbedarf. Das Land fördert seine Landesbühnen zwischen 85 und 87% ihres Zuschußbedarfs und liegt damit weit an der Spitze aller Länder in der Bundesrepublik.

A 1.3.2 Zuschüsse zu Baumaßnahmen:

Über diese Zuschüsse zu den Betriebskosten hinaus beteiligt sich das Land an den Baumaßnahmen der Landesbühnen mit einem Zuschuß in Höhe von 60% des angemessenen Bauaufwandes.

A 1.3.3 Kinder- und Jugendtheater an den Landesbühnen:

Ein besonderes Spezifikum dieser Landesbühnen ist die jeweilige Existenz einer eigenen Sparte des Kinder- und Jugendtheaters. Die dafür erforderlichen Finanzmittel wurden erstmals im Jahr 1980 mit Zustimmung des Landtags bereitgestellt und werden seitdem fortlaufend gewährt.

Auch diese Maßnahme hat überregional große Signalwirkung ausgelöst und dazu geführt, daß die Internationale Vereinigung der Theater für Kinder und Jugendliche (ASSITEJ) mit dem Titel „Modell Baden-Württemberg" eine eigene Broschüre herausgegeben hat.

Unsere Landesbühnen „auf Achse": die Kulissentransporter der drei Landesbühnen; Bilder: Badische Landesbühne Bruchsal, Württembergische Landesbühne Esslingen, Landestheater Tübingen

A 1.4 **Kleinbühnen, Figuren- und Marionettentheater**

In Baden-Württemberg existieren 25 Kleinbühnen und 13 Figuren- und Marionettentheater, die staatlich gefördert werden.

A 1.4.1 Förderung der Kleintheater:

Kleintheater, Kleinbühnen oder Zimmertheater können vom Ministerium für Wissenschaft und Kunst unter folgenden Voraussetzungen gefördert werden:

- ☐ Das Theater muß den Begriff „Berufstheater“ erfüllen. Darunter sind (im subventionstechnischen Sinne) solche Bühnen zu verstehen, die eine feste Spielstätte haben, einen regelmäßigen Spielbetrieb anbieten und deren Ensemblemitglieder überwiegend hauptamtlich dort engagierte Berufsschauspieler sind.
- ☐ Das Theater muß 5 Jahre als Berufstheater in Baden-Württemberg bestehen.
- ☐ Das Theater muß bereits von örtlichen Institutionen (Gemeinden, Städte, Landkreise) angemessen unterstützt werden. Dabei wird ein Zuschußverhältnis zwischen Stadt und Land von 2 : 1 vorausgesetzt.

Sind diese Voraussetzungen gegeben, so erhalten die Kleintheater in Baden-Württemberg einen Zuschuß, der 1989 auf höchstens 173 TDM pro Bühne begrenzt ist. Der maximale Zuschußbetrag wird aber nur erreicht, wenn der kommunale Zuschuß mindestens doppelt so hoch ist. Ist der städtische Zuschuß niedriger, vermindert sich entsprechend die Höhe des Landeszuschusses.

Ursächlich für diese Zuschußkriterien ist die Erwägung, daß eine Bühne zunächst durch eine gewisse zeitliche Existenz ihre Qualität beweisen muß und daß außerdem die örtlichen Gremien kulturpolitisch diese Einrichtung in ihrer Gemeinde bejahen, was sie durch ihre Zuschußleistung bekunden.

Das Land Baden-Württemberg ist der einzige Flächenstaat in der Bundesrepublik, der schon seit vielen Jahren diese kontinuierliche Subvention der Kleinbühnen betreibt. Andere Länder in der Bundesrepublik stellen sich auf den Standpunkt, daß dies allein und ausschließlich eine Angelegenheit der Städte sei.

Die Stuttgarter tri-Bühne in Kooperation mit dem Jósef-Katona-Theater, Budapest: Szene aus „Dr. Burkes seltsamer Nachmittag“, Inszenierung: Gabor Zsàmbèki, Bühnenbild Csörsz Khell; Foto Sabine Haymann, copyright: tri-Bühne Stuttgart

A 1.4.2 Förderung der Figuren- und Marionettentheater:

Figuren- und Marionettentheater können vom Ministerium für Wissenschaft und Kunst unter folgenden Voraussetzungen einen laufenden Landeszuschuß erhalten:

- ☐ Das Theater muß den Begriff „Berufstheater" (siehe A 1.4.1) erfüllen.
- ☐ Das Theater muß 5 Jahre bestehen.
- ☐ Das Theater muß bereits von örtlichen Institutionen (Gemeinden, Städte, Landkreise) angemessen unterstützt werden. Dabei wird ein Zuschußverhältnis zwischen Stadt und Land von 1 : 1 vorausgesetzt. Dies bedeutet, daß der Landeszuschuß nur in Höhe des kommunalen Zuschusses gegeben wird.

Liegen diese Voraussetzungen vor, so erhalten Figuren- und Marionettentheater in Baden-Württemberg einen Landeszuschuß, der 1989 pro Theater höchstens 17,5 TDM beträgt.

Albrecht Roser mit seiner „Oma"; Foto: W. Ziegler, Stuttgart; copyright: Landeskreditbank Baden-Württemberg

A 1.5 **Professionelle Freilichtbühnen**

Ergänzt und umrahmt wird diese Theaterlandschaft durch die professionellen Freilichtbühnen. Die

- ☐ Burgfestspiele Jagsthausen, die
- ☐ Volksschauspiele Ötigheim und die
- ☐ Freilichtspiele Schwäbisch Hall

erhalten im Rahmen der Kunstförderung durch das Land erhebliche Zuschüsse, deren Höhe durch den Staatshaushaltsplan festgelegt wird und 1989 für alle zusammen bei 1,15 Mio. DM liegt.

Burgfestspiele Jagsthausen: Das Götz-Zitat am Burgfenster; Bild: Burgfestspiele Jagsthausen

Volksschauspiele Ötigheim: Volk spielt fürs Volk auf Deutschlands größter Freilichtbühne; Bild: Dr. Selbach, Stuttgart

Freilichtspiele Schwäbisch Hall auf der berühmten Treppe vor St. Michael; copyright: W. Pabst, Uhingen

A 1.6 **Theatertreffen**

Neben der Förderung von Einzelbühnen haben sich Theatertreffen oder Theatertage sehr bewährt; sie sind inzwischen zu einer vielbeachteten Institution geworden, weil jeweils innerhalb von acht bis zehn Tagen nicht nur das gesamte Theaterschaffen des Landes umfassend präsentiert wird, sondern daneben auch interessante Begleitveranstaltungen aus den Bereichen der Theaterausbildung, der Theatertechnik und der Theaterpolitik stattfinden.

In Baden-Württemberg finden folgende Theatertage statt:

A 1.6.1 Baden-württembergische Theatertage:

An den sog. Großen Theatertagen nehmen die Staatstheater, die Kommunaltheater und die Landesbühnen teil. Veranstalter ist der Landesverband Baden-Württemberg des Deutschen Bühnenvereins, Ausrichter eines der genannten Theater. Diese Theatertage werden alle zwei Jahre an einer anderen Bühne veranstaltet. Das Land förderte die letzte Veranstaltung in Konstanz (1989) mit 220 TDM.

A 1.6.2 Kleintheatertage:

Alternierend mit den Baden-württembergischen Theatertagen finden ebenfalls im Turnus von zwei Jahren die Kleintheatertage statt, die von den Zimmertheatern veranstaltet werden. Das Land hat die letzten Kleintheatertage in Singen (1988) mit 100 TDM gefördert.

A 1.6.3 Woche des Kinder- und Jugendtheaters:

Seit 1986 sind diese Theatertreffen noch angereichert worden durch eine Woche des Kinder- und Jugendtheaters, die ebenfalls alle zwei Jahre mit der finanziellen Unterstützung des Landes veranstaltet wird.

„Die Pfosten sind, die Bretter aufgeschlagen, und jedermann erwartet sich ein Fest." – Bei den Theatertagen wird auch in Zelten gespielt (Konstanz 1989); Bild: Guido Kasper, Pforzheim

A 1.7 **Gastspielaustausch innerhalb des Landes**

Zur Intensivierung des Gastspielaustausches der Bühnen des Landes untereinander wird dem Landesverband Baden-Württemberg des Deutschen Bühnenvereins ein Zuschuß in Höhe von 355 TDM zugewiesen, womit dann eine gastierende Bühne im Rahmen der zur Verfügung stehenden Mittel bezuschußt werden kann. Durch diesen Austausch wird die Attraktivität des Theaterangebots im Lande erhöht. Außerdem ist damit ein Instrument geschaffen, mit dem künstlerische Besonderheiten eines Theaters über seinen eigenen Publikumskreis hinaus bekanntgemacht werden können.

A 1.8 **Auslandsgastspiele**

Für Auslandsgastspiele der Berufstheater (vgl. Kap. 12, A 3.1.1) und der professionellen Musikensembles des Landes (vgl. Kap. 12, A 3.2.1) stehen bereits beträchtliche Zuschußmittel zur Verfügung (1989: 430 TDM). Doch reichen diese Mittel im Blick auf die hohen Kosten für Ensemblegastspiele im Ausland nicht aus (vgl. Kap. 12, B 7.3); außerdem gibt es bisher keine Möglichkeit, Gastspiele ausländischer Bühnen in Baden-Württemberg zu fördern (vgl. Kap. 12, B 3.1).

A 2 Amateurtheater

Dem Bundesverband der Amateurtheater gehören z. Zt. etwa 900 Amateurbühnen an. Im Landesverband Baden-Württemberg sind insgesamt 230 Amateurbühnen zusammengeschlossen. Daneben gibt es eine Vielzahl von statistisch nicht erfaßten, kleineren Spielgruppen. In den Amateurbühnen des Landes sind etwa 9.000 aktive Mitglieder tätig, die jährlich mehr als 30.000 Aufführungen veranstalten. 1987 wurden diese Aufführungen von mehr als 600.000 Besuchern erlebt.

Der Bereich des Amateurtheaters in Baden-Württemberg ist durch die Vielfalt der Einrichtungen und der Inhalte gekennzeichnet. Puppenbühnen, Straßentheater, Zimmertheater und Freilichtbühnen mit Amateurspielern und semiprofessionellen Ensembles veranstalten Theateraufführungen vom einfachen Mundartschwank bis zur avantgardistischen Inszenierung. Die Zahl der Angebote nimmt zu. Sowohl die Zahl der Mitwirkenden als auch die der Zuschauer hat sich gegenüber 1980 mehr als verdoppelt. Dem wachsenden Interesse der Menschen, sich in ihrer Freizeit aktiv im Theater zu betätigen, entspricht die zunehmende Akzeptanz beim Publikum. Diese Entwicklung darf als Indiz für steigende Qualität gewertet werden.

Zu dieser Entwicklung hat auch das Land durch eine Reihe von Fördermaßnahmen beigetragen, durch die insbesondere die Rahmenbedingungen für Amateurtheater verbessert wurden.

Baden-Württemberg nimmt hier im Ländervergleich eine absolute Spitzenstellung ein. Insgesamt stehen zur Förderung des Amateurtheaters jährlich mehr als 1 Mio. DM zur Verfügung. Aus diesen Mitteln gewährt das Land folgende Zuschüsse:

A 2.1 **Investitionszuschüsse**

Freilichtbühnen und Innentheater erhalten seit 1980 Zuschüsse zu Investitionen und Beschaffungen, die zur ständigen Ausstattung gehören, z. B. Scheinwerfer, Tonanlagen, Bühnenelemente und Bestuhlungen. Wenn von kommunaler Seite eine entsprechende Förderung gewährt wird, kann der Zuschuß bis zu einem Drittel der Gesamtkosten betragen. Gefördert werden solche Amateurtheater, die seit mindestens 3 Jahren bestehen.

Für Investitionszuschüsse stehen jährlich Landesmittel in Höhe von 500 TDM zur Verfügung.

A 2.2 **Zuschüsse für Freilichtbühnen**

Freilichtbühnen erhalten jährlich einen laufenden Zuschuß. Der Zuschußschlüssel ist mit dem Landesverband der Amateurtheater gemeinsam festgelegt worden. Er geht von einem festen Sockelbetrag aus und berücksichtigt die Zuschauerzahlen und die kommunale Unterstützung. Die Zuschüsse bewegen sich im einzelnen zwischen 8,5 und 27 TDM.

A 2.3 **Theatertreffen**

In derselben Weise wie im professionellen Bereich sind auch bei den Amateurbühnen die Theatertreffen außerordentlich wichtige Veranstaltungen, die einer theaterpolitischen Gesamtschau dienen.

Im Amateurbereich gibt das Land Zuschüsse zu

- ☐ Volkstheatertagen und zu
- ☐ zentralen und regionalen Amateurtheatertagen.

A 2.3.1 Volkstheatertage:

Die Volkstheatertage werden seit 1985 alle 3 Jahre durchgeführt. Die teilnehmenden Bühnen kommen nicht nur aus dem Amateurbereich, sondern z. T. auch aus dem Bereich der Berufsbühnen. Träger der Volkstheatertage sind das Land, der Amateurtheaterverband und die jeweils ausrichtende Stadt (1985 Heidenheim, 1988 Reutlingen). Das Land unterstützt die Volkstheatertage mit 50 TDM, wobei der staatliche Zuschuß doppelt so hoch sein kann wie der kommunale.

A 2.3.2 Amateurtheatertage:

Seit 1982 finden jährlich im Stuttgarter Landespavillon (vgl. Kap. 10.3) Baden-württembergische Amateurtheatertage statt. Bei den 8. Amateurtheatertagen 1989 wurden innerhalb von zehn Tagen 16 verschiedene Theaterproduktionen (Puppentheater, Pantomime, Schauspiele, Singspiele etc.) aufgeführt. Für die Amateurtheatertage wendet das Land jährlich ca. 20 TDM auf.

Bei den Kraichgauer Theatertagen 1989: Scheinwerfer '87 St. Leon-Rot, „Die kleine Hexe"; Bild: Spielberatung Baden-Württemberg e. V.

A 2.4 **Schulungskurse des Amateurtheaterverbandes**

Nach einer gestuften Aus- und Fortbildungskonzeption führt der Amateurtheaterverband für die Mitwirkenden seiner Bühnen Schulungskurse in allen theaterrelevanten Sparten durch. 1989 waren dies insgesamt 50 Kurse. Das Land gibt dazu Zuschüsse, die vor allem für Honorare der Dozenten und für Fahrt- und Verpflegungskosten der Teilnehmer bestimmt sind. Die Schulungen werden dezentral, in der Regel bei einzelnen Bühnen durchgeführt. Viele der Mitgliedsbühnen haben inzwischen als Folge der Investitionszuschüsse des Landes bessere räumliche Bedingungen erhalten, die auch die Durchführung von Schulungskursen erleichtern. Das Land hat 1988 für Schulungskurse insgesamt 90 TDM bereitgestellt.

A 2.5 **Spielberatung**

In Wilhelmsfeld/Rhein-Neckar-Kreis ist die „Spielberatung Baden-Württemberg e. V." ansässig. Sie hat vor allem die Aufgabe, Amateurtheater und kleinere Spielgruppen bei der Auswahl der Stücke zu beraten. Dafür steht ein umfangreiches Archiv zur Verfügung. Die Daten der archivierten Stücke sind elektronisch gespeichert und so aufbereitet, daß jede anfragende Spielgruppe nach ihren individuellen Besonderheiten beraten werden kann. Jährlich werden etwa 5.000 Beratungen durchgeführt. Dies geschieht teilweise auch am Ort der Bühnen. Die Spielberatung wirkt auch bei Fortbildungsveranstaltungen mit. Das Land hat sie 1988 mit 60 TDM gefördert.

A 2.6 **Projektzuschüsse für semiprofessionelle Ensembles**

Von 1989 an können auch semiprofessionelle Theater Zuschüsse zu einzelnen Projekten erhalten. Als „semiprofessionell" gilt ein Theater, dessen Ensemble überwiegend aus ausgebildeten oder professionellen Schauspielern besteht oder dessen Spielplan (Zahl der Inszenierungen und Aufführungen pro Jahr) demjenigen eines Berufstheaters ähnlich ist. Gleichfalls Projektzuschüsse erhalten Ausbildungsstätten mit angeschlossenem Spielbetrieb.

A 2.7 **Internationale Kontakte der Amateurtheater**

Nicht nur im europäischen, sondern auch im außereuropäischen Raum unterhalten einzelne Amateurtheater des Landes zum Teil intensive internationale Beziehungen (vgl. Kapitel 12, A 3.1.2). Bisher stehen zur Förderung dieser internationalen Kontakte Zuschußmittel in Höhe von 50 TDM jährlich zur Verfügung (vgl. Kap. 12, B 7.3).

A 3 Schultheater

Schultheater ist ein Angebot der Schule und somit eine pädagogische Veranstaltung. Theaterspiel kann wie keine andere Kunstform viele Bereiche vereinigen. Es dient der ganzheitlichen Persönlichkeitsentwicklung des Schülers, indem es gleichermaßen seine rationalen wie emotionalen, intellektuellen wie kreativen, physischen wie musischen, individuellen wie sozialen Fähigkeiten fördert. Schultheater hat auch eine enge Beziehung zur Literatur, trägt zur kulturellen Entwicklung des Schülers bei und bereichert zugleich das kulturelle Angebot der Schule. In einer von raschem technologischem Wandel und von elektronischen Medien geprägten Welt gewinnt das Schultheater zunehmende Bedeutung. Es kann junge Menschen erlebnisfähiger machen, was sich positiv auf die gesamte Schulleistung und das Freizeitverhalten auswirkt. Der Schüler lernt, mit anderen auf ein gemeinsames Ziel hinzuarbeiten und selbstbewußt vor die Öffentlichkeit zu treten.

Nicht nur im eigentlichen Schultheater, sondern auch im Unterricht kommt der Berücksichtigung des Theaterspiels im Sinne einer ganzheitlichen Erziehung immer größere Bedeutung zu. In praktisch allen Unterrichtsfächern können an geeigneter Stelle spielerische Elemente in den Unterricht einbezogen und als methodische Hilfe zur lebendigeren und wirkungsvolleren Gestaltung des Unterrichts verwendet werden. Im Sinne des erziehenden Unterrichts sollen die Schüler dabei auch emotional angesprochen werden, damit auf diese Weise ihre kreativen Fähigkeiten gestärkt werden. Gleichzeitig können die Schüler soziale Verhaltensweisen einüben. Auf diese Weise können schulische Leistungsfähigkeit und kreatives Arbeiten insgesamt gefördert werden.

Das von der Landesregierung im Sommer 1984 beschlossene Aktionsprogramm zur Förderung der musisch-kulturellen Erziehung umfaßt die Bereiche Schulmusik, Schulkunst und Schultheater. Es wird vom Ministerium für Kultus und Sport seit 1985 umgesetzt. Hierdurch wurden auch die Grundlagen für eine verstärkte Förderung des Theaterspiels an den Schulen geschaffen.

Während Schulkunst und Schulmusik von den traditionellen Schulfächern Bildende Kunst und Musik ausgehen können, gibt es weder ein Unterrichtsfach Theater noch eine Lehrerausbildung für das Schultheater. Das Ministerium für Kultus und Sport hat deshalb zusammen mit dem Landesbeauftragten für den künstlerischen Bühnennachwuchs (vgl. A 5.4) eine Konzeption entwickelt, wie die Anregungen des Aktionsprogramms zur Förderung der musisch-kulturellen Erziehung auf dem Gebiet des Schultheaters realisiert werden können. Dabei wurden die strukturellen Gegebenheiten der einzelnen Städte und ihrer Theater sowie die unterschiedlichen lokalen Bedingungen berücksichtigt, auch die Tatsache, daß viele Städte kein eigenes Theater haben.

Voraussetzungen für eine schülerorientierte Theaterarbeit sind nicht nur die Initiative der Schulen und der Schulträger, sondern auch die Bereitschaft umliegender Theater, das Theaterspiel in der Jugend zu fördern, fachkundige Beratung zur Verfügung zu stellen und den Theaterbetrieb für jugendliche Besucher verstärkt zu öffnen. Diese Bereitschaft besteht bei vielen Theatern; einige können schon auf langjährige Erfahrungen mit Schulgruppen verweisen. Ziel der Konzeption ist, die Betreuung der Theatergruppen auf breiter Basis zu verbessern, die Bildung neuer Schülertheatergruppen anzuregen, ihnen ein öffentliches Forum für ihre Darbietungen zu schaffen und den notwendigen Erfahrungsaustausch zwischen den Theatergruppen zu ermöglichen.

Theaterarbeit an der Schule wird geleistet:

- an allgemeinbildenden Schulen vor allem in Theaterarbeitsgemeinschaften, aber auch
- im Fachunterricht,
- bei den beruflichen Schulen in einer erst jüngst erfolgreich erprobten Berufsschultheaterwerkstatt und
- in der Lehrerfortbildung.

Ein Blick in die Sindelfinger Schultheaterwerkstatt 1989; Foto: Bildagentur Stampe, Sindelfingen; copyright: MKS

A 3.1 **Theaterarbeitsgemeinschaften an allgemeinbildenden Schulen**

Schultheater wird in Baden-Württemberg nicht als ordentliches Schulfach unterrichtet, sondern ist ein Angebot im Bereich der Arbeitsgemeinschaften. Noten werden nicht erteilt. Dieser Bereich soll absichtlich von Leistungsdruck und engen Lehrplanvorgaben freigehalten werden.

Bei der Theaterarbeit kann es sich handeln um:

- ☐ Spielübungen und Körperarbeit, durch die eine allgemeine Spielfähigkeit erreicht wird;
- ☐ Proben und Probenaufenthalte mit dem Ziel einer Aufführung;
- ☐ Aufführungen (spezielle Theaterveranstaltungen oder Veranstaltungen zu besonderen Anlässen).

Im Schuljahr 1988/89 haben mehr als 32.600 Schüler an Theaterarbeitsgemeinschaften teilgenommen; das entspricht einem Anteil von 3,5% aller Schüler. (Im einzelnen bestanden an der Grundschule 720, an der Hauptschule 591, an der Realschule 396, am Gymnasium 497, an integrierten Schulen 15 Arbeitsgemeinschaften.)

Schüler gewinnen neue Selbsterfahrungen beim Maskenkurs im Rahmen des Schultheaters; copyright: MKS

A 3.2 **Theaterarbeit im Fachunterricht der allgemeinbildenden Schulen**

Das Theaterspiel findet nicht nur im Schultheater statt, sondern kann in einzelnen Fächern auch Unterrichtsgegenstand sein oder als methodische Hilfe eingesetzt werden.

So finden sich für das Theaterspiel viele Anknüpfungspunkte in den Lehrplänen der einzelnen Unterrichtsfächer:

- ☐ In Grundschulen sollen z. B. im Fach Deutsch Texte in szenisches Spiel, Dialog und Rollenspiel umgesetzt werden. Beim Spiel mit Handpuppen bieten sich Möglichkeiten für ein fächerübergreifendes Projekt mit den Fächern Bildende Kunst und Musik.
- ☐ In Hauptschulen sollen z. B. im Fach Deutsch Erlebnisse individuell und schöpferisch in darstellendes Spiel umgesetzt werden. Die Schüler erfahren, daß durch pantomimisches Spiel, Stegreifspiel oder Kurzszenen Gefühle und Meinungen ausgedrückt werden können. Sie erproben wirklichkeitsbezogene Situationen im Spiel und gewinnen dabei Sicherheit im Auftreten. – Im Sport wird die Bewegungsphantasie angeregt. Die einzelnen Bewegungsformen werden durch Improvisations- und Gestaltungsaufgaben in bezug auf Rhythmus, Raum, Partner und Gruppe abgewandelt.
- ☐ In Realschulen stellen die Schüler z. B. im Fach Bildende Kunst starre oder bewegliche Figuren her und lernen, diese im Spiel einzusetzen; so können sie Möglichkeiten kreativen Freizeitgestaltens entdecken.
- ☐ Im Grundkurs Literatur der gymnasialen Oberstufe wird Theaterspiel als Unterrichtsgegenstand gefordert. Hier soll der Schüler seine Erfahrungen mit Darstellendem Spiel exemplarisch an Beispielen aus der dramatischen Literatur überprüfen, erweitern und vertiefen. Durch die Inszenierung eines Theatertextes gewinnt er praktische Erfahrung mit der dramaturgischen, darstellerischen und technischen Gestaltung einer Aufführung.

A 3.3 **Berufsschultheaterwerkstatt**

1989 wurde zum ersten Mal in Baden-Württemberg eine Theater-Werkstatt durchgeführt, die sich gezielt an Berufsschüler gewendet hat. Acht workshops standen auf dem Intensiv-Programm des Konstanzer Lehrgangs, bei dem es vor allem auf das Mitmachen ankam. Theater sollte auch von Berufsschülern (incl. Gymnasien) erfahren werden, obwohl bei ihnen der künstlerisch-musische Bereich stark eingeschränkt ist, weil die Berufsperspektive den Schulalltag dominiert. Die eigene Improvisation stand ebenso auf dem Programm, wie das „Theater Fotografieren" und die „Musik auf der Bühne". Songs und Lieder, kabarettistische Einlagen und kleine Programm-Nummern wurden spielerisch erprobt.

Die Bedeutung der Werkstatt für die teilnehmenden Schüler bestand vor allem darin, daß sie ihre Schule in anderem Zusammenhang erleben, einen neuen Impuls zur Entwicklung ihres Selbstbewußtseins erfahren und Theater als ein Feld eigener Gestaltungsmöglichkeiten erfahren konnten.

Da sowohl Schüler als auch Schulleitungen mit der Berufsschultheaterwerkstatt positive Erfahrungen gemacht haben, soll sie auch künftig veranstaltet werden, wobei für die Gestaltung selbst die Erfahrungen des ersten Versuchs ausgewertet werden. Die Erfahrungen, die hier in drei Tagen gewonnen werden, können sich nicht nur im Deutsch-/Literaturunterricht, sondern im gesamten Unterrichtsgeschehen positiv auswirken. Sie erweitern die Bereitschaft des Schülers für den kreativen Bereich, vermehren seine Sozialkontakte und verbessern sein eigenes Auftreten.

A 3.4 **Lehrerfortbildung**

Da Lehrer für das Schultheater keine eigene Ausbildung mitbringen, hat das Ministerium für Kultus und Sport seit Januar 1987 insgesamt 30 von den Oberschulämtern vorgeschlagene Lehrer aller Schularten zu Multiplikatoren für das Schultheater ausgebildet. Die Ausbildung fand auf der Staatlichen Akademie Comburg statt und wurde von professionellen Theaterfachleuten durchgeführt. Sie erstreckte sich über zwei Jahre und umfaßte insgesamt 14 Kurse (i. d. R. 2 ½ Tage). Dabei wurden z. B. folgende Themen behandelt: Regie und Dramaturgie, szenische Räume, Maskenbildnerei im Theater, Spielansätze im Schultheater.

Die Multiplikatoren, die seit 1988 in vollem Umfang eingesetzt werden können, erhalten z. Zt. drei Wochenstunden Deputatsermäßigung. Dafür haben sie die Aufgabe, Schultheater-Arbeitsgemeinschaften z. B. bei der Auswahl geeigneter Stücke sowie in dramaturgischen und organisatorischen Fragen zu beraten.

A 3.5 **Koordinierungsstelle für Schultheater**

Im Landesinstitut für Erziehung und Unterricht Stuttgart wurde eine Koordinierungsstelle für Schultheater eingerichtet, die in Abstimmung und Zusammenarbeit mit dem Ministerium für Kultus und Sport, den Oberschulämtern, den Schulämtern und Schulen, den Kulturämtern der Städte, den Theatern und freiberuflich tätigen Theaterfachleuten die vielfältigen Aktivitäten beratend und dokumentierend begleitet.

A 4 Bereichsübergreifende Maßnahmen

Die Theaterförderung des Landes wird durch Festivals und Preisverleihungen abgerundet, die sowohl im Bereich der Berufstheater als auch im Amateurbereich stattfinden.

A 4.1 **Festivals im Theaterbereich**

A 4.1.1 Professioneller Bereich:

Bei den Festspielen werden die

- ☐ Ludwigsburger Schloßfestspiele,
- ☐ Schloßfestspiele Ettlingen,
- ☐ Opernfestspiele Heidenheim und die
- ☐ Schloßfestspiele Zwingenberg

nach folgenden Kriterien gefördert:

- ☐ fünfjähriges Bestehen,
- ☐ angemessene kommunale Subventionierung (zwischen Stadt und Land gilt ein Zuschußschlüssel von 2:1; bei den Ludwigsburger Schloßfestspielen seit ihrer Ausweitung zu den „Internationalen Festspielen Baden-Württemberg“ ausnahmsweise 1:1) und
- ☐ ein eigenes Ensemble, das das Veranstaltungsprogramm überwiegend bestreitet.

Das Bodensee-Festival (Konstanz, Friedrichshafen) wird in der Weise gefördert, daß das Land dem Stadttheater Konstanz und der Südwestdeutschen Philharmonie (Bodensee-Symphonie-Orchester) für ihre künstlerischen Beiträge Sonderzuschüsse gewährt.

A 4.1.2 Amateurbereich:

Von 1989 an unterstützt das Land auch regionale Festivals der Amateurtheater vor allem außerhalb der Ballungszentren. Träger dieser Festivals sind der Amateurtheaterverband, eine örtliche Bühne und die ausrichtende Gemeinde.

Seit 1988 hat das Ensemble der Ludwigsburger Festspiele im Forum am Schloßpark eine neue und zusätzliche Spielstätte; Bild: Verkehrsamt Ludwigsburg

Konzert der Ludwigsburger Schloßfestspiele im Ordenssaal des Ludwigsburger Schlosses; copyright: Schloßfestspiele Ludwigsburg

A 4.2 **Theaterpreise**

A 4.2.1 Autorenpreis für Volkstheaterstücke:

Seit 1978 wird in dreijährigem Rhythmus ein Landespreis für Volkstheaterstücke vergeben. Die Preissumme beträgt insgesamt 25 TDM, der erste Preis soll künftig mit 10 TDM dotiert sein. Neben einem 2. und 3. Preis werden in Zukunft auch zwei Förderpreise vergeben.

Über die Vergabe des Preises entscheidet eine vom Minister für Kultus und Sport berufene Jury, der erfahrene Praktiker aus dem Bereich des Volkstheaters und Vertreter der Veranstalter und der Medien angehören.

Von Jahr zu Jahr hat sich die Beteiligung am Wettbewerb erhöht. Prämierte Stücke von Martin Schleker und Thomas Strittmatter sind bereits von professionellen Bühnen übernommen und vom Fernsehen ausgestrahlt worden.

A 4.2.2 Kleinkunstpreis Baden-Württemberg:

Seit 1986 wird im Zwei-Jahres-Rhythmus für die Sparten Clownerie, Cabaret, Pantomime und Lied/Chanson der Kleinkunstpreis Baden-Württemberg vergeben. Die Preissumme beträgt je Sparte 10 TDM, der 1. Preis ist mit 4 TDM dotiert. Es wird auch ein Förderpreis vergeben. Über die Vergabe des Kleinkunstpreises entscheidet eine Jury, der erfahrende Praktiker der jeweiligen Kunstsparte und Vertreter des Veranstalters und der Medien angehören. Sie wird vom Minister für Kultus und Sport berufen.

A 4.2.3 Kinder- und Jugendtheaterpreis:

Seit 1981 wird jährlich ein Autorenpreis für das Jugendtheater in Höhe von 15 TDM vergeben. Über die Vergabe des Preises entscheidet eine Jury, der die Vertreter der Arbeitsgemeinschaft der Kinder- und Jugendtheater, drei Vertreter von Städten und je ein Autor, Pädagoge und Verlagsvertreter angehören.

A 5 Kooperationen

A 5.1 **Landesbühnen**

Eine erfolgreiches Beispiel für Kooperationsmöglichkeiten mit einer Jugendmusikschule stellt das Projekt „Through Roses“ dar, das die Badische Landesbühne Bruchsal mit der Jugendmusikschule Bruchsal durchgeführt hat (vgl. Kap. 2, A 3.6.2).

A 5.2 **Amateurtheater**

A 5.2.1 Kooperation mit professionellen Theaterleuten:

Kontakte zwischen Amateur- und Berufstheatern finden auf Verbandsebene und bei einzelnen Bühnen statt.

In den Schulungskursen des Amateurtheaterverbandes wirken professionelle Theaterleute aus allen Sparten seit Jahren erfolgreich mit. Sie helfen, daß die Mitwirkenden auf und hinter einer Amateurbühne für ihre Aufgabe besser ausgebildet werden.

Bei einzelnen Amateurbühnen wirken professionelle Kräfte vor allem als Regisseure mit, aber auch in den Bereichen Musik, Bühnen- und Kostümbild, Technik und Maske. Manche Amateurtheater haben seit vielen Jahren ihre eigenen „Hausregisseure“ aus den Berufstheatern gefunden. Die Beteiligung professioneller Kräfte hat die Qualität des Amateurtheaters erheblich verbessert. Doch profitieren nicht nur die Amateure von dieser Zusammenarbeit; die professionellen Theaterleute ziehen vielmehr aus ihrer Mitwirkung bei den Amateurtheatern finanziellen, vor allem aber auch fachlichen Nutzen.

A 5.2.2 Kooperation mit dem Schultheater:

Seit 1989 verstärken die Amateurtheater auch ihre Kooperationen mit dem Schultheater. Dies geschieht durch ein Förderprogramm des Landes, das u. a. die Kooperation zwischen Schule und musischkulturellen Vereinen begünstigt. Hier sollen vor allem gemeinsame workshops und in Einzelfällen auch gemeinsame Inszenierungen gefördert werden.

A 5.3 **Schultheater (Kooperation mit professionellen Theatern)**

Da Lehrer, die Schultheater-Arbeitsgemeinschaften leiten oder im Fachunterricht das darstellende Spiel einsetzen wollen, für diese Aufgabe keine Vorbildung mitbringen, sind sie in großem Umfang auf die Kooperation mit Fachleuten aus dem professionellen Bereich angewiesen. Diese Kooperation findet nicht nur bei der Fortbildung von Multiplikatoren (vgl. A 3.4) statt, sondern auch bei folgenden Maßnahmen:

Der Chefdramaturg der Württembergischen Landesbühne Esslingen (Mitte) bei einem Lehrgang mit Theaterlehrern auf der Comburg (Juni 1989); Bild: MKS

A 5.3.1 Schultheaterwochen:

Ein Berufstheater lädt Lehrer und Schüler zu bestimmten Aufführungen ein und veranstaltet im Anschluß daran „Manöverkritik“ und workshops.

A 5.3.2 Begleitete Theaterbesuche:

Bestimmte Aufführungen werden im Unterricht oder im Theater durch einen Produzenten (Dramaturgen, Schauspieler) vor- und nachbereitet.

A 5.3.3 Beratung von Theaterarbeitsgemeinschaften:

Theaterfachleute und Multiplikatoren unterstützen punktuell oder kontinuierlich einzelne Theaterarbeitsgemeinschaften bei der Auswahl ihrer Stücke und der Vorbereitung einzelner Aufführungen.

A 5.3.4 Schultheaterwerkstätten:

Bei Schultheaterwerkstätten finden i. d. R. dreitägige workshops mit ausgewählten Einzelthemen statt. Diese Workshops werden von Schauspielern, Dramaturgen etc. durchgeführt und dienen der Fort- und Weiterbildung von Lehrern und Schülern. Sie werden in ausgewählten Regionen z. T. für Lehrer und Schülergruppen gemeinsam, z. T. getrennt durchgeführt und individuell nach den Wünschen der Schulen gestaltet. Voraussetzungen dafür sind, daß Lehrer und Schüler von ihrem Schulleiter für drei Tage zur Mitarbeit in den ganztägigen workshops beurlaubt werden und daß sich die Städte am jeweiligen Austragungsort an der Finanzierung beteiligen.

Seit der ersten Schultheaterwerkstatt 1985 fanden bis 1987 elf, 1988 und 1989 je zwölf Veranstaltungen statt. Das sprunghafte Ansteigen der Zahl der Veranstaltungen geht auf eine besonders starke Nachfrage zurück.

A 5.3.5 Baden-württembergische Schultheatertreffen:

Jährlich wird bei einem landesweiten einwöchigen Schultheatertreffen ein repräsentativer Querschnitt des Schultheaters aus allen Schularten gezeigt. Ziel ist die Präsentation höchst verschiedener Gruppen, die den Stand und die Entwicklung des Theaterschaffens in Schulen vermitteln. Ein Team von Fachleuten (Theaterpädagogen, Schauspieler, erfahrene Lehrer) besucht und berät die sich meldenden Gruppen. Neben Aufführungen von ca. 10 Schultheatergruppen werden begleitende workshops zu verschiedenen theaterpraktischen Bereichen durch Schauspieler und Theaterpädagogen angeboten.

Von 1989 an wird eine neue Konzeption für das Schultheater erprobt, die nicht mehr von fertigen Inszenierungen ausgeht. In diesem Jahr konnten sich zum ersten Mal Theaterarbeitsgemeinschaften aller Schularten melden, die an einer intensiven workshoparbeit mit professionellen Leitern aus dem künstlerischen Bereich des Theaters interessiert waren. Zum Abschluß stellten die einzelnen Gruppen unabhängig voneinander erarbeitete Szenen vor. Bei dieser Neukonzeption konnten mehr als doppelt so viele Gruppen und alle Schularten in gleicher Weise - verteilt auf die einzelnen Oberschulamtsbereiche - berücksichtigt werden. Die Teilnehmer hatten ausreichend Gelegenheit, anderen Gruppen über die Schulgrenzen hinweg zu begegnen, Erfahrungen untereinander auszutauschen, ihre Phantasie und Kreativität einzubringen und produktive Anregungen der Theaterfachleute nach Hause mitzunehmen.

Die Schultheatertreffen werden durch das Ministerium für Kultus und Sport zusammen mit einer Stadt und dem Landesbeauftragten für den künstlerischen Bühnennachwuchs veranstaltet, die sich zu je einem Drittel an den Kosten (ca. 120 TDM) beteiligen.

A 5.4 Landesbeauftragter für den künstlerischen Bühnennachwuchs

In Baden-Württemberg ist zum 1. August 1985 die Position eines Landesbeauftragten für den künstlerischen Bühnennachwuchs eingerichtet worden. Durch diese Entscheidung hat die Landesregierung die Möglichkeit geschaffen, daß Untersuchungen darüber angestellt werden konnten, ob und in welcher Form die Ausbildung des künstlerischen Bühnennachwuchses zu verbessern wäre. Dieses Problem wird in überregionalen Theatergremien und in den Kunsthochschulgremien der Bundesrepublik seit langem erörtert. Von beiden Seiten, d.h. also sowohl von den Ausbildungsstätten (Kunsthochschulen) als auch von den Abnehmerstätten (Theater) wird beklagt, daß es an der nötigen Kooperation und Koordination fehle, und daß deshalb die Ausbildung nicht praxisgerecht genug erfolge.

Der Landesbeauftragte soll im Rahmen eines zeitlich begrenzten Projektauftrags insbesondere

- die derzeitige Situation des künstlerischen Bühnennachwuchses untersuchen,
- die Kooperation zwischen den Kunsthochschulen und den Theatern analysieren,
- Vorschläge zur Verbesserung der Berufschancen des künstlerischen Bühnennachwuchses erarbeiten und
- Maßnahmen zur Förderung des künstlerischen Bühnennachwuchses planen und durchführen.

Dafür wurden ihm besondere Haushaltsmittel zur Verfügung gestellt.

Aus der bisherigen Tätigkeit des Landesbeauftragten für den künstlerischen Bühnennachwuchs haben sich im wesentlichen drei Aufgabengebiete ergeben:

A 5.4.1 Projekte:

Einen zentralen Bereich hat in der Arbeit des Landesbeauftragten die Durchführung von neuen Projekten eingenommen, die den Ausbildungsbereich (Kunsthochschulen) und den späteren Anstellungsbereich (Theater) in ersten gemeinsamen Arbeitsphasen miteinander verbanden. Beispielhaft seien genannt:

- ☐ Anstoß und finanzielle Förderung für Opern- und Schauspielproduktionen mit Studierenden der Musikhochschule Stuttgart und der Akademie der bildenden Künste Stuttgart in Zusammenarbeit mit den Württembergischen Staatstheatern Stuttgart;
- ☐ Vergabe von einjährigen Stipendien an Absolventen von Hochschulen oder Privatschulen unter der Voraussetzung, daß ein Theater sich verpflichtet, die Stipendiaten in bestimmten Rollen einzusetzen, und die jeweilige Schule es übernimmt, die Stipendiaten während dieses Jahres noch weiter zu betreuen und auszubilden;
- ☐ Anregung und finanzielle Förderung eines Vorsingens von Absolventen staatlicher Musikhochschulen vor den Intendanten deutscher Bühnen;
- ☐ Anregung und finanzielle Förderung von Symposien für Schulen zur Verbesserung der Chorausbildung;
- ☐ Unterstützung einzelner Maßnahmen des Ministeriums für Kultus und Sport im Rahmen des Aktionsprogramms zur Förderung der musisch-kulturellen Erziehung an den Schulen. Der Landesbeauftragte hat hier schwerpunktmäßig Schultheatertreffen und Schultheaterwerkstätten gefördert;
- ☐ Durchführung des Landeswettbewerbes „Jugend singt“ im Zusammenwirken mit dem Landesverband der Musikschulen in Baden-Württemberg. Das Projekt dient vor allem der Auffindung junger Sängerinnen und Sänger außerhalb der zentralen Städte des Landes, ihrer Berufsberatung, Förderung und Entwicklung;
- ☐ Förderung von workshops bei Theatertagen.

A 5.4.2 Vorträge, Symposien, Vertretungen des Landes:

Der Landesbeauftragte hat Vorträge gehalten, Konferenzen besucht, Symposien organisiert oder an Symposien teilgenommen und Textbeiträge für Fachzeitschriften konzipiert. Im überregionalen Bereich ist er mehrfach als Delegierter tätig geworden, so z. B. für Fragen der Jugend und des Theaters im Auftrag des Auswärtigen Amts bei der KSZE in Budapest im Jahr 1985, im Auftrag des Bundesministeriums für Bildung und Wissenschaft bei einem europäischen Seminar für Bildung und Kultur in Trier oder als Vertreter des Deutschen Bühnenvereins bei einer Tagung von Intendanten und Hochschullehrern und bei der Reformierung des paritätischen Prüfungswesens im Theaterbereich.

A 5.4.3 Beratung:

Im Laufe seiner Tätigkeit hat der Landesbeauftragte weit mehr als 100 junge Leute über alle möglichen Theaterberufe vom Techniker bis zum Sänger beraten. Die starke Nachfrage erklärt sich aus dem Fehlen einer offiziellen Berufsberatungsstelle für Theaterberufe in Baden-Württemberg. Die nächsten Beratungsstellen sind in Frankfurt und München. Diese Beratung führte zur Zusammenarbeit mit dem Landesarbeitsamt, dem Arbeitsamt in Stuttgart und der Bundesanstalt für Arbeit in Nürnberg.

B. Perspektiven

B 1 Berufstheater

B 1.1 Flexiblere Strukturen

Das Theater - der Begriff steht für das subventionierte, von der öffentlichen Hand getragene deutsche Theater - ist zu unbeweglich geworden, um auf künstlerische Herausforderungen und haushaltsrechtliche Anforderungen angemessen zu reagieren. Als Gründe für diese Unbeweglichkeit sind zu nennen:

- ☐ Die Theater sind in die organisatorische und verwaltungstechnische Struktur der Stadt- (oder Staats-)verwaltung eingebunden. Diese Verwaltungsstrukturen sind in ihren Normen und Abläufen weitgehend theaterfremd oder werden jedenfalls den sehr spezifischen Theatergegebenheiten nicht gerecht. Dadurch entstehen zunehmend Reibungsflächen und Schwierigkeiten.
- ☐ Die immer größer werdende Arbeitsteilung (z. B. im Bereich der Bühnentechnik) erschwert den Probenbetrieb und die Vorstellungen.
- ☐ Das Schwinden der Ensembles und das dadurch bedingte wesentlich höhere Engagement von Gästen führt zu einer Veränderung der Planung. Sie muß sehr viel längerfristiger sein und Faktoren berücksichtigen, die außerhalb der künstlerischen Produktionen eines Hauses liegen (die freien Termine der Gäste bestimmen den Spielplan). Ein Reagieren der Theater auf aktuelle Ereignisse wird damit unmöglich.

Die Theater müssen ihre Flexibilität wiedergewinnen, und zwar

B 1.1.1 im tariflichen und organisatorischen Bereich:

An die folgenden Maßnahmen ist zu denken:

- ☐ In allen das Theater betreffenden Tarifverträgen, insbesondere im Bereich der Technik, sollte die Möglichkeit eröffnet werden, mit der Arbeitszeit flexibel umzugehen.
- ☐ Es ist zu prüfen, inwieweit die Werkstätten aufgelöst und die Werkstattarbeiten nach einem Ausschreibungswettbewerb an Fremdfirmen vergeben werden können (Beispiel Israel).
- ☐ Das Theater ist aus den städtischen und staatlichen Verwaltungen möglichst weitgehend herauszulösen. Die Entscheidungskompetenz über den Einsatz von Personal und Finanzmitteln muß so weit wie möglich bei der Theaterleitung liegen.
- ☐ Die Möglichkeit, Finanzmittel zu disponieren, muß dem Theaterbetrieb angepaßt und insbesondere dem schwankenden Finanzbedarf entsprechend flexibel sein.

B 1.1.2 im künstlerischen Bereich:

Das Theater mit dem herkömmlichen Repertoire-Betrieb ist ohne das hierfür notwendige Ensemble künstlerisch nicht zu verantworten und nur von großen Häusern angemessen zu finanzieren. Nimmt man die Auflösung der Ensembles hin, muß sich der Spielbetrieb zum en-bloc-System bzw. Ensuite-System hin entwickeln. Daraus ergeben sich z. T. weitreichende Konsequenzen:

- ☐ Der veränderten Struktur der Spielpläne entsprechend muß die Struktur des Abonnementsystems geändert werden. Das herkömmliche Abonnement, das am Repertoire-Betrieb orientiert ist, erschwert eine Anpassung des Betriebs an die neue Struktur der Spielpläne.
- ☐ Die Planung muß entsprechend weit nach vorn gezogen werden.
- ☐ Es ist zu prüfen, ob außerdem die Anzahl der Vorstellungen und auch der Neuproduktionen verringert und an weniger Tagen qualitativ besseres Theater gespielt werden soll.
- ☐ Es ist zu prüfen, ob durch Vermehrung von Austauschgastspielen das künstlerische Angebot gesteigert oder wenigstens die Ausgaben verringert werden können.
- ☐ Es ist zu prüfen, ob ein sog. „Drei-Sparten-Betrieb" an größeren Häusern noch effizient ist.

Diese nur stichwortartig dargestellten Probleme und eventuellen Lösungsversuche können nicht von einem Theater allein und auch nicht von den Theatern einer Region in Angriff genommen werden. Dies muß die Aufgabe der Theaterverbände (des Deutschen Bühnenvereins als Arbeitgeberverband und der Theater-Arbeitnehmerorganisationen) sein. Diesbezügliche Überlegungen werden im Deutschen Bühnenverein bereits angestellt. Sie sind sicherlich nicht von heute auf morgen zu realisieren, weil damit nicht nur künstlerische, sondern auch soziale Komponenten verbunden sind. Die Klärung dieser grundlegenden Fragen wird aber in den nächsten Jahren für das deutsche Theatersystem von existenzieller Bedeutung werden.

B 1.2 **Erweiterung der Kommunaltheaterförderung**

Die Förderung der Kommunaltheater (vgl. A 1.2) erstreckt sich bisher lediglich auf die Betriebsausgaben. Die Sitzstädte der Kommunaltheater streben aber seit längerem an, daß vom Land künftig auch die Unterhaltung der Gebäude und die Verbesserung der bühnentechnischen Einrichtungen bezuschußt werden. Die Gemeinden berufen sich dabei auf die Verhältnisse an den beiden Staatstheatern in Stuttgart und Karlsruhe.

Es hat sich gezeigt, daß die Sitzstädte der Kommunaltheater aus finanziellen Gründen Maßnahmen zur Bauunterhaltung und Verbesserung bühnentechnischer Einrichtungen immer wieder zurückgestellt haben, was schließlich zu einer Art „Reparaturstau" geführt hat. Das kulturpolitische Anreizprinzip für eine angemessene Dotierung im Betriebsbereich (40% der Aufwendungen) sollte deshalb auf den Investitionsbereich übertragen werden. Die entsprechenden Aufwendungen des Landes hätten sich in den vergangenen 5 Jahren durchschnittlich auf ca. 1,8 Mio. DM belaufen.

Das Ministerium für Wissenschaft und Kunst sollte ermächtigt werden, die Bemessungsgrundlage bei der Zuschußgewährung an die Kommunaltheater um Sanierungsmaßnahmen und bühnentechnische Verbesserungen zu erweitern und solche Vorhaben in die automatische Förderungsstruktur aufzunehmen. Von den Städten sollte dafür aber eine Gegenleistung gefordert werden: Sie sollten verpflichtet werden, ihren Theatern im laufenden Haushaltsjahr zusätzliche Haushaltsmittel im Personalbereich mindestens in Höhe des tariflich bedingten Mehraufwandes und im Sachbereich mindestens in Höhe der allgemeinen Zuschußsteigerungen des städtischen Haushaltsplans zu gewähren. Dies ist gegenwärtig in den betroffenen Kommunen gängige Praxis und bedeutet daher im Augenblick keine zusätzliche Belastung der städtischen Etats. Die Städte sollten aber angehalten werden, die gegenwärtige Praxis auch in Zukunft fortzuführen.

B 1.3 **Rechtsträgerschaft des Theaters Baden-Baden**

Das Theater Baden-Baden ist das einzige Stadttheater, das nicht nach dem Kommunaltheaterschlüssel 60:40 vom Ministerium für Wissenschaft und Kunst bezuschußt wird. Rechtsträger dieses Theaters ist die Bäder- und Kurverwaltung Baden-Baden, die ihre Zuschüsse über das Finanzministerium durch Überlassung von Teilen der Spielbankabgabe erhält. Durch diese Konstellation fällt diese Bühne auch nicht unter die in A 1.2.1 beschriebene Zuschußautomatik. Diese Situation wird vom Theater Baden-Baden als unbefriedigend empfunden, es hält die Förderpraxis für die übrigen Kommunaltheater für günstiger. Weil das Theater Baden-Baden die Funktion eines Kommunaltheaters erfüllt, ist nicht ersichtlich, warum es ungünstiger gestellt werden soll als andere Kommunaltheater.

Es wird daher vorgeschlagen, daß in Verhandlungen zwischen der Stadt Baden-Baden, der Bäder- und Kurverwaltung und dem Land ein Weg gefunden wird, nach dem das Theater Baden-Baden in der Förderung mit den übrigen Kommunaltheatern gleichgestellt wird oder aber in die Rechtsträgerschaft der Stadt Baden-Baden übernommen werden kann.

B 1.4 **Landesbühnen als Quasi-Kommunaltheater**

Die Landesbühnen haben in erster Linie den Auftrag, ihre Region nach dem Prinzip der Wanderbühnen mit Theaterproduktionen zu versorgen. Nur dieser Auftrag rechtfertigt den im Vergleich zu den Kommunaltheatern doppelt so hohen Fördersatz des Landes (Kommunaltheater: 40% - Landesbühnen: ca. 85% bis 87%).

Die Realität entspricht dieser Soll-Vorstellung nur bei der Badischen Landesbühne Bruchsal, nicht aber bei der Württembergischen Landesbühne Esslingen und beim Landestheater Tübingen, wie nachstehende Übersicht deutlich macht:

Bühne	Ort	Vorstellungen 19877/88 am Sitzort	auswärts
Badische Landesbühne	Bruchsal	58	274
Württembergische Landesbühne	Esslingen	258	235
Landestheater	Tübingen	266	161

Die Württembergische Landesbühne Esslingen und insbesondere das Landestheater Tübingen haben sich zu einem „Quasi-Kommunaltheater" mit verschieden hohem „Abstecheranteil" entwickelt. Als Folgerung daraus müssen sich die Bühnen in Esslingen und Tübingen darum bemühen, den auswärtigen Anteil ihrer Theaterarbeit zu verstärken.

Für die Zukunft aber ergibt sich folgende Konsequenz: Wenn bei diesen Bühnen im Interesse ihrer Sitzstädte strukturelle Veränderungen vorgenommen werden, die nur in eingeschränktem Umfang der Region zugute kommen, dann sollten sich die Sitzstädte auch an der Finanzierung dieser Maßnahmen - ähnlich wie die Sitzstädte der Kommunaltheater - angemessen beteiligen.

B 1.5 **Änderungen in der Kleintheaterförderung**

Die Förderung der Kommunaltheater wird wegen ihrer automatischen Landesbeteiligung (siehe A 1.2.1) in der ganzen Bundesrepublik als beispielhaft angesehen. Verstärkt kommt daher auch von baden-württembergischen Kleintheatern die Forderung, nicht mehr im Zuschußverhältnis 2:1 (mit begrenzter Zuschußhöhe; siehe A 1.4.1); sondern wie Kommunaltheater im Verhältnis Stadt : Land = 60 : 40 gefördert zu werden. Insbesondere Kinder- und Jugendtheaterensembles (z. B. in Freiburg) bedauern, daß die Leistungen des Landes nur deshalb auf den derzeitigen Höchstbetrag der Kleintheaterförderung begrenzt bleiben, weil sie sich nicht entschließen können, sich als vierte Sparte einem Kommunaltheater angliedern zu lassen.

Es entbehrt nicht einer gewissen Logik, daß die für die Kommunaltheater praktizierte Landesförderung, bei der die Zuschußautomatik des Landes für die Theater eine gewisse Schutzfunktion bewirkt, auch bei der Förderung der Kleintheater Anwendung findet. Für die Kleintheater ergäbe sich daraus der zusätzliche Vorteil, selbst entscheiden zu können, ob sie kommunalisiert werden oder selbständig bleiben wollen.

Aus diesem Grunde sollte geprüft werden, ob die bisherige Förderung der Kleintheater auf die Zuschußpraxis für Kommunaltheater umgestellt werden kann, bei der sich das Land automatisch mit 40% am jeweiligen Zuschußbedarf beteiligt, soweit dies die Stadt mit 60% tut.

Theater Lindenhof, Commedia alla Carta; copyright: B. Trebuth, Reutlingen

B 1.6 **Einführung von Theaterpädagogen und Theaterlehrern**

Im Jahr 1984 hat die Landesregierung ein Aktionsprogramm zur Förderung musisch-kultureller Erziehung an den Schulen beschlossen, das viele Aktivitäten im Bereich des Schultheaters ausgelöst hat (vgl. A 3). Das dadurch enstandene Netz von Kontakten zwischen Schulen und Theatern bedarf aber dringend einer konsequenten Fortentwicklung im personellen Bereich. Nach der übereinstimmenden Meinung der Praktiker im Schulbereich und im Theaterbereich ist es erforderlich, möglichst an allen Bühnen Theaterpädagogen einzusetzen.

Der Theaterpädagoge soll zwischen dem Theater (in seiner vielfältigen Form) und den Bildungseinrichtungen wie Schulen, Kindergärten, Jugendhäusern, Volkshochschulen, Begegnungsstätten und Rehabilitationszentren vermitteln. Er soll Konzepte entwickeln, wie Kinder und Jugendliche an das Theater herangeführt werden können. Er ist Anwalt der Schule im Theater sowie Anwalt des Theaters in der Schule. Seine Aufgaben sind: Beratung und Betreuung von Theaterlehrern, AG-Leitern und Schultheatergruppen und Mitwirkung bei der Vor- und Nachbereitung von Stücken im Klassenunterricht.

Daraus ergeben sich folgende Qualifikationen für den Theaterpädagogen: Er muß in den Arbeitsprozeß des Theaters integriert und Theaterpraktiker sein, er muß aber auch pädagogische Fähigkeiten haben.

Es wird vorgeschlagen, zunächst an den drei Landesbühnen die Stelle eines Theaterpädagogen zu schaffen, ihn aber nicht ausschließlich am dortigen Kinder- und Jugendtheater anzubinden. Sodann sollte den kommunalen Theatern angeboten werden, daß sich das Land in derselben Höhe wie beim übrigen Betrieb an den Kosten beteiligt, wenn sie die Stelle eines Theaterpädagogen schaffen, der dann ausschließlich als solcher tätig wird. Auch an den beiden Staatstheatern sollten entsprechende Stellen ausgebracht werden.

In Ergänzung dazu bedarf es auf seiten der Schulen des Theaterlehrers. Es wird vorgeschlagen, daß die Schulverwaltung für möglichst viele Schulen geeignete Lehrer als Ansprechpartner für die Theater benennt. Diese können entweder Leiter einer Theater-AG sein oder sich aus Interesse an der Sache als Ansprechpartner des Theaterpädagogen zur Verfügung stellen. Sie sollten durch eine geeignete Fortbildungsmaßnahme auf diese Aufgabe vorbereitet werden.

B 1.7 **Musiktheatertreffen Baden-Württemberg**

Von Abgeordneten ist angeregt worden, die Möglichkeit zu prüfen, für herausragende Produktionen deutscher Bühnen im Bereich Musiktheater ein regelmäßiges Musiktheatertreffen in Baden-Württemberg zu veranstalten. Baden-Württemberg würde sich mit seiner lebendigen Theaterlandschaft als Träger und Veranstalter eines solchen Treffens sicherlich eignen. Das Musiktheatertreffen würde – vergleichbar mit dem Berliner Theatertreffen auf dem Schauspielsektor – beachtliche kulturpolitische Resonanz und die Chance einer interessanten Bestandsaufnahme des Musiktheaters bieten.

Gedacht wird bei diesem Musiktheatertreffen an eine im zweijährigen Turnus stattfindende Veranstaltung von etwa dreiwöchiger Dauer, bei der fünf bis sechs besonders interessante oder bemerkenswerte Inszenierungen mit jeweils zwei Vorstellungen aufgeführt werden sollen. Die Auswahl dieser Produktionen soll von einer aus hochrangigen Musikkritikern zusammengesetzen Jury vorgenommen werden.

Es muß angestrebt werden, daß ein solches Theaterereignis möglichst dezentral angelegt wird, d. h. daß sämtliche in Baden-Württemberg bestehenden Musiktheater einbezogen werden können. In den Voruntersuchungen ist allerdings zu prüfen, ob eine dezentrale Ausrichtung mit den räumlichen Verhältnissen kleinerer Musiktheater im Lande und mit dem Anspruch vereinbar ist, der an eine derartige Veranstaltung gestellt wird.

B 2 Amateurtheater

Wie die Bestandsaufnahme gezeigt hat, haben sich die vorhandenen Strukturen bei den Amateurtheatern und ihre Förderung durch das Land bewährt. Trotzdem müssen diese Strukturen fortentwickelt und die Haushaltsmittel verstärkt werden, mit denen die Amateurtheater gefördert werden.

B 2.1 **Erhöhung der laufenden Zuschüsse für Freilichtbühnen**

Zur Zeit sind 20 Freilichtbühnen Mitglieder des Amateurtheaterverbands. Während ihre Zahl steigt, stagnieren die Mittel, die als Zuschüsse gewährt werden können.

Die Freilichtbühnen haben aufgrund witterungsbedingter Einflüsse für ihre Ausstattung erheblich höhere Aufwendungen zu tragen als Innentheater. Da die Landesmittel der wachsenden Zahl der Freilichtbühnen aber ebensowenig Rechnung tragen wie den wachsenden Kosten, müssen die Zuschüsse an die Amateurtheater erhöht werden.

B 2.2 **Schulung und Beratung der Amateurtheater**

Die sprunghaft wachsende Zahl der Mitglieder in den Amateurbühnen zieht einen entsprechenden Schulungsbedarf nach sich, der möglicherweise in der künftigen „Landesakademie für Schultheater" (vgl. B 3.1.1) erfüllt werden kann. Die einzelnen Amateurbühnen haben ein zunehmendes Interesse an Beratung und Betreuung. Sowohl auf den Amateurtheaterverband als auch auf die „Spielberatung Baden-Württemberg e. V." kommen daher neue Aufgaben zu, die sie bei ihrer gegenwärtigen Struktur und der gewährten Bezuschussung durch das Land nicht mehr bewältigen können.

Der wachsende Schulungs- und Beratungsbedarf der Amateurtheater wird auch in Zukunft vorrangig vom Amateurtheaterverband und der „Spielberatung Baden-Württemberg e. V." zu tragen sein:

- □ Die Mittel für die Schulungsmaßnahmen des Verbandes müssen daher erhöht werden. Damit kann die Verwaltungskraft des Verbandes gestärkt werden, eine notwendige Maßnahme; denn bislang wurde der Verband nur ehrenamtlich geleitet. Für die Zukunft ist eine Geschäftsstelle einzurichten.
- □ Bei der „Spielberatung Baden-Württemberg e.V." muß das Aufgabenfeld erweitert werden. Insbesondere muß die individuelle Beratung der einzelnen Bühnen erheblich verstärkt werden. Die Spielberatung sollte auch bei der Vorbereitung und Durchführung von Kooperationsprojekten zwischen Amateurtheatern und Schultheatern eingesetzt werden. Für diese zusätzlichen Aufgaben müssen besondere Mittel bereitgestellt werden.

B 2.3 **Landeszentrales Amateurtheater-Ensemble**

Zahlreiche jüngere Mitwirkende stoßen bei den Amateurtheatern einerseits an Grenzen ihrer künstlerischen Entwicklungsmöglichkeit, andererseits erscheint ihnen aber der Sprung ins professionelle Lager zu riskant. Bislang fehlt eine Möglichkeit, diese besonders talentierten jungen Amateurschauspieler zu beraten und zu fördern. Deshalb soll unter der Leitung namhafter Berufsregisseure ein landeszentrales Ensemble geschaffen werden, das besonders anspruchsvolle Werke der Theaterliteratur erarbeitet. Vorbild für ein solches Projekt könnten die landeszentralen Jugendmusikensembles sein. Das Ensemble sollte an Wochenenden proben, vor den Aufführungen aber jeweils zu intensiven Arbeitsphasen zusammengeführt werden.

B 3 Schultheater

Weil seit 1985 im Bereich des Schultheaters sehr positive pädagogische Erfahrungen gewonnen werden, ist es notwendig, diesen Bereich aus dem Status eines Aktionsprogramms herauszuführen und als festen Bestandteil im Schulwesen zu verankern. Dafür müssen neue Voraussetzungen geschaffen werden.

B 3.1 **Räumliche Voraussetzungen**

An den Akademien für Lehrerfortbildung in Baden-Württemberg gibt es keine Räume, die in ihrer Ausstattung den Anforderungen des Schultheaters entsprechen. Theater-Kurse, die neben andersartigen, vorwiegend theoretisch orientierten Lehrgängen in einer Fortbildungsakademie arbeiten, verursachen notwendigerweise mehr Lärm und wirken sich störend auf Vortrags- und Diskussionsveranstaltungen anderer Kurse aus. Deshalb sind folgende Projekte nötig:

B 3.1.1 Landesakademie für Schultheater und Schulkunst:

Da für den Bereich der Jugendmusik eine eigene Landesakademie in Ochsenhausen aufgebaut wird, wo neben Übungszellen und Unterrichtsräumen auch Probensäle und Aufführungsmöglichkeiten mit entsprechender Ausstattung geschaffen werden (vgl. Kap. 2, B 3.4), soll für den Bereich des Schultheaters ebenfalls eine solche „Landesakademie" errichtet werden. Damit soll für die Zukunft gewährleistet werden, daß neben regionalen Lehrerfortbildungskursen auch zentrale Veranstaltungen zum Bereich Schultheater abgehalten werden können. Für diese „Landesakademie" kommt nach einem Grundsatzbeschluß des Ministerrats vom Juni 1989 in erster Linie Schloß Rotenfels in Gaggenau in Betracht. Es ist vorgesehen, in dieser „Landesakademie" auch die Bereiche Schulkunst (vgl. Kap. 5, B 4.1) und Amateurtheater (vgl. B 2.2) anzusiedeln.

Schloß Rotenfels in Gaggenau: Hier soll die neue Landesakademie für Schultheater und Schulkunst untergebracht werden; Bild: Stadt Gaggenau

B 3.1.2 Theaterzentren:

Soll das Theaterspiel als elementare Lernmöglichkeit in allen Schulen Eingang finden, so muß eine flächendeckende Basisarbeit ermöglicht werden. Hierfür sollte in jedem Oberschulamtsbereich ein festes Theaterzentrum eingerichtet werden, in dem effektive Fort- und Weiterbildung in mehrtägigen Kursen für Schüler und Lehrer betrieben werden kann. Diese Zentren müssen mindestens je 2 Arbeits- und Probenräume, einen Aufführungsraum und Wohn- und Verpflegungsmöglichkeiten haben.

B 3.2 **Personelle Voraussetzungen im Landesinstitut für Erziehung und Unterricht**

Die beim Landesinstitut für Erziehung und Unterricht errichtete Koordinierungsstelle für Schultheater verfügt über keinen festen Personalbestand. Die erforderliche Ausweitung der Tätigkeiten ist nur möglich, wenn dem Landesinstitut mindestens eine ganze Personalstelle für Entwicklungs- und Koordinierungsaufgaben im Bereich Schultheater zur Verfügung gestellt wird.

B 3.3 **Zusätzliche Maßnahmen für Schultheater**

Das Schultheater wird seine pädagogischen Ziele nur dann erreichen, wenn die Theaterarbeit, die an Schulen geleistet wird, angemessenen qualitativen Ansprüchen genügt, Breitenwirkung erzielt und kontinuierlich betrieben wird.

Zur Förderung des Schultheaters stehen im Staatshaushaltsplan bisher pro Jahr etwa 150 TDM zur Verfügung. Der Landesbeauftragte für den künstlerischen Bühennachwuchs kann aus seinen Mitteln einzelne Projekte bezuschussen und tut dies jährlich etwa mit 60 TDM. Diese Mittel reichen insgesamt aber nicht aus, um auf Dauer das Programm „Schultheater" fortzuführen. Vor allem stehen keine Mittel für die künftige Fortbildung von Lehrern und für die Ausbildung neuer Multiplikatoren zur Verfügung.

Darum sollten nicht nur die Mittel für das Programm „Schultheater" wegen der erhöhten Nachfrage aufgestockt, sondern folgende zusätzliche Maßnahmen durchgeführt werden:

a) Sonderprogramm zur regionalen Fort- und Weiterbildung von jährlich etwa 100 Lehrern (bei 2.300 Theaterarbeitsgemeinschaften im Land) in den Arbeitsfeldern Dramaturgie, Bühnenbild, Maske/Schminke und Kostüme und

b) neuer Kurs zur Fortbildung von ca. 30 Lehrern zu Multiplikatoren für Schultheater in den Jahren 1990/91.

B 4 Landesbeauftragter für den künstlerischen Bühnennachwuchs

Die bisherige Praxis des Landesbeauftragten hat gezeigt, daß sich alle Projekte mit jungen Menschen, Sängern, Tänzern, Schauspielern oder einem jungen Publikum beschäftigen. Die Projekte, die nicht nur in Baden-Württemberg neu sind, finden auch in anderen Bundesländern Beachtung. Schon jetzt läßt sich erkennen, daß eine Reihe von Projekten, die der Landesbeauftragte in Angriff genommen hat, über die zeitliche Dauer seines Projektauftrags hinaus fortgeführt werden müssen.

Das Land hat daher vorgesehen, daß diese Projekte nach dem 31. Dezember 1989, dem Auslaufen des Vertrages des Landesbeauftragten, an die im Aufbau befindliche Theaterakademie (vgl. Kap. 9.4) übernommen werden. Der Theaterakademie werden hierfür im Staatshaushaltsplan 1990 entsprechende Haushaltsmittel zur Verfügung gestellt.

Die Bibliothek des ehemaligen Klosters Ochsenhausen – künftig ein kulturelles Zentrum für musikalische Aufführungen in Oberschwaben; Bild: MKS

Kapitel 2

MUSIK

Einleitung

Musik ist diejenige Kunstform, die die größte Breitenwirkung erreicht. Alle Bevölkerungskreise kommen ständig mit Musik in Berührung, Musik ist - vermittelt durch technische Medien - in einer Weise zu einem ständigen Bestandteil unseres Alltags geworden, wie sich dies frühere Generationen nicht hätten träumen lassen.

Daraus entstehen auch Gefahren. Abstumpfung, Gleichgültigkeit, Erlebnisunfähigkeit können die fatalen Folgen einer immerwährenden Verfügbarkeit von Musik sein. Zugleich entstehen aber auch neue Chancen. Musik, anspruchsvolle Musik zumal, ist nicht mehr das Privileg weniger. Hieran hat die öffentliche Hand nicht den alleinigen, aber doch entscheidenden Anteil. Die deutsche Musiktradition ist durch die Tatsache gekennzeichnet, daß Staat und Kommunen gehalten sind, die finanzielle Grundlage eines professionellen Musiklebens zu garantieren.

Auch das Musizieren der Jugend und der Amateure wird staatlicherseits gefördert in der nicht neuen, aber nach wie vor fraglos richtigen Erkenntnis, daß eine Musikkultur ohne diese Basis über kurz oder lang zum Absterben verurteilt ist. Dabei richtet sich das besondere Augenmerk der Öffentlichkeit auf die richtungweisenden Leistungen der landeszentralen Ensembles.

Das soll nicht heißen, daß das pulsierende Musikleben unseres Landes ausschließlich der öffentlichen Hand zu verdanken ist. Die Musikschulen, die privaten Musikerzieher, der Musikalienhandel und die Instrumentenbauer sowie private Konzertveranstalter und die Rundfunk- und Fernsehsender leisten dazu einen wichtigen Beitrag. Mit der Hilfe des Staates allein kann das Musikleben nicht gepflegt und gefördert werden. Vor allem auf dem Gebiet der musikalischen Erziehung aller Altersstufen bis hin zur Ausbildung des professionellen Nachwuchses bleibt noch manches aufzuarbeiten und nachzuholen.

So kann und soll denn auch die nachfolgende Übersicht keineswegs die lückenlose Beschreibung der baden-württembergischen Musiklandschaft sein. Neue Ideen, neue Projekte, neue Talente, die einer Stütze seitens der öffentlichen Hände bedürfen, werden immer wieder auftauchen. In zahlreichen Familien, Vereinen, Kirchengemeinden musizieren Laien- und Berufsmusiker seit jeher aus eigener Initiative und ohne staatliche Hilfe. Worauf es ankommt, ist der Kreislauf zwischen einer musikalischen Infrastruktur, die staatlicherseits zu garantieren ist, dem ideenreichen Engagement freier Künstler und der erlebnisbereiten Anteilnahme einer breiten Schicht von Musikliebhabern und Musikhörern.

Was in diesem Kapitel berichtet wird, spiegelt ein lebendiges Geistes- und Musikleben. Es darf behauptet werden, daß der Kreislauf funktioniert. Er kann aber noch verbessert werden, insbesondere durch eine Stärkung des musikalischen Laienbereichs; denn hier ist ein zunehmendes Interesse der Bevölkerung zu verzeichnen, und hier kann mit wenig Mehraufwand viel bewirkt werden.

A. **Bestand**

A 1 Professioneller Bereich

A 1.1 **Kulturorchester**

Kulturorchester sind Orchester, die regelmäßig Operndienste versehen oder Konzerte ernst zu wertender Musik spielen. Rechtsträger dieser Orchester können das Land, eine Gemeinde oder auch Gesellschaften des bürgerlichen Rechts sein. Die Etats dieser Kulturorchester werden überwiegend aus öffentlichen Mitteln finanziert.

Das Land Baden-Württemberg bezuschußt drei symphonische Orchester, nämlich:

- ☐ Stuttgarter Philharmoniker,
- ☐ Württembergische Philharmoniker e. V., Reutlingen,
- ☐ Südwestdeutsche Philharmonie e. V., Konstanz,

Württembergische Philharmonie Reutlingen unter Leitung von Salvador Mas in der Friedrich-List-Halle in Reutlingen; Foto: Joachim Feist, Plietzhausen; copyright: Württembergische Philharmonie, Reutlingen

und die Kammerorchester, nämlich:

- ☐ Württembergisches Kammerorchester e. V., Heilbronn,
- ☐ Südwestdeutsches Kammerorchester GmbH, Pforzheim,
- ☐ Kurpfälzisches Kammerorchester e. V., Mannheim,
- ☐ Stuttgarter Kammerorchester e. V.

Während bei den beiden Stuttgarter Orchestern Land und Stadt je 50% des Zuschußbedarfes tragen, fördert das Land die anderen Orchester mit 61 bis 70%.

Ein Berufsorchester kann in die laufende Landesförderung aufgenommen werden, wenn folgende Kriterien erfüllt sind:

- ☐ eigenes und fest angestelltes Ensemble,
- ☐ regelmäßiger Konzertbetrieb,
- ☐ mindestens fünfjährige Existenz als Berufsorchester in Baden-Württemberg und
- ☐ angemessene kommunale Beteiligung.

Der Landeszuschuß für die 7 Kulturorchester in Baden-Württemberg wird seit 1989 aus Wettmitteln finanziert; er beträgt 1989 ca. 14,3 Mio. DM.

Württembergisches Kammerorchester Heilbronn unter der Leitung von Jörg Faerber; Solistin: Anne-Sophie Mutter; copyright: Foto: Mader, Nürnberg

A 1.2 **Semiprofessionelle Chöre**

Das Musikleben Baden-Württembergs ist durch ein reiches und vielfältiges Chorwesen geprägt. Zum einen sind dies die Laienchöre, die in den Sängerbünden organisiert sind (vgl. A 2). Zum anderen sind dies Chöre, die im geistigen Umfeld der Kirchen entstanden sind und dort nach wie vor ihre geistigen Wurzeln haben. Unter ihnen gibt es vorwiegend in Städten mittlerer Größe einige Chöre, die über den kirchlichen Raum hinausgreifen und regelmäßig einen beachtlichen Beitrag zum kulturellen Leben ihrer Städte liefern und dafür von den Regierungspräsidien im Wege des Projektzuschusses gefördert werden können.

Aus diesem Chorleben hat sich der besondere Typus des sog. semiprofessionellen Chores entwickelt. Dabei handelt es sich um Chöre, deren Mitglieder in der Mehrzahl professionelle Sänger sind, d. h. eine Gesangsausbildung an einer Musikhochschule absolviert haben, aber im Gegensatz zu den Mitgliedern der Rundfunk-und Theaterchöre ihre Arbeit nicht hauptberuflich ausüben, sondern anderwärts ihre Existenzgrundlage haben.

Semiprofessionelle Chöre in Baden-Württemberg sind:

- ☐ Stuttgarter Kammerchor,
- ☐ Württembergischer Kammerchor,
- ☐ Markusvocalensemble,
- ☐ Süddeutscher Madrigalchor (Kernensemble der Ludwigsburger Schloßfestspiele),
- ☐ Gächinger Kantorei (in der Internationalen Bachakademie aufgegangen),
- ☐ Freiburger Vokalensemble und
- ☐ Philharmonia Chor Stuttgart.

Hinzu kommt der Stuttgarter Hymnus-Chor, ein Knabenchor, der naturgemäß eine andere Struktur aufweist, aber seit Jahrzehnten einen traditionellen Platz in der Pflege der geistlichen Musik einnimmt.

Semiprofessionelle Chöre werden unter folgenden Voraussetzungen gefördert:

- ☐ Zwei Drittel der Chormitglieder müssen eine Gesangsausbildung an einer Musikhochschule absolviert haben oder sich in einer solchen befinden;
- ☐ der Chor muß mindestens 10 Jahre bestehen;
- ☐ mindestens 12 Konzerte pro Jahr müssen veranstaltet werden;
- ☐ die Sitzgemeinde muß sich mit mindestens 50% am Zuschußbedarf beteiligen.

Die semiprofessionellen Chöre werden vom Land jährlich mit etwa 320 TDM gefördert.

A 1.3 **Auslandstourneen**

Das Land fördert seit 1986 auch Auslandstourneen professioneller Ensembles und semiprofessioneller Chöre bis zu 50% des entstehenden Defizits. Eine kommunale Beteiligung wird vorausgesetzt. Das Ministerium für Wissenschaft und Kunst bringt dafür z. Zt. jährlich etwa 430 TDM auf (vgl. Kap. 12, A 3.2.1).

Kammerchor Stuttgart; copyright: Krishna Lahoti, Stuttgart

A 1.4 **Wettbewerbe**

Weil im In- und Ausland in den letzten Jahrzehnten bereits eine Fülle von Wettbewerben für praktisch alle Fächer entstanden ist, muß zuweilen jetzt schon ein gewisses Ungleichgewicht zwischen der Zahl der angebotenen Wettbewerbsmöglichkeiten und der nachwachsenden Talente befürchtet werden. Das Land übt daher aus guten Gründen Zurückhaltung bei der Förderung von Wettbewerben.

Sinnvoll sind Wettbewerbe vor allem dann, wenn

- □ den Musikern der Übergang von der Ausbildung in das Berufsleben erleichtert wird und
- □ das Interesse der Öffentlichkeit auf ein Feld gelenkt werden soll, in dem ein Mangel an Musikern besteht, und deshalb ein Leistungsvergleich und die damit verbundene Leistungssteigerung erwünscht sind.

Folgende Wettbewerbe sind mit der Unterstützung des Landes entstanden:

A 1.4.1 Instrumentalwettbewerb des Verbands deutscher Tonkünstler und Musikerzieher:

Der jährlich stattfindende Wettbewerb wird für Kinder und heranwachsende Jugendliche ausgeschrieben, hat aber als Vergleichsmöglichkeit und Erkenntnisquelle für die unterrichtenden Instrumentallehrer auch Bedeutung für den professionellen Bereich. Der Wettbewerb wird vom Ministerium für Wissenschaft und Kunst mit 6 TDM gefördert.

A 1.4.2 Gesangswettbewerb des Verbands deutscher Tonkünstler und Musikerzieher:

Der Wettbewerb ist zugleich die regionale Vorstufe für den Bundesgesangswettbewerb in Berlin. Für diesen Wettbewerb leistet das Ministerium für Wissenschaft und Kunst einen Zuschuß von 3 TDM.

A 1.4.3 Wettbewerb für Koloraturgesang:

Dieser Wettbewerb will die Aufmerksamkeit auf ein Gesangsfach lenken, das bewegliche und leicht geführte Stimmen erfordert. Diese Stimmen werden im Konzert- und Opernrepertoire ständig benötigt. Gerade diese Stimmen und die betreffende Gesangstechnik werden auf sonstigen Gesangswettbewerben vernachlässigt, da dort in aller Regel schwere, großvolumige Stimmen mit dramatischem Einschlag bevorzugt werden.

Der Wettbewerb fand 1987 zum ersten Mal statt. Ab 1990 soll er alle 3 Jahre durchgeführt werden. Die künstlerische Leitung hat die Kammersängerin Frau Professor Sylvia Geszty, Staatliche Hochschule für Musik und Darstellende Kunst Stuttgart, übernommen.

Der erste Preis ist mit 12 TDM dotiert.

A 1.4.4 Hugo-Wolf-Wettbewerb für Liedgestaltung:

Das Kunstlied, eine höchst intime Kunstform mit sehr differenzierten Schattierungen, ist eine eigene musikalische Gattung mit großer Tradition. Nicht zuletzt die Komponisten des deutschen Sprachraumes haben die enge Verknüpfung von Dichtung und Musik stets als eine reizvolle Aufgabe empfunden und eine nahezu unübersehbare Liedliteratur hinterlassen. Diese Kunstform gehört in kleine Räume, für die sie auch geschaffen wurde. Damit allerdings wird nur eine begrenzte Zahl von Zuhörern erreicht. Die Kostenstruktur solcher Konzerte ist meist ungünstig. Es besteht daher die Gefahr, daß diese Kunstform im kommerziellen Konzertbetrieb ihre Existenzgrundlage verliert.

Die Stuttgarter Hugo-Wolf-Gesellschaft möchte die Tradition der Liedgestaltung stützen und weiterführen, u. a. durch die Ausrichtung eines Wettbewerbs, der von bedeutenden Liedinterpreten, Sängern und Pianisten juriert wird. Er findet seit 1987 im Abstand von drei Jahren statt. Künstlerischer Leiter ist Hartmut Höll, Pianist und Professor für Liedbegleitung an der Musikhochschule Köln.

Die ersten Preise (Sänger, Sängerin, Liedbegleiter) sind mit je 5 TDM dotiert.

A 1.4.5 Internationaler Violinwettbewerb Ludwig Spohr, Freiburg:

Bis vor einigen Jahren fanden alle großen internationalen Violinwettbewerbe im Ausland statt. Seit 1979 wird alle drei Jahre von der Musikhochschule Freiburg ein dreistufiger Wettbewerb ausgerichtet, der ausschließlich der Förderung des einheimischen geigerischen Nachwuchses dienen soll und deshalb nach Ludwig Spohr (1784–1859) benannt wurde, dem Begründer der deutschen Geigerschule und zu seiner Zeit berühmten Schöpfer eines deutschen Violinspiels. Der Wettbewerb mit durchschnittlich 35 Teilnehmern wird von renommierten Violinpädagogen des In- und Auslands juriert und hat inzwischen allgemein fachliche Anerkennung gefunden. Das Publikum verfolgt den Verlauf des Wettbewerbs mit großer Anteilnahme.

Die künstlerische und organisatorische Leitung hat Wolfgang Marschner, Geiger und Professor an der Staatlichen Musikhochschule Freiburg, übernommen.

Der erste Preis ist mit 12 TDM dotiert.

A 1.4.6 Geigenbauwettbewerb Baden-Württemberg Jacobus Stainer:

Die berühmte Tradition der Geigenbauer des 17. und 18. Jh. ist heute zwar keinesweg erloschen; die große Zeit des Geigenbaus ist jedoch aus sozialen und ökonomischen Gründen vorüber. Die Zahl der von Hand gefertigten Instrumente nahm ab, der Massenbedarf wird heute durch Fabrikware befriedigt. Dennoch werden auch heute noch vorzügliche Streichinstrumente gebaut.

In Baden-Württemberg gibt es derzeit 32 selbständige Betriebe. Der Absatz ihrer Instrumente ist allerdings schwierig, weil die Käufer, soweit sie überhaupt eine größere Summe für ein anspruchsvolles Instrument ausgeben, auf die wertvolleren historischen Instrumente fixiert sind. Dennoch gehören der Geigenbau, die Restaurierung und die Reparatur von Instrumenten zur unverzichtbaren musikalischen Infrastruktur des Landes. Die Erhaltung dieses Handwerkszweiges ist daher kulturpolitisch geboten.

Seit 1987 veranstaltet die Ludwig-Spohr-Gesellschaft in Freiburg alle drei Jahre einen Wettbewerb für Geigenbauer, der von den baden-württembergischen Instrumentenmachern beschickt wird. Eine aus Geigern und Geigenbauern zusammengesetzte Jury bewertet die klanglichen und handwerklichen Eigenschaften der eingereichten Instrumente. Bei diesem Wettbewerb werden keine Geldpreise ausgesetzt, vielmehr wird er mit dem Ziel ausgeschrieben, daß die besten Instrumente vom Land gekauft werden. Sie werden in einem Konzert dem Publikum vorgeführt und anschließend an begabte Nachwuchsgeiger verliehen. Die Instrumente können von den Entleihern auf Wunsch gekauft werden.

Mit diesem Wettbewerb wird die Leistungsfähigkeit der baden-württembergischen Streichinstrumentenbauer in der Öffentlichkeit bekannt, der geigerische Nachwuchs wird wirksam gefördert, und ein größerer Interessentenkreis wird zum Kauf einer neuen Geige angeregt.

Nach jedem Wettbewerb können etwa 8 bis 10 Instrumente für ca. 100 TDM angekauft werden.

A 1.4.7 Streichinstrumentensammlung des Landes Baden-Württemberg:

Das Land hat bei der Staatlichen Musikhochschule Freiburg eine Sammlung hochwertiger Streichinstrumente aufgebaut. Die Sammlung enthält z. Zt. ca. 40 Geigen, Celli und Bratschen. Sie hat einen Gesamtwert von ca. 5 Mio. DM.

Die Instrumente werden jungen Musikern, zumeist Absolventen der baden-württembergischen Musikhochschulen, überlassen, die solistische Projekte (Konzerte, Wettbewerbe) durchführen wollen. Über die Ausleihe entscheidet eine Jury aufgrund eines Vorspiels.

Die jährliche Beschaffungssumme beträgt 630 TDM.

Cello Francesco Ruggieri, Cremona, 1689 – ein Instrument aus der Sammlung des Landes bei der Musikhochschule Freiburg; Bild: Staatliche Hochschule für Musik Freiburg

A 1.5 **Kurse**

Kurse sind ein häufiges Mittel musikalischer Fort- und Weiterbildung. Zahlreiche gesuchte Künstler und Pädagogen geben innerhalb und außerhalb Baden-Württembergs Instrumental- und Gesangskurse. Da die Teilnehmer an diesen Veranstaltungen i. d. R. ein Entgelt entrichten müssen, tragen sich diese Kurse meistens von selbst. Ein Subventionsbedarf besteht prinzipiell nicht.

In folgenden Ausnahmefällen gibt das Land aber Zuschüsse:

A 1.5.1 Internationale Ferienkurse für Neue Musik und Institut für Neue Musik, Darmstadt:

Die Zuschüsse kommen Studenten der baden-württembergischen Musikhochschulen zugute, die diese seit Jahrzehnten in der Musikwelt renommierten Veranstaltungen besuchen.

A 1.5.2 Internationale Ferienkurse der Musikalischen Jugend Deutschlands in Weikersheim:

Die Ferienkurse sind für Musikstudenten bestimmt. Sie wurden unmittelbar nach dem Krieg gegründet, um Kontakte mit ausländischen Studenten und Dozenten herzustellen. Es findet jeweils ein Kammermusikkurs und ein Opernkurs statt (vgl. Kap. 12, A 3.2.3).

A 1.5.3 Fortbildungstagung des Verbands deutscher Tonkünstler und Musikerzieher:

Instrumental- und Gesangslehrer an Musikschulen und im freien Beruf informieren sich über neue Methoden ihres Fachs, neue Unterrichtsliteratur und frischen ihre technischen Fertigkeiten auf.

A 1.5.4 Kurse der Internationalen Bachakademie:

Die Stiftung Internationale Bachakademie Stuttgart (vgl. Kap. 11, A 2.1) führt im Rahmen der von ihr veranstalteten Festivals und als deren integrierten Bestandteil regelmäßig Instrumental-, Gesangs- und Dirigierkurse durch, in denen in enger inhaltlicher Verknüpfung zum jeweiligen Festivalprogramm Werke erarbeitet und aufgeführt werden.

Die Zuschüsse betragen – ohne Internationale Bachakademie – jährlich etwa 90 TDM.

A 1.6 **Preise**

Ferner fördert das Ministerium für Wissenschaft und Kunst die Verleihung folgender musikalischer Preise:

A 1.6.1 Jazzpreis Baden-Württemberg:

1985 hat die Landesregierung den Jazzpreis Baden-Württemberg gestiftet, der jährlich an einen Nachwuchsmusiker (Höchstalter 35 Jahre) verliehen wird, der in Baden-Württemberg lebt oder durch seine künstlerische Arbeit eine enge Beziehung zu Baden-Württemberg hat. Über die Vergabe des Preises entscheidet eine Jury, die sich aus langjährigen Beobachtern der Jazzszene (Kritiker, Funkredakteure, konzertierende Jazzmusiker) zusammensetzt. Die Verleihung findet an wechselnden Orten in Baden-Württemberg in Verbindung mit einem Konzert der Preisträger statt, das vom Süddeutschen Rundfunk bzw. vom Südwestfunk organisiert und gesendet wird. Die bisherigen Orte der Preisverleihung waren Stuttgart, Karlsruhe, Schwäbisch Gmünd, Freiburg und zuletzt wieder Stuttgart.

Michael Kersting, Jazzpreisträger des Landes Baden-Württemberg 1989; copyright: Hans Kumpf, Murr

A 1.6.2 August-Halm-Preis:

Die Staatliche Musikhochschule Trossingen verleiht den August-Halm-Preis, um an den aus Württemberg stammenden, als Pädagoge und Musikschriftsteller in der Musikwelt des späten 19. Jahrhunderts bedeutsamen Namenspatron zu erinnern. Mit diesem Preis werden Persönlichkeiten des kulturellen Lebens ausgezeichnet, die sich in besonderer Weise um die Vermittlung der Musik verdient gemacht haben. In besonders begründeten Fällen ist die Verleihung an eine Institution möglich. Die Jury wird von der Musikhochschule Trossingen aus Mitgliedern der Hochschule und weiteren Persönlichkeiten des Musiklebens (Interpreten, Kritiker, Musikwissenschaftler) bestellt. Wesentlicher Teil des Verfahrens ist ein öffentliches Symposion mit einer Diskussion, in der die Überlegungen, die zur jeweiligen Preisvergabe führen, erörtert werden. Preisträger des Jahres 1989 war der langjährige Leiter des Symphonieorchesters des Südwestfunks Ernest Bour.

Die Preissumme beträgt 20 TDM.

A 1.7 **Kammermusik**

Das Land fördert Kammermusikvereinigungen (Duo bis Nonett) unter der Voraussetzung, daß sie

- ☐ 5 Jahre in der wesentlich gleichen Zusammensetzung bestehen und
- ☐ von einer Gemeinde in mindestens gleicher Höhe gefördert werden.

Diese Voraussetzungen tragen der Tatsache Rechnung, daß Kammermusikvereinigungen ständig zusammenarbeiten müssen, um den Maßstäben des Konzertbetriebes gerecht zu werden. Die Förderung entfällt, wenn sich die Zusammensetzung des Ensembles ändert.

Das Land fördert derzeit folgende Ensembles in einer Gesamthöhe von ca. 60 TDM pro Jahr:

- ☐ Melos-Quartett und
- ☐ Stuttgarter Klaviertrio.

Hinzu kommt das Deutsch-Französische Kammerorchester, das sich aus deutschen und französischen Studenten unter der Leitung wechselnder - ebenfalls deutscher oder französischer - Dirigenten zusammensetzt. Es stellt einen Sonderfall außerhalb der genannten Fördergrundsätze dar. Es dient der deutsch-französischen Begegnung, deshalb ist der Wechsel der Mitglieder geradezu erwünscht. Es hat keinen Sitzort, sondern probt und konzertiert ca. drei Mal jährlich an wechselnden Orten.

Kammermusik - auch im Programm der Sommerakademie J. S. Bach (aus der Akademie 1984); Bild: Internationale Bachakademie

A 1.8 **Musikalische Festspiele**

Das Land fördert die folgenden musikalischen Festspiele:

- ☐ Bruchsaler Barocktage,
- ☐ Karlsruher Musiktage,
- ☐ Wintermusik Karlsruhe,
- ☐ Musik auf dem 49. Breitengrad, Karlsruhe,
- ☐ Begegnungen mit Alter Musik, Heidelberg/ Rastatt,
- ☐ Gedok Mannheim,
- ☐ Tage für Alte Musik Stuttgart,
- ☐ Tage für Neue Musik Stuttgart,
- ☐ Sommerliche Musiktage Ulm,
- ☐ Herbstliche Musiktage Bad Urach,
- ☐ Jazzfestival Baden-Württemberg (an wechselnden Orten),
- ☐ Internationale Bachakademie mit Europäischem Musikfest,
- ☐ Kulturbegegnung im Südwesten,
- ☐ Tonkünstlerfest Baden-Württemberg,
- ☐ Internationale Händel-Akademie Karlsruhe und
- ☐ Kammeroper Konstanz (seit 1989)

sowie die bereits im Theaterkapitel (Kap. 1, A 4.1.1) erwähnten Festspiele.

Voraussetzung für die Förderung musikalischer Festspiele sind

- ☐ ein eigenes Ensemble, das für das Festspielprogramm prägende Wirkung hat,
- ☐ fünfjähriges Bestehen und
- ☐ kommunale Beteiligung in Höhe von mindestens 50% (in den letzten Jahren von 66⅔%) des Zuschußbedarfs.

Das Ministerium für Wissenschaft und Kunst wendet für die Förderung dieser musikalischen Festspiele jährlich im Durchschnitt etwa 4,4 Mio. DM auf (einschließlich errechneter Jahresraten für Festspiele, die in mehrjährigem Rhythmus stattfinden).

Einen Sonderfall hinsichtlich der finanziellen Förderung durch das Land stellt das Internationale Zelt-Festival in Freiburg dar, das aus Mitteln des Ministeriums für Wissenschaft und Kunst zur Förderung der Kulturbühnen und Kulturinitiativen (vgl. Kap. 10.5, A 4) gefördert wird.

A 1.9 **Förderung von Komponisten, Librettisten und Dramatikern**

Werke zeitgenössischer Komponisten finden nur schwer den Weg in eine breite Öffentlichkeit. Dies gilt nicht nur für das Publikum, auch die Interpreten üben häufig Zurückhaltung gegenüber den Werken neuer Musik. Zum Teil hat diese Einstellung finanzielle Gründe, da die Einstudierung und Aufführung solcher Werke äußerst schwierig und zeitraubend ist und in aller Regel keinen Gewinn verspricht.

Um die dadurch entstehende Rezeptionslücke zu verringern und den Interpreten den Kontakt mit Komponisten zu erleichtern, stellt das Land seit 1980 regelmäßig Mittel zur Förderung von Komponisten zur Verfügung. Die Förderung geschieht in der Weise, daß Interpreten, die ihren Sitz in Baden-Württemberg haben, durch einen Zuschuß des Landes in die Lage versetzt werden, Kompositionsaufträge an Komponisten ihrer Wahl zu vergeben. Der Vorteil des Verfahrens besteht darin, daß die Komponisten nicht für die Schublade komponieren, sondern persönliche Kontakte sowie künstlerische Partnerschaften zwischen Interpreten und Komponisten entstehen. Dies führt zu praxisnahen Werken, deren Aufführung gesichert ist. Das Land finanziert nur den Kompositionsauftrag, nicht jedoch die Kosten für Aufführung und Aufführungsmaterial.

Zu den „Interpreten" werden nicht nur Musiktheater, Orchester, Chöre und Kammermusikvereinigungen gezählt, sondern auch reine Sprechtheater. So vergeben z. B. die Landesbühnen mit Hilfe dieses Programms regelmäßig Kompositionsaufträge für Bühnenmusik.

Das Angebot des Landes findet bei den Interpreten ein lebhaftes Echo und hat sich bewährt. Es wurde in den letzten Jahren auf Librettisten erweitert, sofern gleichzeitig ein Opernauftrag vorliegt. Inzwischen sind auch die Autoren für das Sprechtheater in das Programm einbezogen.

Der Höchstzuschuß beträgt für musikalische Werke (einschließlich Oper) 30 TDM, für Libretti 15 TDM und für Stücke des Sprechtheaters 20 TDM. Jährlich stehen ca. 450 TDM zur Verfügung.

A 1.10 **Jazz**

Die Jazz-Förderung des Landes hat 1985 mit dem baden-württembergischen Jazzpreis eingesetzt (siehe A 1.6.1). 1987 kam das Jazz-Festival hinzu (siehe A 1.8).

Mit diesen punktuellen Maßnahmen wurden Ereignisse mit überregionaler Bedeutung gefördert, um die Aufmerksamkeit der musikalisch interessierten Öffentlichkeit auf diesen Sektor des Musiklebens zu lenken.

Ferner werden seit 1987 an der Staatlichen Musikhochschule Stuttgart erste Erfahrungen mit einer systematischen Ausbildung von Jazzmusikern gesammelt.

Von 1989 an treten folgende neue, ständig und dezentral wirkende Maßnahmen hinzu, die insgesamt mit 300 TDM gefördert werden:

A 1.10.1 Jazzensemble Baden-Württemberg:

Es wird ein baden-württembergisches Ensemble professioneller Jazzmusiker gegründet, das Produktionen erarbeitet, auf Schallplatte aufnimmt und auf Tourneen vorstellt.

A 1.10.2 Zuschüsse an die Jazz-Clubs:

Für baden-württembergische Jazzmusiker werden die Gelegenheiten zu Auftritten verbessert. Die etwa 25 örtlichen Jazzclubs im Land erhalten einen Zuschuß, um Jazzmusiker aus dem Land für ihre laufenden Programme engagieren zu können. Voraussetzung ist, daß die Jazzclubs ihrerseits einen Betrag in gleicher Höhe leisten.

Bernd Konrad, Virtuose auf dem Saxophon, Vertreter des free jazz; copyright: Foto Wirth, Calw

A 1.11 **Förderung musikalischer Projekte durch die Regierungspräsidien**

Im Flächenstaat Baden-Württemberg werden nicht nur die großen kulturellen Institutionen gefördert, sondern auch zahlreiche kleinere Initiativen in allen Teilen des Landes. In einigen Fällen findet eine ständige Förderung statt, für den Regelfall gilt das Prinzip der Projektförderung. Aus der großen Zahl der Einzelprodukte schälten sich als Schwerpunkte die geistliche Musik und die Chorförderung heraus. Gerade die Kirchenmusik ist nicht nur ein Mittel kirchlicher Verkündigung, sondern in kleineren Städten und Gemeinden ein kulturelles Angebot, das alle Schichten der Bevölkerung erreicht.

Die Förderung dieser musikalischen Projekte ist nahezu ausschließlich den Regierungspräsidien übertragen, die das kulturelle Leben ihres Bezirks genau kennen und durch gezielte Hilfen auch kleineren Umfangs das örtliche Musikleben wesentlich beleben können.

1988 haben die vier Regierungspräsidien mit 1,45 Mio. DM insgesamt 368 Projekte gefördert.

A 1.12 **Streichinstrumentensammlung der Landeskreditbank**

Die Landeskreditbank hat seit ca. 5 Jahren eine Sammlung von 10 Instrumenten zusammengetragen. Es handelt sich durchweg um hochwertige Instrumente der Spitzenklasse, die von namhaften Meistern stammen (vgl. Kap. 11, A 2.3).

Die Landeskreditbank leiht die Instrumente in der Regel langfristig an Angehörige baden-württembergischer Ensembles aus, wobei sie beim Ankauf wie auch bei der Ausleihe das Einvernehmen mit dem Ministerium für Wissenschaft und Kunst herstellt. Bisher wurden Instrumente unter anderem an folgende Ensembles verliehen: Orchester der Württembergischen Staatstheater, Stuttgarter Philharmoniker, Stuttgarter Kammerorchester, Internationale Bachakademie und Melos-Quartett.

A 2 Laienmusik

Nirgendwo wird so viel gesungen und musiziert wie in Baden-Württemberg: 382.000 aktive Mitglieder umfassen die 6.100 Musik- und Gesangvereine und 149.000 Sänger und Instrumentalisten die kirchlichen Chöre und Instrumentalgruppen.

Die inhaltliche Arbeit der Vereine und freien Laienmusikgruppen ist gekennzeichnet durch ein erfolgreiches Bemühen um Hebung des Niveaus und um ein stärker differenziertes Angebot an musikalischer Literatur.

Gerade im ländlichen Raum spielen Musik- und Gesangvereine eine erhebliche Rolle. Hier sind sie neben anderen Vereinen die Träger des kulturellen Lebens in ihren Gemeinden. Ihre Arbeit ist nicht nur kulturpolitisch bedeutsam; sie hat ebenso eine integrierende und stabilisierende Wirkung und hat daher auch einen erheblichen gesellschaftspolitischen Stellenwert.

Das Land unterstützt diese Entwicklungen durch eine Reihe von Fördermaßnahmen. Baden-Württemberg nimmt hier im Ländervergleich eine absolute Spitzenstellung ein. Insgesamt stehen zur Förderung der Laienmusik (ohne Musikschulen) mehr als 8 Mio. DM zur Verfügung.

A 2.1 **Die Verbände**

Die meisten Musik- und Gesangvereine gehören jeweils Dachverbänden auf Landesebene an. Dasselbe gilt für die Laien-, Symphonie- und Kammerorchester im Laienbereich (Liebhaberorchester). Die Verbände vertreten die gemeinsamen Interessen nach außen; sie beraten und unterstützen die verbandsangehörigen Vereine in allen musikfachlichen und administrativen Fragen.

A 2.1.1 Allgemeine Förderung:

Daneben sind die Verbände verantwortlich für die Aus- und Fortbildung der Chorleiter, Dirigenten und Instrumentenausbilder. Die den Abschlüssen dieser Fortbildungsmaßnahmen zugrundeliegenden Ausbildungs- und Prüfungsordnungen wurden zumeist vor Jahren staatlich anerkannt.

Die Verbände sind auch Träger überörtlich bedeutsamer Musikveranstaltungen (Musik- und Chorfeste, Wertungsspiel etc.). Außerdem wickeln sie auch für die verbandsangehörigen Vereine die in ihrem Bereich anfallenden urheberrechtlichen Ansprüche gegenüber der GEMA ab. Soweit es dabei um Vergütungen aus konzertanten Veranstaltungen geht (sog. E-Musik), erfolgt die Abgeltung aus Landesmitteln, wobei die Verbände zumeist jährlich Pauschalverträge mit der GEMA abschließen.

Für die genannten Zwecke erhalten die Verbände 1989 vom Land mehr als 1 Mio. DM.

A 2.1.2 Förderung der Jugendarbeit:

Weitere Haushaltsmittel (mehr als 170 TDM) erhalten die Verbände für Projekte, die gezielt der Intensivierung der Jugendarbeit dienen.

Schloß Kißlegg/Allgäu; copyright: Foto Zwick, Kißlegg

A 2.1.3 Festivals im ländlichen Raum:

Da die musikalische Vereinsarbeit im ländlichen Raum eine besondere Rolle spielt, es dort aber häufig an überörtlich bedeutsamen Veranstaltungen, wie z. B. Festivals, fehlt, wurden 1989 erstmals Mittel zur Förderung kultureller Aktivitäten im ländlichen Raum ausgebracht. Aus diesem Programm fließen insgesamt 500 TDM an die Laienmusikverbände und ihre regionalen Untergliederungen.

A 2.1.4 „Singendes, klingendes Land“:

Erstmals 1985 fanden sich aus Anlaß des Europäischen Jahres der Musik alle Laienmusikorganisationen des Landes unter Einschluß der Kirchenmusik zu einer Gemeinschaftsveranstaltung unter dem Titel „Singendes, klingendes Land“ in Stuttgart zusammen. Diese Veranstaltung war so erfolgreich, daß sie 1988 in Karlsruhe wiederholt wurde. Sie soll zu einer Dauereinrichtung werden und alle drei Jahre stattfinden. Das Land hat sich bei den beiden bisherigen Veranstaltungen mit jeweils 175 TDM beteiligt.

A 2.1.5 Aus- und Fortbildungsstätten des Blasmusikverbands:

Der Blasmusikverband Baden-Württemberg unterhält in Kürnbach eine Aus- und Forbildungsstätte, die derzeit mit erheblicher Landesförderung (6,5 Mio. DM) ausgebaut wird. In diesem Haus finden nicht nur Veranstaltungen des Blasmusikverbandes statt. Andere Verbände und Vereine sind hier mit den verschiedensten Veranstaltungen regelmäßig zu Gast. – Daneben unterhält der Verband eine weitere kleinere Ausbildungsstätte in Kißlegg.

A 2.1.6 Silcher-Gedächtnisstätte Schnait i. R.:

Die im Eigentum des Schwäbischen Sängerbundes befindliche Silcher-Gedächtnisstätte in Schnait i.R. wird 1989/90 baulich überholt. Dabei werden nicht nur unerläßliche Instandsetzungsarbeiten durchgeführt, sondern auch bauliche Umgestaltungen vorgenommen, die eine bessere Nutzung und eine neue konzeptionelle Ausgestaltung ermöglichen. Das Land gibt zu diesem Vorhaben einen Zuschuß von 500 TDM.

Platzkonzert unter offenem Zeltdach; aus: W. Berg, Blasorchester und Spielleute-Korps in der Bundesvereinigung Deutscher Blas- und Volksmusikverbände, herausgegeben von der Bundesvereinigung Deutscher Blas- und Volksmusikverbände, Stuttgart 1989

A 2.2 **Die Vereine**

A 2.2.1 Allgemeine Förderung:

Die Musik- und Gesangvereine erhalten Landesförderungen insbesondere für

- ☐ die Anschaffung von Instrumenten;
- ☐ die Anschaffung von Notenmaterial;
- ☐ die Durchführung herausragender Konzerte.

Hierfür stehen 1989 mehr als 1 Mio. DM zur Verfügung.

A 2.2.2 Chorleiter-Pauschale:

Eine besonders wirksame Unterstützung der Vereinsarbeit stellt die Förderung der Beschäftigung der Chorleiter und Dirigenten analog zur Übungsleiter-Bezuschussung im Sport dar. 1989 erhält erstmals jeder Verein für einen Chorleiter oder Dirigenten einen Zuschuß von 700 DM pro Jahr – das ist der Satz, den auch die Sportvereine für ihre Übungsleiter erhalten. Für diesen Förderzweck sind 1989 insgesamt 4 Mio. DM veranschlagt.

Gesang verbindet – Vereine sind ein Ort, in dem Gemeinschaft erlebt wird; Bild: MKS

A 2.3 **Liebhaberorchester**

Seit 1986 werden auch die Liebhaberorchester (vgl. A 2.1) sowie der Landesverband dieser Orchester gefördert. Die Förderung erfolgt insbesondere für

- ☐ die Durchführung von Konzerten,
- ☐ die Durchführung von Arbeitsphasen der Orchester,
- ☐ Schulungsmaßnahmen,
- ☐ die Anschaffung von sog. Mangelinstrumenten und
- ☐ die Pflege internationaler Kontakte.

Für die Förderung dieser Maßnahmen stehen Haushaltsmittel in Höhe von 200 TDM bereit.

A 2.4 **Förderung internationaler Kontakte**

Seit 1987 können auch wieder innerdeutsche und internationale Kontakte von Musik- und Gesangvereinen und ihrer Verbände gefördert werden (vgl. Kap. 12, A 3.2.2).

A 2.5 **Musikalische Wettbewerbe**

Für die Durchführung musikalischer Wettbewerbe im Erwachsenenbereich auf Landesebene, die zumeist die Vorausscheidung im Rahmen entsprechender Bundeswettbewerbe zum Ziel haben und durch den Landesmusikrat organisiert werden, sind jährlich 40 TDM ausgewiesen. Weitere 60 TDM stehen im Jahr 1990 für die Durchführung des Deutschen Chorwettbewerbs in Stuttgart bereit.

Das Repertoire der Liebhaberorchester umfaßt ein vielfältiges und breites Spektrum. Gerade junge Solisten haben hier die Möglichkeit, sich zu präsentieren; Bild: MKS

A 2.6 „Arbeitskreis Volksmusik" des Landesmusikrats

Der „Arbeitskreis Volksmusik" des Landesmusikrats erforscht mit Unterstützung des Landes (jährlich 60 TDM) genuine Volksmusik aus den Landesteilen Baden-Württembergs. Damit soll insbesondere Literatur erschlossen und nutzbar gemacht werden. Der „Arbeitskreis Volksmusik" gibt laufend Veröffentlichungen heraus und fördert die Verbreitung der erschlossenen Literatur durch Festivals und konzertante Veranstaltungen.

A 2.7 Landespavillon Stuttgart

Der Landespavillon in Stuttgart (vgl. Kap. 10.3) räumt in seinem Jahresprogramm der Laienmusik breiten Raum ein. Dabei werden nicht nur Vereine und freie Ensembles aus Stuttgart vorgestellt. Vielmehr erhalten Gruppen aus dem ganzen Land Gelegenheit, in der Landeshauptstadt aufzutreten. Diese Veranstaltungen erfreuen sich nicht nur beim Stuttgarter Publikum großer Beliebtheit; sie haben auch für die Vereine aus dem Land erheblich motivierende Wirkung.

A 2.8 Kleinkunstpreis Baden-Württemberg

Seit 1986 wird alle zwei Jahre der Kleinkunstpreis Baden-Württemberg vergeben, und zwar u. a. auch in der Sparte Lied/Chanson. Die Preissumme beträgt je Sparte 10 TDM - 1. Preis: 4 TDM. Die organisatorische Abwicklung liegt beim Stuttgarter Landespavillon (vgl. Kap. 10.3).

A 2.9 Kooperationen in der Laienmusik

A 2.9.1 Professionelle Musiker:

Die Vereine und Verbände pflegen zum Teil intensive Kontakte zum professionellen Musikbereich. Dies gilt einmal für die Zusammenarbeit mit einzelnen Künstlern, etwa durch die Verpflichtung von Solisten für Konzerte, den Einsatz professioneller Musiker bei Fortbildungsmaßnahmen oder die Beschäftigung von Berufsmusikern als Chorleiter oder Dirigenten. Zum anderen werden aber auch gelegentlich professionelle Ensembles für Konzerte verpflichtet, insbesondere durch einzelne Gesangvereine.

A 2.9.2 Schulen und Musikschulen:

Eine Intensivierung erfährt daneben die Zusammenarbeit der Musik- und Gesangvereine mit den Schulen. Hierfür wurden 1987 zum ersten Mal besondere Fördermittel ausgebracht (derzeit 150 TDM). Mit diesen Geldern werden insbesondere gemeinsam durchgeführte Konzerte bezuschußt, aber auch Maßnahmen der Fortbildung (wie z. B. der Einsatz außerschulischer Musiker in der Schule für die Mithilfe beim Aufbau schulischer Chöre oder Orchester).

Auch zwischen Musikschulen und Vereinen findet vielfach eine fruchtbare Kooperation statt.

A 2.9.3 Kooperationen der verschiedenen Musikbereiche:

Schließlich ist auf eine zunehmende Kooperation der verschiedenen Laienmusikbereiche untereinander hinzuweisen. So haben beispielsweise der Zupfmusikverband und die beiden Sängerbünde mehrere gemeinsame Projekte recht erfolgreich durchgeführt.

A 3 Außerschulische Jugendmusik

Die außerschulische Jugendmusik ist wie das gesamte außerschulische, nicht institutionalisierte Bildungswesen vom Grundsatz der Subsidiarität geprägt. Das Land tritt nicht selbst als Organisator oder Träger auf, sondern vielmehr als Förderer. Dabei wird zwischen Breitenförderung (z. B. Musikschulen) und Spitzenförderung (z. B. Wettbewerbe) unterschieden, wobei auch in diesem Bereich ein ausgewogenes Verhältnis zwischen Breiten- und Spitzenförderung angestrebt wird.

Als landesweite Vereinigung aller Organisationen im musikalischen Bereich fördert das Land den Landesmusikrat. Dieser erhält für seine vielfältigen Initiativen insbesondere in der Jugendmusik einen jährlichen Zuschuß zum Geschäftsstellenbedarf, z.Zt. einen Betrag von 194 TDM. Daneben erhält er projektgebundene Zuschüsse zu den Verwaltungskosten.

Die Fördermittel für die außerschulische Jugendmusik werden im Landesjugendplan bereitgestellt. Die nachfolgende Darstellung beschränkt sich auf solche Organisationen und Projekte, für die bereits eine staatliche Förderung besteht bzw. geplant wird.

A 3.1 **Musikschulen**

In Baden-Württemberg gibt es zur Zeit 216 Musikschulen mit 153.000 Schülern und 7.100 Lehrern, davon 2.000 mit Deputaten von mindestens dem halben Umfang eines Normaldeputats. Die Musikschulen arbeiten überwiegend nach Lehrplänen des Verbands deutscher Musikschulen in den vier Stufen:

- □ musikalische Früherziehung / musikalische Grundausbildung,
- □ Unterstufe,
- □ Mittelstufe und
- □ Oberstufe.

Die Musikschulen, die teilweise auch über eigene Räumlichkeiten verfügen, sind in einem Landesverband zusammengeschlossen.

A 3.1.1 Förderung der einzelnen Musikschulen:

Das Netz der Musikschulen, die sich zu ca. zwei Dritteln in kommunaler Trägerschaft befinden (daneben gibt es auch Zweckverbandslösungen und Vereine), ist nahezu flächendeckend. Sie werden zur Zeit in der Form gefördert, daß das Land für nebenamtliches pädagogisches Personal 15%, für hauptamtliche Mitarbeiter (ab 50% Deputat) 17% Zuschuß gewährt. 1989 wurden dafür 26,5 Mio. DM bereitgestellt.

1988 stellte sich die Kostenverteilung bei den Musikschulen folgendermaßen dar: Den Gesamtaufwand für pädagogisches Personal, Verwaltungskräfte und Sachkosten von 185,8 Mio. DM (1988) trugen zu 46,5% (86,4 Mio. DM) die Eltern, zu 35,9% (66,7 Mio. DM) die Städte und Gemeinden, zu 4,3% (8,0 Mio. DM) die Landkreise sowie zu 13,3% (24,7 Mio. DM) das Land.

Der Städtetag Baden-Württemberg hat eine Drittelung der Kosten zwischen Eltern, Kommunen und Land vorgeschlagen. Danach müßte das Land (bezogen auf 1988) ca. 60,2 Mio. DM bereitstellen, d. h. 35,5 Mio. DM mehr als bisher; nähme man als Ausgangsgröße nur die Kosten für das pädagogische Personal (1988: 152,1 Mio. DM), müßten 26 Mio. DM mehr als bisher bereitgestellt werden.

Beispiele aus der Arbeit der Musikschulen; Bilder: Landesverband der Musikschulen

Eine derartige Aufstockung wäre unrealistisch und ist auch kulturpolitisch nicht angezeigt. Baden-Württemberg nimmt heute bei der Musikschulförderung unter den Flächenstaaten eine deutliche Spitzenstellung ein. Dazu kommt, daß die Musikschulen zuerst Einrichtungen der kommunalen Kulturpolitik sind. Das sollte auch beim finanziellen Engagement zum Ausdruck kommen, ohne daß ein bestimmter Fördersatz festgeschrieben würde. Der derzeitige Fördermodus war schließlich einer gedeihlichen Entwicklung durchaus förderlich, was steigende Schüler- und Lehrerzahlen belegen.

A 3.1.2 Förderung des Landesverbands der Musikschulen:

In Ergänzung zur Förderung der einzelnen Musikschulen erhält der Landesverband der Musikschulen vom Land einen institutionellen Zuschuß in Höhe von jährlich 132 TDM. Außerdem erhält er für die Förderung der Fortbildung seiner Lehrer jährlich ca. 100 TDM.

A 3.2 **Jugendmusikalische Wettbewerbe**

Die jugendmusikalischen Wettbewerbe in der Trägerschaft des Landesmusikrats sind Individual- oder Gruppenwettbewerbe.

A 3.2.1 Individualwettbewerbe:

a) „Jugend musiziert“ (vgl. auch B 3.2.1)

Der Individualwettbewerb „Jugend musiziert“ ist das Herzstück der außerschulischen Begabtenförderung im Instrumentalbereich; er besteht seit 1963. Der Wettbewerb läuft in drei Stufen ab, wobei sich die jeweiligen Preisträger für die nächsthöhere Stufe qualifizieren:

- ☐ 22 Regionalwettbewerbe im Land: jeweils bei Musikschulen angesiedelt,
- ☐ Landeswettbewerb: in Baden-Württemberg ca. 700 Teilnehmer, und
- ☐ Bundeswettbewerb: gefördert vom Bundesminister für Jugend, Familie, Frauen und Gesundheit/Bundesjugendplan.

Bei dem Wettbewerb werden alle gängigen Instrumente im zweijährigen Turnus in verschiedenen Altersstufen erfaßt. Das Land fördert den Landeswettbewerb jährlich mit 75 TDM.

Baden-Württemberg stellt seit Jahren im Ländervergleich die meisten Preisträger auf Bundesebene. Sie werden jährlich in einem Preisträgerkonzert einer breiteren Öffentlichkeit vorgestellt. Die Kunststiftung Baden-Württemberg (vgl. Kap. 10.2) gewährt den Bundespreisträgern des Landes ein Stipendium.

b) Kammermusikkurs

Ein unverzichtbarer Annex zu „Jugend musiziert“ ist ein Kammermusikkurs des Landesmusikrats, in dem sich jährlich ca. 110 Jugendliche treffen, die sich vor allem für die ausgeschriebenen Ensemblewertungen im darauffolgenden Jahr vorbereiten wollen. Das Land fördert den Kammermusikkurs mit jährlich 35 TDM.

c) Ensemblespiel hochbegabter Preisträger

1989 wurden zum ersten Mal Preisträger aus „Jugend musiziert“ zu einem Ensemblespiel zusammengeführt, damit sie dort eine möglichst große Spielpraxis erwerben. Da die Mitglieder der einzelnen Ensembles oft weit entfernt voneinander wohnen, müssen vor allem die Reisekosten bezuschußt werden. 1989 stehen insgesamt 24 TDM zur Verfügung, womit voraussichtlich 5 Ensembles gefördert werden.

A 3.2.2 Gruppenwettbewerbe des Landesmusikrats:

Baden-Württemberg hat als klassisches Land der Musikpflege frühzeitig begonnen, ein abgerundetes System von Ensemblewettbewerben zu schaffen, die alle im Land organisierten Strömungen erfassen. Im dreijährigen Turnus sind dies

- ☐ Jugendorchester (symphonisch),
- ☐ Jugendchöre („Jugend singt“),
- ☐ Jugendzupfgruppen,
- ☐ Jugendbläsergruppen,
- ☐ Jugendakkordeongruppen und
- ☐ Jazzgruppen („Jugend jazzt“).

Der Landesjugendplan stellt hierfür jährlich 105 TDM zur Verfügung.

1

2

3

4

A 3.3 **Landeszentrale Ensembles**

Aufbauend auf den Wettbewerben, fördert das Land für viele musikalische Bereiche ein landeszentrales Ensemble. Diese Ensembles werden jährlich zu zwei bis drei Arbeitsphasen mit anschließenden Konzerten zusammengeführt.

Während das Landesjugendorchester vom Landesverband der Musikschulen getragen wird, sind alle anderen Ensembles beim Landesmusikrat angesiedelt.

Landeszentrale Ensembles

Name	Gründungsjahr	Zuschuß 1989
Landesjugendorchester	1972	72.000 DM
Landesjugendchor	1979	77.000 DM
Jugendzupforchester	1980	36.000 DM
Junges Kammerorchester	1980	55.000 DM
Jugendjazzorchester	1981	46.000 DM
Sinfonisches Jugendblasorchester	1983	52.000 DM
Jugendakkordeonorchester	1983	31.000 DM

Landesjugendorchester Baden-Württemberg; copyright: Foto A. Handel, Dettingen

←

Wir stellen vor: 4 baden-württembergische Preisträger aus "Jugend musiziert":
1 Claudio Bohòrquez, 1. Bundessieger Cello 1988; Bild: Privataufnahme;
2 Philipp Mahrenholz, 1. Bundessieger Oboe 1989; Bild: Privataufnahme;
3 KOH – Gabriel Kameda, 1. Bundessieger Violine 1988; copyright: Roswitha von Thüngen, Freiburg;
4 Florian Hölscher, 1. Bundessieger Klavier 1988, Foto: W. Ziegler, Stuttgart; Bild: Landeskreditbank Baden-Württemberg

A 3.4 **Ausbildungsstätten**

Allen musiktreibenden Organisationen des Landes stehen eine Reihe von überregionalen Ausbildungsstätten zur Verfügung. Sie sind unabdingbare Voraussetzung für intensives musikalisches Arbeiten.

Die Ausbildungsstätten haben unterschiedliche Schwerpunkte und erfüllen Aufgaben der musikalischen Ensemblearbeit, der Fortbildung von Jugendausbildern und Dirigenten in Vereinen, Chören und Orchestern, von Musiklehrern, Schulmusikern, Jugendleitern und Führungskräften und Experten des internationalen Jugendaustausches.

Die 5 Einrichtungen verfügen über insgesamt etwa 450 Gästebetten und sind ganzjährig geöffnet. Sie werden vom Land je nach Aufgabenstellung und Trägerstruktur unterschiedlich gefördert. Während die Einrichtungen in Ochsenhausen und Trossingen (letztere auch durch den Bund) vom Land institutionell gefördert werden, erhalten die Einrichtungen in Kürnbach und Weikersheim vom Land nur Baukostenzuschüsse.

Ausbildungsstätten

Ausbildungsstätten des Blasmusikverbandes Baden-Württemberg (vgl. A 2.1.5)	Kürnbach Kisslegg
Bundesakademie für die musikalische Jugendbildung	Trossingen
Haus der Musik / Musikalische Bildungsstätte Schloß Weikersheim (vgl. B 3.5)	Weikersheim
Landesakademie für die musizierende Jugend i. A. (vgl. B 3.4)	Ochsenhausen

Fortbildung von Musikschullehrerinnen und Erzieherinnen für die musikalische Früherziehung; Bild: Bundesakademie für die musikalische Jugendbildung Trossingen

A 3.5 **Außerschulische Jugendmusik in dezentralen Gebieten**

Die Jugendmusik leistet einen wichtigen Beitrag zur Förderung des kulturellen Lebens im ländlichen Raum. Besonders die Musikschulen erweitern mit ihren vielen Außenstellen auch in dezentralen Gebieten das kulturelle Angebot in erheblichem Umfang.

Bei jugendmusikalischen Wettbewerben und bei landeszentralen Ensembles sind die Teilnehmer aus dem ländlichen Raum erfahrungsgemäß stärker repräsentiert als Teilnehmer aus den Ballungsgebieten. Dies erklärt sich damit, daß gerade die Maßnahmen der Jugendmusik jungen Menschen Gelegenheit bieten, ihre Leistungen einem größeren Kreis vorzustellen.

Jugendmusikalische Projekte können im Rahmen des neu aufgelegten Programms zur Förderung der Kulturpflege im ländlichen Raum ab 1989 im Einzelfall eine besondere Förderung des Landes erhalten.

A 3.6 **Kooperationen der Musikschulen**

A 3.6.1 Kooperationen mit der Schulmusik:

Mit zunehmenden Aktivitäten der Musikschulen stellen sich verstärkt und mit neuer Qualität die Fragen der Kooperation mit der Schulmusik, den Musikverbänden, der Kirchenmusik und den Privatmusikerziehern. Eine optimale musikalische Förderung ist ohne Kooperation, z. B. Absprachen über Proben- und Konzerttermine, nicht möglich (vgl. dazu B 3.1.5).

A 3.6.2 Beispielhafte Kooperation mit dem Berufstheater:

Die Badische Landesbühne Bruchsal, eine reine Schaupsielbühne, bietet seit der Spielzeit 1986/87 in ihrem Spielplan regelmäßig musikalische Produktionen an. Diese Serie wurde mit Brechts „Dreigroschenoper“ eröffnet. Ein solches Angebot ist mit einem Schauspielensemble aber nur unter bestimmten Voraussetzungen zu leisten; dazu gehört u. a., daß die Schauspieler beim Vorsprechen auch musikalisch geprüft werden und daß ein musikalischer Leiter bestellt wird. Beides ist an der Badischen Landesbühne Bruchsal der Fall.

Die Aufführung von Marc Neikrugs Musikdrama für einen Schauspieler und acht Solo-Instrumente „Through Roses“ war daher nur in einer Koproduktion mit der Jugendmusik- und Kunstschule Bruchsal e. V. möglich. Die Badische Landesbühne Bruchsal besetzte aus ihrem Ensemble die schwierige Partie des Darstellers und übernahm den theatralen Bereich (Regie, Bühne, Kostüme, Dramaturgie, Maske, Technik) und die musikalische Leitung. Musiker, die Neikrugs sehr anspruchsvolle Partitur umsetzen können, konnte die Badische Landesbühne aber aus finanziellen Gründen nicht engagieren. Die Musikschule konnte dagegen professionelle Kammermusiker einsetzen. So entstand ein erfolgreiches Beispiel der Zusammenarbeit zweier, an einem Ort ansässiger Kulturinstitutionen.

Diese Kooperation erstreckt sich freilich nicht nur auf das o. g. Projekt, sondern auch auf den Unterricht an der Jugendmusik- und Kunstschule. Die erste gelungene Koproduktion eröffnete für beide Partner weitere Perspektiven auf eine Erweiterung ihres jeweiligen Kulturauftrags und damit auf ein völlig neues Rezeptionsangebot für den Zuschauer.

A 4 Schulmusik

Die Schulmusik hat bei der Revision der Lehrpläne der allgemeinbildenden Schulen eine erhebliche Aufwertung erfahren. In dem Maß, in dem der Bildungsauftrag der Schulen umfassender beschrieben und der früher betonten kognitiven Ausrichtung des Unterrichts die Förderung der Kreativität und der Entwicklung der gesamten Persönlichkeit ergänzend hinzugefügt wurde, ist der Stellenwert der Musik in der Schule gewachsen.

Demnach hat der Musikunterricht heute in Baden-Württemberg nicht nur die Aufgabe, Freude an der Musik und am Musizieren zu wecken und Verständnis für die Musik zu entwickeln, sondern auch zur Bewahrung und Weitergabe gewachsener Überlieferung und zur musikalischen Geschmacksbildung beizutragen und durch musikalische Darbietungen die Schule und ihr Umfeld kulturell zu bereichern. Mit dieser Erweiterung des Erziehungs- und Bildungsauftrags des Musikunterrichts liegt Baden-Württemberg auch auf der Linie des Europarats, der bei seinen musikpädagogischen Fachtagungen zum Europäischen Jahr der Musik 1985 der Entwicklung der Schulmusik eine besondere bildungs- und kulturpolitische Bedeutung zugemessen hat.

Musik im Klassenzimmer; Bild: MKS

A 4.1 Intensivierung und Verbesserung des Musikunterrichts in den allgemeinbildenden Schulen

Damit die höheren Ansprüche auch erfüllt werden können, die durch die Lehrplanrevision an das Unterrichtsfach Musik gestellt worden sind, hat das Ministerium für Kultus und Sport in den vergangenen Jahren eine Reihe von Maßnahmen zur Intensivierung und Verbesserung des Musikunterrichts ergriffen:

- ☐ Die Unterrichtsversorgung der Schulen im Pflichtunterricht für Musik wurde seit 1979 bis heute von 85% auf durchschnittlich 97% verbessert.
- ☐ Die Stundentafeln für Musik wurden erweitert. In Klassenstufe 5 der Gymnasien wurde eine dritte Wochenstunde eingeführt. In Klasse 10 der Realschule wurde der Musikunterricht im Wahlpflichtbereich verstärkt. Musikalische Angebote gibt es auch im Erweiterten Bildungsangebot der Hauptschulen.
- ☐ Für die Leitung und Betreuung der Schulmusikgruppen (Chöre, Orchester, Instrumentalgruppen) stehen heute insgesamt 10.000 Wochenstunden zur Verfügung. Das entspricht 400 Lehrerdeputaten bzw. einem Finanzvolumen von etwa 25 Mio. DM.
- ☐ Etwa 9.000 Lehrer, die fachfremd Musikunterricht erteilten, haben an besonderen Veranstaltungen zur Lehrerfortbildung teilgenommen.
- ☐ Im Rahmen der Schulverwaltung wurden Vorkehrungen getroffen, damit der Musikunterricht von qualifizierten Fachkräften beaufsichtigt und beraten werden kann. Im Ministerium für Kultus und Sport und bei den vier Oberschulämtern wurden jeweils hauptamtliche Musikreferenten bestellt. Daneben hat das Ministerium für Kultus und Sport Beauftragte für Schulchor, Schulorchester, Schuljazz und Schulfolklore ernannt. Im Kultusministerium wurde schließlich selbst eine Ständige Koordinierungsgruppe Musik mit eigener Geschäftsstelle errichtet.

Als Ergebnis dieser Maßnahmen mag z. B. die Tatsache angeführt werden, daß das Land Baden-Württemberg beim prozentualen Anteil der Abiturienten, die einen Leistungskurs Musik belegen, bundesweit an der Spitze liegt.

A 4.2 **Musikalische Schulensembles**

Neben den eher verborgenen Leistungen der öffentlichen Schulen im Pflichtunterricht Musik wird beim Förderprogramm zur musisch-kulturellen Erziehung offenkundig, daß die Schulen mit ihren 3.500 vokalen und instrumentalen Gruppen einen erheblichen Beitrag zur aktiven Laienmusik leisten und damit auf lokaler, regionaler und auch landesweiter Ebene das musikalische Leben auf vielfache Weise bereichern. Die Schulen des Landes führen jährlich mehr als 3.000 öffentliche Musikveranstaltungen durch.

In den musikalischen Schulensembles wirken z. Zt. 130.000 Schüler freiwillig mit; dies sind etwa 15% aller Schüler allgemeinbildender Schulen. Ihr Können reicht je nach Schulart und Alter von der einfachen Gestaltung schulischer Veranstaltungen bis zu semiprofessionellem Können, wie es z. B. bei landesweiten, nationalen oder internationalen Wettbewerben sichtbar wird.

A 4.3 **„Begegnungen der Schulmusik"**

Bei den Landesveranstaltungen „Begegnungen der Schulmusik" haben in den letzten vier Jahren 2.000 Konzerte stattgefunden. Dabei haben 80.000 Schüler aktiv mitgewirkt. Rund 1 Million Zuhörer haben diese Veranstaltungen besucht. Viele ehrenamtliche Organisatoren wirken an dem Programm mit, um es in allen Landesteilen zu verwirklichen. Das Ministerium für Kultus und Sport fördert diese Begegnungen jährlich mit 160 TDM.

Seit 1989 fördert das Ministerium für Kultus und Sport auch Schulmusikbegegnungen auf nationaler Ebene. In diesem Jahr fand in Pforzheim die Bundesbegegnung „Schulen musizieren" unter Beteiligung von Schulmusikgruppen aus Jordanien und der Sowjetunion statt. Außerdem gestaltete die Schulmusik aus Baden-Württemberg mit 1.000 Schülern den „Musikzug Bonn" und leistete damit einen originellen Beitrag zum 40jährigen Jubiläum der Bundesrepublik Deutschland.

Immer mehr Schüler musizieren in Schulensembles; Bild: MKS

A 4.4 **Kooperationen in der Schulmusik**

A 4.4.1 Vokalmusik:

Etwa 50% der außerschulischen Laienchöre und Kirchenchöre in Baden-Württemberg werden von Musiklehrern künstlerisch geleitet. Die häufige Personalunion bei den Dirigenten von Schul- und Laienchören bildet einen natürlichen Ansatzpunkt für eine verbesserte Kooperation von Schule und Verein im Bereich der Musik. Das Ministerium für Kultus und Sport stellt seit 1987 jährlich 80 TDM für Gemeinschaftskonzerte der Laien- und der Schulmusik zur Verfügung, die insbesondere von Chören in Anspruch genommen werden.

1989 wurde erstmals ein Kompositionswettbewerb ausgeschrieben, um Musikliteratur zu gewinnen, die Schüler und erwachsene Laien gemeinsam singen können. Die besten Ergebnisse wurden in einem Musterkonzert vorgestellt, das die Sängerbünde gemeinsam mit der Schulmusik veranstalteten.

Zur Weiterentwicklung der Kooperation zwischen Schul- und Laienmusik hat das Ministerium für Kultus und Sport die Arbeitskreise „Schulmusik - Sängerbünde" und „Schulmusik - Kirchenmusik" eingerichtet.

Kooperation in der Schulmusik: Aufführung des Weihnachtsoratoriums von J. S. Bach im Kongreßzentrum Karlsruhe: Karlsruher Kammerchor Helmholtz-Gymnasium (Sieger im 2. Deutschen Chorwettbewerb Hannover 1985), Orchester des Albert-Einstein-Gymnasiums Böblingen (1. Landespreisträger im Orchester-Wettbewerb 1984); Bild: Bernd Schaller, Karlsruhe

A 4.4.2 Instrumentalmusik:

Mehr als 30% der Schüler öffentlicher Schulen spielen heute ein Musikinstrument, 1986 waren es weniger als 10%. Dieser erhebliche Zuwachs zeigt, daß das Interesse am aktiven Musizieren bei Schülern stark gestiegen ist und auch die öffentlichen Schulen viele Schüler anregen, ein Musikinstrument zu erlernen. Abgesehen von den Aufbaugymnasien, welche auch instrumentalen Einzel- bzw. Kleingruppenunterricht anbieten, gehört die Ausbildung am Einzelinstrument allerdings nicht zum originären Bildungsauftrag der Schule. Die Kenntnisse der Schüler gehen im wesentlichen auf außerschulische Angebote zurück: Musikschulen, Privatmusiklehrer, Blasmusik- und Harmonikavereine, Posaunenchöre etc., in letzter Zeit verstärkt auch Lehrgänge aus dem Musikalienhandel.

Die große Zahl instrumentenspielender Schüler erweitert die musikalischen Gestaltungsmöglichkeiten der Schule. Mit zunehmender Häufigkeit bilden die Schulen auch Musikensembles, die die Schüler im außerschulischen Feld nicht überall vorfinden (z. B. Kammermusikkreise, Jazz-Bands, Folklore- und Tanzgruppen, musikalisch-szenische Projektgruppen u. a.). Aus der vergrößerten Angebotspalette der Schulmusik ergibt sich aber die Notwendigkeit, daß sich die Träger (Schule, Musikschule, Verein) wegen der Zugehörigkeit eines Schülers zu einem Ensemble besser untereinander abstimmen.

Besondere Möglichkeiten, gemeinsame instrumentalpädagogische Maßnahmen im Schul- und Jugendmusikbereich zu entwickeln, bietet die neue Landesakademie für die musizierende Jugend in Ochsenhausen, bei der die jeweiligen Fachkräfte auch institutionenübergreifend zusammenwirken können (vgl. B 3.4).

A 4.4.3 Kooperation mit Berufsmusikern:

Im Rahmen des Förderprogramms „Kunst - Geschichte - Schule“ hat die Schulmusik die Möglichkeit, Berufsmusiker zur Mitwirkung am Musikunterricht heranzuziehen. In aller Regel werden dabei Berufsmusiker in reguläre Musik-Stunden bzw. musikalische Arbeitsgemeinschaften eingeladen. Die Künstler wohnen am Ort oder in der näheren Umgebung bzw. gastieren am Schulort (z. B. Darbietungen von Berufssängern, Instrumentendemonstration von Konzertmeistern der Berufsorchester, Orgelvorführungen von Kirchenmusikdirektoren u. a.). Durch Vermittlung des Ministeriums für Kultus und Sport kommt es auch zu verstärkten Kontakten mit internationalen Spitzenkräften, die sich im Rahmen von Konzerttourneen im Land aufhalten und vormittags Schulen aufsuchen (seit 1988 gibt es z. B. auch schulische Darbietungen von DDR-Musikern in Baden-Württemberg; vgl. Kap. 12, A 2).

Zu diesem Programm gehören auch Werkstattgespräche, Besuche von Proben und Aufführungen, Besichtigungen von Instrumenten-Bauwerkstätten, Musikinstitutionen, Aufnahmestudios u.s.w.

Auf den Musikbereich des Programms entfallen jährlich ca. 40 TDM; getragen werden hierdurch Fahrtkosten und Honorare der außerschulischen Künstler.

B. **Perspektiven**

B 1 Professioneller Bereich

B 1.1 **Semiprofessionelle Chöre**

Die Zahl der staatlichen und kommunalen Träger subventionierter Ensembles läßt sich nicht beliebig vermehren. Von besonderer Wichtigkeit ist die Förderung des Nachwuchses für künstlerische Leiter von landeszentralen Ensembles. Sie können sich vor allem im semiprofessionellen Bereich qualifizieren. Darum gewinnt vor allem dieser Bereich zunehmende Bedeutung für die Erhaltung, die Vielfalt und Wandlungsfähigkeit des Musiklebens.

Folgende Fördermaßnahmen werden zur Pflege eines vielfältigen und leistungsfähigen Veranstalterpotentials vorgeschlagen:

B 1.1.1 Verstärktes Programmangebot Neuer Musik in Stuttgart durch Fusion

Der Verein „Musik der Jahrhunderte", Träger des Markusvocalensembles, der Neuen Vocalsolisten und des Jungen Philharmonischen Orchesters, und die „Tage für Neue Musik" in Stuttgart beabsichtigen zu fusionieren. Sie ziehen damit die Folgerung aus der bisherigen künstlerischen Zusammenarbeit. Vorgesehen ist eine gemeinsame Programmplanung, übergreifende Werbung und Vereinigung der Geschäftsstellen. Die kulturpolitisch erwünschte Folge ist die Entstehung eines weiteren leistungsfähigen Veranstalters im Raum Stuttgart. Er pflegt Programmschwerpunkte der klassischen Moderne und der zeitgenössischen Musik. Zugleich bahnt sich eine vertiefte Zusammenarbeit mit dem Süddeutschen Rundfunk an. Mit diesem Zusammenschluß wird in der Landeshauptstadt eine im Vergleich zu anderen Musikzentren bisher fühlbare Lücke im Programmangebot geschlossen.

Markusvocalensemble Stuttgart und Junges Philharmonisches Orchester Stuttgart bei der Probe zu Messiaens "La Transfiguration de N. S. J. C."; copyright: Pressefoto W. Mierendorf, Stuttgart

B 1.1.2 Entwicklung des Kammerchors Stuttgart zu einem Interpretationszentrum Alter Musik:

Der Kammerchor Stuttgart hat sich in den letzten Jahren zu einem international anerkannten Ensemble entwickelt. Er veranstaltet in Stuttgart u. a. die „Internationalen Festtage für Alte Musik“. Sie haben sich zum Ziel gesetzt, den Nachholbedarf aufzuarbeiten, der in der Bundesrepublik bei der stilgenauen Interpretation der Musik aus der Zeit vor J. S. Bach entstanden ist. Zu diesem Zweck engagiert der Kammerchor Stuttgart z. Zt. noch vorwiegend ausländische Ensembles. Künftig ist beabsichtigt, in verstärktem Maß eigene Kräfte heranzuziehen und eine eigene Aufführungstradition aufzubauen. Sie soll auf zwei Wegen erreicht werden:

- ☐ Das „Vokalensemble Alter Musik“, das überwiegend aus Sängern des Kammerchors Stuttgart besteht, die sich auf diese Musik spezialisiert haben, wird seine Tätigkeit verstärken.
- ☐ Es wird ein „Barockorchester Stuttgart“ gegründet. Die Besetzung des Orchesters orientiert sich an dem Repertoire der Zeit vor J. S. Bach. Es werden Originalinstrumente verwendet, die Interpretation folgt historischen Vorbildern. - Dabei handelt es sich nicht um ein ständiges Kulturorchester mit festangestellten, tariflich bezahlten Musikern, wie es bei den großen Symphonie- und Theaterorchestern und bei den bestehenden Kammerorchestern die Regel ist. Vielmehr sollen die Mitglieder Musiker sein, die die historische Interpretation Alter Musik beherrschen, in ihrer Mehrzahl aber hier nur nebenberuflich tätig sind.

B 1.1.3 „Kulturbegegnung im Südwesten“:

Die „Kulturbegegnung im Südwesten“ wird vom Trägerverein des Markusvocalensembles „Musik der Jahrhunderte“ (vg. B 1.1.1) zusammen mit der Staatlichen Musikhochschule Trossingen jährlich in mehreren Gemeinden im Raum Schwarzwald-Bodensee veranstaltet. Das anspruchsvolle Programm dieses flächendeckenden Festivals hat einen Schwerpunkt bei der Musik des 20. Jh. Da das Programm von den örtlichen Kulturämtern mitgetragen wird, orientiert es sich an den Erwartungen der Besucher und hat ein gutes Echo. Der Kreis der bespielten Orte und das Konzertangebot sollen erweitert werden. Für die Programmabsprache sollte ein gemeinsames Gremium aus Vertretern der Veranstalter und der Kommunen sorgen.

B 2 Laienmusik

Das Musikleben in Baden-Wüttemberg ist lebendig und vielgestaltig - auch in der Breite. Die Maßnahmen zur Förderung der Laienmusik haben sich im Prinzip bewährt. Durch eine Reihe neuer Förderprogramme sind zwar die Haushaltsmittel erheblich erhöht worden, doch haben die Haushaltsansätze für die laufende Arbeit der Vereine und Verbände mit dieser Entwicklung nicht Schritt gehalten. Sie stagnierten vielmehr über mehrere Jahre und mußten 1989 sogar zugunsten neuer Projekte gekürzt werden. Insoweit sind Korrekturen angebracht, zumal durch neue Projekte immer auch die Anforderungen an die Verwaltungskapazität der Verbände steigen. Es gilt also, die Mittel für die laufende Arbeit der Vereine und Verbände auf ein angemessenes Niveau zu bringen, ohne deshalb darauf zu verzichten, durch neue Projekte gezielt Schwerpunkte zu setzen und inhaltliche Anstöße zu geben. Nur dadurch ist gewährleistet, daß Vereine und Verbände auf solider Grundlage arbeiten und die Grundbedürfnisse befriedigen können, zugleich aber auch in der Lage sind, zusätzliche Schwerpunkte zu setzen und damit auf neue Bedürfnisse flexibel und effizient zu reagieren.

B 2.1 **Nachholbedarf**

Es kann nicht Sinn einer Kunstkonzeption sein, Verbesserungen vorrangig durch globale Aufstockung der einschlägigen Förderprogramme zu propagieren. Ebensowenig dürfen aber bewährte Förderprojekte zugunsten neuer Vorhaben vernachlässigt werden - umso weniger dann, wenn die Konsequenz eine Notlage in ganzen Förderbereichen wäre.

In der Laienmusik haben sich in den zurückliegenden Jahren durch mehrere neue Projekte die Schwerpunkte zulasten der sogenannten Grundförderung verschoben. Die Zuschußbeträge für die Beschaffung von Instrumenten und Noten, die Abgeltung der GEMA-Gebühren, die Veranstaltung von Vereinskonzerten sowie die Maßnahmen der Aus- und Fortbildung stagnieren über Jahre hinweg. Sie wurden 1989 sogar um ca. 600 TDM zurückgefahren. Zwar wurden gleichzeitig die Mittel zur Beschäftigung der Chorleiter und Dirigenten um 1,6 Mio. DM aufgestockt, wodurch die Laienmusik einen Zugewinn von 1 Mio. DM erhielt. Da aber infolge geringerer Haushaltsmittel für die Grundförderung bei gleichzeitiger Preissteigerung durch die GEMA die Zuschußsätze für die erwähnten Grundförderbereiche deutlich zurückgingen, entstehen Engpässe, die eine kontinuierliche Arbeit gefährden.

B 2.2 **Pauschale für Chorleiter und Dirigenten**

Die Bezuschussung der Vereine für die Beschäftigung ihrer Chorleiter und Dirigenten (vgl. A 2.2.2) hat insoweit den Umfang der Übungsleiterbezuschussung im Sport erreicht, als der Satz pro Chorleiter bzw. Dirigent auf 700 DM angehoben wurde. Während aber ein Sportverein für mehrere Übungsleiter mit entsprechender Lizenz diesen Betrag erhalten kann, kommt dieser Zuschuß in der Musik bislang jedem Verein nur einmal zugute. Dadurch werden diejenigen Vereine benachteiligt, die mehrere Ensembles mit qualifizierten Dirigenten bzw. Chorleitern unterhalten oder qualifizierte Instrumentenausbilder beschäftigen.

Eine Gleichstellung mit dem Sport ist erst dann erreicht, wenn die Musik- und Gesangvereine auch für mehrere Chorleiter und Dirigenten bzw. Instrumentenausbilder jeweils einen Zuschuß von 700 DM erhalten können.

B 2.3 **Musikalische Literatur für die Laienmusik**

Den Bedürfnissen der Vereine und Verbände nach einer differenzierteren musikalischen Literatur steht kein entsprechendes Angebot zeitgenössischer Komponisten gegenüber. Viele Kompositionen eignen sich nur eingeschränkt für Vereinigungen der Laienmusik. Das Bemühen um ein breiteres Repertoire setzt voraus, daß mehr Komponisten auch für Laienensembles komponieren. Das ist nicht allein eine Frage des Standards qualitativer Anforderungen, sondern häufig eine Frage der Instrumentierung. Eine Komposition speziell für ein Zupforchester, ein Akkordeonorchester oder eine Blasmusikkapelle muß besondere Grunderfordernisse beachten. Um hier Anreize zu schaffen, sollten Mittel zur Verfügung gestellt werden, die sowohl für Kompositionswettbewerbe als auch für die Vergabe von Auftragskompositionen eingesetzt werden können.

B 2.4 **Lösung der Nachwuchsprobleme im Vokalbereich**

Der fehlende Nachwuchs im Vokalbereich ist teilweise besorgniserregend. Es ist zu hoffen, daß die einsetzende verstärkte Kooperation mit der Schule junge Leute motiviert, sich in Gesangvereinen zu engagieren. Zusätzlich sollten Projektmittel bereitgestellt werden, mit denen Anreize zum Aufbau von Kinder- und Jugendchören geschaffen oder andere geeignete Maßnahmen angestoßen werden, etwa Jugendfestivals, Aufträge für Komposition von Jugendchorliteratur usw.

B 2.5 **Projektförderung für die Bereiche Rock, Pop und Jazz**

Für Ensembles und Verbände der Rock- und Popmusik stehen bislang keine staatlichen Fördermittel zur Verfügung. Das Bedürfnis gerade junger Menschen nach einer Betätigung in diesen Sparten ist aber nicht zu übersehen, worauf vielfältige Angebote in den kommunalen öffentlichen Einrichtungen der offenen Jugendarbeit bereits antworten. Künftig sollte auch das Land vorsehen, entsprechende Projekte zu fördern, etwa Festivals oder auch workshops.

B 2.6 **Ausstattungszentren**

Die Laienmusik hat im ländlichen Raum einen erheblichen Stellenwert. Da aber im ländlichen Raum die gesamte kulturelle Infrastruktur weniger ausgebaut ist als im großstädtischen Bereich, sollen zusammen mit einigen Landkreisen sog. Ausstattungszentren geschaffen werden. Dort sollen Gegenstände zur Ausleihe bereitgehalten werden, die sich Vereine in der Regel nicht beschaffen können, die sie für größere Veranstaltungen aber benötigen, wie etwa Mangelinstrumente, Verstärkeranlagen, Scheinwerfer oder ähnliche Gegenstände.

B 2.7 **„Musik für Erwachsene"**

Das Interesse älterer Menschen an einer musikalischen Betätigung in der Freizeit nimmt zu. Der klassische Ort dafür ist zweifellos der Musikverein. Während z. B. jüngere Gitarrenspieler die Möglichkeit haben, in einem Gitarrenclub ihr Interesse zu pflegen, haben musikalisch interessierte ältere Menschen, die nicht auf die Pflege eines bestimmten Instruments spezialisiert sind, vor allem dann keine derartige Möglichkeit, wenn sie im Blick auf ihr fortgeschrittenes Alter sich scheuen, einem Verein beizutreten. Den differenzierten Bedürfnissen der Erwachsenen, gerade der Senioren, sollte nach Möglichkeit eine entsprechend differenzierte Anbieterstruktur gegenübergestellt werden. Denn neben den Vereinen gibt es auch andere Anbieter, etwa die Volkshochschulen (vgl. Kap. 10.4) und die Musikschulen (vgl. A 3.1), deren Angebote den Interessen der älteren Menschen eher entsprechen als Angebote in Vereinen.

Zur Lösung dieses Problems hat der Landesmusikrat in Zusammenarbeit mit dem Verband Deutscher Schulmusikerzieher, dem Landesverband der Musikschulen Baden-Württembergs, dem Blasmusikverband Baden-Württemberg, dem Badischen Sängerbund und dem Volkshochschulverband ein Konzept entwickelt, das davon ausgeht, in verschiedenen Städten in Form von Informations- und Beratungsaktionen die Erwachsenen darauf hinzuweisen, wo sie ihre musikalischen Interessen pflegen können. Ziel des Projekts ist auch, das Angebot der Volkshochschulen, Musikschulen, Gesang- und Musikvereine, der Kirchen und anderer Träger am jeweiligen Ort zu koordinieren und zu erweitern. Zu diesem Zweck sollen in mehreren Städten Modellversuche gestartet werden, bei denen sich die schon ansässigen Institutionen zu einem gemeinsamen Pilotprojekt verbinden, um die Bevölkerung über die unterschiedlichsten Möglichkeiten musikalischer Aus- und Fortbildung und musikalischer Betätigung zu informieren und entsprechende Angebote zu entwickeln. Das Projekt muß noch näher konkretisiert werden.

B 3 Außerschulische Jugendmusik

B 3.1 **Musikschulen**

Obwohl an der bisherigen Förderung der Musikschulen grundsätzlich nichts geändert werden soll (vgl. A 3.1.1), damit die vorrangige Trägerschaft der Kommunen nicht berührt wird, gibt es doch drei Bereiche, in denen die Förderung der Musikschulen verbessert werden muß:

B 3.1.1 Innerer Ausbau der Musikschulen:

Wegen der unterschiedlichen Personalstruktur der einzelnen Musikschulen kann nicht von einem kontinuierlichen Wachstum der Personalkosten ausgegangen werden. Außerdem ist zu berücksichtigen, daß die Jugendlichen mit heranwachsendem Alter zunehmend in die Gruppe derer eintreten, die aus dem Gruppenunterricht in den Einzelunterricht übergeführt werden müssen, was mit erheblichen Mehrkosten verbunden ist. Es sollte deshalb, um die Entwicklung nicht zu gefährden, jährlich mit einem Wachstum vom 6% gerechnet werden.

B 3.1.2 Verstärkung der Rock- und Pop-Musik:

Damit künftig das Repertoire der Musikschulen erweitert und breitere Kreise der Bevölkerung angesprochen werden, sollten die Musikschulen zusammen mit der Schulmusik geeignete Räume für rock- und popmusikalische Aktivitäten bereitstellen und entsprechende Angebote entwickeln.

B 3.1.3 Fortbildung der Lehrer an Musikschulen:

Der Fortbildung der Lehrer an Musikschulen muß auch in Zukunft große Aufmerksamkeit gewidmet werden. Z. Zt. finden jährlich ca. 55 meist örtlich und regional durchgeführte Fortbildungskurse statt. Ihre Zahl sollte auf etwa 100 erhöht werden, wobei der Rock- und Popmusik ein besonderer Schwerpunkt eingeräumt werden sollte.

B 3.1.4 Kunst des Violinspiels:

Die Stuttgarter Musikschule führt seit mehreren Jahren jeweils zweimal jährlich einen von Professor Yair Kless geleiteten Förderkurs für Violin-Schüler der Oberstufe in Verbindung mit einer kontinuierlichen Fortbildung für Violin- und Viola-Lehrkräfte durch. Der große Gewinn, den Lehrer und Schüler aus diesem Kurs bisher gezogen haben, läßt es ratsam erscheinen, im Rahmen eines Modellversuchs diese Einrichtung allen Musikschulen des Landes anzubieten.

Der Kurs bietet auf der Grundlage internationaler Standards ein neues Modell zur didaktischen Fortbildung und künstlerischen Weiterbildung im Violinspiel. Er verbindet Elemente traditioneller Meisterkurse und der Didaktik zu einem produktiven Wechselspiel zwischen künstlerischen und didaktischen Gesichtspunkten. Geiger mit beruflichen Ambitionen lernen Grundlagen der Instrumentaldidaktik, Lehrkräfte, die sich um eine Verbesserung des Niveaus der vorberuflichen Ausbildung bemühen, Grundzüge der Violinistik und internationale künstlerische Ansprüche kennen.

Der Kurs wird in mehreren aufeinander aufbauenden Teilen angeboten. Die Teilnehmer bezahlen eine Teilnehmergebühr sowie ihre Kosten für Fahrt, Unterkunft und Verpflegung. Dieser Kurs soll in halbjährigem Turnus zu vertrebaren finanziellen Belastungen der Teilnehmer angeboten werden.

Feinstimmung der Violine; Bild: LKB

B 3.1.5 Kooperation der Musikschulen mit der Schulmusik:

Die Arbeit der Musikschulen und die Schulmusik sind unverzichtbare Säulen der Laienmusik. Beide Bereiche ergänzen sich und werden teils vom Staat getragen, teils von ihm gefördert. In vielen Fällen ist eine gute Kooperation zu beobachten. Ebenso gibt es aber auch vielfach Konkurrenzsituationen (vgl. auch A 4.4.2). Diese sind teils regional, teils aber auch personenspezifisch bestimmt. Es muß deshalb Vorsorge getroffen werden, daß vor allem auf der Ebene der Kommunen und Kreise die Zusammenarbeit der Musikschule und der öffentlichen Schule verbessert wird. Hierzu hat das Ministerium für Kultus und Sport bereits einen Gesprächskreis eingesetzt, der zusammen mit dem Landesverband der Musikschulen Empfehlungen erarbeitet, wie beide Einrichtungen zusammenarbeiten können, etwa bei gemeinsamen Veranstaltungen, bei der Stundenplangestaltung, der Termingestaltung, der Instrumentenausleihe und im Personalverbund.

Darüber hinaus wäre es wünschenswert, daß das Land einen finanziellen Anreiz für solche Kooperationen schafft und diesen finanziellen Anreiz an kommunale Komplementärmittel bindet. Die so gewonnenen finanziellen Ressourcen könnten dazu dienen, lokale und regionale Gemeinschaftsprojekte z. B. zwischen Musikschulen und der Schulmusik zu entwickeln.

B 3.2 Jugendmusikalische Wettbewerbe

B 3.2.1 „Jugend singt / Solowertung“:

Der Wettbewerb „Jugend musiziert“ ist nach 25-jähriger Tradition und jährlichem Austragen zu einer festgefügten Einrichtung im jugendmusikalischen Leben des Landes geworden. Er umfaßt bisher nur die gängigen Instrumente, nicht jedoch die Singstimmen. Den in den Musikschulen und in der Schulmusik zunehmenden Angeboten an Stimmbildung steht bisher kein repräsentatives und kontinuierliches Wettbewerbsangebot gegenüber. Auf Anregung des Landesbeauftragten für den künstlerischen Bühnennachwuchs hat 1987 deshalb der Landesverband der Musikschulen zum ersten Mal den Wettbewerb „Jugend singt/Solowertung“ durchgeführt. Dieser Wettbewerb soll auf eine dauerhafte Basis gestellt und künftig alle 2 Jahre in den Wettbewerb „Jugend musiziert“ eingebunden werden. Dafür ist eine besondere Jury zu schaffen.

B 3.2.2 Ensemblespiel hochbegabter Preisträger:

Zwar ist 1989 damit begonnen worden, die Preisträger aus „Jugend musiziert“ zu einem Ensemblespiel zusammenzuführen, doch ist dies aus Kostengründen zunächst einmal nur an fünf Standorten möglich gewesen. Diese fünf Stützpunkte sind keineswegs ein Angebot, das allen Landesteilen gerecht wird. Dieses Defizit kann nur dadurch abgebaut werden, daß etwa in jedem Regionalbereich des Jugendwettbewerbs ein entsprechender Stützpunkt eingerichtet wird. Das bedeutet, daß 17 weitere Stützpunkte geschaffen werden müssen.

B 3.2.3 „Jugend komponiert“:

Unter dem Titel „Schüler komponieren – Wettbewerb junger Komponisten“ führt die Musikalische Jugend Deutschlands bundesweit jährlich mit Unterstützung des Bundesministers für Bildung und Wissenschaft einen Wettbewerb in Weikersheim durch. Verschiedene Bundesländer haben Vorstufen zu diesem Wettbewerb auf Landesebene geschaffen. In Baden-Württemberg fehlt bislang etwas Vergleichbares, obwohl ein zeitlich vor den Kompositionsklassen der Musikhochschulen anzusiedelnder entsprechender Bedarf vorhanden ist.

Mit der Einrichtung eines Wettbewerbs „Jugend komponiert“ soll auch jenen Jugendlichen ein Forum angeboten werden, die sich heute in Musikschulen und Schulmusik vermehrt mit Fragen von Tonsatz und Kompositionen auseinandersetzen. Der Wettbewerb „Jugend komponiert“ soll ihnen Gelegenheit geben, ihre Arbeiten untereinander zu vergleichen und sich zugleich der Öffentlichkeit und der Fachwelt vorzustellen.

Der Wettbewerb „Jugend komponiert“ soll alle 2 Jahre stattfinden und nach der Struktur des bundesweiten Wettbewerbs so ausgeschrieben werden, daß jeweils für eine bestimmte Besetzung (z. B. Streichquintett) Kompositionen eingesandt werden. Die Einsendungen werden von einer Jury (Kompositionsprofessoren) gesichtet, die die besten Einsender für einen einwöchigen workshop in einer musikalischen Bildungsstätte auswählt. Dort sollen die jungen Komponisten unter Anleitung der Juroren gemeinsam mit einem Ensemble ihre Werke einstudieren und in einem Abschlußkonzert der Öffentlichkeit vorstellen können.

B 3.2.4 Neues Rahmenprogramm für jugendmusikalische Gruppenwettbewerbe:

Die für die erfolgreiche Durchführung von jugendmusikalischen Gruppenwettbewerben notwendigen Rahmenbedingungen,

- ☐ ein hinreichend großes, sachkundiges Publikum,
- ☐ die Gelegenheit zur intensiven Begegnung,
- ☐ die Gelegenheit, sich gegenseitig zu hören, und
- ☐ die Bekanntgabe der Ergebnisse in Anwesenheit aller Teilnehmer, möglichst in einem Preisträgerkonzert,

sind derzeit nur unzureichend gewährleistet. Dies hat insbesondere beim Orchesterwettbewerb bereits zu rückläufigen Anmeldezahlen geführt. Zur Rückgewinnung der nötigen Attraktivität und der gewünschten Ausstrahlung ist ein neues Konzept zu entwickeln, das folgendes berücksichtigen muß:

- ☐ Die Wettbewerbe sind - ohne wesentliche Ausdehnung der Gesamtdauer - in ein Rahmenprogramm einzufügen, das den Gedanken der Begegnung verdeutlicht.
- ☐ Dabei ist auch außerhalb der offiziellen Vorspiele Gelegenheit zu gemeinsamem Musizieren zu geben.
- ☐ Der Informationsaustausch über gemeinsame Interessen ist zu verstärken (Informationsstände, Ausstellungstafeln, Gemeinschaftsverpflegung etc.).
- ☐ Für die Veranstaltungen soll gemeinsam mit den örtlichen Stellen verstärkt geworben werden.

B 3.3 **Neue Ensembles**

Die erfreuliche Entwicklung des jugendmusikalischen Musizierens der letzten Jahre macht es erforderlich, daß das am Anfang der 80er Jahre geschaffene System der landeszentralen Ensembles weiterentwickelt wird. Heute ergeben sich neue Schwerpunkte im Bereich der symphonischen Musik und der Zupfmusik.

B 3.3.1 „Junge Philharmonie Baden-Württemberg“:

Das Junge Kammerorchester - Mitglieder sind ganz überwiegend Musikstudenten (vgl. A 3.3) - ist seit 1981 in die Förderung der Jugendensembles aufgenommen, weil dort jungen Musikern außerhalb der Hochschulen auf hohem künstlerischen Niveau Gelegenheit zum Ensemblespiel gegeben wird. Das Ziel dieser Arbeit ist, Orchesterpraxis zu vermitteln. Die Organisatoren des Jungen Kammerorchesters stehen mit etwa 200 jugendlichen Musikern in Verbindung, die dem Orchester im Durchschnitt etwa 3 Jahre lang angehören und dreimal jährlich zu Arbeitsphasen und darüber hinaus zu zahlreichen Konzertveranstaltungen eingeladen werden.

Die Ansprüche, die Konzertveranstalter aus allen Landesteilen an die Organisatoren des Jungen Kammerorchesters herantragen, überschreiten häufig das Leistungsvermögen einer Kammerformation (Gemeinschaftskonzert mit einem großen Chor). In diesen Fällen bietet sich an, das Junge Kammerorchester Baden-Württemberg zu einer „Jungen Philharmonie Baden-Württemberg“, also zu einer symphonischen Formation, auszubauen. In dieser Gestalt könnte es flexibler auf die Wünsche der Konzertorganisatoren reagieren und seinen Mitgliedern zusätzliche Spielpraxis in anderer Umgebung vermitteln.

Die Aufgabenstellung einer symphonischen Formation kann nicht vom Landesjugendorchester (vgl. A 3.3) wahrgenommen werden; denn das Landesjugendorchester, dessen Mitglieder zwischen 12 und 18 Jahre alt sind, erarbeitet bei den jährlichen (2 bis 3 Mal) Arbeitsphasen ein eigenständiges Programm, wofür sie anders als die älteren und fortgeschritteneren Mitglieder des Jugendkammerorchesters naturgemäß wesentlich mehr Zeit benötigen. Sie führen ihr Programm regelmäßig in einer Reihe von 5–10 Konzerten an verschiedenen Orten auf. Eine Eingrenzung auf Koproduktionen mit anderen Klangkörpern wäre nicht nur zu zeitaufwendig, sondern stünde auch im Widerspruch zu seiner eigentlichen Aufgabe.

B 3.3.2 Jugendgitarrenorchester Baden-Württemberg:

Das Land Baden-Württemberg hat 1980 das Jugendzupforchester (vgl. A 3.3.) geschaffen, um auch qualifizierten jungen Zupfmusikern die Möglichkeit zum Ensemblespiel auf hohem Niveau zu geben. Die für das Jugendzupforchester vorherrschende Literatur bevorzugt nun aber gerade die sonst eher vernachlässigten Instrumente, die Gitarre kommt häufig nur in Begleitfunktion vor, was ihrer praktischen Bedeutung nicht entspricht, ist sie doch sehr weit verbreitet; so gibt es heute im Land etwa 17.000 Gitarristen.

Der Bund deutscher Zupfmusiker veranstaltet deshalb seit Jahren gut besuchte Seminare für Gitarrenensemblearbeit, um die dafür vorhandene Literatur zu erschließen. Ein stärker praxisorientiertes orchestrales Angebot ist aber bisher nicht vorhanden. Deshalb sollte ein Gitarrenorchester geschaffen werden, das in vier bis fünf Arbeitsphasen jährlich an Wochenenden zusammenkommt.

B 3.4 Landesakademie für die musizierende Jugend (Ochsenhausen)

Die Landesakademie in der Klosteranlage Ochsenhausen hat nach ihrer Satzung folgende Aufgaben:

- ☐ Lehrgangsarbeit in der Jugend- und Schulmusik;
- ☐ Probewochen für Jugend-/Schulchöre und -Orchester, auch Liebhaberorchester;
- ☐ Arbeitswochen für besonders qualifizierte Jugendensembles, zum Beispiel Landesjugendorchester;
- ☐ Aus- und Fortbildung von Leitungskräften in der Musikerziehung, insbesondere Lehrerfortbildung zur Musikpraxis;
- ☐ Veranstaltung von Fachtagungen;
- ☐ internationale Jugendbegegnungen;
- ☐ Dokumentation und Archivierung des aktuellen musikalischen Schaffens.

Kloster Ochsenhausen; Bild: Akademie Ochsenhausen

Die Landesakademie verfügt über eine Personal- und Finanzausstattung, die den regulären Kursbetrieb bei ca. 20.000 Teilnehmertagen jährlich bewältigen kann. Nach den bisherigen Beobachtungen ist zu erwarten, daß außerschulische und schulische Gruppen die Landesakademie etwa je zur Hälfte nutzen, wobei die Landesakademie allen musiktreibenden Organisationen offensteht.

Sobald die Landesakademie Anfang 1990 ihren laufenden Betrieb in vollem Umfang aufgenommen hat, wird sie sich verstärkt der Archivierung des aktuellen jugendmusikalischen Schaffens und der Pflege der Ochsenhausener Musiktradition widmen müssen. Für neue Produktionen besitzt die Landesakademie ein hinreichend ausgestattetes Tonstudio. Für die Bearbeitung traditioneller Quellen aus dem Kloster Ochsenhausen, die in Tübingen im Oberschwäbischen Musikarchiv untergebracht sind, muß die Kooperation mit der Universität Tübingen intensiviert werden. Für die gesamten bibliothekarischen und archivarischen Arbeiten steht der Landesakademie bisher aber nur eine Bibliothekarsstelle zur Verfügung.

Um die anstehenden Arbeiten qualitativ überzeugend leisten zu können, ist die Anstellung eines Medientechnikers und eines Archivars erforderlich.

Die Landesakademie wird auch daran gemessen werden, wie es ihr gelingt, im Bereich der internationalen musikalischen Begegnungen Erfolge zu erzielen. Ein Schwerpunkt soll im deutsch-französischen Jugendaustausch gesetzt werden, vor allem bei chorischen Begegnungen. Die Landesakademie wird für dieses Projekt auf Sondermittel angewiesen sein, die z. T. vom Deutsch-französischen Jugendwerk kommen könnten, seitens des Landes aber noch aufgestockt werden müssen.

B 3.5 **Konzert- und Probenraum für die Musikalische Bildungsstätte Schloß Weikersheim**

Das Land, die Stadt Weikersheim, die Musikalische Jugend Deutschlands und das Jugendherbergswerk (Landesverband Schwaben) haben für die Musikalische Bildungsstätte Schloß Weikersheim eine tragfähige Trägerstruktur entwickelt. Weikersheim befindet sich in einem guten Ausbauzustand. Doch ist die Frage eines ausreichenden Konzert- und Probenraumes für große Orchester und große Chöre noch nicht befriedigend gelöst. Hier soll nach den Sanierungsplänen für die weiteren Schloßbereiche Abhilfe geschaffen werden.

B 4 Schulmusik

Beobachtungen und Erfahrungen der Schüler sind heute in hohem Maße durch neue Informationstechniken geprägt. Es wächst die Einsicht, daß neue Medien zwischenmenschliche Beziehungen auch gefährden können. Die Schulmusik hat hier einen vorbeugenden Auftrag zu erfüllen. Gerade durch die Betonung des gemeinsamen Musizierens kann die Schulmusik ästhetische Erfahrungen und Erlebnisse vermitteln und ein Bewußtsein für gegenseitiges Angewiesensein herbeiführen. Die Pflege der Schulmusik beinhaltet damit nicht nur Gewinn für den einzelnen, sie ist auch wesentlicher Baustein für die soziale Welt von morgen.

Für diese Ausweitung des schulmusikalischen Auftrags zeichnen sich folgende Voraussetzungen und Perspektiven ab:

B 4.1 **Musikpflege im Kindergarten**

Soll die Musikerziehung ihrem umfassenden Auftrag gerecht werden, so muß sie bereits im Kindergarten beginnen. Dafür fehlen geeignete Fachkräfte.

Musikalische Früherziehung im Kindergarten; Bild: MKS

B 4.1.1 Weiterbildung von Erzieherinnen:

Das Land sollte gemeinsam mit den Kirchen und den kommunalen Trägern ein Programm zur musikalischen Weiterbildung von Erzieherinnen entwickeln und dieses finanziell unterstützen. Ausgehend vom Angebot der musikalischen Früherziehung, können hierbei auch die Musikschulen wertvolle Hilfen anbieten.

B 4.1.2 Musikausbildung für Erzieherinnen:

Die Berufsfachschulen für Kinderpflege und die Fachschulen für Sozialpädagogik benötigen für ihre musikpädagogischen Ausbildungsbereiche qualifi-

allgemeinbildenden Schulwesen entzogen werden, sondern müssen auf zusätzlich ausgewiesene Planstellen gesetzt werden. (Dieselbe Ausbildung ist auch im musikpädagogischen Bereich der Berufsfachschulen für Altenpflege erforderlich).

B 4.2 **Hoher Bedarf an Musiklehrer-Fortbildung**

Von 1960 bis ca. 1980 haben sich zu wenige Schulmusikerzieher zur Aufnahme in den staatlichen Schuldienst beworben, obwohl Stellen vorhanden gewesen wären. Deshalb muß an bestimmten Schularten auch mittelfristig „fachfremder“ Musikunterricht erteilt werden; denn heute ist kein hinreichend großer Spielraum für eine zusätzliche Einstellung weiterer Musiklehrer vorhanden.

B 4.2.1 Fortbildung für Lehrer an Haupt-, Real- und Sonderschulen:

Um so vordringlicher müssen die vorhandenen, fachfremden Musikunterricht erteilenden Lehrkräfte durch Schwerpunktprogramme im Bereich der Schulmusik fortgebildet werden. Dies gilt vor allem für den Bereich der Haupt-, Real- und Sonderschulen.

Fortbildung von Musikerziehern in Ochsenhausen; Bild: Akademie Ochsenhausen

B 4.2.2 Fortbildung für Grundschullehrer:

Die Ausbildung der Grundschullehrer an den Pädagogischen Hochschulen zum fächerübergreifenden Klassenlehrer kann der besonderen erzieherischen Bedeutung des elementaren Singens und Musizierens im Klassenunterricht nicht gerecht werden. Der Grundschullehrer, der trotz der möglichen Option des musisch-ästhetischen Schwerpunkts als Lehrer für alle Fächer ausgebildet wird, muß die Möglichkeit der musikalischen Fortbildung erhalten, wenn er dem Auftrag des Musikunterrichts genügen soll.

Es wird daher vorgeschlagen, das Schwerpunktprogramm „Musik an der Grundschule" für etwa 2.000 weitere Grundschullehrer neu aufzulegen und inhaltlich fortzusetzen. Neben regionalspezifischen Maßnahmen kann dafür auch die Fortbildungskapazität der Landesakademie in Ochsenhausen (vgl. B 3.4) genutzt werden.

B 4.2.3 Fortbildung für die Leitung schulischer Musikensembles:

Nach dem aktuellen Schulchor-Report Baden-Württemberg fehlen z. Zt. im Vokalbereich 900 Leiter für Singgruppen und Schulchöre, um an jeder öffentlichen Schule qualifizierte Stimmbildung und Chorarbeit zu ermöglichen. Ähnliche Defizite lassen sich auch im instrumentalen Bereich der Schulmusik benennen: Z. B. fehlen Lehrkräfte für Jazz-Bands, schulische Kammermusikgruppen, musikbetonte Tanz- und Bewegungserziehung, Betreuung von Arbeitsgemeinschaften mit elektronischen Musikinstrumenten u. a. m.

Auch im Bereich des beruflichen Schulwesens wächst das Interesse an Instrumentalensembles und Chorgruppen. Hierfür stehen grundsätzlich keine betreuenden Lehrkräfte zur Verfügung.

Die für die weitere Intensivierung der schulischen Chor- und Instrumentalarbeit erforderlichen Lehrkräfte können auch der Laienmusik dienen und dort helfen, die Nachwuchsprobleme (vgl. B 2.4) zu beseitigen. Die entsprechende Qualifizierung der Lehrkräfte sollte daher in Kooperation mit der Laien- und Kirchenmusik erfolgen, die bereits erfolgreiche Maßnahmen zur Ausbildung von Chor- und Ensembleleitern entwickelt hat.

Zunächst soll damit begonnen werden, ein Lehrerfortbildungsprogramm zur Betreuung von Singgruppen und Chören in Verbindung mit bereits bestehenden Angeboten der Sängerbünde bzw. der Kirchenmusik zu entwickeln. Später sollen entsprechende Maßnahmen in den Bereichen Schul-Jazz, Schul-Tanz, schulische Kammermusikpflege u. a. durchgeführt werden.

B 4.2.4 Förderung von Fortbildungsveranstaltungen anderer Träger:

Außerhalb der staatlichen Lehrerfortbildung sind verschiedene Initiativen der Musikindustrie, des Musikalienhandels, des Verbands deutscher Schulmusikerzieher u. a. entstanden, um Maßnahmen der Lehrerfortbildung durch Spezialangebote zu ergänzen. Z. B. werden Musik-Referenten angeboten, die der staatlichen Fortbildung nicht zugänglich sind. Für die Bezahlung solcher Referenten und die Erstellung und Verbreitung guter Handreichungen für die schulmusikalische Fortbildung und die Durchführung besonders sinnvoller Maßnahmen sind Landeszuschüsse vorzusehen.

B 4.3 Ausweitung des Angebots an musikbetonten öffentlichen Schulen

Seit 1970 hat Baden-Württemberg ein Konzept entwickelt, wonach Gymnasien die Schulmusik zu einem besonderen Schwerpunkt ausbauen können. Mittlerweile haben sich 30 allgemeinbildende Gymnasien diesem Programm angeschlossen. Neben Bayern ist Baden-Württemberg auf diesem Feld der Schulmusik bundesweit führend, die Konzeption wird auch zunehmend von anderen Bundesländern übernommen.

Eine entsprechende Konzeption soll nun auch für andere Schularten (Grundschulen und Realschulen) entwickelt werden. Für den Grundschulbereich gibt es gute Beispiele in Berlin und Bayern. Die Schwerpunktbildung schafft keinen neuen Stellenbedarf.

B 4.4 **Intensivierung der regionalen Kontakte im Bereich Schulmusik**

Das Förderprogramm „Begegnungen der Schulmusik“ stellt bisher primär einen Rahmen zur organisatorischen und finanziellen Untersützung von Musikbegegnungen der Schulen dar, die sich in den 30 Schulamtsregionen in Eigeninitiative entwickeln. Es soll durch inhaltliche Anregungen ergänzt werden. Dazu können gehören:

- ☐ Pflege der landesspezifischen Volksmusik,
- ☐ Arbeitsphasen für mehrere Schulchöre, die sich auf einzelne Gattungen oder Epochen der Chormusik konzentrieren,
- ☐ regionale Gemeinschaftsprojekte mehrerer Schulorchester,
- ☐ Jazz-Begegnungen der Schulen,
- ☐ übergreifende Schulopernprojekte u. a. m.

Schulmusik in der Öffentlichkeit; Marienplatz-Fest Ravensburg 1985: Big Band und Tanzgruppe der Realschule Weingarten; Bild: MKS

B 4.5 **Verstärkte Kooperation der Schulmusik mit außerschulischen Institutionen**

Wird die Kooperation der Schulmusik mit außerschulischen Musikinstitutionen verstärkt, so kann die Musikerziehung in den Schulen in den kommenden Jahren erheblich bereichert werden, z. B. durch:

- □ Öffnung der mobilen Chorleiterschule der großen Sängerbünde für interessierte Lehrkräfte öffentlicher Schulen (ab 1991 möglich, wenn die Landesmittel für Sängerbünde erhöht werden);
- □ Erhöhung der Kontingente für preiswerte Schülerkarten für öffentliche Konzerte des Süddeutschen Rundfunks und Einrichtung zusätzlicher Konzerte für Schüler;
- □ gemeinsames Projekt der Staatlichen Musikhochschule Stuttgart (Opernschule, Kräfte des Hochschulorchesters) mit einem Schulchor;
- □ Modellversuch des Landesinstituts für Erziehung und Unterricht zur „Verstärkung der schulischen Musikerziehung durch Zusammenarbeit mit außerschulischen Musikinstitutionen" (1989–1992, bundesweites Pilotprojekt mit finanzieller Unterstützung durch den Bund).

Ferner wird vorgeschlagen, daß jedes Staatliche Schulamt einen Schulrat hauptamtlich damit beauftragt, sich schwerpunktmäßig der Entwicklung der musischen Bereiche Bildende Kunst, Musik und Theater in den Schulen zu widmen und alle kooperativen Maßnahmen der Schulen in diesen Bereichen zu betreuen. Zugleich sollten diese Schulräte in allen Schulamtsbezirken Gesprächskreise bilden, in denen die verschiedenen Träger ihre Veranstaltungen untereinander abstimmen und ggf. auch Kooperationen bei einzelnen Veranstaltungen verabreden.

B 4.6 **Bessere sächliche Ausstattung der Schulen für den Musikunterricht**

Im Vergleich zur hohen Zahl schulischer Neubauten, schulischer Sport- und Außenanlagen, Einrichtungen und Ausstattungen naturwissenschaftlicher Fachräume, Sammlungen für Informatik und Medien sind die öffentlichen Schulen in bezug auf Zahl und Größe ihrer Musikräume nicht genügend ausgestattet.

An vielen Schulen herrscht noch immer ein erheblicher Mangel an vokalen und instrumentalen Musikalien, an elementaren Musizierinstrumenten im Klassenverband, an qualifizierten Instrumenten für die Hand des Lehrers sowie an genügend großen Probenflächen für die in den Lehrplänen verankerte Tanzpädagogik.

Es soll ein Ausstattungskatalog entwickelt werden, der den Schulträgern einen Orientierungsrahmen zur Ausstattung der schulischen Musikräume und der entsprechenden Fachsammlungen an die Hand gibt. In diesem Ausstattungskatalog sollen auch Aussagen über die Lehr- und Lernmittelsammlungen für den Musikunterricht aufgenommen werden.

B 4.7 **Förderung musikalisch hochbegabter Jugendlicher**

Die Entwicklungsbedingungen der künftigen Berufsmusiker vor dem Eintritt in die Musikhochschulen sind noch unbefriedigend. Zwar bemühen sich Schulen, Musikschulen, private Musikerzieher, Landesmusikrat und Musikhochschulen bereits um eine Förderung hochbegabter Nachwuchsmusiker, aber dennoch besteht noch nicht das wünschenswerte Umfeld, in dem musikalisch hochbegabte Jugendliche rechtzeitig und zielstrebig gefördert werden. Im Ergebnis ist deshalb der deutsche Nachwuchs gegenüber dem Ausland in jungen Jahren bereits in einem so großen Rückstand, daß dieser während des Studiums nicht mehr aufzuholen ist. Aus diesem Grund sieht der Ausbauplan für die Musikhochschulen als erste Maßnahme zum Abbau dieses Defizits die Verdoppelung der Vorschüler vor (vgl. Kap. 9.2, Abschnitt A 3.2).

Der Ausbau der Vorklassen bedarf der Ergänzung durch flankierende schulische Maßnahmen; denn diese sehr wirksame Förderung allein hat den Nachteil, daß sie sich auf Jugendliche beschränkt, die zufällig in Kontakt mit Musikhochschulen geraten und im näheren Umkreis einer Hochschule wohnen. Die Erfassung und Förderung Hochbegabter im ganzen Land ist auf diese Weise aber nicht zu erreichen. Der im Ausland verschiedentlich eingeschlagene Weg, Hochbegabte in speziellen Musikgymnasien mit angeschlossenem Internat zusammenzufassen, entspricht nicht der hiesigen Schultradition und stößt daher bei den Eltern auf Vorbehalte. Auch die recht geringe Zahl musikalisch hochbegabter Kinder spricht gegen eine Spezialschule mit Internatslösung, da dann allenfalls ein Institut im Land am Standort einer einzigen Musikhochschule denkbar wäre. Die Folgen wären eine Reduzierung der Ausbildungsplätze und zugleich beträchtliche Entfernungen zu den Elternhäusern.

Zur besseren Erfassung der Talente sollte deshalb an den fünf Standorten der Musikhochschulen in Baden-Württemberg je ein Gymnasium ausgewählt werden, das diese Kinder schulisch betreut und ihnen eine Wohnmöglichkeit anbietet. Diese Gymnasien gehen auf die besondere Begabung der Jugendlichen ein und kompensieren ihre zusätzliche Belastung z. B. durch eine flexible Unterrichtsgestaltung, durch Aufgabenbetreuung u.ä. Das Problem der familiären Einbettung soll durch Unterbringung in Gastfamilien gelöst werden, die ihrerseits von der Schulverwaltung ausgesucht und beraten werden.

Der Ausbauplan für die Musikhochschulen schafft zwar die finanziellen Voraussetzungen für die erhöhte Zahl der Plätze für Vorschüler. Darüber hinaus entstehen aber zusätzliche Aufwendungen für die Vergütung der Gastfamilien, für Gebühren bei Privatgymnasien und ggf. für Tutoren in den Schulen.

LECTIO·SANCTI·EWA̅GELII·SECUNDU̅ IOHANNE̅

In dem anfange·
was das wort· vn̄
das wort was by
gotte· vnd gott wz
das wort· das w
as in dem anfan
ge by gott· Alle di
ng sind durch es gemacht· vn̄
one es ist gemacht nicht· Das
gemachet ist das was In Ime
leben vnd das lebn̄ waz ain lie
cht der lüte vnd das liecht lüch
tet in die vinsternüsse· vnd die
vinsternüsse begriffen es nit·
Ain mensche wart gesant von
gotte des namme wz iohannes
Diser kam zu̇ gezugnüsse· daz er

Kapitel 3

LITERATUR

„Am Anfang war das Wort . . ." Beispiel einer wertvollen Handschrift in der Württembergischen Landesbibliothek Stuttgart: Eberhards Gebetbuch Cod. brev. 1 Pergament 96 B 1, Württemberg 1492–96, Bild: Württembergische Landesbibliothek Stuttgart

Einleitung

Baden-Württemberg fördert die Entstehung und Verbreitung von Literatur sowie die Bewahrung und Pflege ihrer Zeugnisse. Zur Literatur gehört auch die Belletristik in den Mundarten des Landes. Dichtung ist die Kunstgattung, die auch heute noch mit dem geringsten technischen Aufwand zugänglich ist. In der Dichtung sind die ältesten und wichtigsten Gedanken und Bilder der Menschheit überliefert. Wenn auch alle Geschichten dieser Welt geschrieben zu sein scheinen, müssen sie - einem Gedanken Peter Bichsels, Hebel-Preisträger des Landes im Jahr 1986, folgend - trotzdem immer wieder neu geschrieben werden.

Aber es geht nicht nur um die Geschichten. Ihr Medium, die Sprache, ist das wichtigste Kommunikationsmittel des Menschen. Gemeinsame Sprache und gemeinsame Dichtung prägen ein Land. Die Förderung der Entstehung und Verbreitung der Literatur wirkt also zugleich dem Verlust an Sprache, dem Verlust an Ausdrucks- und Kommunikationsmitteln entgegen; in vielen Fällen erweitert sie sogar die Ausdrucksmöglichkeiten und vermittelt neue Erfahrungen und Erkenntnisse.

Anders als in anderen Kunstgattungen ist der Urheber eines literarischen Werkes in aller Regel Autodidakt. Ein Großteil der schöngeistigen Literatur wird zudem nebenberuflich geschrieben, schon deshalb weil sich kaum jemand vom Schreiben schöngeistiger Literatur ernähren könnte. Ob ein Autor professionell oder als Laie tätig ist, wird bei der Literatur also nicht durch eine einschlägige Berufsausbildung bestimmt. Darum taugen auch die Gegensätze zwischen haupt- und nebenberuflicher Tätigkeit, zwischen akademischer und autodidaktischer Vorbildung nicht als Förderkriterium für die Literatur. Maßgebend ist allein das literarische Werk; Sachverständige beurteilen seine Qualität.

A. Bestand

Das Land verfügt über ein vielfältiges Instrumentarium zur Förderung der Literatur. Die Vielfalt bezieht sich zum einen auf den Adressatenkreis der Geförderten, die Autoren, Übersetzer und verschiedene Institutionen, die sich der Erforschung und Erschließung, der Präsentation und der Vermittlung von literarischen Werken verschrieben haben. Vielfalt bezieht sich zum anderen auf die Veranstaltungen, die mit staatlichen Mitteln gefördert werden, weil sie breite Kreise der Bevölkerung bei ganz unterschiedlichen Anlässen ansprechen und mit literarischen Erzeugnissen konfrontieren.

Das Instrumentarium zur Förderung der Literatur umfaßt die Stiftung und die ideelle und materielle Förderung von Literaturpreisen, die Gewährung von Stipendien, die Förderung von Veranstaltungen, Vereinen, Bibliotheken und anderen Institutionen, die auf dem Gebiet der Literatur tätig sind, sowie die Leseförderung in den Schulen.

 Johann Friedrich Christoph Schiller, Büste von Joh. Dannecker, Bild: Deutsche Schillergesellschaft, Marbach

A 1 Literaturpreise

Durch Literaturpreise fördert das Land die Entstehung und die Verbreitung von Literatur. Literaturpreise sollen auszeichnen, d. h. Dank und Anerkennung zum Ausdruck bringen und zugleich den Autor zum weiteren Schreiben ermutigen; die finanzielle Ausstattung des Preises soll dem Autor für einige Zeit das Schreiben auch wirtschaftlich erleichtern. Die öffentliche Verleihung der Literaturpreise fördert die Bekanntheit eines Autors, eine wichtige Voraussetzung dafür, daß seine Werke gekauft und gelesen werden. Der öffentliche Charakter dieser Veranstaltungen lenkt außerdem die Aufmerksamkeit größerer Teile der Bevölkerung auf die Literatur insgesamt und verbessert damit das Leseklima im ganzen Land.

Baden-Württemberg verleiht den Schiller-Gedächtnispreis, den Johann-Peter-Hebel-Preis und als Theaterpreise einen Autorenpreis für Volkstheaterstücke (siehe Kapitel 1, A 4.2.1) und einen Autorenpreis für Jugendtheater (siehe Kapitel 1, A 4.2.3). Das Land finanziert außerdem den Christoph-Martin-Wieland-Preis für Übersetzer und zur Hälfte den Peter-Huchel-Preis für Lyrik.

A 1.1 **Schiller-Gedächtnispreis**

A 1.1.1 Preisverleihung

Der Schiller-Gedächtnispreis wurde 1955 aus Anlaß von Schillers 150. Todestag von der Landesregierung gestiftet. Er wird alle drei Jahre am 10. November, dem Geburtstag Schillers, durch den Ministerpräsidenten verliehen, besteht aus einem Ehrenpreis in Höhe von 25 TDM und bis zu zwei Fördergaben von je 12,5 TDM. Er kann nach seiner Satzung „allen deutschsprachigen Dichtern und Schriftstellern zuerkannt werden, die durch ihr literarisches Schaffen würdig erscheinen, im Andenken Schillers geehrt zu werden“.

Der Ehrenpreis wird ungeteilt an Persönlichkeiten verliehen, die in sprachlich mustergültiger Form ein hervorragendes Werk auf dem Gebiet der Literatur oder der Geisteswissenschaften geschaffen haben.

Die Fördergaben sollen jeweils jungen Dramatikern als Stipendium zuerkannt werden. Sie sollen den Bedachten die Möglichkeit verschaffen, sich an einem Theater mit den Aufgaben der Dramaturgie und Inszenierung vertraut zu machen. Eine Verpflichtung zu solcher Studienarbeit besteht jedoch nicht.

Über die Zuerkennung des Ehrenpreises und der Fördergaben entscheidet ein Preisgericht unter Vorsitz des Ministers für Wissenschaft und Kunst. Ihm gehören an:

- ☐ ein planmäßiger Professor für Literaturgeschichte der Universitäten Freiburg, Heidelberg, Karlsruhe, Stuttgart oder Tübingen, die bei der Benennung in dieser Reihenfolge abwechseln;
- ☐ ein Vertreter der Deutschen Schillergesellschaft,
- ☐ ein Vertreter der Deutschen Akademie für Sprache und Dichtung,
- ☐ ein Vertreter einer staatlichen oder städtischen Bühne des Landes Baden-Württemberg,
- ☐ ein Vertreter der Schriftsteller,
- ☐ der jeweilige Ehrenpreisträger der vorhergehenden Preisverleihung und
- ☐ drei weitere Persönlichkeiten des kulturellen und geistigen Lebens, die ihren ständigen Wohnsitz im Land Baden-Württemberg haben sollen.

Der Ehrenpreis wurde bislang 12 Mal vergeben, eine Fördergabe 20 Mal. Die letzte Verleihung fand am 10. November 1989 statt. Den Ehrenpreis erhielt Käte Hamburger.

A 1.1.2 Wanderausstellung zum Schiller-Gedächtnispreis:

Die Deutsche Schillergesellschaft Marbach e. V. hat 1980 im Auftrag und mit Hilfe des Landes eine Wanderausstellung „Der Schiller-Gedächtnispreis des Landes Baden-Württemberg 1955 bis 1980“ veranstaltet. Der Katalog dokumentiert die Geschichte dieses Preises.

A 1.2 **Johann-Peter-Hebel-Preis**

A 1.2.1 Preisverleihung:

Der Johann-Peter-Hebel-Preis wurde 1936 von der damaligen badischen Landesregierung gestiftet, 1946 wiederbelebt. Er wird alle 2 Jahre am 10. Mai in Hausen im Wiesental, Hebels Heimatort, verliehen. Über die Verleihung entscheidet der Minister für Wissenschaft und Kunst aufgrund des Vorschlags eines Preisgerichts.

Das Preisgericht besteht aus höchstens 11 Persönlichkeiten des kulturellen und geistigen Lebens des alemannischen Sprachgebiets, die vom Minister für Wissenschaft und Kunst für die Dauer von jeweils sechs Jahren berufen werden. Die Hebel-Stiftung Basel, der Hebelbund Lörrach und der Leiter des Oberrheinischen Dichtermuseums Karlsruhe haben das Recht, dem Minister die Berufung je eines Mitgliedes vorzuschlagen. Außerdem soll unter den Mitgliedern des Preisgerichts je ein planmäßiger Professor für Literaturgeschichte der Universitäten Basel und Freiburg und alle vier Jahre abwechselnd ein Professor der Universitäten Straßburg oder Innsbruck sein.

Der Preis kann an deutschsprachige Schriftsteller verliehen werden, wenn ihr Werk würdig ist, daß es zum Andenken an Johann Peter Hebel ausgezeichnet wird. Eine weitere Voraussetzung für die Preisverleihung besteht darin, daß die auszuzeichnenden Schriftsteller selbst aus dem alemannischen Sprachraum (unabhängig von den Ländergrenzen) stammen oder diesem durch ihr Schaffen besonders verbunden sind oder sich um die Pflege des Vermächtnisses von Johann Peter Hebel oder um das alemannische Schrifttum verdient gemacht haben.

Der Preis ist mit 20 TDM dotiert. Er wurde bisher 44 Mal verliehen. Er gehört zu den ältesten Literaturpreisen in der Bundesrepublik Deutschland. Die nächste Verleihung findet am 10. Mai 1990 statt.

A 1.2.2 Wanderausstellung zum Johann-Peter-Hebel-Preis:

Das Oberrheinische Dichtermuseum veranstaltet zur Zeit im Auftrag und mit Hilfe des Landes die Wanderausstellung „Der Johann-PeterHebel-Preis 1936 bis 1988“, deren Katalog die Geschichte des Preises dokumentiert.

Bild: Deutsche Schillergesellschaft, Marbach

A 1.3 **Christoph-Martin-Wieland-Preis**

Der Preis ist für Übersetzer belletristischer Werke bestimmt. Er wird vom Freundeskreis zur internationalen Förderung literarischer und wissenschaftlicher Übersetzungen e. V. Stuttgart in den Jahren mit ungerader Jahreszahl verliehen, abwechselnd mit dem ebenfalls von ihm finanzierten Helmut-M.-Braehm-Preis. Der Freundeskreis wechselt dabei unter den verschiedenen Literaturgattungen ab. Über die Vergabe des Preises entscheidet eine Jury des Freundeskreises.

Gestiftet wurde der Preis im Jahr 1979. Er beträgt 10 TDM. Der Preis wurde bislang sechsmal in je einer anderen Stadt verliehen. Die letzte Verleihung fand im Herbst 1989 in Fellbach statt.

A 1.4 **Peter-Huchel-Preis**

Der Peter-Huchel-Preis wurde 1983 gemeinsam vom Land und vom Südwestfunk gestiftet. Die Preissumme beträgt 15 TDM. Der Preis wird jährlich verliehen. Überreicht wird er zum 3. April jeden Jahres, dem Geburtstag Peter Huchels, in Staufen i. Br., wo Huchel seine letzten Lebensjahre verbracht hat. Ein Vertreter des Südwestfunks und des Landes wechseln sich bei der Preisverleihung ab. Die Entscheidung über die Vergabe des Preises fällt eine Jury aus sieben Persönlichkeiten des literarischen Lebens.

Der Preis wurde bislang sechsmal, zuletzt am 3. April 1989, verliehen. Der Preis wird vom Südwestfunk durch ein Jahrbuch dokumentiert.

Das Land beteiligt sich an der Preisverleihung jährlich mit der Hälfte der Preissumme, das sind 7,5 TDM.

Christoph M. Wieland, Büste von Th. Scherer 1880; Bild: Deutsche Schillergesellschaft Marbach/Neckar

Peter Huchel; Bild: Deutsche Schillergesellschaft Marbach/Neckar

A 2 Förderung und Fortbildung von Autoren

Zur Förderung und Fortbildung von Autoren gewährt das Land Jahresstipendien, bewilligt Zuschüsse an den Förderkreis deutscher Schriftsteller, der seinerseits unterschiedliche Maßnahmen zugunsten zeitgenössischer Autoren daraus finanziert, und hat einige Instrumente zur gezielten Förderung von Theaterautoren entwikkelt, die nachfolgend im einzelnen beschrieben sind.

A 2.1 **Jahresstipendien**

A 2.1.1 Vergabe der Stipendien:

Das Ministerium für Wissenschaft und Kunst vergibt seit 1980 jährlich bis zu drei Jahresstipendien. Die Jahresstipendien sollen die Schriftsteller von materiellen Sorgen weitgehend befreien und es ihnen ermöglichen, eine größere Arbeit durchzuführen oder abzuschließen. Die Stipendien sind bestimmt für Schriftsteller, die durch Geburt, Wohnort oder einen Schwerpunkt ihres Schaffens mit dem Land Baden-Württemberg verbunden sind. Die Autoren müssen durch mindestens eine Buchveröffentlichung bekanntgeworden sein.

Über die Vergabe entscheidet eine Jury aus fünf fachkundigen Persönlichkeiten des kulturellen und geistigen Lebens. Ihre Mitglieder werden vom Minister für Wissenschaft und Kunst jährlich berufen, je eines davon auf Vorschlag der Deutschen Schillergesellschaft und des Förderkreises deutscher Schriftsteller in Baden-Württemberg e. V.

Zwei der drei Stipendien können von der Jury in Halbjahresstipendien geteilt werden. Eines der Halbjahresstipendien kann auch einem deutschsprachigen Schriftsteller zuerkannt werden, der die o. g. Voraussetzungen nicht erfüllt, sofern er während der Dauer des Stipendiums in Baden-Württemberg arbeitet und davon eine Bereicherung des Kulturlebens im Land zu erwarten ist.

Ein Jahresstipendium beträgt 24 TDM. Das Land bringt jährlich 72 TDM für diese Stipendien auf.

A 2.1.2 Dokumentation:

Auf Anregung und mit Hilfe des Landes veranstaltete die Stadt Singen 1989 eine Ausstellung „10 Jahre Jahresstipendien des Ministeriums für Wissenschaft und Kunst für Schriftsteller".

A 2.2 **Zuschüsse an den Förderkreis deutscher Schriftsteller in Baden-Württemberg e. V.**

Der Förderkreis erhält jährlich einen Landeszuschuß in Höhe von 120 TDM. Davon gewährt er Arbeits- und Reisestipendien an Autoren und fördert Fortbildungsseminare für Autoren.

A 2.2.1 Arbeits- und Reisestipendien an Autoren:

Arbeitsstipendien sollen wie die zuvor genannten Jahresstipendien einen Autor in die Lage versetzen, eine Zeitlang ohne den Zwang zum Broterwerb an einem Werk zu arbeiten oder dieses abzuschließen.

Eine wesentliche Voraussetzung für die Arbeit eines Schriftstellers ist seine persönliche Erfahrung. Diese muß durch Anschauung gewonnen werden. Aus diesem Grund wurde schon früher jungen Autoren durch ein Stipendium das Reisen ermöglicht. Vergleichbar den Atelieraufenthalten für bildende Künstler in der „Cité Internationale des Arts" in Paris (vgl. Kap. 5, A 1.3.1) sollen die Reisestipendien den Autoren längere Auslandsreisen oder längere Aufenthalte im Ausland ermöglichen.

Um Arbeits- und Reisestipendien können sich Autoren beim Förderkreis bewerben. Er entscheidet über die Anträge aufgrund des Vorschlags einer von ihm berufenen Jury.

Ein Arbeitsstipendium beträgt bis zu 4 TDM jährlich. Reisestipendien richten sich in ihrer Höhe nach der Dauer und der Entfernung der Reise.

A 2.2.2 Förderung von Fortbildungsseminaren für Autoren:

Autoren aus Baden-Württemberg soll periodisch oder von Fall zu Fall in Seminaren die Möglichkeit geboten werden, sich in den Techniken des Schreibens und der Textverwertung fortzubilden. Sie sollen auch neue Verwendungsmöglichkeiten für Texte kennenlernen, das Schreiben für verschiedene Medien üben und neue literarische Ausdrucksmittel und Arbeitsweisen entwickeln und erproben.

A 2.3 **Förderung von Theaterautoren**

Zur Förderung von Theaterautoren hat die Landesregierung nicht nur jeweils einen Autorenpreis für Volkstheaterstücke und für Jugendtheater (siehe unter A 1) gestiftet. Gefördert werden auch Librettisten und Dramatiker (vgl. Kap.2, A 1.9). Außerdem erhalten kleinere Bühnen, die sich mit einer Uraufführung an den Baden-württembergischen Theatertagen beteiligen, eine Sonderprämie von 15 TDM. Von dieser Sonderprämie, die insbesondere als Maßnahme der Autorenförderung gedacht ist, machen vor allem die drei Landesbühnen in Esslingen, Bruchsal und Tübingen Gebrauch.

A 3 Förderung von Übersetzern und Übersetzungen

Übersetzer vermitteln zwischen Kulturen verschiedener Sprachen. Etwa die Hälfte der in der Bundesrepublik Deutschland erscheinenden schöngeistigen Literatur besteht aus Übersetzungen. Die meisterhafte Übersetzung fremder literarischer Werke wird zum Bestandteil der eigenen Literatur. Die Förderung von Übersetzern und Übersetzungen soll die Qualität der einzelnen literarischen Übersetzung heben.

A 3.1 **Förderung der Übersetzer**

Das Land wendet – neben dem Christoph-Martin-Wieland-Preis für literarische Übersetzer (siehe A 1.3) – für die Förderung von Übersetzern und Übersetzungen jährlich 94 TDM auf. Dieser Betrag wird dem Freundeskreis zur internationalen Förderung literarischer und wissenschaftlicher Übersetzungen e. V. in Stuttgart gewährt, der davon folgende Maßnahmen bestreitet:

A 3.1.1 Arbeits- und Reisestipendien für Übersetzer:

Er vergibt Arbeits- und Reisestipendien an baden-württembergische literarische Übersetzer. Die Förderung beträgt im Einzelfall bis zu 4 TDM, insgesamt jährlich 24 TDM.

A 3.1.2 Fortbildungsveranstaltungen für Übersetzer:

Zur Finanzierung von Arbeitsaufenthalten baden-württembergischer Übersetzer im Europäischen Übersetzerkollegium Straelen werden jährlich etwa 16 TDM aufgewendet. Daraus werden ca. 20 Aufenthalte von unterschiedlich langer Dauer bestritten.

A 3.2 Förderung der Übersetzung von Werken zeitgenössischer baden-württembergischer Autoren in fremde Sprachen

Eine planmäßige Förderung der Literatur muß die Außenwirkung berücksichtigen und darf nicht allein dem Zufall überlassen, ob ein Buch über den eigenen Sprachbereich hinaus angenommen wird. Vielfach erfährt das Buch eines Autors nämlich dann erst die erforderliche Aufmerksamkeit, wenn es in andere Sprachen, insbesondere in eine der Weltsprachen, übersetzt ist und damit international verbreitet und gelesen werden kann.

Die Übersetzung in fremde Sprachen und die Verbreitung im Ausland sind zugleich ein Beitrag zum Kulturaustausch (vgl, Kap. 12, A 3.3) und machen auf die schöpferischen Kräfte unseres Landes in einem künstlerischen Bereich aufmerksam, der zum Verständnis durch Anderssprachige der Übersetzung bedarf.

Zur Förderung der Übersetzung von Werken zeitgenössischer baden-württembergischer Autoren in fremde Sprachen erhält der Förderkreis deutscher Schriftsteller in Baden-Württemberg e. V. seit 1988 einen Zuschuß des Landes in Höhe von 50 TDM. Damit fördert er in jedem Jahr mehrere Übersetzungen belletristischer Werke. Voraussetzungen dafür sind, daß das deutsche Werk in Buchform vorliegt oder zumindest zeitgleich wie die Übersetzung erscheint und daß von demselben Autor nicht bereits mehr als drei Bücher in fremdsprachiger Übersetzung vorliegen.

Der Förderkreis bewilligt die einzelnen Zuschüsse auf Antrag in einer Höhe je nach dem Umfang der Übersetzungen.

A 4 Förderung der Verbreitung von Literatur

Das Lesen ist neben dem Schreiben die wichtigste Voraussetzung für die literarische Kultur eines Landes. Wo nicht gelesen wird, versiegt das Schreiben. Literaturförderung muß deshalb darauf bedacht sein, Autor oder Buch und Leser zusammenzuführen, d. h. für Literatur Aufmerksamkeit zu wecken, Literatur dem Menschen zugänglich zu machen, sie zum Lesen (und Hören) einzuladen.

A 4.1 Autorenlesungen

A 4.1.1 Förderung von Lesungen baden-wüttembergischer Schriftsteller:

Die klassische Form, das Interesse zu wecken, ist die Autorenlesung. Das Land versetzt den Förderkreis deutscher Schriftsteller in Baden-Württemberg e. V. durch einen jährlichen Zuschuß in Höhe von 40 TDM in die Lage, insbesondere von weniger bekannten Schriftstellern aus Baden-Württemberg solche Autorenlesungen zu veranstalten.

A 4.1.2 Förderung von Rathauslesungen:

Der Verein Stuttgarter Schriftstellerhaus e. V., dem Autoren aus dem ganzen Land angehören, erhält für seine Geschäftsstelle und seinen Sachaufwand einen jährlichen Landeszuschuß in Höhe von 60 TDM. Er organisiert Veranstaltungen im Stuttgarter Schriftstellerhaus (Lesungen, Begegnungen mit Autoren u. a.) und Rathauslesungen im ganzen Land.

Bei den Rathauslesungen handelt es sich um ein Modell, das die Städte Stuttgart und Biberach bereits seit einigen Jahren erfolgreich zusammen mit dem Verband deutscher Schriftsteller in Baden-Württemberg e. V. erprobt haben. Dabei stellen sich jeweils ein bekannter und ein weniger bekannter Autor der Öffentlichkeit vor. Die Lesungen finden drei- bis viermal im Jahr statt.

Durch den Veranstaltungsort im Ratssaal, dem Herzen der Stadt, und ihre Eröffnung durch den Oberbürgermeister oder seinen Stellvertreter erhalten die Rathauslesungen auch gesellschaftlichen Rang, was die öffentliche Aufmerksamkeit für die Literatur fördert.

Rathauslesungen sind eine wichtige Maßnahme zur Förderung der Literatur. Sie sollten von möglichst vielen Städten durchgeführt werden. Der Zuschuß an das Schriftstellerhaus soll den Verein in die Lage versetzen, die Vorbereitung solcher Lesungen für das ganze Jahr durchzuführen.

Signet Schriftstellerhaus, Stuttgart

A 4.2 **Forum Allmende Freiburg**

Zur Förderung der Literatur haben die Stadt Freiburg und das Landesstudio Freiburg des Südwestfunks eine Arbeitsgemeinschaft gebildet, die auch anderen Institutionen dieses Raumes offensteht. Das „Forum Allmende Freiburg" hat die Aufgabe übernommen, literarische Aktivitäten (Autorenlesungen, Literaturtelefon, Finanzierung gemeinsam interessierender Editionsvorhaben u. a.), anzuregen, zu fördern und ggf. auch in Absprache mit mehreren Kommunen zu koordinieren.

Die Arbeitsgemeinschaft erhält vom Land jährlich einen Zuschuß von 40 TDM. Diesen Betrag verwendet sie insbesondere für zwei überregionale Veranstaltungen, die in ihrer Bedeutung weit über das Land hinausreichen. Zu beiden Veranstaltungen lädt eine Jury von Experten nur solche Bewerber ein, die sich bereits durch entsprechende Veröffentlichungen ausgezeichnet haben:

A 4.2.1 Freiburger Literaturgespräch:

Jährlich findet im Herbst ein Autorentreffen statt. Das mehrtägige „Literaturgespräch" steht jeweils unter einem bestimmten Thema. Es versammelt etwa 20 Autoren aus dem ganzen deutschen Sprachraum zu Lesungen und zur gemeinsamen Arbeit an eigenen Texten.

A 4.2.2 „Schreibübungen":

Jeweils im Frühjahr sollen in Ergänzung dazu unter der Anleitung eines erfahrenen und bedeutenden Schriftstellers Meisterkurse für Autoren veranstaltet werden. Eingeladen werden auch dazu Autoren aus dem ganzen deutschsprachigen Bereich.

BADEN-WÜRTTEMBERGISCHE Literaturtage
Staufen 1.-17. September 1989

A 4.3 **Baden-württembergische Literaturtage**

Seit 1983 veranstaltet jährlich eine andere Stadt des Landes die Baden-württembergischen Literaturtage. Der Veranstalter erhält einen Landeszuschuß in Höhe von 30 TDM. Die Literaturtage fanden bisher in Ulm, Schorndorf, Sindelfingen, Eßlingen, Knittlingen, Reutlingen und Staufen statt; 1990 ist die Stadt Aalen und 1991 die Stadt Karlsruhe der Veranstalter. Die Termine sind bis zum Jahr 2001 vergeben.

Bei den Literaturtagen werden während etwa 14 Tagen in Lesungen, Aufführungen, Diskussionen, Ausstellungen u. a. m. zeitgenössische Autoren aus dem Land vorgestellt. Zugleich soll auch an die literarische Überlieferung im Land erinnert werden. Die Aufmerksamkeit der Bevölkerung des ganzen Landes soll dabei auch auf die örtliche literarische Tradition und die gegenwärtige literarische Szene gelenkt werden.

A 4.4 **Wanderausstellung „Autoren aus Baden-Württemberg und ihre Bücher“**

Da es außerhalb der Großstädte nur verhältnismäßig wenige Buchhandlungen gibt und deshalb die Basis zur Verbreitung des Buches relativ schmal ist, veranstaltet der Verband der Verlage und Buchhandlungen in Baden-Württemberg e. V. seit 1980 die Wanderausstellung „Autoren aus Baden-Württemberg und ihre Bücher“. Diese Ausstellung wird vor allem außerhalb der großen Zentren gezeigt. Der Bestand der Ausstellung wird von Jahr zu Jahr aktualisiert. Die Ausstellung umfaßt mehr als 1000 lieferbare Titel. Sie ist bereits 70 Mal im Land gezeigt worden. Das Land gewährt für die Wanderausstellung jährlich einen Zuschuß in Höhe von 80 TDM.

A 4.5 **Zuschuß zu den Stuttgarter und Karlsruher Buchwochen**

Das Land fördert durch einen Zuschuß von insgesamt 18 TDM jährlich das Kulturprogramm der Buchwochen, die vom Verband der Verlage und Buchhandlungen in Baden-Württemberg e. V. jährlich im Anschluß an die Frankfurter Buchmesse in Karlsruhe und Stuttgart veranstaltet werden und sich eines großen Zuspruchs bei der Bevölkerung erfreuen. Sie dienen der Präsentation der jüngsten Verlagsproduktionen und geben einen Überblick über das Angebot von Belletristik, Sach- und Fachbüchern. Jährlich werden in einer Sonderausstellung literarische Werke in einer anderen Sprache vorgestellt.

A 4.6 **Druckkostenzuschüsse für Gesamtausgaben**

Für die Ersterscheinungen oder die Wiederauflagen einzelner literarischer Werke gibt das Land keine Druckkostenzuschüsse. Jedoch fördert es jährlich mit 40 TDM das Erscheinen von Gesamtausgaben zeitgenössischer, älterer baden-württembergischer Autoren, wenn sich eine einschlägige, gemeinnützige öffentliche Einrichtung in gleicher Höhe an den Kosten beteiligt. Gefördert wurden bisher die Gesamtausgaben von Maria Müller-Gögler, Maria Menz, Sepp Mahler und Josef W. Janker. In allen Fällen hat sich die Literaturstiftung Oberschwaben an der Finanzierung der Gesamtausgaben beteiligt.

A 4.7 **Förderung wissenschaftlich-kritischer Werkausgaben**

Für die Förderung wissenschaftlich-kritischer Werkausgaben werden jährlich etwa 250 TDM aufgewendet. Die Zuschüsse werden z. Zt. für die wissenschaftlich-kritische Ausgabe der Werke und Briefe Eduard Mörikes und der Schiller-Nationalausgabe verwendet; bis zu deren Fertigstellung wurde die Stuttgarter Hölderlin-Ausgabe gefördert.

A 4.8 **Förderung literarischer Zeitschriften**

Bis zur Klassik zurück beweist ein Blick in Literaturzeitschriften, daß literarische Zeitschriften das Versuchsfeld von Autoren sind. Gewöhnlich werden Autoren nämlich erst nach ihrem Tod richtig bewertet.

Von 1989 an werden daher selbständige Literaturzeitschriften mit dem Erscheinungsort in Baden-Württemberg durch einen Zuschuß zu den technischen Herstellungskosten gefördert, wenn sie

- ☐ ihren Schwerpunkt auf der Veröffentlichung von Texten baden-württembergischer Autoren und Autoren aus dem Elsaß, der deutschsprachigen Schweiz und Vorarlberg haben,
- ☐ weniger bekannte und jüngere Autoren angemessen berücksichtigen,
- ☐ mehrmals in einem Jahr erscheinen und
- ☐ diese Voraussetzungen mindestens 5 Jahre lang erfüllen.

Den Zuschuß – jährlich 45 TDM – erhält der Verein Stuttgarter Schriftstellerhaus e. V., der seinerseits die Bewilligungen für die einzelnen Zeitschriften ausspricht.

A 4.9 **Baden-württembergisches Schriftstellerverzeichnis**

Es gibt bis jetzt kein brauchbares Nachschlagewerk über die baden-württembergischen Autoren. Ein Verzeichnis der lebenden Autoren ist daher in Vorbereitung und wird im Verlag G. Braun in Karlsruhe erscheinen. Das Land fördert das Schriftstellerverzeichnis 1989 einmalig mit einem Zuschuß von 15 TDM.

A 5 Bibliotheken

Der Literaturversorgung des Landes dienen zwei verschiedene Arten von Bibliotheken, die öffentlichen und die wissenschaftlichen Bibliotheken.

A 5.1 **Öffentliche Bibliotheken**

Eine öffentliche Bibliothek ist die klassische Institution zur Vermittlung von Literatur. Erwachsene wie Jugendliche haben hier die Möglichkeit, die angebotenen Literatur- und Informationsdienste zu nutzen, um sich allgemeine Bildung und Kenntnisse für Leben und Beruf anzueignen. Kinder werden in den Kinder- und Jugendbüchereien in den Umgang mit Büchern eingeführt.

Die öffentlichen Bibliotheken haben sich aus einfachen Buchausleihstellen zu Kultur- und Kommunikationszentren entwickelt, die für die kulturelle Infrastruktur der Gemeinden von großer Bedeutung sind. Ähnlich wie Volkshochschulen (vgl. Kap. 10.4) oder andere Einrichtungen der Weiterbildung entfalten sie nicht nur eigene Aktivitäten (z. B. Dichterlesungen, Konzerte, Kleinkunstveranstaltungen), sondern bieten ihre Infrastruktur auch für spontane Aktivitäten in ihren Gemeinden an.

Stadtgeschichtliche Sammlung in der Stadtbücherei im Wilhelmspalais Stuttgart; Bild: Stadtplanungsamt der Landeshauptstadt Stuttgart

A 5.1.1 Kommunale und kirchliche Träger:

Öffentliche Bibliotheken werden entweder von Kommunen oder von Kirchengemeinden betrieben. Über Ausbau und Nutzung der öffentlichen Bibliotheken gibt die folgende Tabelle Auskunft:

	Kommunale Träger	Kirchliche Träger	Insgesamt
Anzahl der Bibliotheken	844 (53,7%)	745 (45%)	1.569
Bestand an Büchern	10,94 Mio. (85,2%)	1,87 Mio. (13,9%)	12,83 Mio.
Entleihungen	26,5 Mio. (93,9%)	1,7 Mio. (6%)	28,2 Mio.

A 5.1.2 Ausleihfrequenz:

In den kleineren kirchlichen Bibliotheken wird jedes Buch im Jahr nur einmal ausgeliehen, in den größeren kommunalen Bibliotheken dagegen durchschnittlich etwa 2,5 Mal. Das belegt, daß die Benutzerfrequenz der Bibliotheken in dem Umfang steigt, in dem ihr Angebot erweitert und differenziert wird.

A 5.1.3 Ergänzungsfunktion der kirchlichen Bibliotheken:

Auch wenn die kommunalen Bibliotheken mit ihren Beständen und Entleihungen die kirchlichen Büchereien eindeutig übertreffen, haben diese doch eine wichtige Ergänzungsfunktion. Sie bieten manchen Gemeinden, die über keine kommunale Bibliothek verfügen, wenigstens eine minimale Literaturversorgung, die freilich erheblich hinter dem durchschnittlichen Angebot einer Kommunalbibliothek zurückbleibt und auch andere Schwerpunkte setzt.

Hinzu kommt die zielgruppengerichtete Arbeit und Ausstrahlung der kirchlichen Bibliotheken, oft verbunden mit mannigfachen Dienstleistungen (z. B. aufsuchende Bibliotheksarbeit für alte und kranke Menschen, Krankenhaus- und Gefängnisbüchereien).

A 5.1.4 Kooperationen bei öffentlichen Bibliotheken:

Öffentliche Bibliotheken arbeiten untereinander in unterschiedlicher Weise zusammen. Vereinzelt gibt es auch Bibliotheken in gemeinsamer Trägerschaft von Kommunen und Kirchengemeinden, jedoch ist die Haltung der Kirchen zur Frage gemeinsamer Trägerschaft unterschiedlich. Während die evangelischen Kirchengemeinden größere Bereitschaft dazu zeigen, legen katholische Kirchengemeinden eher Wert auf Eigenständigkeit und Eigenverantwortung beim Aufbau und Betrieb ihrer Büchereien.

A 5.1.5 Staatliche Förderung der öffentlichen Bibliotheken:

Das Land hat die staatliche Förderung der öffentlichen Bibliotheken Ende 1984 im wesentlichen eingestellt. Bis dahin erhielten die kommunalen Bibliotheken jährliche Zuschüsse für

- ☐ Baumaßnahmen 1 Mio. DM und für den
- ☐ Erwerb von Büchern 1,6 Mio. DM.

Die kirchlichen Büchereien hatten Zuschüsse zu den Anschaffungskosten in Höhe von 270 TDM erhalten. Die Frage der Bibliotheksbauten hat sich bei ihnen in aller Regel nicht gestellt, da sie in kirchlichen Gebäuden (Gemeindezentren, Kindergärten usw.) untergebracht sind.

Heute unterstützt das Land die öffentlichen Bibliotheken nur noch insoweit, als es für sie die Abgeltung der urheberrechtlichen Ansprüche nach § 27 Urheberrechtsgesetz (sog. Bibliothekstantieme) übernimmt und in jedem Regierungsbezirk eine Fachstelle für das öffentliche Bibliothekswesen unterhält, um die Träger beim Auf- und Ausbau ihrer Bibliotheken zu beraten. Für die Bibliothekstantieme wird jährlich ein Betrag von 2,2 Mio. DM zur Verfügung gestellt.

1989 wurden zum ersten Mal Haushaltsmittel in Höhe von 100 TDM bereitgestellt, mit denen das Ministerium für Kultus und Sport kulturelle Aktivitäten (Dichterlesungen, Schreibwerkstätten, Kleinkunstveranstaltungen, Ausstellungen) von Bibliotheken im ländlichen Raum fördern kann.

A 5.2 **Wissenschaftliche Bibliotheken**

Das Netz der wissenschaftlichen Bibliotheken besteht aus den zwei Landesbibliotheken in Karlsruhe und Stuttgart, den neun Universitätsbibliotheken mit ihren örtlichen Untergliederungen sowie den Bibliotheken der übrigen Hochschulen. Den wissenschaftlichen Bibliotheken, die z. Zt. über etwa 35 Mio. Bände verfügen, stehen 1989 etwa 47 Mio. DM zur Verfügung.

Die wissenschaftlichen Bibliotheken müssen zuerst der Forschung und der Ausbildung der Studierenden dienen. Sie tun das, indem sie die Hochschulen (Professoren, Dozenten und Studenten) mit wissenschaftlicher Literatur versorgen und ihnen Informationen vermitteln, die in Datenbanken elektronisch gespeichert sind.

Im Rahmen der Kunstkonzeption ist jedoch vorrangig über die kulturellen Aufgaben der wissenschaftlichen Bibliotheken zu berichten. Hier sind besonders folgende Bereiche hervorzuheben:

A 5.2.1 Bewahrung bedeutender Kulturdenkmäler:

Neben ihren wissenschaftlichen Aufgaben nehmen vor allem die beiden Landesbibliotheken Karlsruhe und Stuttgart und die traditionsreichen Universitätsbibliotheken Freiburg, Heidelberg und Tübingen kulturelle Aufgaben wahr und werden dadurch zu Kultureinrichtungen von besonderem Rang. Sie bewahren bedeutende Kulturdenkmäler von hohem künstlerischen und kulturpolitischen Wert. In diesem Zusammenhang muß z. B. auf die reichen Handschriftenbestände hingewiesen werden, zu denen insbesondere der Codex Manesse der Universitätsbibliothek Heidelberg und die Weingartner Liederhandschrift der Württembergischen Landesbibliothek gerechnet werden müssen. Diese Sammlungen sind aufgrund bibliophiler Tradition der Fürstenhäuser oder der Säkularisation kirchlicher Bibliotheken entstanden und stellen einen spezifischen Reichtum des Landes Baden-Württemberg dar.

Handschrift Nr. 6595 Initiale „I“ mit Darstellungen aus dem Leben des Heiligen Johannes, Ev. GRADUALE Cisterziense, 1. Hälfte 14. Jahrhundert, Cod. UH 1, fol. 19 V, Badische Landesbibliothek Karlsruhe; copyright: Badische Landesbibliothek Karlsruhe

A 5.2.2 Erhaltung und Pflege der Bestände:

Eine besonders wichtige Aufgabe ist die Erhaltung und Pflege der Bestände. Die Landesregierung hat die Bedeutung dieser Aufgabe erkannt und 1986 ein Programm zur Restaurierung des Bibliotheks- und Archivguts beschlossen, das inzwischen überregional beispielhafte Anerkennung gefunden hat. Dieses Programm umfaßt drei Schwerpunktaufgaben:

- ☐ Ausstattung einzelner Werkstätten in Archiven und Bibliotheken mit Personal und Geräten (hat bereits begonnen),
- ☐ Aufbau eines zentralen Instituts für die Restaurierung von Archiv- und Bibliotheksgut in Ludwigsburg in der Trägerschaft der Landesarchivverwaltung (mit dem Ausbau in der Arsenal-Kaserne wurde begonnen; bezugsfertig 1992),
- ☐ Einrichtung eines Diplom-Studiengangs für Papier-Restaurierung an der Staatlichen Akademie der bildenden Künste Stuttgart (die ausgeschriebenen Stellen werden gerade besetzt).

Katalogisierung mittelalterlicher Handschriften in der Universität Tübingen mit EDV-Unterstützung; Bild: Universität Tübingen

A 5.2.3 Literaturförderung:

Im Zusammenhang mit dem Erwerb und der Erschließung von Literatur für Studiengänge mit literaturwissenschaftlichen Fächern erfüllen die wissenschaftlichen Bibliotheken auch Aufgaben der Literaturförderung.

Die Landesbibliotheken tragen außerdem dadurch zur Literaturförderung bei, daß sie die Produkte aller Verlage in Baden-Württemberg erwerben, archivieren, erschließen und der Benutzung zur Verfügung stellen (Pflichtexemplare).

A 5.2.4 Sondersammlungen der Landesbibliotheken:

Die beiden Landesbibliotheken besitzen wichtige und wertvolle Sondersammlungen:

Badische Landesbibliothek Karlsruhe:

Besondere Sammelgebiete der Badischen Landesbibliothek sind die Literatur zum Oberrhein und zum Land Baden. Die Bibliothek verwahrt die Nachlässe von Johann Peter Hebel und Reinhold Schneider. Sie sammelt außerdem Barockliteratur, Landkarten und Musiknoten.

Württembergische Landesbibliothek Stuttgart:

Internationales Ansehen genießen das Hölderlin-Archiv und das Stefan-George-Archiv der Württembergischen Landesbibliothek. Diese Bibliothek verwahrt außerdem einen Teil des Nachlasses von Gottfried Benn.

A 5.2.6 Ausstellungen und Veranstaltungen:

Mit Ausstellungen und Veranstaltungen beteiligen sich die wissenschaftlichen Bibliotheken am kulturellen Leben des Landes. Ausstellungen mit Themen zur Buchkultur und zur dichterischen Überlieferung finden bei adäquater Präsentation in weiten Kreisen der Bevölkerung großes Interesse. Als Beispiele seien die Ausstellungen der Universitätsbibliothek Heidelberg zur Bibliotheca Palatina (1986) und zum Codex Manesse (1988) genannt. Mit diesen Ausstellungen und Veranstaltungen schaffen die Bibliotheken ein ideales Bindeglied zwischen Wissenschaft und Forschung auf der einen und breiten Kreisen der Bevölkerung auf der anderen Seite.

A 6 Institutionen

Neben den Literaturpreisen und den Projektzuschüssen an Vereine und andere Träger literarischer Veranstaltungen gewährt das Land auch institutionelle Zuschüsse in beträchtlicher Höhe. Es fördert insbesondere die folgenden Einrichtungen:

A 6.1 **Deutsche Schillergesellschaft e. V., Marbach a. N.**

Die Deutsche Schillergesellschaft e. V. (vgl. Kap. 11, A 3) ist Träger des Schiller-Nationalmuseums und des Deutschen Literaturarchivs; den Zuschußbedarf decken (neben den Zuwendungen der Städte Stuttgart, Ludwigsburg und Marbach/Neckar und des Landkreises Ludwigsburg) Bund und Land je zur Hälfte. Der Anteil des Landes beträgt jährlich 3,3 Mio. DM.

Das Schiller-Nationalmuseum, um die Jahrhundertwende geschaffen, um darin den schwäbischen Beitrag zur Geschichte deutscher Dichtung zu sammeln und zu dokumentieren, ist heute das bedeutendste Literaturmuseum in der Bundesrepublik Deutschland. Das Deutsche Literaturarchiv wurde 1955 auf der Basis des von der Stuttgarter Zeitung gestifteten Cotta-Archivs und des bisherigen Museumsarchivs gegründet. 1973 hat es einen Neubau erhalten, der 1979/1980 um einen unterirdischen Magazintrakt erweitert wurde. In den Jahren 1989 bis 1992 wird ein weiterer Erweiterungsbau errichtet. Er wird vom Bund und Land gemeinsam finanziert. Der Anteil des Landes beträgt voraussichtlich 12,5 Mio. DM (1989 bis 1992).

Schiller-Nationalmuseum Marbach/Neckar; Bild: Deutsche Schillergesellschaft Marbach/Neckar

A 6.2 Betreuungsstelle für literarische Museen, Archive und Gedenkstätten in Baden-Württemberg

Seit 1980 besteht bei der Deutschen Schillergesellschaft e. V., Marbach/Neckar, die Betreuungsstelle für literarische Museen, Archive und Gedenkstätten in Baden-Württemberg. Sie ist eine in der Welt einmalige Einrichtung. Sie kann aus den Zuwendungen des Landes Zuschüsse an gemeinnützige Träger literarischer Museen, Archive und Gedenkstätten in Baden-Württemberg gewähren, und zwar für museumstechnische Ausstattungs-und Ausrüstungsgegenstände, für Kataloge und für die Restaurierung und Inventarisierung von Museumsgut. Außerdem kann sie auch eigene Wanderausstellungen und Dokumentationen finanzieren und Sammlungsgegenstände zur leihweisen Überlassung an einzelne Museen erwerben.

1

3

2

4

Ausgewählte Dichter-Häuser in Baden-Württemberg:
1 Johann-Peter-Hebel-Haus in Hausen im Wiesental; copyright: A. W. Brändlin, Hausen im Wiesental;
2 Annette-Droste von Hülshofs Fürstenhäusle, Droste-Museum Meersburg; copyright: Verlag Gebrüder Metz, Tübingen;
3 Heinrich-Hansjakob-Hof Haßlach; Bild: Hansjakob-Archiv
4 Chr. M. Wielands Gartenhaus mit Nebengebäude (1985) in Biberach/Riß; Foto: Mock, Biberach, copyright: Wieland-Archiv Biberach

Die Betreuungsstelle hat bereits geholfen, etwa 30 literarische Museen und Gedenkstätten einzurichten oder wiedereinzurichten. Ende 1989 hat sie in einem Katalog mit allen wünschenswerten Angaben (Adressen, Öffnungszeiten, Eintrittspreise, Führungsmöglichkeiten, Charakteristiken der Ausstellungen) 69 Literaturmuseen, Gedenkstätten oder literarische Abteilungen kommunaler Museen vorgestellt. Der jährliche Landeszuschuß beträgt z. Zt. 466 TDM.

A 6.3 **Literarische Gesellschaft (Scheffelbund) Karlsruhe**

Die Literarische Gesellschaft erhält für die Unterhaltung des Oberrheinischen Dichtermuseums, eine von Ländergrenzen unabhängige, zentrale Sammelstätte für die Literatur aus dem gesamten Oberrheingebiet, und für die Verleihung des Scheffel-Schulpreises einen jährlichen Zuschuß in Höhe von 75 TDM.

Karte der literarischen Museen, Archiv- und Gedenkstätten in Baden-Württemberg; Graphik: Rolf Hungreder, Leinfelden-Echterdingen; copyright: Deutsche Schillergesellschaft, Marbach/Neckar.

A 7 Leseerziehung in den Schulen

Die Leseerziehung in den Schulen steht in Zusammenhang mit dem Förderprogramm zur musisch-kulturellen Erziehung (vgl. Kap. 2, A 4.2) und den Maßnahmen zur Medienerziehung (vgl. Kap. 4, A 3).

Das Lesen ist ein unverzichtbarer Teil der persönlichen und beruflichen Bildung und befähigt den einzelnen Schüler zur mündigen Teilnahme am gesellschaftlichen Leben seiner Zeit. Ohne Lesekultur ist ein mündiger Bürger nicht denkbar.

Die Leseerziehung macht in allen Schularten einen wesentlichen Bestandteil des Deutschunterrichts aus. Der Schüler soll Freude am Lesen gewinnen und darin bewußt eine persönliche Bereicherung erfahren. Deshalb werden das Jugendbuch und die Freizeitlektüre insgesamt besonders betont.

Die Leseerziehung erstreckt sich auf drei Bereiche,

- ☐ die Stärkung der Lesemotivation,
- ☐ Autorenwerkstätten in der Schule und
- ☐ die Schulbibliotheken.

A 7.1 **Stärkung der Lesemotivation**

Für die Grundschullehrer wurden besondere Handreichungen entwickelt, die ihnen helfen sollen, die Lesemotivation der Kinder zu fördern. Ein weiteres Element zur Lesemotivation stellen die Wettbewerbe zur Förderung sprachlicher Fähigkeiten dar. Zu ihnen gehören Aufsatzwettbewerbe, Literaturwettbewerbe, Fremdsprachenwettbewerbe, Vorlesewettbewerbe und Wettbewerbe für Schülerzeitungen und Schuldruckereien.

A 7.2 **Autorenwerkstätten in der Schule (Boedecker-Kreis)**

Besondere erzieherische Möglichkeiten bieten Autorenwerkstätten in der Schule. Seit vielen Jahren besteht dafür der Friedrich-Boedecker-Kreis Baden-Württemberg e. V., der sich speziell dieser Aufgabe annimmt und dafür überwiegend vom Land gefördert wird. Er hat im vergangenen Jahr 375 Lesungen durchgeführt und dabei knapp 17.000 Schüler angesprochen. Bei den literarischen Gattungen steht die Kinder- und Jugendliteratur vor der Belletristik und der Lyrik. Bei einer durchschnittlichen Teilnehmerzahl von 45 Schülern wird allerdings der Werkstattcharakter der Lesungen nur noch mit Mühe aufrechterhalten. Im übrigen können z. Zt. nur etwa zwei Drittel der Anfragen von Schulen vom Boedecker-Kreis befriedigt werden.

A 7.3 **Schulbibliotheken**

Ein weiteres wichtiges Element der Leseerziehung stellt die Unterstützung beim Aufbau und der pädagogischen Betreuung der Schulbibliotheken dar. Auch dafür sind Handreichungen für die Lehrer entwickelt worden, die diese Aufgabe in den einzelnen Schulen übernommen haben. In diesen Handreichungen werden die Lehrer auf die besonderen Funktionen einer Schulbibliothek im Rahmen der literarischen Erziehung und der Steigerung der Lesemotivation hingewiesen. Es wäre wünschenswert, wenn die Zusammenarbeit zwischen den Lehrern, die eine Schulbibliothek betreuen, und öffentlichen Bibliothekaren verstärkt werden könnte. Als konkrete Hilfen für den Aufbau und die Pflege der Schulbibliotheken veröffentlicht das Landesinstitut für Erziehung und Unterricht in der Zeitschrift „Lehren und Lernen" immer wieder Empfehlungen für geeignete literarische Werke.

A 8 Literaturförderung im Rahmen übergreifender Maßnahmen

Bei Fördermaßnahmen, die sich auf mehrere Kunstgattungen beziehen, kommen die Zuschüsse des Landes auch der Literatur zugute. Hier sind insbesondere folgende Einrichtungen gemeint:

- ☐ Landeskunstwochen (vgl. Kap. 10.1),
- ☐ Kunststiftung Baden-Württemberg GmbH (vgl. Kap. 10.2) und
- ☐ Akademie Schloß Solitude (vgl. Kap. 9.5).

B. Perspektiven

Obwohl bereits ein vielfältiges Instrumentarium zur Förderung der Literatur in Baden-Württemberg entwickelt wurde, sollten doch noch breitere Kreise der Bevölkerung für das Buch gewonnen und deshalb weitere Maßnahmen zur Verbreitung der Literatur und zur Stärkung der Lesebereitschaft getroffen werden. Dazu bieten sich – neben der Verstärkung der Büchereiarbeit – folgende neue Einrichtungen und Veranstaltungen an:

B 1 Haus des Buches in Stuttgart

Baden-Württemberg liegt mit rd. einem Viertel der Titelproduktionen als Verlagsland an erster, Stuttgart als Verlagsstadt nach München und Frankfurt an dritter Stelle in der Bundesrepublik Deutschland. Trotzdem kommt Stuttgart weder als Verlagsstadt noch als Hauptstadt des stärksten Verlagslandes irgendwo ausreichend zur Geltung. Das ist u. a. darauf zurückzuführen, daß die notwendigen Veranstaltungsräume fehlen: Z. B. hat die Landesbibliothek nicht einmal einen eigenen Vortragssaal.

Dieses Defizit hat nicht nur zur Folge, daß die kulturellen Leistungen der Landeshauptstadt für das Buch und das Verlagswesen unterschätzt werden. Ihr Bild ist sogar abweisend; Autoren und Verlage wandern ab, obwohl Stuttgart nach dem Krieg als Stadt des Buches einmal die Stelle Leipzigs eingenommen hatte. Die Abwanderung von Autoren und Verlagen bedeutet nicht nur einen Verlust an hochqualifizierten Arbeitsplätzen und an Wirtschaftskraft, sondern vor allem einen auf lange Sicht nicht wiedergutzumachenden kulturellen Verlust. Die Landeshauptstadt bedarf deshalb eines Zentrums für das Buch, etwa „Haus des Buches“ genannt.

Aufgaben dieses Zentrums sollen sein:

- □ Bereitstellung eines Raumes für bedeutende Wechselausstellungen für die Literatur, zum Buch- und Verlagswesen sowie für eine ständige Ausstellung „Literatur in Stuttgart", in der das aktuelle Wirken von Autoren, Übersetzern, Verlagen und Druckern in Stuttgart dargestellt wird. Der Ausstellungsraum muß so bemessen und konservatorisch und sicherheitstechnisch so ausgestattet sein, daß bedeutende Ausstellungen dieser Art aus dem deutschsprachigen Raum nach Stuttgart gezogen werden können und nicht wie bisher an Stuttgart vorbeigehen;
- □ Veranstaltung von Autorenlesungen, Vorträgen und Seminaren zu den Themen des Hauses;
- □ Veranstaltung von Lesungen ausländischer Literatur;
- □ ständige Präsentation der literarischen Neuerscheinungen aus Baden-Württemberg;
- □ Bereitstellung von Räumen für Fachtagungen von Autoren, Übersetzern, Verlegern, Buchhändlern;
- □ Aufbau und Pflege einer Spezialbibliothek zu den Themen des Hauses;
- □ Bereitstellung einer einladenden Infrastruktur für die Besucher des Hauses: Cafeteria, Werkstätten, Arbeitsräume, Verwaltung, Magazine, Abstellräume etc.

Zur Erfüllung dieser Aufgaben muß das Zentrum

- □ zentral gelegen und leicht erreichbar sein,
- □ einen eigenen Etat und
- □ hauptamtliche Mitarbeiter haben.

Träger der Einrichtung sollte eine eigene juristische Person sein, die ihrer Aufgabe und Bedeutung nach bei Stadt und Land mit (einmaligen) Zuschüssen zu den Investitionskosten und (laufenden) Zuschüssen zu den Betriebskosten rechnen kann.

B 2 Aktion „1000 Bücher"

Da die Gewährung von Druckkostenzuschüssen als Mittel zur Verbreitung der Literatur umstritten ist, gibt das Land solche Zuschüsse nur, wenn es darum geht, das Erscheinen einer Gesamtausgabe zu ermöglichen (siehe A 4.6). Eine Ausweitung dieser Praxis auf Ersterscheinungen würde zu uferlosen Anträgen führen.

Erfahrungsgemäß haben es aber gerade gute Bücher auf dem Markt zuweilen schwer. Deshalb sollte die Risikobereitschaft der Verleger, gute Bücher herauszubringen, nachträglich ausgezeichnet werden. Dafür bietet sich an, daß eine Jury jährlich aus den Ersterscheinungen von belletristischen Werken lebender baden-württembergischer Autoren 10 auszeichnet und dem Land empfiehlt, von jedem dieser Titel 1000 Exemplare zu erwerben und kostenlos an öffentliche Bibliotheken zu übergeben.

B 3 Literatur-Triennale

Wie die anderen Künste muß sich auch die Literatur dem nationalen und internationalen Vergleich stellen. Dazu bedarf es eines Rahmens, in dem eine solche Veranstaltung nationale und internationale Aufmerksamkeit erfährt. Dafür kommt nur Stuttgart in Betracht, das sich neben der Funktion als Landeshauptstadt auf seine Tradition als Buch- und Verlagsstadt berufen kann. Die Landeshauptstadt Stuttgart will daher mit Hilfe des Landes von 1991 an alle drei Jahre eine „Literatur-Triennale" veranstalten.

Das Programm dieser etwa 14 Tage dauernden Veranstaltungsreihe könnte umfassen:

- ☐ Lesungen von Autoren aus dem ganzen deutschen Sprachgebiet,
- ☐ Lesungen von fremdsprachigen Autoren,
- ☐ Autorentreffen,
- ☐ Veranstaltungen von Verlagen und Buchhandlungen,
- ☐ eigene Uraufführungen,
- ☐ Buchausstellungen und
- ☐ Buchprämierungen.

Zur Vorbereitung jeder Triennale könnten an einzelne Autoren Werkverträge vergeben werden, deren Ergebnisse während der Veranstaltung vorgetragen werden.

B 4 Begegnungen mit ausländischen Autoren

Literatur ist zwar zunächst auf den eigenen Sprachraum angewiesen. Doch die Übersetzung erschließt ihr weitere Räume und ein internationales Publikum (vgl. A 3).

Neue inhaltliche Dimensionen gewinnt die Literatur aber dadurch, daß sich einheimische Autoren zu Studienzwecken und Begegnungen mit ausländischen Schriftstellern im Ausland aufhalten und ausländische Schriftsteller ins Land eingeladen werden können (vgl. Kap. 12, A 3.3).

Vor allem um in Baden-Württemberg eine Begegnungsstätte mit ausländischen Autoren und ihren Werken zu schaffen, wird vorgeschlagen, aus Landesmitteln die Initiative zur Errichtung eines Europäischen Literaturzentrums in Freiburg zu fördern (vgl. Kap. 12, B 3.1).

B 5 Bibliothekswesen

B 5.1 **Öffentliche Bibliotheken**

Fast jeder fünfte, in den südlichen Landesteilen nahezu jeder dritte Einwohner des Landes wohnt in einer Gemeinde ohne öffentliche Bibliothek. Die südlichen Landesteile werden auch mit bibliothekarischen Angeboten durch kirchliche Bibliotheken, Werksbibliotheken oder Bücherbusse in aller Regel nicht ausreichend versorgt. Die geringe Bevölkerungsdichte und eine Vielzahl kleiner Gemeinden erschweren es den möglichen Trägern, eine Bibliothek zu gründen und wirtschaftlich effizient zu unterhalten. Besondere Schwierigkeiten bestehen in kleinen Orten, die aus Teilorten zusammengefaßt sind. Es gibt aber bedauerlicherweise in Baden-Württemberg daneben immer noch 15 Städte und Gemeinden mit mehr als 10.000 Einwohnern, in denen keine kommunale Bibliothek eingerichtet ist.

Ein weiteres Defizit ist darin zu sehen, daß in 29 von 35 Landkreisen die Bibliotheken weniger als einen Band pro Einwohner besitzen. Einschlägige Gutachten der Kommunalen Gemeinschaftsstelle für Verwaltungsvereinfachung (1973) und des Deutschen Städtetages (1987) fordern dagegen zwei Bände pro Einwohner. Es ist daher offenkundig, daß in der Versorgung der Bevölkerung mit Bibliotheken und Büchern ein erheblicher Nachholbedarf besteht.

B 5.1.1 Herstellung einer Mindestversorgung:

Anzustreben ist eine flächendeckende Mindestversorgung mit Büchern und anderen Medien, die dem Standard von mindestens einem Band pro Einwohner entspricht. Eine bedarfsgerechte öffentliche Bibliothek sollte unverzichtbares Element der kulturellen Infrastruktur einer Gemeinde mit mehr als 5.000 Einwohnern sein.

Wo dieser Standard nicht erreicht ist, sollten gezielte Hilfen des Landes dazu führen, Defizite abzubauen. Da eine laufende Bezuschussung etwa in Höhe von 40% der Gesamtkosten – nach Berechnung des Bibliotheksverbandes müßten dafür Mittel von jährlich 55 Mio. DM aufgebracht werden – unrealistisch erscheint, werden Zuwendungen zu Auf- und Ausbaumaßnahmen vorgeschlagen, mit denen in unterversorgten Gebieten zunächst einmal der Mindeststandard erreicht werden soll.

Es wird entsprechend den Vorstellungen des Städtetages Baden-Württemberg vorgeschlagen, „daß Bibliotheksbauten aus Mitteln des Kommunalen Investitionsfonds gefördert werden sollten... Entsprechend der Schulhausbauförderung sollte der Zuschuß jedoch mindestens ein Drittel der Baukosten betragen... Die Bereitstellung der Mittel im Kommunalen Investitionsfonds könnte sukzessiv in dem Maße erfolgen, wie die Mittel der Schulbauförderung und Sportstättenbauförderung reduziert bzw. beseitigt werden..."

B 5.1.2 Zuschüsse für kirchliche Bibliotheken:

Das Land sollte in Zukunft wieder die Ergänzungsfunktion der kirchlichen Büchereien fördern und wie in früheren Jahren Zuschüsse zur Einrichtung solcher Bibliotheken und für Buchanschaffungen gewähren.

B 5.1.3 Projektmittel für kulturelle Aktivitäten:

Besondere kulturelle Aktivitäten öffentlicher Bibliotheken sollten durch Projektmittel gezielt gefördert werden. Dabei wäre z. B. daran zu denken,

- □ Artotheken einzurichten, in denen Kunstwerke (Original oder Reproduktion) verliehen werden; sie fördern in weiten Kreisen der Bevölkerung das Interesse für die zeitgenössische Kunst und unterstützen zugleich Künstler durch den Ankauf ihrer Werke,
- □ Musikbibliotheken zu schaffen, die auch Noten und Tonträger verleihen. Sie fördern die allgemeine Musikerziehung und die fachliche Musikausbildung,
- □ neue Medien und Geräte zur Nutzung der Medienangebote einschließlich kompetenter fachlicher Beratung bereitzustellen,
- □ mit Schulen zur Intensivierung der Leseförderung und Leseerziehung zu kooperieren und
- □ Angebote für Senioren mit besonderen Informationsveranstaltungen, Lesungen, Vorträgen und aufsuchender Bibliotheksarbeit zu entwickeln.

Ein Blick in die Artothek der Städtischen Bücherei im Wilhelmspalais in Stuttgart; copyright: Landeshauptstadt Stuttgart

B 5.2 **Wissenschaftliche Bibliotheken**

Die wissenschaftlichen Bibliotheken sollten bei der Wahrnehmung ihrer kulturellen Aufgaben in dreierlei Hinsicht gestärkt werden:

B 5.2.1 Erschließung der musikhistorischen Überlieferung:

Vor allem die beiden Landesbibliotheken verwahren eine musikhistorische Überlieferung, die keineswegs so erschlossen ist, wie es ihrer Bedeutung für die Musikgeschichte des Landes entspricht. Die Stiftung Kulturgut Baden-Württemberg wäre ein geeignetes Instrument zur Förderung und Erschließung der musikhistorischen Überlieferung des Landes. Die Stiftung sollte deshalb in die Lage versetzt werden, diese Aufgabe in ihr Förderspektrum aufzunehmen.

B 5.2.2 Ausbau von Mediotheken:

Ein Defizit haben die wissenschaftlichen Bibliotheken auch bei der Bereitstellung von Tonträgern. Sie sollten deshalb zu Mediotheken ausgebaut werden, um dadurch erfolgreich zur Förderung der Musik in allen Landesteilen beizutragen.

B 5.2.3 Projektmittel:

Die Etats der wissenschaftlichen Bibliotheken für die Vorbereitung und Durchführung von Veranstaltungen sind sehr begrenzt. Eine wünschenswerte Ausdehnung dieser Aktivitäten ist nur zu erwarten, wenn für bestimmte Vorhaben besondere Projektmittel zur Verfügung gestellt werden.

Amateurfilmer: Konzentration und Präzision sind im Amateurfilmbereich unentbehrlich; Bild: MKS

Kapitel 4

FILM UND MEDIEN

Einleitung

Der Film ist für unsere Zeit eine wichtige Kunstform und ein bedeutender Wirtschaftsfaktor. In allen Teilen der Welt spricht er Bevölkerungsgruppen an, die sonst kaum einen Zugang zu etablierten Kunsteinrichtungen suchen. Der Film hat seit dem Zweiten Weltkrieg auch eine über die Lichtspieltheater hinausgehende Bedeutung in den neuen Medien erfahren und wird zunehmend als Informations- und Werbeträger in Wissenschaft und Wirtschaft verwendet. Innerhalb der Medien findet eine Verlagerung von den Printmedien in Richtung auf die neuen audiovisuellen Medien (vgl. Kap. 12, B 4.2) statt.

Das Kulturgut Film hat als wichtige Kunstform der Massenkommunikation am Ende des 20. Jahrhunderts weltweite Bedeutung erhalten:

- □ In den bevölkerungsreichen Ländern der Dritten Welt sind die Filmproduktion und der Kinobesuch ein noch finanzierbares kulturelles Ereignis. Indien hat die größte Filmproduktion der Erde, in China besuchen an zwei Tagen mehr Menschen ein Kino als in der Bundesrepublik Deutschland in einem Jahr.
- □ In den westlichen Industrienationen ist der Film – insbesondere über das Fernsehen – der wirksamste Träger kultureller Inhalte, der die größten Teile der Bevölkerung erreicht. Wie wichtig das Fernsehen für den Film ist, belegen folgende Zahlen: 1986 waren in den USA 172 Mio., in Japan 40 Mio., in der Bundesrepublik Deutschland 23 Mio., in Großbritannien 21 Mio., in Frankreich 18,5 Mio. und in Italien 14,5 Mio. Fernsehapparate in Betrieb.
- □ Allein in der Bundesrepublik wurden 1987 im Fernsehen 847 Spielfilme gesendet. Im selben Jahr wurden hier 4,4 Mio. Videoprogramme abgesetzt. Im Bundesgebiet mit Berlin gibt es 3.250 Lichtspieltheater mit über 630.000 Sitzplätzen und 110 Mio. Besuchern im Jahr (zum Vergleich: 19 Mio. Theaterbesucher in der Spielzeit 1986/87 an öffentlichen Bühnen).

Beim Spiel- und Dokumentarfilm liegen die großen Produktionsbereiche außerhalb Europas. Während aber die indische und chinesische Filmindustrie im wesentlichen für den Binnenmarkt produzieren, erzielen amerikanische Filme beim Verleih in europäischen Ländern große Umsätze (1987 in der Bundesrepublik Deutschland 170 Mio. DM oder 58% des Gesamtumsatzes) und überwiegen auch in den Programmen der Fernsehanstalten (ca. 2/3 des Gesamtprogramms). Trotzdem hat sich der Verleihanteil des deutschen Films in der Bundesrepublik in den letzten Jahren verdoppelt und ist auf etwa 21% angestiegen. Im Wettbewerb um Marktanteile versuchen europäische Filmhersteller zunehmend, durch Koproduktionen die Vorteile amerikanischer Hersteller aufzuwiegen. 1988 wurden in der Bundesrepublik 65 Spielfilme produziert, darunter 18 Koproduktionen vor allem mit französischen Partnern.

Erfreulicherweise zeigt die Kinostatistik eine wachsende Bedeutung filmkünstlerischer Programme in bundesdeutschen Kinos. Stiegen der Besuch von Kinos mit vermischtem Programm zwischen 1986 und 1987 um 2,9% auf 79 Mio. Zuschauer und der Umsatz um 3,9% auf 608 Mio. DM an, so erreichten die Studio- und Filmkunsttheater bei den Besuchern eine Zuwachsrate von 7,1% auf 16,6 Mio. und eine Steigerung des Umsatzes von 10,8% auf 119,2 Mio. DM. Dagegen ging das Interesse der Kinobesucher an Action- und Pornofilmen um 3,2% bzw. 7,8% zurück.

Aus diesen Zahlen ist erkennbar, daß der Film als künstlerisches Produkt auch kulturelle Impulse gibt. Seine breite Wirksamkeit auch außerhalb der Ballungszentren und die Auswirkungen auf das kulturelle Bewußtsein der Menschen insgesamt stellen daher hohe Anforderungen an die inhaltlichen und gestalterischen Möglichkeiten dieses Mediums.

A. **Bestand**

A 1 Professioneller Film

Kulturelle und wirtschaftliche Gründe haben die Länder in der Bundesrepublik Deutschland veranlaßt, eigene Filmfördersysteme aufzubauen und eigene Einrichtungen zur Ausbildung des Nachwuchses für den Film zu schaffen. Alle Länder sind mittlerweile von der ausschließlich zentralen Förderung des Films - etwa durch das Kuratorium Junger Deutscher Film - abgerückt.

Die bisherige Filmförderung in Bund und Ländern hat insbesondere die Entwicklung des Films in München und Berlin begünstigt und dort den Aufbau einer wirtschaftlichen Infrastruktur für den Film vorangetrieben. München und Berlin versuchen jetzt, durch große Förderprogramme ihre zentrale Stellung in der deutschen Filmproduktion zu festigen.

Die Fördermaßnahmen beim Bund und den Ländern erstrecken sich auf die Förderung von Produktionen, Vertrieb, Abspielstätten und Kopien von Filmen, auf Filmfestivals und Investitionsprogramme für Filmtheater.

A 1.1 **Filmförderung durch den Bund und die Länder**

Der Bund fördert den Film durch wirtschaftspolitische Aktivitäten der Filmförderanstalt und durch kulturelle Maßnahmen des Bundesministers des Innern:

A 1.1.1 Filmförderung als wirtschaftspolitische Maßnahme:

Die Filmförderanstalt in Berlin betreibt Filmförderung auf der Grundlage des Filmförderungsgesetzes als wirtschaftspolitische Maßnahme. Sie schöpft ihre Fördermittel vor allem aus der Filmabgabe der Lichtspieltheater, die am Kartenverkauf orientiert ist. 1987 wurden von der Filmförderanstalt Zuschüsse in Höhe von 38,1 Mio. DM vergeben.

A 1.1.2 Filmförderung unter kulturellen Gesichtspunkten:

Der Bundesminister des Innern begründet seine Fördermaßnahmen auf dem Gebiet des Films mit der gesamtstaatlichen kulturellen Verantwortung des Bundes für den Filmbereich. Dem Bundesministerium des Innern standen 1988 aus Steuermitteln knapp 23 Mio. DM für die Filmförderung zur Verfügung.

In Baden-Württemberg liegt die kulturelle Filmförderung im Umfang von jährlich rd. 2 Mio. DM hinter den Fördersystemen der Länder Bayern, Nordrhein-Westfalen, Berlin und Hamburg mit ihren Millionenbeträgen für Produktionsförderung, Filmfestivals, technische Medienzentren, Filmmessen und filmwirtschaftliche Fördermaßnahmen weit zurück. Baden-Württemberg hat sich im kulturellen Bereich bisher auf die sog. Abspielförderung beschränkt.

Einen annähernden Überblick über die Vielfalt der Filmförderungsmaßnahmen des Bundes und der genannten Länder gibt die Tabelle der folgenden Seite (Stand 1988).

Erläuterungen zur Tabelle:

*) **Festspiele, Institutionen:**

Bundesminister des Inneren:
Internationale Festspiele Berlin 3,2 Mio. DM, Deutsche Film- und Fernsehakademie Berlin 2,6 Mio. DM, Bundesarchiv 4,2 Mio. DM, Kinematekverbund 523 TDM, Internationale Festivals Oberhausen und Mannheim 450 TDM

Berlin:
Drehbuchwerkstatt, Kurzfilmfestival, Kinderkino

Hamburg:
Filmbüro/Filmhaus 600 TDM, Filmfestival 900 TDM, „Kinomacher Messe“ 350 TDM, 2 low-budget-Filmveranstaltungen 537 TDM

Nordrhein-Westfalen:
Kurzfilmtage Oberhausen 550 TDM, Duisburger Filmwoche 120 TDM, Filmothek der Jugend Mönchengladbach 310 TDM, weitere Zuschüsse für Witten, Köln, Bonn, internat. Filmamateurtreffen

**) *stark steigende Tendenz beschlossen*

Filmförderung in Bund und Ländern (1988)

OZ.	Maßnahmen	Bund Filmförderanstalt	Bund Minister des Innern	Bayern	Berlin	Hamburg	Nordrhein-Westfalen
1.	Produktions-förderung	23,3 Mio. DM für Langfilme, 980 TDM für Kurzfilme; Referenzfilm-prinzip		12,6 Mio. DM für Langfilme	13 Mio. DM für Langfilme, 2 Mio. DM für Kredite (begrenzt rückzahlbar)	4,5 Mio. DM für Darlehen (begrenzt rückzahlbar)	2,5 Mio. DM für Produktions-, Vertriebs- und Drehbuch-förderung
2.	Fernseh- und Video-Koproduktionen			zusätzliches Programm für neue Medien	5 Mio. DM für Kredite (wie Ziffer 1)		Fernsehpreis 5 TDM
3.	Vertriebs-förderung	2,3 Mio. DM	250 TDM für Verleihprämien, ggf. gekoppelt mit Ziffer 4	1,4 Mio. DM			siehe Ziffer 1
4.	Drehbuch-förderung	300 TDM	4,75 Mio. DM				100 TDM für Drehbuchpreis; siehe auch Ziff. 1
5.	Preise		3,3 Mio. DM Deutscher Filmpreis	400 TDM Bayerischer Filmpreis			15 TDM für Oberhausener Filmtage
6.	Kinoförderung	Zuschüsse und Darlehen für Investitionen	550 TDM für Auszeichnung hervorragen-der Programme	800 TDM für Innov.-Darlehen, 2,5 Mio. DM für Sonderprogramm Modernisierung			50 TDM für Ab-spielförderung, 100–200 TDM für Auszeichnung bes. guter Filme
7.	Kommunales Kino			350 TDM		600 TDM + 100 TDM für Filmarchiv	
8.	Kopienförderung			350 TDM			30–35 TDM einzeln
9.	Weiterbildung	350 TDM					
10.	Werbung etc.	3,2 Mio. DM incl. Forschung, Innovation					
11.	Festspiele, Institutionen*)		10,5 Mio. DM	Beteiligung	1,5 Mio. DM	2,4 Mio. DM	1 Mio. DM und weitere Zuschüsse
	Summe	38,1 Mio. DM**)	20 Mio. DM**)	18 Mio. DM**)	20 Mio. DM	7,6 Mio. DM	ca. 3,8 Mio. DM

A 1.2 **Filmförderung in Baden-Württemberg**

„Das Bier verfehlt seinen Zweck, wenn es nicht getrunken wird." - Dieser berühmte Bismarck-Satz ist übertragbar auf die Kunst. Denn Kunst erzielt nur Wirkung, wenn sie auch gezeigt wird. Dies gilt auch und vor allem für den Film. Durch die in der Tabelle (Seite 133) dargestellten Fördermaßnahmen im Produktionsbereich entstehen mehr Filme, als gezeigt werden können. Aus diesem Grund war die Filmpolitik in Baden-Württemberg bisher stark auf die Abspielförderung konzentriert, d. h. es wurden Einrichtungen unterstützt und geschaffen, die das Abspielen künstlerisch wertvoller Filme gefördert haben.

Es kommt hinzu, daß Baden-Württemberg ein kinoreiches Land mit besonders vielen Filmkunsttheatern ist. Rund ein Viertel aller Filmkunsttheater der Bundesrepublik befindet sich in diesem Land. Von den 538 Kinos in Baden-Württemberg gehören rund 100 zur Sparte der Filmkunsttheater oder bieten ein kulturell ansprechendes Programm an.

A 1.2.1 Förderung der Kommunalen Kinos:

Baden-Württemberg war das erste Bundesland, das 1986 mit der Förderung Kommunaler Kinos begonnen hat. 1988 wurden 18 Kommunale Kinos mit einem Betrag von insgesamt 413 TDM bezuschußt. Für 1989 standen 460 TDM zur Verfügung. Das Land trägt ein Drittel des Zuschußbedarfs eines Kommunalen Kinos, wenn die Kommune die übrigen zwei Drittel aufbringt.

Es entspricht dem Grundsatz der Kunstförderung des Landes, daß die Sitzgemeinde ihr vorrangiges Interesse durch einen höheren Förderanteil bekundet. Die Verknüpfung der staatlichen Förderung mit der Bewilligung eines Zuschusses durch die Kommunen erlaubt dem Land, auf Auswahlgremien und die inhaltliche Bewertung von Filmprogrammen zu verzichten.

A 1.2.2 Förderung gewerblicher Filmkunsttheater:

Die Förderung Kommunaler Kinos wurde 1989 durch ein neues Zuschußprogramm für gewerbliche Filmkunsttheater ergänzt. Dafür steht ein Förderbetrag von 26 TDM zur Verfügung. Der Zuschuß für die Filmkunsttheater muß von Kommune und Land ebenfalls im Verhältnis 2 : 1 getragen werden. Das Vergabeverfahren ist so gestaltet wie bei der Förderung Kommunaler Kinos (vgl. A 1.2.1).

A 1.2.3 Kinomobil:

Das Kinomobil ist ein Instrument der Kulturpolitik für den ländlichen Raum. In Gemeinden ohne feste Abspielstätten für künstlerisch wertvolle Filme zeigt das Kinomobil seit 1988 ausgewählte Filmprogramme von hoher Qualität. Das Kinomobil ergänzt die kulturelle Kinoförderung in der Weise, daß für gute Filme ein flächendeckendes System von Abspielstätten im Land entsteht. Das Kinomobil wird vom Land mit 200 TDM jährlich finanziert, ist aber auf die Mitarbeit der Städte und Gemeinden bei der Bereitstellung von Räumen, bei Werbung und Organisation angewiesen.

Das Kinomobil bringt gute Filme in den ländlichen Raum: Kinder begrüßen das Kinomobil in Lauda/Königshofen; Bild: Kinomobil

A 1.2.4 Qualitätsprämien für Kinos:

Das Ministerium für Wissenschaft und Kunst vergibt - beraten durch eine Fachjury - seit 1988 Qualitätsprämien für kulturell herausragende Kino-Programme. Dadurch wird die Initiative vieler Kinos unterstützt, neue Besuchergruppen mit einem kulturell wertvollen Programm anzusprechen, das nicht an einem breiten Publikumsgeschmack ausgerichtet ist. Die Prämie hat deshalb den Charakter einer Auszeichnung, die die Öffentlichkeit auf die Qualität des angebotenen Programms hinweisen soll.

1988 wurden 15 Prämien zu je 10 TDM vergeben.

A 1.2.5 Förderung der Produktion von Kinofilmen:

Die Produktionsförderung für Kurzfilme und abendfüllende Filmprogramme knüpft in Baden-Württemberg an die Abspielförderung an. Die Fördersumme beträgt z. Zt. 10 TDM für einen Kurzfilm und 50 TDM und für einen Langfilm, das gesamte Fördervolumen 250 TDM.

Eine Auswahlkommission aus Vertretern der Filmkunsttheater und Kommunalen Kinos schlägt dem Ministerium für Wissenschaft und Kunst die zu fördernden Filmprojekte vor. Zugleich übernehmen die Kinos die Verpflichtung, die geförderten Filme in angemessenem Umfang vorzuführen.

Mit diesem System soll zum einen eine bessere Eignung der geförderten Filme für die Kinos erreicht werden, zum anderen unterbleibt eine staatliche Wertung der Inhalte.

Als Beispiel für eine vom Land gewährte Produktionsförderung: „I am a Star" von Katrin Seybold und Immanuel Rund; Szene: Inge Auerbacher in der Stuttgarter Synagoge mit deutschen und jüdischen Schülern; Bild Katrin Seybold, München

A 1.2.6 Institut für Filmgestaltung in Ulm:

Das durch Zuschüsse des Landes finanzierte Institut für Filmgestaltung soll durch Forschung, Lehre und Entwicklung zur Erneuerung des deutschen Films beitragen. Während in den früheren Jahren bei der Entwicklung neuartiger Formen des Films besonders die Wechselbeziehung zwischen Handlungs- und Dokumentarfilm im Vordergrund standen, widmet sich das Institut seit 1983 verstärkt der Frage, wie künstlerische Filmformen und Ausdrucksmittel des Films in die neuen Medien umgesetzt werden können. Hierzu arbeitet das Institut mit dem Westdeutschen Rundfunk, dem Zweiten Deutschen Fernsehen und Organisationen der Filmwirtschaft zusammen. Mit dem Süddeutschen Rundfunk betreibt es gemeinsam eine „Werkstatt Film/Fernsehen“.

A 1.2.7 Kopienförderung:

Das Wirtschaftsministerium Baden-Württemberg weist der Filmförderanstalt in Berlin einen Betrag von 300 TDM zu, der zur Herstellung von Kopien erfolgreicher Filme dient, die in Kinos im ländlichen Raum eingesetzt werden sollen.

A 1.2.8 Internationale Film-Veranstaltungen in Baden-Württemberg:

Filme werden heute in allen Teilen der Welt produziert. Ihr weltweiter Vertrieb wird gegenüber der Literatur durch die technischen Möglichkeiten der Synchronisation oder der Einblendung von Untertiteln in fremde Sprachen wesentlich erleichtert; denn an die Qualität der sprachlichen Übersetzung sind hier wesentlich niedrigere Anforderungen zu stellen als bei der Übersetzung literarischer Werke. Das Zusammenspiel von Handlung (Bild) und Sprache (Ton) erleichtert zusätzlich das Verständnis von Filmen im internationalen Bereich. Der Film ist daher für die Präsentation in Ländern mit fremden Sprachen besonders gut geeignet.

Auch Baden-Württemberg hat internationale Veranstaltungen für den Film geschaffen und fördert diese seit vielen Jahren; vgl. dazu Kap. 12, A 3.4.

A 2 Amateurfilm

Dem Bundesverband Deutscher Film- und Video-Amateure gehören z. Zt. etwa 380 Mitglieder an. Im baden-württembergischen Landesverband sind 50 Vereine mit insgesamt ca. 2.000 aktiven Mitgliedern zusammengeschlossen. Bei ihnen steht derzeit noch die Filmarbeit im Vordergrund; reine Videoclubs sind selten, eher ist diese Sparte als Abteilung innerhalb der Filmclubs organisiert. Ein Indikator für das zunehmende Interesse an der Kunstsparte Film und Video ist beispielsweise auch die wachsende Nachfrage nach entsprechenden Kursen an Volkshochschulen (vgl. Kap. 10.4).

Auf Verbandsebene werden jährlich verschiedene Wettbewerbe durchgeführt (jeweils zwei Landeswettbewerbe mit entsprechenden regionalen Vorentscheidungen). Daneben werden regelmäßig auch Festivals veranstaltet. So fanden 1989 in Friedrichshafen ein nationales Festival und in Baden-Baden in der Trägerschaft des Bundesverbandes ein internationales Festival statt.

Beide Veranstaltungen wurden durch das Land bezuschußt. Wegen der zunehmenden Bedeutung dieses Bereichs und wegen einiger förderungswürdiger Vorhaben wurden 1989 erstmals Haushaltsmittel in Höhe von 50 TDM vorgesehen. Damit wurden neben den Festivals von Film- und Videoclubs auch Veranstaltungen gefördert, die der Fortbildung dienen.

A 3 Medienerziehung in der Schule

Den Schülern sollen nicht nur Kenntnisse und Informationen über die Herstellung und den Einsatz moderner Medien vermittelt werden; sie sollen vor allem zu einer sachgerechten und kritischen Auseinandersetzung mit den Medien befähigt werden. Auch sollen sie motiviert werden, sich eigenständig der Medien zu bedienen.

Während im Unterricht selbst die Medienfrage fächerübergreifend behandelt wird (hier kommen vor allem die Fächer Deutsch, Gemeinschaftskunde, Bildende Kunst und Musik in Betracht), wird die eigenständige Arbeit mit den Medien im außerunterrichtlichen Bereich angeboten. Dabei stellen Kontakte mit Künstlern und Medienproduzenten (einschl. Rundfunk- und Fernsehanstalten) eine große Bereicherung dar.

A 3.1 **Schulfilm**

Das Ministerium für Kultus und Sport hat daher begonnen, den Schulfilm außerhalb des Unterrichts zunächst mit 30 TDM jährlich zu fördern.

Der Bereich „Schulfilm“, der im Fach Bildende Kunst in allen Schularten fest verankert und in sinnvoller Weise mit den übrigen bildnerischen Gestaltungsbereichen verbunden ist, bietet hier einen hervorragenden Ansatzpunkt. Die Schüler erwerben foto- und filmtechnische Grundkenntnisse, die sie zur Herstellung eigener Filmproduktionen befähigen. Durch Analyse von Bildbeispielen erweitern sie ihre Kenntnisse über die fotografischen und filmischen Gestaltungsmittel und ihre Wirkung. So können auch die Mitteilungen von Film und Fernsehen besser verstanden und gedeutet werden.

Fotografieren/Film/Video kann von den Schülern der allgemeinbildenden Schulen auch als Arbeitsgemeinschaft belegt werden. An vielen Schulen sind heute Film- und Video-Aufnahmegeräte vorhanden. Das Filmen ist nicht nur in den Schulen neu entdeckt worden. Die Produktion von Super-8-Video-Streifen zählt inzwischen auch zu den beliebten Hobbys vieler junger Leute, die auf diese Weise in ihrer Freizeit aktive Medienarbeit betreiben.

„Video – Die Erste . . .“ Bernd Daferner führt Schüler des Wildermuth-Gymnasiums und der Geschwister-Scholl-Schule in Tübingen in die Geheimnisse der Video-Produktion ein; Bild: Sparkassen- und Giroverband Stuttgart

A 3.1.1 Schülerfilm-Festivals in Reutlingen:

1984 und 1986 fanden in Reutlingen die beiden ersten Schülerfilm-Festivals statt, die von der Stadt und der Kreissparkasse Reutlingen finanziert wurden. 70 Streifen wurden zum ersten Treffen eingesandt; zwei Jahre später lagen der Jury 130 Produktionen vor. Das dritte Filmfestival (1988) wurde erstmals vom Ministerium für Kultus und Sport ideell unterstützt und finanziell gefördert. Die Zahl der Einsendungen hatte sich wiederum fast verdoppelt: 252 eingesandte Filme (110 Super-8 und 142 Videos). Dokumentationen aktueller Themen, Spielfilme über schulische Ereignisse, Krimis, Musik-, Märchen- und Gagfilme wurden von den Jungfilmern hergestellt. Ein 4. Festival dieser Art findet im März 1990 statt.

A 3.1.2 Schülerfilm-workshops:

Bei den bisherigen Schülerfilm-Festivals zeigte sich, daß die Schwächen der Schülerarbeiten meistens im gestalterischen Bereich liegen. Deshalb hat das Ministerium für Kultus und Sport damit begonnen, Schülern und ihren Lehrern, die für diese Aufgabe ja nicht ausgebildet sind, Fortbildungskurse anzubieten.

In Zusammenarbeit mit dem Württembergischen Sparkassen- und Giroverband erhielten 1989 Schülergruppen an folgenden Standorten die Möglichkeit, sich in Videokursen fortzubilden: Echterdingen, Sindelfingen, Biberach, Stuttgart, Heilbronn, Tübingen, Göppingen und Esslingen. Den Schülern wurde zuerst ein kurzer Überblick über die verschiedenen Filmgestaltungen vom Spielfilm bis zum Slapstick vermittelt; danach wurden sie über den Aufbau des Drehbuchs, im Drehbuch verwendete Begriffe, Drehplan und Aufnahmegestaltung informiert. Einzelne Arbeitsgruppen setzten mit fachlicher Unterstützung auch ein Treatment in Drehbuchseiten um. Sie übten den Aufbau einer Sequenz, die Wahl der richtigen Einstellung, den Umgang mit der Kamera oder die Gestaltung mit Licht.

Auch die Landesbildstelle Baden hat 1989 zusammen mit den Bildstellen Pforzheim, Mannheim, Heidelberg, Offenburg und Villingen-Schwenningen Video-workshops für Schüler durchgeführt.

A 3.2 Weitere Bereiche der Medienerziehung

Die eigenständige Gestaltung von Medien war der Kern des dreijährigen Projekts „Konzepte kritischer Medienarbeit – Wege schulischer Auseinandersetzung mit Massenmedien“ (1987–1989). Mehr als 20 Schulen erprobten im diesem Projekt, wie ihre Schüler unter normalen schulischen Bedingungen den Umgang mit verschiedenen Medienformen erlernen können. Video-Film, Hörfunk, Bildergeschichten, Lyrik und Bänkelsang waren Beispiele medialer Ausdrucksformen, die von Schülern entwickelt und erprobt wurden. Einzelne Schülerproduktionen wurden bereits von verschiedenen Rundfunk- und Fernsehprogrammen übernommen. Das Interesse der Schüler an dieser für die Schulen neuen Arbeit war sehr groß.

B. Perspektiven

B 1 Professioneller Film

Für eine Intensivierung der Filmförderung im professionellen Bereich sprechen europapolitische, kultur-, gesellschafts-, und wirtschaftspolitische Aspekte:

- □ Beim Entstehen des europäischen Kulturraumes kommt dem Medium Film eine wichtige Aufgabe zu. Der deutsch-französische Fernsehkulturkanal (vgl. Kap. 12, B 4.2) soll ein erster Schritt dazu sein. Seine Erweiterung zu einem europäischen Kulturkanal wird von seinen Befürwortern als eine wesentliche Voraussetzung dafür angesehen, daß sich Europa als kulturelle Einheit begreifen lernt.
- □ Die kulturpolitische Verantwortung des Staates gebietet es, nach dem Prinzip der Gleichrangigkeit der Kunstgattungen neben Theater, Musik, Literatur und Bildender Kunst dem Film als einer wichtigen Kunstform der Massenkommunikation einen angemessenen Platz im Kulturleben einzuräumen.
- □ Der Film spricht als künstlerisches Medium sehr weite Kreise der Bevölkerung an, die zu anderen Kunstgattungen kaum einen Zugang finden. Die gesellschaftspolitische Bedeutung der Filmförderung besteht deshalb darin, dieses Defizit in der Teilhabe am Kulturleben abzubauen.
- □ Über die wirtschaftspolitische Bedeutung des Films geben folgende Zahlen Aufschluß: Mehr als 10% derer, die im Kernbereich Kultur beschäftigt sind, arbeiten im Bereich des Films. Bereits vor fünf Jahren waren in der Bundesrepublik Deutschland im Kernbereich der Filmbranche 32.300 Personen beschäftigt. Die Wertschöpfung im Filmbereich betrug bereits 1984 in der Bundesrepublik Deutschland 1,52 Mrd. DM.

Es ist ein Ziel der Kulturpolitik des Landes, die Kinokultur durch seine Abspielförderung nicht nur ungeschmälert zu erhalten, sondern noch auszuweiten. Ein gutes Filmangebot soll alle Bürger in vertretbarer Entfernung von ihrem Wohnort ansprechen.

Angesichts der kulturellen und wirtschaftlichen Bedeutung der Medien Film und Video wird vorgeschlagen, die Bereiche Abspielförderung und Produktions- und Vertriebsförderung zu verstärken, mit der Drehbuchförderung zu beginnen und alle diese Maßnahmen mit der Errichtung einer Filmakademie und eines Filmzentrums (vgl. Kapitel 9.7) zu verbinden.

B 1.1 **Abspielförderung**

B 1.1.1 Kontinuierliche Erweiterung:

Vergleicht man die Fördermaßnahmen des Landes mit denjenigen anderer Bundesländer, so hat Baden-Württemberg in der Abspielförderung (Förderung der Kommunalen Kinos und der gewerblichen Filmkunsttheater, Kinomobil) bislang die größten Anstrengungen unternommen. Dies ist auch überregional anerkannt; die Abspielförderung für künstlerisch wertvolle Film sollte daher fortgeführt und im Rahmen der finanziellen Möglichkeiten noch ausgeweitet werden.

B 1.1.2 Innovationsdarlehen:

Zusätzlich sollen Kinos, deren Wirtschaftsstruktur an sich gesund und deren Programmangebot einen wertvollen kulturellen Beitrag darstellt, angeregt werden, ihre Ausstattung und Einrichtung zu renovieren und den Besuchern ein modernes Filmerlebnis zu vermitteln. Dafür soll auf Antrag ein zinsloses Darlehen (bis zu 50 TDM im Einzelfall) gewährt werden, mit dem z. B. neue Vorführgeräte beschafft, die Bestuhlung und Heizung modernisiert und ein Filmrestaurant eingerichtet werden können. Das Darlehen soll max. 50% des Gesamtaufwands abdecken und in 4–5 Jahren zurückgezahlt werden.

Mit Innovationsdarlehen soll die Modernisierung von Kinosälen erleichtert werden. Bild: Modernisierter Kinosaal im Mannheimer „Capitol“; copyright: Dieter Spickert, Mannheim

B 1.2 **Produktionsförderung**

Die 1988 begonnene Produktionsförderung (vgl. A 1.2.5) für kulturell wertvolle Filme muß erweitert werden, damit (in der Verbindung von Abspiel- und Produktionsförderung) noch mehr künstlerisch wertvolle Filme in Baden-Württemberg gezeigt werden.

Da die Fördersummen besonders bei Langspielfilmen im Blick auf ihre Kosten nicht attraktiv sind, wird vorgeschlagen, die Fördersumme für einen Langspielfilm jetzt auf 100 TDM und später bis auf 250 TDM zu erhöhen.

B 1.3 **Vertriebsförderung**

Es wird vorgeschlagen, die Produktionsförderung durch eine neue Vertriebsförderung zu ergänzen:

Falls ein in Baden-Württemberg gefördeter Langspielfilm keine Verleiher findet, der Autor aber einen Verleiher nachweist, der bereit ist, den Film zu übernehmen, wenn das Land bis zu 50% der Verleihkosten (Filmkopien, Werbungs- und Reklamekosten) trägt, soll im Einzelfall ein Vertriebszuschuß bis zu 25 TDM gewährt werden.

B 1.4 **Drehbuchförderung**

Außerdem wird vorgeschlagen, in Zukunft als produktionsvorbereitende Maßnahme, zunächst in bescheidenem Umfang mit 5 TDM, später aber auf 10 TDM aufgestockt, eine Drehbuchförderung zu gewähren. Diese Förderung soll begabten Literaten einen Anreiz bieten, Drehbücher für Erstlingsfilme zu schreiben. Diese Fördermaßnahme soll für einen Autor höchstens zweimal wiederholt werden.

B 2 Amateurfilm

Da das Land erst 1989 mit der Förderung des Amateurfilms und -videos begonnen hat, muß dieser Förderbreich in Zukunft noch erweitert werden. Insbesondere sollten solche Maßnahmen unterstützt werden, die den Vereinen helfen, jugendliche Mitglieder zu gewinnen. Da sich Jugendliche mehr für eine aktive Beschäftigung mit dem Medium Video interessieren als für den Film, den Vereinen aber gerade dafür die entsprechende apparative Ausstattung fehlt, sollte mit einem – ggf. zeitlich befristeten – Investitionsförderprogramm den Vereinen geholfen werden, für den Bereich des Video die notwendigen Geräte zu beschaffen.

Vorbild für ein solches Programm könnten die Investitionszuschüsse im Bereich der Amateurtheater sein. Ähnlich wie dort sollten auch hier die Zuschüsse des Landes bis zu einem Drittel der Beschaffungskosten betragen – bei gleicher Beteiligung von kommunaler Seite und entsprechender Eigenbeteiligung seitens des Vereins. Die Erfahrungen mit dem Investitionsprogramm für Amateurtheater haben nämlich gezeigt, daß damit die Rahmenbedingungen der Vereine entscheidend verbessert wurden, was u. a. auch zu einer erheblichen Zunahme der Mitgliederzahlen geführt hat.

B 3 Medienerziehung in der Schule

B 3.1 **Schulfilm**

Die seit 1988 gewonnenen Erfahrungen zeigen, daß Festivals für Schülerfilme und workshops für Film und Video im Schulbereich in Zukunft fortgesetzt werden sollten. Film- und Video-Arbeit in der Schule bedingen einen hohen Einsatz an technischem Gerät und Material. Auch der zeitliche Aufwand einer Produktion erfordert die Anleitung durch sachkundige Lehrer. Deshalb soll für den Unterricht und die außerunterrichtliche Tätigkeit für Schulfilm und -video eine Konzeption entwickelt werden, die die Landes- und Kreisbildstellen in die Fortbildungsaufgabe einbezieht.

Die Landesakademie für Schultheater und Schulkunst (vgl. Kap. 1, B 3.1.1) soll ebenfalls in diese Arbeit einbezogen werden. Sie soll so ausgestattet werden, daß sie Schüler und Lehrer in den Bereichen Fotografie, Film und Video fortbilden kann.

B 3.2 **„Kontaktbörse Schüler und Medien"**

Die in dem Projekt „Konzepte kritischer Medienarbeit - Wege schulischer Auseinandersetzung mit Massenmedien" (vgl. A 3.2) gewonnenen Erfahrungen sollen allen Schulen verfügbar gemacht werden. Dafür sollen auch Handreichungen für die Lehrer entwickelt werden, die solche wahlfreie Angebote an den Schulen machen.

Wie in den Bereichen Schulmusik, Schulkunst oder Schultheater ist es auch für die Medienerziehung in der Zukunft wichtig, ihre Wechselwirkung mit dem Fachunterricht für die musisch-kulturelle Arbeit der Schule nutzbar zu machen. Daher wird vorgeschlagen, an einer Landesbildstelle in Form einer ständigen kleinen Geschäftsstelle eine „Kontaktbörse Schüler und Medien" zu errichten, in der ein Austausch von Informationen, Erfahrungen und Produktionen stattfinden kann. Schulen, die Kontakte zu Künstlern und Medienproduzenten, aber auch zu Schulen mit vergleichbaren Angeboten suchen, wenden sich an diese Geschäftsstelle ebenso wie die Verantwortlichen einzelner Rundfunk- und Fernsehprogramme, die bestimmte Schülerproduktionen übernehmen wollen.

B 4 Haus des Dokumentarfilms

Landesregierung und Süddeutscher Rundfunk (SDR) prüfen z. Zt. die Errichtung eines Europäischen Medienzentrums für Reportage, Feature und Dokumentarfilm. Die Initiative dazu ging vom SDR aus.

Standort soll die Stadt Stuttgart sein, weil hier durch anerkannte Pionierleistungen im Dokumentarbereich des Fernsehens - z. B. durch die Reihe „Zeichen der Zeit" - die Bezeichnung „Stuttgarter Schule" zu einem Wertbegriff für das anspruchsvolle Feature geworden ist. Dies gilt gleichermaßen in dokumentarischer wie in zeitkritischer Hinsicht.

Die Zusammenarbeit mit dem Zentrum für Kunst und Medientechnologie in Karlsruhe ist anzustreben.

Es ist daran gedacht, als Träger einen eingetragenen Verein zu gründen, dem als Mitglieder u. a. der SDR, der Südwestfunk (für die ARD), das ZDF und wissenschaftliche Institutionen des Landes angehören.

B 4.1 **Konzeption**

B 4.1.1 Zielrichtung Europa

Das Medienzentrum soll in enger Anlehnung an eine öffentlich-rechtliche Rundfunkanstalt, den SDR, konzipiert und auf die Zusammenarbeit mit Universitäten und kulturellen Institutionen des Landes ausgerichtet werden. Es soll publizistische, wissenschaftliche und archivarische Dienstleistungen für einen wesentlichen Teilbereich des Fernsehens erbringen.

Von Anfang an soll das Medienzentrum für den europäischen Raum Anregungen und Anstöße entwickeln. Es soll als Stätte der Orientierung und Begegnung geschaffen werden und Gelegenheit bieten für kritische Vergleiche und Erfahrungsaustausch unter den Dokumentarfilmern und Auftraggebern ganz Europas. Gegenstände des Stuttgarter Medienzentrums sind primär Dokumentation und Reportage im Fernsehen, doch wird es zahlreiche Berührungen mit Filmproduktionen und vielerlei Verweise auf den Film (vgl. Kap. 12, B 4.2) geben. Hier soll man sich einen Überblick verschaffen können über die vielfältigen Spielarten des Genres, für das sich im deutschen Sprachgebrauch der Terminus „Dokumentarfilm" durchgesetzt hat.

B 4.1.2 Dienstleistungsangebot

Im einzelnen soll das Medienzentrum auf einer systematischen Archivierung des einschlägigen Reportage-, Feature- und Dokumentarfilms im Fernsehen aufbauen. Dazu zählt vorrangig eine Sammlung der preisgekrönten TV-Beiträge dieses Bereichs aus allen europäischen Ländern, und zwar aus dem öffentlich-rechtlichen und dem privaten Fernsehen. Der Bestand an exemplarischen Spitzenproduktionen im Dokumentarbereich soll laufend aktualisiert und über einen praxisnahen Bezugsnachweis für Übernahme und Austausch verfügbar gemacht werden.

Besucher und Benutzer des Stuttgarter Medienzentrums können sich an Hand von Kassetten und Dokumentationen an einem einzigen Platz über wesentliche Aktivitäten im Dokumentarfilm der europäischen TV-Landschaft informieren. Anzustreben ist darüber hinaus eine regelmäßige Unterrichtung der Interessenten über die laufenden und geplanten Projekte und Produktionen des Genres in Europa.

B 4.1.3 Die wissenschaftliche Dimension

Das Medienzentrum soll interdisziplinär arbeiten und bei der wissenschaftlichen Aufarbeitung der Materie mitwirken. Mit Veranstaltungen, Seminaren und Symposien soll es einerseits Professoren und Studenten die kritische Auseinandersetzung mit dem Dokumentarfilm ermöglichen und andererseits zur praxisorientierten Fort- und Weiterbildung der in diesem Bereich tätigen Mitarbeiter beitragen.

Über den Brückenschlag zwischen Theorie und Praxis hinaus soll das Europäische Medienzentrum seine Mithilfe überall da anbieten, wo sie gewünscht und angefordert wird.

B 4.2 **Standort Stuttgart**

Ein Europäisches Medienzentrum für Reportage, Feature und Dokumentarfilm gerade in dieser Zeit zu konzipieren, ist angesichts der hochgesteckten Ambitionen des Europäischen Film- und Fernsehjahres 1988 eine logische Konsequenz, zumal es Vergleichbares bisher nicht gibt.

Für diese ambitiöse Zielsetzung bietet der Großraum Stuttgart ein fruchtbares Umfeld mit einer Rundfunkanstalt, zwei Universitäten, zahlreichen kulturellen Institutionen und zwei kirchlichen Akademien, die bereits fachbezogene Begegnungen zustandebringen.

Kapitel 5

BILDENDE KUNST

Gemälde von K. R. H. Sonderborg, Hans-Thoma-Preisträger 1989; „Tusche mit Pinsel, Rasiermesser, Spachtel auf Fabriano FA 5 Bütten"; Bild: aus dem Katalog der Preisträger-Ausstellung der Staatlichen Kunsthalle Baden-Baden in Bernau

Einleitung

Geistige und künstlerische Kreativität spricht sich aus in Worten und Ideen, in Tönen und Bewegung. Sie drückt sich seit Urzeiten auch aus in bildnerischem Tun, in der Gestaltung von Linie und Farbe, von Fläche, Form und Gestalt, von Material, Volumen und Raumbezug, kurz: in Ausdrucksmöglichkeiten, die die Hand und zuallererst das Auge ansprechen. Die bildenden Künste sind seit jeher eine der großen Domänen menschlicher Schöpferkraft. Sie sind eines der Wesensmerkmale menschlicher Existenz für den Künstler wie für den Betrachter.

Die bildenden Künste im traditionellen Sinn waren orientiert an Aufgaben von Kultus und Repräsentation, von Naturnachahmung und Dekoration. Die künstlerischen Revolutionen der Moderne haben diese Aufgaben vielfach entwertet und die Kunst zu neuen, autonomen Gestaltungsweisen aufgerufen, die herkömmlicher Ästhetik nicht mehr verpflichtet sind. Sie haben die Kunst in eine geradezu anarchische Freiheit des Erfindens und Thematisierens entlassen, bis zur Provokation und Perturbation.

Die schillernde Postmoderne unserer Zeit liebt es, die Errungenschaften von Tradition und Moderne zu zitieren und zu variieren; sie jongliert mit ihnen in den vielfältigsten Kombinationen und Konstellationen. Die Devise lautet weiterhin: Alles ist erlaubt, wenn es nur gut gemacht ist und gefällt. Es ist eine Zeit des künstlerischen Pluralismus, wo sich Notwendigkeit und Beliebigkeit, Existentialität und „Entertaintment“ kreuzen. Dieser künstlerische Pluralismus entspricht durchaus dem verbreiteten Pluralismus von Lebenshaltungen in den offenen Gesellschaften unserer gegenwärtigen kulturgeschichtlichen Epoche - wie Kunst ja eben stets auch Spiegel, Seismograph und Stimulans ihrer Zeit ist.

Dabei geht der künstlerische Pluralismus der Stile und Themen einher mit einer nicht begrenzten Ausweitung des Kunstbegriffs selbst. Der Begriff „Kunst“ folgt längst nicht mehr überlieferten Kriterien, sondern ist zu einem ganz offenen Vereinbarungsbegriff geworden. An den Randzonen dieses Kunstbegriffs definiert sich das, was darin einbezogen werden soll, im Dialog der an der Sache Interessierten. Unter „Kunst“ werden heute auch Phänomene verstanden, die es vor Jahren und Jahrzehnten nicht einmal ansatzweise gegeben hat und die, hätte man sie sich vorstellen können, damals gewiß nicht als Kunst klassifiziert worden wären. Das macht die Lage nicht überschaubarer, wohl aber interessanter. Pluralismus erschwert Orientierung, bedeutet aber auch Offenheit, Freiheit und Chance. Dies gilt für die Kunstinhalte in gleicher Weise wie für die Kunstförderung.

A. Bestand

A 1 Professioneller Bereich

Das Land Baden-Württemberg fördert Produktion und Präsentation bildender Kunst mit vielfältigen Maßnahmen. Die wichtigsten Maßnahmen werden im folgenden dargestellt. Besondere Schwerpunkte wurden darauf gelegt, zeitgenössische Künstlerinnen und Künstler zu fördern und im Ausstellungswesen die Kunst der Gegenwart zu vermitteln.

Die staatlichen Fördermaßnahmen fügen sich in sinnvoller Ergänzung in das Gesamtgeflecht kunstfördernder Aktivitäten ein. Dieses wird wesentlich von der originären kommunalen Kulturverantwortung der Städte, Gemeinden und Kreise mit ihrer besonderen Ausrichtung auf die örtlichen und regionalen Belange geprägt und vom weiten Spektrum freier gesellschaftlicher Kräfte aus der Wirtschaft, aus Vereinigungen und Vereinen und von einzelnen Persönlichkeiten bestimmt. Die Förderpolitik des Landes ist innerhalb dieses Gesamtgeflechts darum bemüht, im Sinn der Subsidiarität fruchtbare Initiativen aus dem bürgerschaftlichen und kommunalen Raum zu stärken und ihnen zum Gelingen zu verhelfen, sowie darum, Lücken zu schließen und Defizite auszugleichen.

Sorgfältig und verantwortungsbewußt wird darauf geachtet, daß es bei der staatlichen Förderung zeitgenössischer Kunst keine inhaltliche Einflußnahme gibt, also keine einseitige Bevorzugung oder Benachteiligung bestimmter thematischer oder stilistischer Kunstrichtungen, sondern daß das Kunstgeschehen insgesamt in seiner autonomen und komplexen Entwicklung und seiner pluralen Vielfalt angemessen gefördert wird. Dies erfolgt – wie in anderen Kunstbereichen – unter der doppelten Zielsetzung von Spitzen- und Breitenförderung, wobei die letztere weiten Raum einnimmt und besonders auch eine gezielte Förderung des künstlerischen Nachwuchses einschließt. Untergrenzen künstlerischer Qualität müssen freilich die Möglichkeiten der Breitenförderung abstecken. Bei allen künstlerisch und kunstwissenschaftlich wertenden Beurteilungen versichert sich der Staat des unabhängigen Sachverstands von kompetenten Beratern, Begutachtern und Gremien.

A 1.1 **Förderankäufe**

Der Ankauf von Werken zeitgenössischer Künstlerinnen und Künstler ist die wichtigste und umfangreichste Fördermaßnahme des Landes für die bildende Kunst der Gegenwart. Er nützt dem Staat und dem Künstler. Jeder Ankauf bedeutet für den Künstler eine Anerkennung seiner künstlerischen Leistung und eine finanzielle Gegenleistung für sie. Das Land vermehrt mit diesen Erwerbungen den staatlichen Kunstbesitz; die Erwerbungen dienen in ihrer Gesamtheit der Dokumentation der Kunst unserer Zeit.

A 1.1.1 Erwerbungen:

Die Förderankäufe des Landes werden vom Ministerium für Wissenschaft und Kunst und in seinem Auftrag von den Kulturreferaten der vier Regierungspräsidien vorgenommen. Auch Kunstmuseen und andere Kunsteinrichtungen ergreifen immer wieder mit Vorschlägen entsprechende Initiativen. Bei allen Ankäufen werden kunstwissenschaftlich geschulte und erfahrene Fachberater mit unabhängigem Urteil beteiligt. Qualität, Pluralität und regionale Streuung sind wesentliche Kriterien für die Ankaufsentscheidungen.

Erworben wird aus Künstlerateliers, öffentlichen Ausstellungseinrichtungen und privaten Galerien. So werden auch private Galerien unterstützt, die als Vermittler zeitgenössischer Kunst eine unentbehrliche Funktion im Kulturleben wahrnehmen.

Vorwiegend werden selbstverständlich Arbeiten von Künstlern aus Baden-Württemberg oder mit besonderem Bezug zu diesem Land erworben, gelegentlich aber auch Werke bedeutender Künstler aus dem gesamten deutschsprachigen Kulturraum, wenn diese in einer Ausstellung in Baden-Württemberg gezeigt und auf diese Weise die kulturellen Aktivitäten im Land bereichert werden.

Die angekauften Werke sind für öffentliche Kunstsammlungen und für die Ausstattung von Dienstgebäuden des Landes gedacht. Dadurch wird vielen Menschen Gelegenheit gegeben, oft auch unvermutet der Kunst unserer Zeit zu begegnen.

Im Jahr 1988 konnten das Ministerium für Wissenschaft und Kunst und die vier Regierungspräsidien für Förderankäufe fast 3 Mio. DM aus Wettmitteln einsetzen. Im Jahresdurchschnitt werden auf solche Weise nahezu 1.000 Werke aller Gestaltungsarten und Techniken von Hunderten von Künstlern angekauft. (In finanziell vergleichbarer Größenordnung fördert das Land zeitgenössische Kunst durch Aufträge der Staatlichen Hochbauverwaltung (Finanzministerium) zur „Kunst am Bau“.)

A 1.1.2 Präsentation:

Das Land informiert die Öffentlichkeit immer wieder über seine Kunstförderungsankäufe: Das Ministerium für Wissenschaft und Kunst und die Kulturreferate der Regierungspräsidien legen Rechenschaft ab durch wiederkehrende, gemeinsame Ausstellungen - jeweils in anderen Städten und Kunsteinrichtungen Baden-Württembergs - und durch begleitende Kataloge. Die letzte Ausstellung dokumentierte die Ankäufe aus den Jahren 1986–1988 und fand im Sommer 1989 in der Villa Merkel in Esslingen statt. Diese Ausstellungen und Kataloge vermitteln zugleich Einblicke in das aktuelle künstlerische Geschehen im Land.

Präsentation der Erwerbsausstellung 1986/88 im Schloß Bonndorf; copyright: MWK

A 1.2 **Ausstellungswesen**

Als Beitrag zu einer publikumswirksamen Präsentation und einer landesweiten Vermittlung bildender Kunst, besonders der zeitgenössischen Kunst, fördert die Landesregierung das Ausstellungswesen auf verschiedenen Wegen.

A 1.2.1 Ausstellungen staatlicher Institute:

Moderne und aktuelle Kunst findet vor allem in den ständigen Schausammlungen und in den Wechselausstellungen der Staatsgalerie Stuttgart (vgl. Kap. 6, A 1.1.1) ein vielbeachtetes Forum.

Auch die Staatliche Kunsthalle Karlsruhe (vgl. Kap. 6, A 1.2.1) widmet sich innerhalb ihres Sammel-und Darstellungsauftrags der modernen Kunst. Besonders hervorzuheben ist die Staatliche Kunsthalle Baden-Baden (vgl. Kap. 6, A 1.4) als reines Ausstellungsinstitut ohne eigene Bestände, das sich ebenfalls vorwiegend des aktuellen Kunstgeschehens annimmt. Diese drei Institute verfügten 1988 über einen Etat von zusammen rd. 16 Mio. DM.

A 1.2.2 „Ausstellungen im Lande“:

Der Landtag hat bereits 1960 beschlossen, daß auch außerhalb der großen Zentren der Bevölkerung Kunstwerke aus dem Besitz der staatlichen Sammlungen in Ausstellungen gezeigt werden sollen. Unter der Federführung der Staatsgalerie Stuttgart werden deshalb jährlich etwa 8 bis 10 verschiedene Wanderausstellungen angeboten, die von Gemeinden in Baden-Württemberg, welche über geeignete Räumlichkeiten verfügen, angefordert werden können.

A 1.2.3 Zuschüsse an Kunstvereine und andere gemeinnützige Veranstalter von Kunstausstellungen:

Etwa 50 Kunstvereine unterschiedlicher Größe und Ausstrahlung haben sich in allen Teilen des Landes der Pflege zeitgenössischer Kunst auf örtlicher und regionaler Ebene verschrieben. Das Ministerium für Wissenschaft und Kunst oder die Regierungspräsidien unterstützen diese Vereine und gewähren ihnen institutionelle oder projektbezogene Zuschüsse, die allerdings eine angemessene Beteiligung der jeweiligen Gemeinde voraussetzen.

Auch Künstlervereinigungen und Künstlerverbände erhalten für Ausstellungen und verwandte künstlerische Vorhaben, wie z. B. Bildhauersymposien, in vergleichbarer Weise Förderungen.

Liegt ein spezifisches Landesinteresse vor, so gewährt das Land in besonderen Fällen außerdem Zuwendungen für einmalige oder periodische Veranstaltungen in kommunaler Trägerschaft. Dagegen soll auch in Zukunft der laufende Ausstellungsbetrieb städtischer Museen und Galerien ausschließlich von den Städten und Gemeinden in eigener Verantwortung finanziert werden.

Insgesamt unterstützt das Land das Ausstellungswesen im Bereich nichtstaatlicher Einrichtungen jährlich mit etwa 1,2 Mio. DM aus Wettmitteln.

A 1.3 **Stipendien**

Die Vergabe von Stipendien an Künstler aus Baden-Württemberg ist ein weiterer wichtiger Bestandteil der staatlichen Kunstförderung; das Land wendet hierfür rund 200 TDM pro Jahr auf.

A 1.3.1 Deutsche Akademie „Villa Massimo“ in Rom mit „Casa Baldi“ in Olevano:

Die Deutsche Akademie „Villa Massimo“ in Rom wurde 1910 erbaut und dem preußischen Staat als Förderstätte für Künstler gestiftet. Sie ist heute Eigentum der Bundesrepublik Deutschland und untersteht dem Bundesministerium des Innern. Die Villa Massimo bietet in erster Linie bildenden Künstlern, aber auch Schriftstellern, Komponisten und Architekten Wohn- und Arbeitsmöglichkeiten in Rom. Die Altersgrenze liegt bei 40 Jahren.

Das Land gewährt Künstlern, die in Baden-Württemberg beheimatet sind und von einer unabhängigen Fachjury ausgewählt wurden, eine monatliche Unterstützung, sodaß sie als Studiengäste in der Villa Massimo in Rom i. d. R. ein Jahr lang leben und arbeiten können.

Auf Vorschlag des Ministeriums für Wissenschaft und Kunst können ferner bildende Künstler, Architekten, Autoren oder Komponisten, die durch besondere Leistungen hervorgetreten sind, als Ehrengäste für die Dauer von einem bis zwei Monate in die Villa Massimo eingeladen werden.

Auch für die „Casa Baldi“ in Olevano, die ebenfalls dem Bundesministerium des Innern untersteht und die von der Deutschen Akademie „Villa Massimo“ in Rom verwaltet wird, kann das Ministerium für Wissenschaft und Kunst turnusgemäß Künstler aus Baden-Württemberg für einen Studienaufenthalt vorschlagen. Die Gäste der „Casa Baldi“ erhalten ebenfalls eine laufende finanzielle Unterstützung des Landes.

Accademia Tedesca Villa Massimo, Rom; Bild: Villa Massimo, Rom

A 1.3.2 „Cité Internationale des Arts“ in Paris:

Die von einer Stiftung getragene „Cité Internationale des Arts“ hat zu Anfang der 60er Jahre im Zentrum von Paris ein Atelierhaus errichtet, das Künstlern aus aller Welt eine Begegnungs-, Wohn- und Arbeitsstätte bietet. Das Land hat dort 1961 das Belegungsrecht für ein und 1986 für zwei weitere Ateliers erworben; es kann damit jedes Jahr sechs bildende Künstlerinnen und Künstler aus Baden-Württemberg, die von einer unabhängigen Jury ausgewählt werden, zu einem halbjährigen Studienaufenthalt nach Paris einladen; damit werden zugleich die deutsch-französischen Kulturbeziehungen verstärkt. Für die Dauer ihres Aufenthaltes in Paris erhalten die Studiengäste eine finanzielle Unterstützung des Landes.

Darüber hinaus kann das Land turnusgemäß etwa alle 2 Jahre einen Maler, einen Bildhauer oder einen Musiker für die Belegung eines der Bundesrepublik Deutschland gehörenden Ateliers benennen, der die gleiche Förderung erhält wie die Gäste in den landeseigenen Ateliers.

Das Institut Français de Stuttgart veranstaltet mit fachlicher Unterstützung der Staatsgalerie Stuttgart in seinen Räumen eine fortlaufende Reihe von Ausstellungen baden-württembergischer Paris-Stipendiaten unter dem Titel „Retour de Paris“. Das Ministerium für Wissenschaft und Kunst fördert diese Ausstellungsreihe mit etwa 25 TDM pro Jahr.

A 1.3.3 Sonstige Stipendien:

Das Land gewährt Künstlern aus Baden-Württemberg auch dann ein monatliches Stidpendium, wenn sie von einer Fachjury für einen Studienaufenthalt in anderen anerkannten Fördereinrichtungen ausgewählt wurden, etwa für die Künstlerkolonie Ekely bei Oslo oder das Künstlerhaus Worpswede.

A 1.4 **Kunstpreise**

A 1.4.1 Internationaler Preis:

Die Landesregierung hat 1984 aus Anlaß der Errichtung der Neuen Staatsgalerie in Stuttgart den „Internationalen Preis des Landes Baden-Württemberg für bildende Kunst“ gestiftet und diesen mit 30 TDM dortiert. Nach dem Statut kann dieser Preis einem bildenden Künstler verliehen werden, der internationale Beachtung gefunden und mit seinem Schaffen einen wichtigen Beitrag zur Entwicklung der neueren Kunst geleistet hat. Der Preis wird alle zwei Jahre vergeben. Erster Preisträger war 1984 Cy Twombly; 1986 folgten Walter De Maria und 1988 Sigmar Polke.

Mit dem Internationalen Preis sind zwei Förderpreise zu 15 TDM verbunden. Sie können an bildende Künstler aus dem deutschsprachigen Kulturraum verliehen werden, die in der Regel das 40. Lebensjahr nicht überschritten haben, aber bereits beachtenswerte Beiträge zur Entwicklung der Kunst erwarten lassen. Mindestens einer von ihnen soll einen Schwerpunkt seiner Entwicklung oder seines Schaffens in Baden-Württemberg haben. Die Förderpreise gingen 1984 an Miram Cahn und Friedemann Hahn, 1986 an Thomas Schütte und Wolfgang Laib, 1988 an Stefan Balkenhol und Arthur Stoll.

Eine vom Minister für Wissenschaft und Kunst berufene unabhängige Jury aus sachkundigen Persönlichkeiten wählt die Künstler aus, denen der Preis und die Förderpreise verliehen werden. Die Preisträger werden jeweils zu einer Ausstellung ihrer Werke in der Staatsgalerie eingeladen.

Gemälde von Cy Twombly „School of Athens II", 1964; Bild: aus dem Katalog der Ausstellung der Staatlichen Kunsthalle Baden-Baden, 1984

A 1.4.2 Hans-Thoma-Preis:

Der Hans-Thoma-Preis wurde 1949 vom Badischen Staatspräsidenten Leo Wohleb gestiftet. Nach der Bildung des vereinten Landes Baden-Württemberg ist diesem Preis die Funktion eines Landespreises zugewachsen. Der Hans-Thoma-Preis kann nach der Satzung an bildende Künstler verliehen werden, die ein anerkanntes Lebenswerk nachweisen oder bei denen aufgrund ihrer Arbeit eine Weiterentwicklung zu hohen Leistungen zu erwarten ist, wenn sie in Baden-Württemberg geboren sind oder hier einen Schwerpunkt ihrer künstlerischen Tätigkeit haben.

Seit 1971 wird der Preis alle zwei Jahre verliehen. Er wird traditionell in Bernau im Hochschwarzwald, dem Geburtsort Hans Thomas, übergeben. Über die Zuerkennung des Preises entscheidet eine unabhängige Jury, die vom Minister für Wissenschaft und Kunst berufen wird. Die Preissumme wurde 1984 auf 20 TDM erhöht. Die Preisträger aus jüngerer Zeit waren:

1973 Hans-Martin Erhardt
1975 Walter Herzger
1977 Franz Bernhard
1979 Peter Dreher
1981 Jürgen Brodwolf
1983 Anselm Kiefer
1985 Manfred Henninger
1987 Fritz Klemm
1989 K.R.H. Sonderborg

A 1.4.3 Annemarie- und Will-Grohmann-Stipendium:

1976 hat das Land mit Mitteln, die ihm Frau Annemarie Grohmann, die Witwe des Kunsthistorikers und streitbaren Anwalts moderner Kunst Dr. Will Grohmann, hierfür testamentarisch zugewendet hatte, das „Annemarie- und Will-Grohmann-Stipendium" errichtet. Es ist mit 18 TDM dotiert.

Die Besonderheit dieses Stipendiums besteht in der Auswahl des Stipendiaten: Eine Jury fordert in einer ersten Runde mehrere Künstler auf, sich um das Stipendium zu bewerben. Die aufgeforderten Künstler sollen im Vergabejahr das 40. Lebensjahr noch nicht vollendet haben und aufgrund ihrer Arbeiten und künstlerischen Entwicklung wichtige Beiträge zur zeitgenössischen Kunst erwarten lassen. Ihr Werk wird in einer Ausstellung mit Katalog präsentiert. Aus der Ausstellung wählt dann die Jury in einer zweiten Runde den eigentlichen Stipendiaten aus.

Das Stipendium wurde bisher dreimal vergeben, und zwar 1977 an Hans-Peter Reuter, 1981 an Reinhard Mucha und 1985 an Hubert Kiecol.

A 1.4.4 Forum Junger Kunst:

Ebenso wie das Grohmann-Stipendium dient auch das „Forum Junger Kunst" der Nachwuchsförderung im Bereich der bildenden Kunst. Es ist in seiner heutigen Form 1977 aus dem früheren „Kunstpreis der Jugend" hervorgegangen. Baden-Württemberg trägt diese Einrichtung zusammen mit dem Land Schleswig-Holstein und den Städten Baden-Baden, Bochum, Düsseldorf, Mannheim, Stuttgart und Wolfsburg.

Das Forum findet alle 2 Jahre statt. Es ist mit Ausstellungen verbunden. Um die Teilnahme können sich Künstler bewerben, die nicht jünger als 18 und nicht älter als 35 Jahre sind und die deutsche Staatsangehörigkeit besitzen oder einen Wohnsitz im Bundesgebiet haben.

Der finanzielle Beitrag des Landes liegt derzeit bei 24 TDM für jedes Forum.

A 1.5 **Sonstige Fördermaßnahmen**

A 1.5.1 Künstlerhäuser:

Einer Anregung des Landtags folgend, gewährt das Land seit 1981 Zuschüsse für die Einrichtung von Künstlerhäusern. Sie sind Stätten der künstlerischen Arbeit und der Begegnung mit dem Publikum.

Bis Ende 1988 wurden auf diese Weise mit rund 2 Mio. DM 23 Institutionen im ganzen Land unterstützt. Gegenwärtig stehen 150 TDM pro Jahr für diese Maßnahme zur Verfügung. Der Zuschuß des Landes beträgt 75% der anrechnungsfähigen Kosten. Gefördert werden kann die Beschaffung von Einrichtungsgegenständen, die der künstlerischen Produktion und Präsentation dienen (wie z. B. Druckpressen und sonstige Werkstattausrüstungen sowie Hängevorrichtungen und Ausstellungseinrichtungen).

Hallen für Kunst: E-Werk Freiburg; copyright: Hartmut Schmitt, Freiburg

A 1.5.2 Katalog- und Druckkostenzuschüsse:

Das Ministerium für Wissenschaft und Kunst gewährt zur Förderung bildender Künstler aus Baden-Württemberg, die das 40. Lebensjahr vollendet haben, bei Einzelausstellungen, die von öffentlichen Ausstellungsinstituten im Land veranstaltet werden, Sonderzuschüsse für die Herausgabe eines Katalogs. Voraussetzung ist, daß die Ausstellung eine Übersicht über das Gesamtwerk des Künstlers vermittelt und der begleitende Katalog ein Werkverzeichnis, eine Biographie und eine Bibliographie des Künstlers enthält. Der Zuschuß beträgt höchstens 15 TDM und kann von jedem Künstler nur einmal in Anspruch genommen werden.

Ebenfalls auf diese Summe im Einzelfall begrenzt, gewährt das Ministerium für Wissenschaft und Kunst seit 1987 auch Zuschüsse für die Herausgabe von Katalogen zu Jubiläumsausstellungen von Kunstvereinen oder anderen öffentlichen Ausstellungsinstituten. Wesentliche Voraussetzung ist, daß Ausstellung und Katalog ihren Schwerpunkt in der Dokumentation baden-württembergischer Künstler haben. Der Kunstverein oder das Ausstellungsinstitut, die den Landeszuschuß beantragen, müssen seit mindestens 10 Jahren in Baden-Württemberg bestehen.

Daneben können Verlage unter bestimmten Voraussetzungen Druckkostenzuschüsse bis 15 TDM für die Herausgabe von Monographien baden-württembergischer Künstler erhalten.

Für diese drei Maßnahmen stellt das Land jährlich etwa 400 TDM zur Verfügung.

A 1.5.3 Kunststiftung Baden-Württemberg:

Die Kunststiftung Baden-Württemberg (vgl. Kap. 10.2) widmet sich u. a. auch der Förderung begabter, aber noch nicht bekannter Künstler in Baden-Württemberg.

A 2 Laienbereich

Die Beschäftigung mit den verschiedenen Formen der bildenden Kunst in der Freizeit erfreut sich zunehmender Beliebtheit. So nimmt beispielsweise die Nachfrage nach Kursen in Zeichnen, Malen, Werken und Gestalten bei den Volkshochschulen (vgl. Kap. 10.4) ständig zu. Das Land fördert diese Kurse wie andere Veranstaltungen auch regulär nach den Bestimmungen des Weiterbildungsgesetzes.

Die Mehrzahl derjenigen Künstler, die sich hier als Amateure aktiv betätigen, ist freilich statistisch nicht erfaßt. Sie bedürfen – anders als z. B. in der Musik und im Theater – zur Kunstausübung nicht des Zusammenschlusses mit Gleichgesinnten zu einem Ensemble, erst recht nicht in einem Verein. Sie üben ihre Kunst in den eigenen vier Wänden, im eigenen kleinen Atelier oder im Freien aus.

Hier bedarf der einzelne Künstler nicht der finanziellen Förderung; denn er ist i. d. R. nicht auf den Broterwerb durch seine Kunst angewiesen. Auch in anderen Bereichen der Laienkunst fördert das Land ja nicht den einzelnen Künstler, sondern stets ein Ensemble, einen Verein oder Verband.

A 3 Jugendbereich

Anders als die Jugendmusik, die schon kurz nach dem Krieg begann, ihre heutigen Organisationsstrukturen anzunehmen, blieben gezielte Angebote für die Jugend in anderen Kunstsparten eher sporadisch. Die Pflege entsprechender individueller Interessen und die außerschulische Talentförderung blieben bis in die 80er Jahre im wesentlichen der Einzel-(Privat)-initiative überlassen.

Daß sich im öffentlichen Bewußtsein die Notwendigkeit einer umfassenden staatlichen/kommunalen Jugendkunstförderung erst allmählich entwickelte, hat verschiedene Ursachen:

- ☐ wesentlich geringere Nachfrage von Interessenten als im Bereich der Musik,
- ☐ nur realtiv geringe Zahl einsetzbarer Lehrpersonen,
- ☐ stärker voneinander abweichende und auseinanderfallende Strukturen innerhalb der einzelnen Kunstsparten,
- ☐ Schwierigkeiten, die verschiedenen Künste ähnlich eingängig wie die Musik in der Öffentlichkeit zu präsentieren.

Trotzdem hat sich seit Beginn der 80er Jahre hier ein deutlicher Wandel im Bewußtsein vollzogen, der wesentliche Impulse für ein aktives Kulturleben bringen kann.

A 3.1 **Jugendkunstschulen**

Mit Mitteln des Landesjugendplans werden derzeit 11 Jugendkunstschulmodelle gefördert; jährlich stellt das Land für diesen Zweck ca. 550 TDM zur Verfügung.

A 3.1.1 Zielsetzungen:

Jugendkunstschulen gibt es im Land seit 1984. Sie sind wie die Musikschulen „Angebotsschulen" und bieten Kindern und Jugendlichen auf freiwilliger Basis ergänzende Möglichkeiten zur eigenen künstlerischen Betätigung an.

Die Jugendkunstschule sieht ihren Hauptzweck in der Beschäftigung mit künstlerisch-kreativen Inhalten. Sie unterscheidet sich damit auch von musisch-kulturellen Angeboten anderer Organisationen wie etwa der Jugendverbände und der offenen Jugendarbeit.

Grundsätzlich ist die Jugendkunstschule für alle künstlerischen Bereiche offen: Theaterspiel, Zeichnen und Malen, Modellieren und Töpfern, Tanz und Ballett, Literatur, Film und Fotografie, Kunstgewerbe etc. Wichtig sind dabei – gerade für Kinder – interdisziplinäre Angebote, die allen Begabungen Entfaltungsmöglichkeiten eröffnen, bevor eine Spezialisierung einsetzt.

Die Jugendkunstschule wendet sich an Kinder ab dem Vorschulalter und an Jugendliche. Sie ist auf Dauer und Kontinuität angelegt, verbunden mit einem übergreifenden pädagogischen Prinzip, aus dem ein sinnvoller und weiterführender Aufbau der Unterrichtseinheiten hervorgeht.

Die Jugendkunstschule ist eine kommunale Einrichtung bzw. arbeitet im Einvernehmen mit der jeweiligen Kommune, sie beschäftigt bevorzugt Künstler mit pädagogischer Qualifikation sowie Kunsterzieher; sie sollte mindestens 1.200 Unterrichtseinheiten jährlich anbieten.

Die Förderung der Jugendkunstschulmodelle ist zunächst bis 1990 befristet. Während dieser Zeit sollen inhaltliche und strukturelle Fragen erörtert und erprobt werden. Bei den z. Zt. geförderten Modellen gibt es folgende Trägerstrukturen:

- ☐ kommunaler Eigenbetrieb (4),
- ☐ kommunale Einrichtung in Anlehnung an eine städtische Galerie (1),
- ☐ interkommunale Trägerschaft (1),
- ☐ integrierte (Jugend-)Musik- und -kunstschule (1),
- ☐ Volkshochschulen, die für die Jugendkunstschule eine Sonderstruktur entwickelt haben (2),
- ☐ Künstlerinitiative (1) und
- ☐ Anlehnung an eine Freie Kunstschule (1).

Aufgrund der jährlichen Berichte aus den Modellstandorten wird das Ministerium für Kultus und Sport dem Ministerrat Mitte 1990 über die Ergebnisse der Modelle und eine für die Zukunft mögliche Förderstruktur berichten, der dann über das weitere Vorgehen entscheiden wird.

A 3.1.2 Gesprächskreis Jugendkunstschule:

1984 hat das Ministerium für Kultus und Sport aus Anlaß der Aufnahme der Modellförderung in Meersburg den Gesprächskreis Jugendkunstschule gebildet, der sich aus Vertretern der Modelle sowie anderer Jugendkunstschulen bzw. interessierter Kommunen und anderer Träger zusammensetzt. Seine Hauptaufgabe ist die Betreuung der Modelle und die Auswertung der dort gewonnenen Erfahrungen. Er hat heute mehr als 60 Mitglieder. Einige von ihnen betreiben bereits Jugendkunstschulen, die allerdings nicht in das Modellprogramm des Landes aufgenommen sind.

Die Träger von Jugendkunstschulen erörtern z. Zt. einen Zusammenschluß im Rahmen einer losen Arbeitsgemeinschaft, da der Gesprächskreis nach Abschluß der Modellphase nicht unbefristet weiterbestehen wird.

A 3.1.3 Baden-württembergische Jugendkunstschultage:

Etwa in jährlichem Abstand veranstaltet jeweils eine Modellkunstschule baden-württembergische Jugendkunstschultage, die finanziell aus dem Landesjugendplan gefördert werden. Nach den ersten Veranstaltungen in Freiburg (Modell Offenburg in der Betreuung der PH Freiburg) im Jahr 1987 und in Bruchsal 1989 sollen die nächsten Jugendkunstschultage 1990 in Ulm stattfinden.

Malaktion in der Jugendkunstschule; Bild: Jugendkunstschule Bruchsal

A 3.2 **Kooperationen**

Ähnlich wie die Musikschulen suchen auch die Jugendkunstschulen Kontakt zu den allgemeinbildenden Schulen, aber auch zu anderen lokalen Kulturträgern, wie Theater, Museen u. a.

A 3.3 **Jugendkünstlerische Wettbewerbe**

Eine außerschulische, vom Land geförderte Wettbewerbsstruktur, die besonders Spitzenbegabungen fördern könnte und im musikalischen Bereich weit verbreitet ist, gibt es in den anderen Kunstsparten bislang nur ansatzweise, wie etwa im Wettbewerb „Jugend schreibt".

Es schien zunächst notwendig, insbesondere im schulischen Bereich für eine wesentlich breitere Basis musisch-kultureller Betätigung zu sorgen, bevor eine nur wenigen zugutekommende Wettbewerbsspitze installiert wird.

A 3.4 **Kulturarbeit in der Jugendpflege**

Während die Jugendmusik eine frühe Verselbständigung erlebte, waren über lange Zeit die Jugendverbände und die offene Jugendarbeit die wesentlichen Träger von Jugendkultur; aus ihnen sind u. a. auch die Soziokulturellen Zentren hervorgegangen, über die in Kap. 10.5 berichtet wird.

A 3.4.1 Jugendverbände:

Zur Förderung ihrer musisch-kulturellen Arbeit erhalten die Jugendverbände aus dem Landesjugendplan jährlich ca. 400 TDM an Zuschüssen. Gefördert werden Seminare und praktische Maßnahmnen der verschiedensten Art.

A 3.4.2 Offene Jugendarbeit:

Die Jugendhäuser, von denen sich derzeit viele zu Jugendkulturzentren entwickeln, kennen von jeher Kurse in den verschiedensten künstlerischen und kunsthandwerklichen Bereichen. Sie erfahren Förderung im wesentlichen aus den kommunalen Haushalten. Sie verfolgen in ihrer Arbeit einen ganzheitlichen Ansatz und verstehen die Kunst als Medium für Bildung und Erziehung im weitesten Sinn.

A 3.4.3 Landesvereinigung Kulturelle Jugendbildung (LKJ):

Seit Beginn der 80er Jahre haben sich überwiegend die aus der Jugendarbeit kommenden Organisationen mit musisch-kultureller Zielsetzung zur „Landesvereinigung Kulturelle Jugendbildung" zusammengeschlossen. Die LKJ arbeitet ohne unmittelbare staatliche Förderung und beschränkt sich vor allem auf Informationen und die Vermittlung von Refenten, erarbeitet einzelne herausgehobene Projekte und Arbeitsmaterialien, die Beispiele geben und multiplizierbar sein sollen. Solche Projekte waren z. B.:

- ☐ die 1985 (Jahr der Jugend/Jahr der Musik) entwickelte Klangstraße, ein von Jugendlichen erarbeiteter „Kulturkilometer", ausschließlich aus selbst konzipierten und hergestellten Instrumenten geschaffen. Die Instrumente werden auch heute noch bundesweit zu Präsentationszwecken verwendet;
- ☐ „Jugend macht Funk", ein Projekt, das Jugendlichen die aktive Gestaltung von Radio-Sendungen ermöglichen soll. Es wurde in Zusammenarbeit mit dem Süddeutschen Rundfunk entwickelt und von der Jugendstiftung Baden-Württemberg gefördert.

A 3.5 **Ländlicher Raum**

Im Rahmen des neu aufgelegten Programms „Förderung der Kulturpflege" können ab 1989 einzelne herausgehobene Projekte im jugendkünstlerischen Bereich eine Landesförderung erhalten.

Dieses Förderprogramm befindet sich jetzt in der Erprobung. Es ist zunächst zu beobachten, inwieweit es zu einer Belebung der Kultur im ländlichen Raum durch kulturelle Feste, Filmfestivals, überregionale Ausstellungen, Jugendtheatertreffen etc. beitragen wird.

A 4 Schulbereich

A 4.1 **Unterrichtsfach „Bildende Kunst"**

Die bildende Kunst ist durch die schulartbezogenen Lehrpläne und Stundentafeln in den Erziehungs- und Bildungsauftrag der öffentlichen Schulen als Unterrichtsfach eingebunden. Darüber hinaus erhalten interessierte Schüler in freiwilligen Arbeitsgemeinschaften ein vielfältiges Angebot im Bereich der künstlerischen, handwerklichen und gestalterischen Tätigkeiten.

Der Unterricht wird in allen Klassenstufen in kontinuierlich aufbauender Weise erteilt. Unterrichtsgegenstände sind alle Formen der zwei- und dreidimensionalen Gestaltung, der Architektur sowie der modernen visuellen Medien. Die künstlerische Eigentätigkeit der Schüler wird ergänzt und erweitert durch die Betrachtung und Einbeziehung von Werken aus Kunst und gestalteter Umwelt.

Mit diesem Angebot erhält der Schüler eine seinen Begabungen und Interessen angemessene, ganzheitliche Erziehung. Er wird auf Möglichkeiten einer sinnvollen Freizeitgestaltung hingewiesen und erhält Einblick in Zusammenhänge des kulturellen Lebens. In vielfacher Weise eröffnen sich ihm dadurch auch Zugänge zu den entsprechenden Berufsfeldern im gestalterischen und künstlerischen Bereich.

Gestaltung eines Mosaik-Wandbildes in der Schule; Bild: MKS

A 4.2 **Aktionsprogramm „Schulkunst“**

Seit 1984 besteht das Aktionsprogramm zur Förderung der musisch-kulturellen Erziehung. Seit diesem Zeitpunkt ist „Schulkunst“ zu einem Begriff für die vielfältigen Aktivitäten im Bereich der bildenden Kunst an den Schulen außerhalb des ordentlichen Unterrichts geworden. Ziele des Programms sind nicht nur die Stärkung künstlerischen Tuns, sondern auch die Wirkung in die Öffentlichkeit hinein. Inzwischen haben - oft in Zusammenarbeit mehrerer Schulen oder im Zusammenwirken mit den Gemeinden und außerschulischen Institutionen - rund 1.500 Schulen Bilder, Plastiken oder Architekturmodelle in vielbeachteten Präsentationen ausgestellt. Ein erster Höhepunkt dieser Veranstaltungen war im Jahr 1986 eine große Landesausstellung in Stuttgart mit über 2.000 Exponaten. Sie vermittelte den 20.000 Besuchern, die aus dem ganzen Land anreisten, lebendige Eindrücke und gab den Lehrern unter ihnen vielfache Anregungen.

Auch die laufenden Projekte und Aktionen, die einzelnen inhaltlichen Themen oder künstlerischen Techniken gewidmet sind, werden meist in Zusammenarbeit mehrerer Klassenstufen, in Kooperation mit Vereinen oder öffentlichen und privaten Institutionen verwirklicht. Auch freischaffende Künstler werden einbezogen und aus den Mitteln des Programms „Kunst-Geschichte-Schule“ honoriert. Aus den Ergebnissen der Projekte werden zur Zeit im Lande Wanderausstellungen zum Thema „Schüler machen Kalender“ und „Druckgraphik“ gezeigt.

A 4.3 **Lehrerfortbildung**

Die Ausbildung der Lehrer an den Kunstakademien und Pädagogischen Hochschulen schafft die Voraussetzung für einen fachgerecht erteilten Unterricht. Neue oder verstärkt in die Lehrpläne aufgenommene Arbeitsbereiche, wie z. B. Architektur und Design, aber auch der Umgang mit den neuen Medien und künstlerischen Techniken erfordern vom Lehrer darüber hinaus eine ständige Weiterbildung und Einarbeitung unter sachkundiger Anleitung.

Neben den Fortbildungslehrgängen an den Staatlichen Akademien werden deshalb im Zusammenhang mit dem Schulkunstprogramm auch eintägige Veranstaltungen für Lehrer aller Schularten in regionalen Zentren durchgeführt.

In Zusammenarbeit mit dem Landesinstitut für Erziehung und Unterricht veranstalten die Oberschulämter und Staatlichen Schulämter regionale und landesweite Veranstaltungen und Ausstellungen. Die Kosten für Organisation und Betreuung werden aus den Mitteln des Förderprogramms mit derzeit 130 TDM pro Jahr getragen. Für Fortbildungsmaßnahmen im regionalen, schulartübergreifenden Bereich stehen jährlich 30 TDM aus dem Prioritäten-Erlaß zur Verfügung.

Für die Durchführung der Schulkunstveranstaltungen und die Fortbildung sorgen Betreuer und Multiplikatoren zusammen mit der „Koordinierungsgruppe Kunst“ beim Ministerium für Kultus und Sport.

Begleitend zu den Fortbildungsmaßnahmen erscheinen in fortlaufender Reihe Publikationen, die Materialien zur Unterrichtsgestaltung und praktischen Arbeit anbieten.

B. Perspektiven

B 1 Professioneller Bereich

Die dargestellten vielfältigen Fördermaßnahmen des Landes für die bildende Kunst sind wirkungsvoll und haben sich bewährt. Sie werden in der Künstlerschaft und der Kunstöffentlichkeit anerkannt und gelten auch weit über Baden-Württemberg hinaus als vorbildlich. Dennoch sollte die Förderung der bildenden Kunst in Baden-Württemberg durch neue Impulse im internationalen Bezugsfeld (vgl. Kap. 12, B 3.4) und durch Aktivitäten verstärkt werden, die weitere Teile der Bevölkerung motivieren, die Kunstmuseen zu besuchen.

Modellversuch „Kunstabonnement für Arbeitnehmer"

Bisher hat das Land prinzipiell nur Vorhaben der Kunstproduktion (einschließlich der Präsentation) bezuschußt, aber nicht Projekte der Kunstrezeption. Die Kulturgemeinschaft des Deutschen Gewerkschaftsbundes Stuttgart e.V. hat jetzt aber ein Projekt vorgeschlagen, das eine Verbindung zum Bereich der Erwachsenenbildung herstellt. Es verfolgt ein kultur- und sozialpolitisch sinnvolles und wünschenswertes Anliegen und erscheint als zeitlich und finanziell begrenzter Modellversuch unterstützenswert.

Ausgehend von der Erkenntnis, daß Kunstmuseen und Kunstausstellungen überwiegend noch immer ein Publikum haben, dessen Bildungsniveau erheblich über dem statistischen Durchschnitt liegt, beabsichtigt die Kulturgemeinschaft des DGB in dem auf 3 Jahre angelegten Modellversuch „Kunstabonnement für Arbeitnehmer", zielgruppenorientiert eine neue Besuchergemeinschaft für Kunstmuseen aufzubauen. Auf diese Weise soll bei den im Besucherspektrum von Ausstellungen und Museen bisher unterrepräsentierten Bevölkerungsschichten Interesse und Verständnis für bildende Kunst, vor allem auch für moderne Kunst, geweckt und gefördert werden. Ein gewisses Vorbild dafür sind die langjährig bewährten Theater- und Konzertabonnements der Kulturgemeinschaft des DGB.

In mehreren Arbeitsschritten sollen Kunstbesucherkeise mit repräsentativ ausgewählten Mitgliedern der Kulturgemeinschaft des DGB, mit Angehörigen der öffentlichen Verwaltung und Mitarbeitern eines Großbetriebs gebildet und von Experten betreut werden. Bestandteil des Modellversuchs soll ferner der Aufbau eines entsprechenden didaktischen Kunstservices für Vereine, Verbände und sonstige Institutionen sein, um die Basis für das Kunstabonnement zu verbreitern.

Die Kosten sollen je zur Hälfte vom Land Baden-Württemberg und vom Bundesministerium für Bildung und Wissenschaft aufgebracht werden. Nach der Aufbau-und Erprobungsphase soll sich das Projekt finanziell selbst tragen.

Der Ausschuß für Wissenschaft und Kunst des Landtags hat sich für eine finanzielle Beteiligung des Landes ausgesprochen. Das Ministerium für Wissenschaft und Kunst steht dem Projekt aufgeschlossen gegenüber und wird es im genannten Umfang fördern, sofern auch von Bundesseite die finanzielle Mitwirkung zugesichert wird.

B 2 Laienbereich

Zwar brauchen im Laienbereich einzelne Künstler grundsätzlich nicht gefördert zu werden, aber - wie in anderen Kunstsparten - sollten auch in der bildenden Kunst die Möglichkeiten des Erfahrungsaustauschs, der gemeinsamen künstlerischen Arbeit und der teilweise auch spartenübergreifenden Kooperation mit einzelnen Einrichtungen finanziell unterstützt werden.

So haben sich etwa in zahlreichen Orten Laien-Künstler zu Vereinigungen zusammengeschlossen, um den Erfahrungsaustausch zu pflegen oder gemeinsam Ausstellungen zu organisieren. Solche Vereinigungen konnten für bestimmte Projekte vom Ministerium für Kultus und Sport erstmals 1989 eine Förderung erhalten, Zuschüsse zu den Organisationskosten von Ausstellungen, zur Herausgabe von Katalogen oder zur Durchführung von Fachtagungen mit Fortbildungscharakter. Hierfür sind zunächst einmal 50 TDM aus Haushaltsmitteln verfügbar.

Denkbar sind aber auch Gemeinschaftsprojekte mit anderen Kunstsparten, etwa Theater oder Film. Auch Kooperationen mit Jugendkunstschulen könnten ins Auge gefaßt werden.

Nach der Sammlung von ersten Erfahrungen wird zu entscheiden sein, wie die Landesförderung inhaltlich ausgestaltet und finanziell ausgestattet werden soll.

B 3 Jugendbereich

Für eine abschließende Aussage über das zukünftige Engagement des Landes ist es derzeit noch zu früh; allerdings können bereits gewisse Trends aufgezeigt werden.

B 3.1 **Förderstruktur**

Der Modellverlauf hat bereits gezeigt, daß eine konsequente Jugendkunstpolitik um eine Gleichbehandlung der Künste bemüht sein muß. Da es zwischen der Förderung der Jugendkunstschulen, der Volkshochschulen und der Musikschulen Berührungspunkte gibt, wird eine Förderstruktur zu entwerfen sein, die so flexibel ist, daß sie keinen Jugendkunstschul-Typ förderungstechnisch benachteiligt.

Eine Jugendkunstschule wird langfristig nur erfolgreich arbeiten können, wenn sie interdisziplinär (wobei die Musik durchaus gesondert in der Musikschule bleiben kann) arbeitet und längerfristig, also nicht auf ein halbjährliches Kurssystem ausgerichtet ist. Es müssen Formen gefunden werden, die der Jugendkunstschule eine regelmäßige Präsenz im öffentlichen Leben der Kommune sicherstellen.

Unabhängig von der Entwicklung der einzelnen Jugendkunstschulmodelle ist abzusehen, daß die Idee der Jugendkunstschule gezündet hat, nachdem neben den 11 geförderten Modellschulen bereits eine ganze Reihe weiterer Jugendkunstschulen besteht. Um hier eine kontinuierliche Weiterentwicklung zu gewährleisten, erscheint es erforderlich, nach dem Auslaufen der Modellphase ein Regelförderprogramm aufzulegen, das sich in seinen wirtschaftlichen Auswirkungen für die einzelne Jugendkunstschule in etwa im Rahmen der vergleichbaren Musikschulförderung bzw. der Volkshochschulförderung halten sollte; zu flankieren wäre dieses Förderprogramm mit einer Fördergarantie dem Grunde und der Höhe nach, die ggf. auch überproportionale Wachstumsraten auffangen kann. Dies entspräche der Regelung im Musikschulwesen.

B 3.2 **Arbeitsgemeinschaft Jugendkunstschule**

Mit der Schaffung von Jugendkunstschulen befassen sich nicht nur bildende Künstler und deren Organisationen, sondern auch Musikschulen (sog. integrierte Jugendkunstschule) und Volkshochschulen, die ihr Angebot für Kinder und Jugendliche abrunden wollen. Ohne einem bestimmten Trägermodell Präferenz geben zu wollen, erscheint es erforderlich, einen losen Zusammenschluß aller interessierten Kräfte zu schaffen, der die spezifischen jugendkünstlerischen Belange vertritt und alle in A 3.1.1 genannten (und ggf. auch weitere) Richtungen aufnehmen kann.

Hierfür wird auf längere Sicht die Finanzierung einer Geschäftsstelle erforderlich, wobei sich - nach einer Bewährungszeit von ca. 2 Jahren - eine Finanzierung durch Land und Kommunen anbietet.

Drei Kindermasken - aus der Theaterarbeit der Jugendkunstschule Bruchsal; Bild: Jugendkunstschule Bruchsal

B 3.3 **Baden-württembergische Jugendkunstschultage**

Die Kongresse sind fortzusetzen, sie haben sich bewährt und sind eine unverzichtbare Plattform zum Informationsaustausch, zur Fortbildung und zur Präsentation.

B 3.4 **Jugendkünstlerische Wettbewerbe**

Eine sich abzeichnende Wettbewerbsstruktur zur schlüssigeren Spitzenförderung sollte schrittweise aufgebaut werden. Hierzu böten sich nach

- ☐ „Jugend schreibt"

folgende Initiativen an, die alle 3 Jahre wiederholt werden sollten:

- ☐ „Jugend malt" (Zeichnen, Malen etc.),
- ☐ „Jugend gestaltet" (Modellieren, Töpfern, Bildhauern etc.),
- ☐ Jugendtheaterpreis,
- ☐ Jugendphotopreis,
- ☐ Jugendvideopreis/Jugendfilmpreis,
- ☐ „Jugend tanzt" und
- ☐ „Jugend und Kunstgewerbe".

B 3.5 **Kulturarbeit in der Jugendpflege**

B 3.5.1 Jugendverbände:

Die Beschäftigung weitester gesellschaftlicher Gruppen mit künstlerischen Inhalten ist auf längere Sicht eine unverzichtbare Basis für ein lebendiges kulturelles Leben. Deshalb sollte die staatliche Förderung den bestehenden Trend zu mehr musisch-kulturellen Angeboten in der Arbeit der Jugendverbände auffangen.

B 3.5.2 Offene Jugendarbeit:

Hier werden über die bestehenden Förderprogramme des Landesjugendplans hinaus dem Land keine Förderaufgaben erwachsen. Die Kommunen sollten angeregt werden, die Tendenzen zu mehr Kulturarbeit in der offenen Jugendarbeit konsequent zu unterstützen.

B 4 Schulbereich

B 4.1 **Fortbildung**

Die Staatlichen Akademien für Lehrerfortbildung können den bestehenden Bedarf an Lehrerfortbildung in der bildenden Kunst (vgl. A 4.3) z. Zt. nicht sachgerecht befriedigen. Die notwendigen Lehrgangskapazitäten reichen nämlich nicht aus, und es fehlen auch die geeigneten Fachräume. Zwar werden auf regionaler Ebene eintägige Veranstaltungen zur Fortbildung angeboten; diese werden aber oft mehrfach überbelegt und leiden hinsichtlich ihrer Qualität unter den einschränkenden Verhältnissen der Schulen, in denen sie durchgeführt werden. Diese Veranstaltungen lassen ein vertiefendes Arbeiten und den notwendigen Erfahrungsaustausch nicht zu. Für größere Projekte in Kooperation z. B. mit dem Schultheater und der Schulmusik bestehen z. Zt. überhaupt keine geeigneten räumlichen und ausstattungsmäßigen Voraussetzungen.

Daher wird vorgeschlagen, daß die Landesakademie, die für den Bereich des Schultheaters (vgl. Kap. 1, B 3.1.1) errichtet werden soll, auch solche Räume erhält, die für Fortbildungsmaßnahmen im Bereich der Schulkunst geeignet sind, sodaß die Akademie von beiden Bereichen gemeinsam genutzt und auch für Kooperationsprojekte verwendet werden kann. Viele Räume und Installationen werden für beide Bereiche in gleicher Weise benötigt. Die Fachräume müssen sowohl für praktische Arbeiten in allen Disziplinen der Gestaltung als auch für theoretische Kurse eingerichtet sein. Für die Durchführung mehrtägiger Kurse für Lehrer- und Schülergruppen sind die notwendigen Unterbringungs- und Verpflegungseinrichtungen vorzusehen.

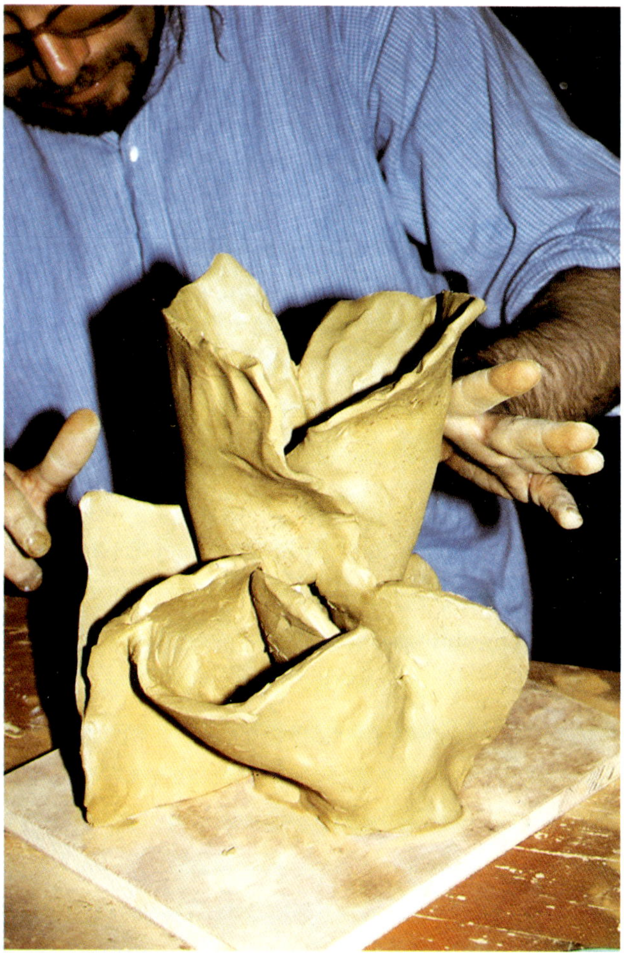

Ein Lehrer lernt das Modellieren; Bild: MKS

B 4.2 **Dokumentation, Archiv**

Die bisher vorliegenden Ergebnisse der Schulkunst machen eine angemessene Dokumentation und Archivierung notwendig. Nur so ist eine für die Fortbildung und die Zusammenarbeit in übergreifenden Bereichen (Medien, neue Technologien, fächer- und schulartübergreifender Unterricht) unerläßliche Bearbeitung und Nutzung des Materials möglich. Auch Museen und Hochschulen bieten eine Fülle von Schülerarbeitsmaterialien aus dem kunstpädagogischen Bereich an, das zusammengestellt und an einem zentralen Ort zugänglich gemacht werden sollte.

In Zusammenhang mit der zuvor genannten Akademie sollte daher ein „Landesmuseum für Schulkunst" errichtet werden. Diesem Museum könnten folgende Aufgaben zuwachsen:

- ☐ beispielhafte Ergebnisse des Kunstunterrichts der Öffentlichkeit fortlaufend zu zeigen und ihre Bedeutung für die „Kulturlandschaft Baden-Württemberg" sichtbar zu machen (Ausstellung),
- ☐ Wechselausstellungen und Wanderausstellungen zu den Inhalten der Lehrpläne zu veranstalten und damit Anregungen für die Erziehung zum bildnerischen Denken und bildhaften Gestalten zu geben (pädagogisch-didaktisches Zentrum),
- ☐ Schüler- und Lehrergruppen zu Tagungen über inhaltliche Fragen des Kunstunterrichts und der Arbeitsgemeinschaften im Bereich der bildenden Kunst einzuladen (Begegnungsstätte),
- ☐ Lehrer zu Veranstaltungen mit professionellen bildenden Künstlern zu Themen des Kunstunterrichts einzuladen (Forum) und
- ☐ den Erfahrungsaustausch zwischen den Bundesländern und im internationalen Bereich anzuregen und zu vermitteln (internationale Kontaktstelle).

Bei entsprechender personeller und sächlicher Ausstattung könnten in diesem Museum auch begleitende wissenschaftliche Studien durchgeführt werden.

Mit dem Aufbau einer Sammlung originaler Schülerarbeiten und eines Photo-Archivs über die Ergebnisse der künstlerischen Arbeit in den Schulen sollte baldmöglichst begonnen werden.

Für die erste „Sammlungs- und Planungsphase" sollten in der Landesakademie 2–3 größere Dokumentations- und Archivierungsräume bereitgestellt werden. Später müßte die eigentliche „Museumsphase" beginnen, und zwar mit dem Einzug in geeignete Museums- und Tagungsräume, dem Aufbau der Schausammlungen, der Werkstätten und einer Bibliothek. Die bisher vom Landesinstitut für Erziehung und Unterricht wahrgenommenen Aufgaben zur Erstellung von Unterrichtsmaterial könnten hier eine wesentliche Ergänzung erfahren.

B 4.3 **Ausstattung**

Um die Ergebnisse des Kunstunterrichts angemessen und wirkungsvoll präsentieren zu können, muß die sächliche Ausstattung der Schulen und der regionalen Zentren für Schulkunstveranstaltungen verbessert werden. Häufig fehlen für größere Veranstaltungen die notwendigen Ausstellungssysteme.

Durch Schaffung regionaler „Pools" sollen diese Möglichkeiten erweitert werden. Die Schulen werden so in einem Bereich unterstützt, den sie aus eigenen Mitteln oftmals nicht finanzieren können.

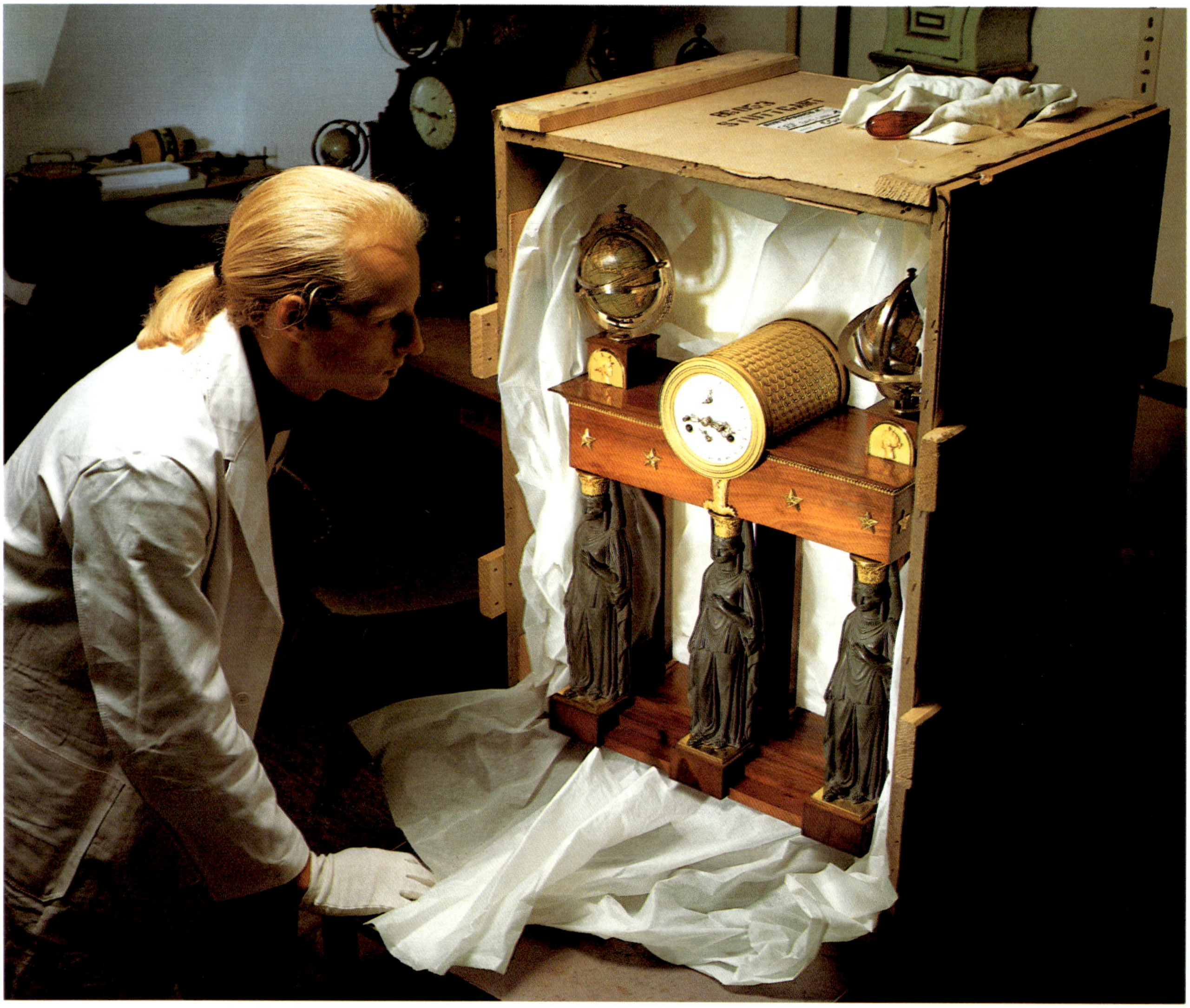

Im Württembergischen Landesmuseum wird ausgepackt: Astronomische Tischuhr (Doppel-Globus-Uhr) von Ph. M. Hahn, Echterdingen (um 1785); Foto: Dollinger & Partner, Leonberg; copyright: Landesgirokasse Stuttgart

Kapitel 6

MUSEEN

Einleitung

Baden-Württemberg ist mit nahezu 900 Museen das museumsreichste Land der Bundesrepublik Deutschland. Das hat eine Erhebung des Ministeriums für Wissenschaft und Kunst ergeben, die 1986 als „Museumskonzeption“ im Band 49 der Schriftenreihe „Bildung in neuer Sicht“ der Öffentlichkeit vorgelegt worden ist.

Aus der Sicht des Landes bildet das Museumswesen eine Einheit. Diese umfaßt die großen staatlichen Institute mit europäischem Rang, bedeutende kommunale Kunstsammlungen, wichtige Spezialmuseen und regionale bäuerliche Freilichtmuseen bis hin zu einer großen Fülle von ehrenamtlich betreuten Museen, vor allem den Heimatmuseen.

In der reich bestückten Museumslandschaft spiegeln sich die historisch gewachsene Vielfalt des Landes und sein kultureller Reichtum ebenso wie das Geschichtsbewußtsein vieler Menschen aus Baden-Württemberg wider.

Es ist das Ziel der Museumspolitik des Landes, diese Vielfalt der Museen mittel- und langfristig zu einem strukturellen Verbund weiterzuentwickeln, in dem die einzelnen Mitglieder untereinander kooperieren. Das kleine Heimatmuseum und das große Landesmuseum haben dabei unterschiedliche Ansätze, aber beide für ihren Bereich die gleiche Aufgabe, nämlich die Vergangenheit für unsere Gegenwart und Zukunft zu dokumentieren. Hierin sollen sie von der öffentlichen Hand auch in Zukunft unterstützt werden. Auf Stiftungen, Dauerleihgaben und Bestände aus privater Hand sollen sie auch in Zukunft nicht verzichten müssen.

Baden-Württemberg wird seiner kulturstaatlichen Verantwortung für das Museumswesen nicht nur durch die Unterhaltung und Fortentwicklung der großen staatlichen Museen gerecht, vielmehr übernimmt das Land, soweit es in seinen Kräften steht, auch Mitverantwortung für die nichtstaatlichen Museen. Sie werden von der Landesstelle für Museumsbetreuung in Tübingen, einer Zweigstelle des Württembergischen Landesmuseums in Stuttgart, beraten, beim Aufbau ihrer Sammlungen unterstützt und bei der Ausstattung ihrer Präsentationsräume gefördert.

Die Attraktivität der Museen hat auch in Baden-Württemberg in den letzten Jahren kontinuierlich zugenommen. Dies ist nicht zuletzt darauf zurückzuführen, daß die Museen heute mit ihrem vierfachen Auftrag auf wachsendes Interesse in breiten Kreisen der Bevölkerung stoßen:

„1. Die Museen sammeln systematisch alle Dokumente und Gegenstände ihres Sammlungsgebiets, von denen man annehmen darf, daß wir und die folgenden Generationen daran Geschichte ablesen können.

2. Die Museen bewahren und sichern die gesammelten Dokumente und Gegenstände, restaurieren und konservieren sie und erfassen sie inventarisch.

3. Die Museen erforschen und erschließen Herkunft und Bedeutung der gesammelten Gegenstände, um auf diese Weise historische Vorgänge kennen und bewerten zu lernen. Die Forschungsergebnisse werden in geeigneter Form dokumentiert und veröffentlicht.

4. Die Museen vermitteln die so gesammelten und wissenschaftlich bearbeiteten Dokumente und Gegenstände in öffentlichen Schausammlungen und stellen sie in didaktisch ansprechender Form in den historischen Zusammenhang.“

(Aus: Werner Heinrichs, „Kommunale Kulturarbeit im ländlichen Raum - Ein Handbuch für die Praxis“, Verlag Bonn Aktuell, Stuttgart 1988, S. 92f.)

Tilman Riemenschneider, Hängefigur der Maria mit Kind (um 1510–1520), Lindenholz; erworben aus Lotto-Toto-Mitteln 1984 für das Badische Landesmuseum; Bild: Badisches Landesmuseum

A. **Bestand**

Das Museumswesen des Landes ist strukturell gegliedert in:

- ☐ staatliche Museen und
- ☐ nichtstaatliche Museen.

Nach dieser Gliederung stellt sich auch die Förderung der Museen unterschiedlich dar.

A 1 Staatliche Museen

Das Land unterhält in Stuttgart, Karlsruhe und Mannheim insgesamt acht staatliche Museen, die teilweise auch über Zweigmuseen und Außenstellen verfügen. Daneben besteht als reines Ausstellungsinstitut in Baden-Baden die Staatliche Kunsthalle, die jedoch keine eigenen Bestände besitzt.

Für die Museen ist die Bereitstellung angemessener Ankaufsmittel von besonderer Wichtigkeit, um das Niveau ihrer Sammlungen zu festigen und die Bestände auch in Zukunft auszubauen. Bei der rasanten Entwicklung der Preise auf dem Kunstmarkt sind hier besondere Anstrengungen erforderlich.

Dies gilt besonders für die fünf staatlichen Museen in Stuttgart und Karlsruhe. Sie haben ihre Sammlungen mit Hilfe des aus Toto-Lotto-Erträgnissen gespeisten „Zentralfonds für die Anschaffung von Spitzenwerken für die staatlichen Kunstsammlungen“ in 30 Jahren zu überregionalem, in wichtigen Sammlungsbereichen internationalem Rang ausgebaut.

1989 hat die Landesregierung mit der Errichtung der öffentlich-rechtlichen „Museumsstiftung Baden-Württemberg“ ein zusätzliches Finanzierungsinstrument neben dem Zentralfonds geschaffen, damit in bestimmten Einzelfällen herausragende Meisterwerke der Weltkunst für die staatlichen Sammlungen erworben und von der Abwanderung ins Ausland bewahrt werden können. Diese Stiftung wird vor allem aus Zuwendungen der Spielbankgesellschaften Baden-Baden und Konstanz gespeist.

Nô-Gewand im Kimono-Schnitt, Seidenbrokat mit Schachbrettmuster, teilweise mit Ikat-Webung und flottierend gewebten bzw. aufgestickten Medaillons und Blütenmotiven, Japan (Ende 17./Anfang 18. Jh.), erworben aus Mitteln des Zentralfonds 1987 für das Linden-Museum Stuttgart; Bild: Linden-Museum Stuttgart

A 1.1 **Staatliche Museen in Stuttgart**

Vier der acht staatlichen Museen sind in der Landeshauptstadt gelegen, nämlich die Staatsgalerie, das Württembergische Landesmuseum, das Linden-Museum (Staatliches Museum für Völkerkunde) und das Staatliche Museum für Naturkunde. Jede dieser vier Einrichtungen bildet in der Landeshauptstadt ein kulturelles Zentrum besonderer Art. Mit ihrer zentralen Lage ziehen diese vier Museen Besucher aus allen Teilen des Landes an. Durch vielfältige Kooperation mit privaten und kommunalen musealen Einrichtungen in allen Landesteilen, durch intensive Öffentlichkeitsarbeit und Werbung machen sie die Bewohner aller Regionen des Landes auf ihre Ausstellungen aufmerksam.

A 1.1.1 Staatsgalerie Stuttgart:

Die Staatsgalerie Stuttgart ist ein Kunstmuseum von internationalem Rang und stellt unter den baden-württembergischen Museen so etwas wie ein „Flaggschiff" dar. Ihre außerordentliche Attraktivität ist auf drei Faktoren zurückzuführen: hervorragende Sammlungen (vgl. Kap. 11, A 4.1), besonders des 20. Jahrhunderts, anspruchsvolle Sonderausstellungen und eine markante Architektur.

Der spektakuläre Erweiterungsbau der Neuen Staatsgalerie von James Stirling, 1984 eröffnet, hat dem Haus im ersten Jahr 1,6 Millionen Besucher und damit den Spitzenplatz unter allen deutschen Kunstmuseen gebracht; in den fünf Jahren seit der Eröffnung wurden mehr als 5 Millionen Besucher gezählt.

Die Qualität der Sammlungsbestände konnte in den vergangenen Jahrzehnten - wie auch bei den anderen staatlichen Kunstsammlungen - dank Erwerbungsmitteln aus Toto-, Lotto- und Spielbankerträgen entscheidend verbessert und bereichert werden. Für die Staatsgalerie als führendes Haus moderner und zeitgenössischer Kunst ist die weitere Sicherung angemessener Ankaufsmittel besonders wichtig.

Neben den herausragenden Sammlungsschwerpunkten der Kunst der Klassischen Moderne, der neueren Moderne und der Gegenwart verfügt die Staatsgalerie auch über bedeutende Bestände an altdeutscher, vor allem altschwäbischer Malerei, italienischer Malerei des Barock, französischer Malerei des 19. Jahrhunderts und Werke des schwäbischen Klassizismus. Einen wichtigen Platz nimmt auch die Graphische Sammlung mit ihren weit über 300.000 Blättern ein; besonders akzentuiert wird neuerdings ihr Sammlungsbereich „Künstlerische Fotografie".

Terrasse der Stuttgarter Staatsgalerie; Architekten James Sterling, Michael Wilfort and Accociates; copyright: Staatsgalerie Stuttgart

A 1.1.2 Württembergisches Landesmuseum:

Das Württembergische Landesmuseum ist heute mit seinen zahlreichen Filialen - zuletzt wurde im Juni 1989 das Museum für Volkskultur im Schloß Waldenbuch eröffnet - der größte Organismus im staatlichen Museumsbereich. Seine wesentliche Aufgabe besteht darin, anhand musealer Objekte die Geschichte, insbesondere die Kulturgeschichte des Gebietes des ehemaligen Königreichs Württemberg, von den vor- und frühgeschichtlichen Anfängen bis zur Gegenwart zu dokumentieren und in einen europäischen Zusammenhang zu stellen.

Durch seine Filialen, in denen besondere geschichtliche Schwerpunkte jeweils an Ort und Stelle präsentiert werden, ist dieses Museum institutionell nicht nur in Stuttgart, sondern in einer großen Zahl von Städten und Gemeinden verankert. Diese Filialen sind nicht nur mit Sammlungen des Württembergischen Landesmuseums bestückt, sondern werden teilweise auch durch städtische und private Sammlungen ergänzt. Dieser Umstand und die Tatsache, daß Betrieb und Personal teilweise von den Städten und Gemeinden finanziert werden, beweisen die gute Zusammenarbeit des Museums mit seinen Sitzorten. Zu den Filialen des Museums zählen Zweigmuseen, die als Spezialmuseen in verschiedener Trägerschaft angesehen werden müssen, und Außenstellen, die zum Kernbereich des Württembergischen Landesmuseums gehören. Zweigmuseen in staatlicher Trägerschaft sind die „Mittelalterliche Sakralkunst" im Kloster Bebenhausen, das Schloßmuseum in Weikersheim und das Museum „Waffen, Möbel, Musikinstrumente" in Schloß Urach. In jeweiliger kommunaler Trägerschaft stehen das Limes-Museum in Aalen, das Federsee-Museum in Bad Buchau, das Museum für Kutschen, Chaisen, Karren im Schloß Hellenstein in Heidenheim, das Deutsche Spielkartenmuseum in Leinfelden-Echterdingen und der Römische Weinkeller in Oberrixingen. Außenstellen des Württembergischen Landesmuseums sind die „Höfische Kunst des Barock" im Schloß Ludwigsburg und das Museum für Volkskultur in Württemberg in Schloß Waldenbuch.

Eine Schwerpunktaufgabe der Landesmuseen ist die Darstellung der Landesgeschichte. Graf Eberhart im Bart; Bild: Württembergisches Landesmuseum Stuttgart

A 1.1.3 Linden-Museum in Stuttgart:

Das Linden-Museum in Stuttgart, ein in ganz Europa bekanntes staatliches Museum für Völkerkunde, war von 1978 bis 1985 wegen einer grundlegenden Sanierung geschlossen. Als das Gebäude 1985 dem Publikum wieder zugänglich gemacht wurde, war dies ein weit über die Landesgrenzen hinaus beachtetes kulturelles Ereignis. Das Museum hat die Aufgabe, die außereuropäischen Kulturen darzustellen. Es kommt dieser Aufgabe nicht nur durch eine ansprechende Gestaltung seiner Schausammlungen, sondern auch durch ein ständiges, reichhaltiges Programm an Begleitveranstaltungen und durch eine Reihe attraktiver Sonderausstellungen nach.

Die hervorragenden Sammlungen des Linden-Museums sind in sechs Abteilungen gegliedert: Afrika (Schwarzafrika), Islamischer Orient, Indischer Kulturraum, Ostasien, Ozeanien (mit Australien) und Amerika.

A 1.1.4 Staatliches Museum für Naturkunde in Stuttgart:

Das Staatliche Museum für Naturkunde in Stuttgart besitzt heute eine der bedeutendsten naturwissenschaftlichen Sammlungen Europas und ist eine Forschungseinrichtung von internationalem Rang.

Der großzügige Museumsneubau am Löwentor, der im Winter 1987 eröffnet wurde, hat die früher in Ludwigsburg verwahrten Sammlungsteile sachgemäß aufgenommen, enthält funktionstüchtige Werkstätten und präsentiert vor allem die Ausstellung der berühmten Fossilienfunde aus Baden-Württemberg.

Die zoologischen und botanischen Sammlungen sind im Schloß Rosenstein untergebracht. Die dortige Schausammlung ist allerdings seit Jahrzehnten nicht mehr verändert worden.

Das Staatliche Museum für Naturkunde in Stuttgart und die Landessammlungen für Naturkunde in Karlsruhe (vgl. A 1.2.3) bereiten einen Bericht über die Forschung der Staatlichen Naturkundemuseen in Baden-Württemberg vor, in dem sie die Öffentlichkeit über die Stärken, aber auch über die Defizite der naturkundlichen Forschungen in diesen Museen unterrichten werden.

Staatliches Museum für Naturkunde in Stuttgart, Museum am Löwentor: Gruppe von Dinosauriern aus der Obertrias (Keuper) von Trossingen; Bild: Hanns E. Haehl; copyright: Staatl. Museum für Naturkunde Stuttgart

A 1.2 **Staatliche Museen in Karlsruhe**

In der ehemaligen badischen Residenz Karlsruhe sind drei staatliche Museen angesiedelt, die auf eine große Tradition zurückblicken und hochrangige kulturelle Zentren darstellen:

A 1.2.1 Staatliche Kunsthalle Karlsruhe:

Die Staatliche Kunsthalle Karlsruhe zählt zu den traditionsreichen deutschen Kunstmuseen. Schwerpunkte ihrer ausgezeichneten Sammlungen sind die deutsche Malerei von der Gotik bis zur Gegenwart, niederländische Malerei der Renaissance und des Barock, französische Malerei vom Barock bis zum 19./20. Jh. sowie deutsche und französische Skulpturen vom Klassizismus bis zur Gegenwart. Ihr sog. Kupferstichkabinett verfügt über bedeutende Bestände an Zeichnungen und Druckgraphiken vom 15. Jh. bis heute. 1989 hat die Staatliche Kunsthalle ihr Hans-Thoma-Museum wiedereröffnet, wo sie weltweit die größten Schätze aus dem Schaffen des Malers versammelt.

Durch den Wiederaufbau des im Zweiten Weltkrieg zerstörten Nordflügels, den Umbau des sog. Amersbachflügels und die Sanierung des Altbaus erfährt die Staatliche Kunsthalle Karlsruhe gegenwärtig eine entscheidende Verbesserung ihrer räumlichen Situation. Die neuen und restaurierten Räume sollen 1990 eröffnet werden.

Treppenhaus von Heinrich Schütz in der Staatlichen Kunsthalle Karlsruhe mit einem Deckendekor von Moritz von Schwind (1841/42); copyright: Staatliche Kunsthalle Karlsruhe

A 1.2.2 Badisches Landesmuseum:

Das Badische Landesmuseum ist die bedeutendste kulturgeschichtliche Sammlung des ehemaligen badischen Landesteils und ist größtenteils aus landesfürstlicher Sammeltätigkeit hervorgegangen. Das Museum im Karlsruher Schloß sieht seine wesentliche Aufgabe in der objektbezogenen Darstellung der territorialen Kulturgeschichte von den Anfängen bis zur Gegenwart. Dabei betont es besonders die Entwicklung der oberrheinischen Kunst und Kultur seit dem Mittelalter.

Im Gegensatz zum Württembergischen Landesmuseum verfügt das Badische Landesmuseum bisher nur über wenige Zweigmuseen, nämlich das

- ☐ Zweigmuseum Schloß Bruchsal,
- ☐ Museum für mechanische Musikinstrumente Bruchsal,
- ☐ Museum in der Majolika-Manufaktur Karlsruhe und
- ☐ Römermuseum Osterburken (in der gemeinsamen Trägerschaft mit der Stadt Osterburken und dem Heimat- und Geschichtsverein Osterburken).

Mittelalter-Saal im Badischen Landesmuseum Karlsruhe; Bild: Badisches Landesmuseum Karlsruhe

A 1.2.3 Landessammlungen für Naturkunde in Karlsruhe:

Die Landessammlungen für Naturkunde in Karlsruhe konnten 1985 auf ihr 200-jähriges Bestehen zurückblicken. Das „Museum am Friedrichsplatz“ hatte im Zweiten Weltkrieg am Bau und an seinen Sammlungen erhebliche Schäden hinnehmen müssen. Inzwischen präsentiert es sich wieder in einer guten baulichen Verfassung und hatte in den letzten Jahren eine sehr günstige Entwicklung bei den Besucherzahlen. Eine Ursache dafür dürfte die große Zahl von erfolgreichen Sonderausstellungen sein, die sich ökologischen Themen gewidmet haben.

Eine Besonderheit der Landessammlungen ist das seit 1938 bestehende Vivarium, durch das im Museum ein reizvoller Kontrast zwischen lebenden und toten Exponaten erzielt wird. Das Vivarium ist dringend sanierungsbedürftig und soll im Rahmen einer bereits eingeleiteten Gesamtbaumaßnahme, die der Erweiterung der Landessammlungen dient, wieder in einen funktionstüchtigen Zustand versetzt werden. Für die Erweiterung sollen die Gebäudeteile verwendet werden, die in absehbarer Zeit von der Badischen Landesbibliothek frei werden.

Bei den Landessammlungen für Naturkunde in Karlsruhe besteht seit langem der Plan, ein „Wanderndes Museum“ mit Ausstellungen einzurichten.

Staatliche Landessammlungen für Naturkunde in Karlsruhe; Bild: V. Griener, Naturkundemuseum Karlsruhe

A 1.3 Landesmuseum für Technik und Arbeit in Mannheim

Seit 1979 wird in Mannheim das Landesmuseum für Technik und Arbeit aufgebaut. Dieses Museum wird einen für Baden-Württemberg, aber auch für die Bundesrepublik Deutschland neuartigen Museumstyp darstellen. Es hat die Aufgabe, die Geschichte der Industrialisierung im deutschen Südwesten von den Anfängen bis zur Gegenwart zu zeigen und in enger Verbindung dazu die jeweiligen sozialen Auswirkungen darzustellen. Dabei soll es auch ein Forum für die Diskussion von Gegenwartsproblemen und Zukunftsaufgaben der Industriegesellschaft sein.

Das Museum, eine Stiftung des öffentlichen Rechts, wird vom Land und der Stadt Mannheim gemeinsam getragen, und zwar beteiligt sich die Stadt Mannheim mit einem Drittel an den Betriebskosten, strebt aber eine Reduzierung ihrer Beteiligung auf max. 3,3 Mio. DM pro Jahr an.

Das Museum soll im Sommer 1990 eröffnet werden.

A 1.4 Staatliche Kunsthalle Baden-Baden

Die Staatliche Kunsthalle Baden-Baden ist ein reines Ausstellungsinstitut ohne eigene Sammlungsbestände, also kein Museum im eigentlichen Sinn.

Die Kunsthalle genießt wegen des hohen Niveaus ihrer Wechselausstellungen weithin überregionales Ansehen. Ihre Themen reichen von gelegentlichen Ausstellungen älterer Kunst über anspruchsvolle Präsentationen der Klassischen Moderne bis zu hochwertigen Informationsangeboten über neuere und aktuelle Phänomene des internationalen Kunstgeschehens.

Konstruktiver Querschnitt durch das Gebäude des Landesmuseums für Technik und Arbeit in Mannheim: Raum-und Zeitspirale; Bild LMTA

A 2 Nichtstaatliche Museen

Neben den großen staatlichen Museen mit Leitfunktion für das ganze Land gibt es in Baden-Württemberg eine stark differenzierte Museumsszene mit Einrichtungen in nichtstaatlicher Trägerschaft.

Die große Zahl dieser Museen - nahezu 900 in 1.111 Gemeinden - besteht aus Heimatmuseen und sonstigen Museen, insbesondere Spezialmuseen, die sich in der Tägerschaft von kommunalen Körperschaften, Vereinen, Kirchen und Firmen, aber auch in der Hand von Privatpersonen befinden. Sie machen in ihrer Vielfalt die Farbigkeit des Museumswesens in Baden-Württemberg aus.

Die Förderung dieser Museen erfolgt über die Landesstelle für Museumsbetreuung in Tübingen nach Richtlinien des Ministeriums für Wissenschaft und Kunst. Diese Richtlinien sind die Grundlage, auf der nichtstaatliche Museen Zuwendungen bekommen, um ihre Sammlungen der Öffentlichkeit in geeigneter Weise zugänglich zu machen und zu erhalten und im Rahmen eines Sonderprogramms ihre Bestände zu inventarisieren.

Das Museum in Langenargen ist ein Musterbeispiel für privates Kunstengagement. Kunstkoordinator Dr. Dr. Hannes Rettich (Mitte) mit dem Gründer und Leiter des Museums Eduard Hindelang (rechts) und Professor André Ficus (links) bei einem Besuch im September 1989; Bild: Museum Langenargen

A 2.1 Regionale bäuerliche Freilichtmuseen

Die Freilichtmuseen in Baden-Württemberg haben in den letzten Jahren eine dynamische Entwicklung erfahren. Inzwischen ist ihre Konzeption bezüglich der Standorte abgeschlossen. Im Januar 1988 hat der Ministerrat folgende Standorte bestätigt:

- Walldürn/Gottersdorf,
- Schwäbisch Hall/Wackershofen,
- Beuren (Landkreis Esslingen),
- Bad Schussenried/Kürnbach und Wolfegg, Doppelstandort eines regionalen Freilichtmuseums in Oberschwaben,
- Neuhausen ob Eck,
- Gutach und
- Sternenfels (Enzkreis).

Der Ausbaustand der Freilichtmuseen reicht von dem noch in der Planung befindlichen Museum in Sternenfels bis zum voll ausgebauten Vogtsbauernhof in Gutach, der 1989 sein 25-jähriges Bestehen feierte.

Die regionalen bäuerlichen Freilichtmuseen befinden sich in der Trägerschaft von Landkreisen oder werden von Vereinen mit maßgeblicher Beteiligung der Kreise und Kommunen getragen. Sie strahlen durch ihre kulturellen Aktivitäten weit ins Land hinein und erfreuen sich (bis auf Sternenfels und Beuren, die am Beginn ihres Ausbaus stehen) einer großen Besucherzahl.

1

2

3

4

5

Die Freilichtmuseen haben eine besondere kulturpolitische Bedeutung, weil sich nur hier das bäuerliche Kulturgut in seinen architektonischen Zusammenhängen darstellen läßt. Sie haben daher bezüglich der staatlichen Förderung eine Sonderstellung, die in den letzten Jahren erheblich ausgebaut wurde. Zusätzlich zur allgemeinen Förderung (vgl. A 2.3) erhalten die anerkannten Freilichtmuseen Zuschüsse für die Umsetzung von Gebäuden auf das Museumsgelände einschließlich der evtl. notwendigen Zwischenlagerung und der Errichtung des historischen Umfeldes. Hinzu kommen Fördermittel für Renovierungsarbeiten größeren Umfangs an musealen Gebäuden und dazugehörenden, ortsfesten Einrichtungen und für die Beschaffung von Baumaterial aus Abbruchhäusern zur Wiederverwendung in Museumshäusern.

Zur Zeit können Zuschüsse in Höhe von 75% der aufwendungsfähigen Kosten bewilligt werden. Unabhängig davon kann auch der Erwerb volkskundlicher Einrichtungsgegenstände für die regionalen bäuerlichen Freilichtmuseen mit Zuschüssen bis zu 40% der Anschaffungskosten gefördert werden.

Einen Überblick über die regionalen bäuerlichen Freilichtmuseen in Baden-Württemberg, ihre Träger und die von ihnen präsentierten Hauslandschaften und Hausformen gibt die folgende Tabelle:

Freilichtmuseen in Baden-Württemberg

Standort	Träger	Hauslandschaften	Hausform
Walldürn-Gottersdorf Neckar-Odenwald-Kreis	Verein mit kommunaler Beteiligung	Odenwald, Bauland unterer Neckar	gestelzte Einhäuser, eingeschössiges Quereinhaus, Wohnstallhaus, quererschlossenes Ernhaus
Hohenloher Freilandmuseum (Schwäbisch Hall-Wackershofen)	Verein unter maßgeblicher Beteiligung der Stadt Schwäbisch Hall	Hohenloher Weinbauern	Pfarrer-Mayer-Haus, Köbler-Haus (Kleinbauernhaus), Weinbauernhof mit Eigenkelter, Wengerter-Haus und Häcker-Haus
Beuren, Kreis Esslingen	Landkreis Esslingen	Neckar-Filder-Alb, Schwarzwald/Ries, mittlerer Neckarraum	Weingärtnerhaus, Weberhäuser, Kleinbauernhäuser, gestelztes Einhaus, quergeteilte Wohnstallhäuser mit abgesonderter Scheune
Kürnbach/Wolfegg, Kreis Biberach	Landkreis Biberach	*Kürnbach:* Oberschwaben *Wolfegg:* Oberschwaben, Allgäu, Bodenseegebiet	altoberschwäbisches Bauernhaus, Haus der Riedlinger Alb, oberschwäbische Hoflandschaft, Allgäuer Flachdachhaus, südoberschwäbische Hofanlage
Neuhausen ob Eck, Kreis Tuttlingen	Landkreis Tuttlingen	Südwestalb, Baar/Hegau, Ostschwarzwald, Bodenseegebiet	Bodenseehaus
Vogtsbauernhof Gutach/Schwarzwald	Ortenaukreis	Schwarzwald	Schwarzwälder Heidehaus, Gutacher Haus, Kinzigtäler Haus, Schauinslandhaus, Hotzenhaus
Sternenfels (in Planung), Enzkreis	Enzkreis	Nordschwarzwald, Kraichgau	gestelzte Wohnstallhäuser, Kraichgauer Haus

←

1 Vogtsbauernhof Gutach mit Speicher, erbaut 1570; Bild: Vogtsbauernhof Gutach/Schwarzwald

2 Kürnbachhaus, letztes Strohdachhaus Oberschwabens, am alten Standort erhalten, erbaut 1164; Bild: Josef Ege, Bad Schussenried, copyright: Freilichtmuseum Kürnbach

3 Hohenloher Hofgebäude, Bild: Hohenloher Freilandmuseum Schwäbisch Hall-Wackershofen

4 Tagelöhnerhäuschen und Dorfkirche im Albdorf; Bild: Freilichtmuseum Neuhausen o. E.

5 Museumsfest 1983 im Freilichtmuseum Wolfegg; Bild: Freilichtmuseum Wolfegg

A 2.2 **Verbandsförderung**

Darüber hinaus erhalten der Museumsverband Baden-Württemberg und die Arbeitsgemeinschaft der regionalen bäuerlichen Freilichtmuseen in Baden-Württemberg Zuschüsse für die Übernahme von Aufgaben, an denen das Land ein erhebliches Interesse hat. Das laufende Inventarisierungsprogramm ist ein Beispiel dafür.

A 2.2.1 Zuschüsse an den Museumverband Baden-Württemberg:

Dem Museumverband Baden-Württemberg können für Maßnahmen auf den Gebieten der Fortbildung und der Öffentlichkeitsarbeit und zur Erfüllung der ihm vom Land übertragenen Aufgaben 50% der entstandenen Kosten ersetzt werden. Darüberhinaus können für Personal- und Sachkosten für die Durchführung des Sonderprogramms zur Inventarisierung Zuschüsse bis zu 90% gewährt werden.

Die 1986 veröffentlichte Museumskonzeption für Baden-Württemberg (vgl. Einleitung) hatte ergeben, daß bei vielen nichtstaatlichen Museen - neben anderen Defiziten - vor allem die Inventarisierung zu wünschen übrig ließ. Das Land hat daher noch im gleichen Jahr ein bis 1989 befristetes Sonderprogramm zur Inventarisierung bei den nichtstaatlichen Museen aufgelegt und mit 4,5 Mio. DM ausgestattet.

A 2.2.2 Zuschüsse an die Arbeitsgemeinschaft der Freilichtmuseen:

Der Arbeitsgemeinschaft der regionalen bäuerlichen Freilichtmuseen in Baden-Württemberg können für die Durchführung von gemeinsamen, fachbezogenen Maßnahmen, z. B. Ausstellungen, und für die gemeinsame Öffentlichkeitsarbeit einschließlich Publikationen Zuschüsse von 50% gewährt werden.

A 2.3 **Heimatmuseen und sonstige Museen (Spezialmuseen)**

In den letzten Jahren zeichnete sich bei den Heimatmuseen ein Trend vom Allround-Museum zu thematischer Akzentuierung und stärkerer Spezialisierung ab. Inbesondere im ländlichen Raum haben Museen (und auch Bibliotheken; vgl. Kap. 3, A 5.1.5) Ansatzpunkte für das Kulturleben einer Gemeinde entwickelt, die oft über den reinen Museumsbetrieb hinausgehen.

Heimatmuseen und sonstige Museen können für die Aufnahme und Präsentation von Ausstellungsgut, die Sicherung von Sammlungsgegenständen außerhalb des Sonderprogramms zur Inventarisierung sowie für die Restaurierung von Sammlungsgegenständen Zuschüsse bis zu 40% der zuwendungsfähigen Kosten erhalten.

links: Leihgabe des Landes an das Hans-Thoma-Museum der Gemeinde Bernau: H. Thoma „Neapolitanerin", 1880, Öl auf Leinwand; erworben 1987; Bild: MWK

rechts: Leihgabe des Landes an die Städtische Kunsthalle Mannheim: Umberto Boccioni (1882–1916), „Urformen von Bewegung im Raum", 1913, Bronze; erworben 1986 unter Mithilfe der Stadt Mannheim und eines privaten Spenders; Bild: Städtische Kunsthalle Mannheim

A 2.4 **Dauerleihgaben**

Ein sehr wirksames und bewährtes Instrument staatlicher Förderung stellt der gezielte Erwerb wertvoller Kunstwerke als Dauerleihgaben für bedeutende kommunale Kunstmuseen dar. Damit werden Schwerpunkte kommunaler Sammlungen ergänzt und akzentuiert und zugleich eigene Anstrengungen der Museumsträger honoriert.

Das Land hat in dieser Weise aus Wettmitteln seit 1962 rd. 450 Kunstwerke im Nennwert von weit mehr als 20 Mio. DM – der Realwert liegt inzwischen weit höher – erworben und sie an 35 vorwiegend städtische Museen in ganz Baden-Württemberg weitergegeben. Im Interesse einer wirksamen Förderung sollte der Empfängerkreis auf wissenschaftlich geführte Museen von Rang beschränkt bleiben. Ab 1990 stehen für diese Maßnahme jährlich 2 Mio. DM zur Verfügung.

Neben diesen gezielten Neuerwerbungen von Dauerleihgaben steht die Überlassung vorhandener Exponate aus staatlichem Museumsbesitz an nichtstaatliche Museen und museale Einrichtungen aller Art (Heimatmuseen, Spezialmuseen bis zu großen städtischen Instituten).

Die staatlichen Museen haben in dieser Weise bereits in Tausenden von Fällen Dauerleihgaben zur Verfügung gestellt und werden dies auch künftig in großzügigem Umfang tun, wo immer dies konzeptionell und konservatorisch sinnvoll und vertretbar erscheint.

Daneben werden auch laufend und in lebhaftem Umfang staatseigene Sammlungsobjekte für Sonderausstellungen nichtstaatlicher Träger ausgeliehen.

A 2.5 **Kooperationen**

Im gesamten Museumswesen arbeiten das Ministerium für Wissenschaft und Kunst und die Landesstelle für Museumsbetreuung in Tübingen mit dem Museumsverband Baden-Württemberg und der Arbeitsgemeinschaft der regionalen bäuerlichen Freilichtmuseen zusammen. In Zusammenarbeit mit dem Museumsverband wird bereits in regelmäßigen Abständen das „Museumsmagazin" herausgegeben. Daneben wird ein Museumsführer für Baden-Württemberg vorbereitet. Museumsverband und Arbeitsgemeinschaft haben Sitz und Stimme im Verteilerausschuß, der nach Maßgabe der Richtlinien über die Mittelvergabe an die nichtstaatlichen Museen beschließt.

B. Perspektiven

B 1 Staatliche Museen

B 1.1 „Haus der Gegenwartskunst" in Stuttgart

Die Staatsgalerie Stuttgart leidet trotz ihres Erweiterungsbaus unter gravierender räumlicher Enge, was sich besonders auch zu Lasten der Präsentation aktueller Kunst auswirkt. Für Sonderausstellungen müssen jeweils größere Bereiche der ständigen Schausammlungen in Anspruch genommen und zeitweilig abgebaut werden. Diese Raumnot, verbunden mit der Intention, bedeutende private Sammlungsbestände zu aktivieren, hat zu dem Projekt eines „Hauses der Gegenwartskunst" geführt.

Kernidee dieses Projekts ist eine Zusammenführung staatseigenen und privaten Besitzes an neuer Kunst von internationalem Rang zum Zweck eindrucksvoller, öffentlicher Präsentation. Diese Kernidee beruht auf einer gemeinsamen Initiative des Ministerpräsidenten und kompetenter privater Kunstsammler aus Baden-Württemberg. Um sie zu verwirklichen, soll im Zusammenwirken der Staatsgalerie Stuttgart und einiger Privatsammler, die zu großzügigen und sehr wertvollen Leihgaben bereit sind, in Stuttgart ein „Haus der Gegenwartskunst" geschaffen werden, das der Staatsgalerie angegliedert wird, jedoch weitgehend autonom bleiben soll. Dieses Museum soll in Schausammlungen und Wechselausstellungen wichtige künstlerische Phänomene der Zeit auf internationalem Niveau dem Publikum in attraktiver Umgebung vorstellen. Zugleich wird es der Raumnot der Staatsgalerie abhelfen.

Das Projekt ist angesichts des regen Publikumsinteresses an bedeutenden Museen und Ausstellungen zeitgenössischer Kunst, wie es sich im In- und Ausland zeigt, ein wichtiges Vorhaben zeitgerechter Daseinsvorsorge und wird das kulturelle Spitzenangebot im Land wesentlich bereichern. Der Ministerrat hat dem Projekt bereits grundsätzlich zugestimmt.

Das „Haus der Gegenwartskunst" soll der Öffentlichkeit in der Landeshauptstadt in inhaltlicher und räumlicher Verbindung zur Staatsgalerie, ihrem Ruf und ihren Ressourcen, jedoch unter weitgehender Entwicklung eines eigenständigen Profils in einem Neubau, der vom Staat errichtet und betrieben wird, als längerfristige Leihgaben aus privaten Sammlungen hochrangige Werke neuester Kunst seit den 60er Jahren präsentieren, und zwar nach einem experimentierfreudigen, flexiblen und dynamischen Konzept, das Schausammlungen, Wechselausstellungen, Veranstaltungen, neue Informationstechnologien und Publikationen miteinander verbindet.

Gedacht ist also nicht etwa an ein „Sammlermuseum", das geschlossene Privatkollektionen als solche mehr oder minder ungesiebt und unverbunden nebeneinander vorstellt. Vielmehr soll in den Schausammlungen ein „Museum der Räume und Phänomene" von hohem Erlebniswert entstehen im Sinn einer integrativen Darstellung von Werkblöcken hervorragender zeitgenössischer Künstler und künstlerischer Richtungen, und zwar durch jeweilige Zusammenstellung von Exponaten aus unterschiedlichem, privatem und staatlichem Besitz.

Als Standort für den Neubau, der eine Nutzfläche von ca. 10.000 qm erhalten soll, ist der im Zug der „Stuttgarter Kulturmeile" städtebaulich besonders markante, anlagenseitige Eckbereich Schillerstraße/Neckarstraße vorgesehen. Eine gesicherte Finanzierung und einen günstigen Ablauf der Planungs-, Vorbereitungs- und Bauarbeiten vorausgesetzt, könnte das „Haus der Gegenwartskunst" evtl. 1996 eröffnet werden.

B 1.2 Landesarchäologiemuseum in Stuttgart und Einrichtung einer Außenstelle in Konstanz

Die Ausstellung über das keltische Fürstengrab von Hochdorf/Enz hat das öffentliche Interesse 1985 verstärkt auf die Bedeutung der reichen vor- und frühgeschichtlichen Funde in Baden-Württemberg und auf das Wirken der Landesarchäologie (Landesdenkmalamt - vgl. Kapitel 8) gelenkt und Überlegungen zur Verbesserung der musealen Präsentation ausgelöst.

Weitere Verbesserungen können nur durch den Neubau für ein Landesarchäologiemuseum im Kern der Landeshauptstadt erreicht werden. Der Neubau soll musealen Schausammlungen zur Vor- und Frühgeschichte des Landes dienen und zugleich Arbeit und Bedeutung der Landesarchäologie veranschaulichen.

Der Ministerrat hat im Juli 1989 zunächst einmal die Errichtung einer Außenstelle in Konstanz beschlossen und die betroffenen Ressorts gebeten, bis April 1991 über die Unterbringungsmöglichkeit eines künftigen Archäologiemuseums in Stuttgart zu berichten.

Die Außenstelle in Konstanz bietet die Möglichkeit, die Archäologie des Mittelalters am Beispiel der Stadt Konstanz darzustellen, eine Einführung in die Landesarchäologie zu geben und verschiedene ihrer Aspekte an ausgewählten Beispielen vorzustellen.

Mittelfristig bleibt es aber eine dringende Notwendigkeit, in einem Landesarchäologiemuseum in Stuttgart in ständigen musealen Schausammlungen mit aussagekräftigen Originalobjekten und modernen didaktischen Hilfsmitteln dem Publikum landesweit in lebendiger Weise die vor- und frühgeschichtlichen Epochen des südwestdeutschen Raumes zu vermitteln und zugleich - in enger Verbindung mit den kulturgeschichtlichen Sammlungen - auch Aufgaben und Ziele der Landesarchäologie zu verdeutlichen.

Eberdingen-Hochdorf, Kreis Ludwigsburg, Griechischer Bronzekessel; Bild: Württembergisches Landesmuseum; copyright: Gesellschaft für Vor- und Frühgeschichte in Württemberg und Hohenzollern

Konventsgebäude Konstanz-Petershausen: Hier soll die Außenstelle des Landesarchäologiemuseums eingerichtet werden; Luftaufnahme freigegeben durch Regierungspräsidium Freiburg Nr. 000/69041 vom 24. 11. 1989; copyright: LDA

B 1.3 **Errichtung von Zweigmuseen**

B 1.3.1 Württembergisches Landesmuseum

a) Oberschwäbisches Zweigmuseum

Das Württembergische Landesmuseum Stuttgart hat bisher ein Defizit im Bereich der Darstellung der Geschichte und Kulturgeschichte Oberschwabens. Es plant daher die Errichtung eines Oberschwäbischen Zweigmuseums, das insbesondere die religiöse Kunst Oberschwabens präsentieren soll. Kernbestand dieser Präsentation wären Exponate aus dem Besitz des Museums sowie Leihgaben aus kirchlichem und privatem Besitz der Region. Dieses Museum könnte im Schloß Aulendorf untergebracht werden, das inzwischen dem Land gehört, sich jedoch in einem äußerst sanierungsbedürftigen Zustand befindet.

b) Geschichtsmuseum des Hauses Waldburg

Aktuell sind diese Pläne, weil regionale Kräfte sich zum Ziel gesetzt haben, die Waldburg bei Wolfegg als Zweigmuseum des Württembergischen Landesmuseums zu einem Geschichtsmuseum des Hauses Waldburg zu machen. Als Außenstelle des geplanten Oberschwäbischen Zweigmuseums in Aulendorf könnte ein historisches Museum grundsätzlich in der Waldburg errichtet werden. Dabei müßte das Haus Waldburg die Ausstellungsgegenstände beibringen und - möglicherweise mit anderen regionalen Kräften - auch für den laufenden Betrieb aufkommen. Für das Land wäre es kostengünstiger, für das Museum in der Waldburg einen privaten Träger zu finden (z. B. Erbgraf von Wolfegg und möglicherweise weitere Träger aus der Region) und das Museum nach den Richtlinien über die Zuschüsse für nichtstaatliche Museen durch die Landesstelle für Museumsbetreuung in Tübingen (vgl. A 2) fördern zu lassen. Bei der Frage der Bezuschussung ist u. U. an Mittel des Innenministeriums (Denkmalpflege) und zumindest mittelbar auch an Mittel für die Kulturpflege im ländlichen Raum zu denken.

c) Dominikaner-Museum Rottweil

Voraussichtlich im Mai 1991 soll in Rottweil ein Zweigmuseum des Württembergischen Landesmuseums auf dem Platz des alten Dominikaner-Klosters eröffnet werden, dessen Träger die Stadt Rottweil ist. Dieses Museum wird neben einem Mehrzweckraum, der von der Stadt für Wechselausstellungen genutzt werden soll, eine Abteilung „Die Römer in Rottweil und im deutschen Südwesten" und die Sammlung von Pfarrer Dursch/Rottweil mit mittelalterlichen Skulpturen aufnehmen. Für die Baukosten muß das Land aufkommen. Die Einrichtungskosten übernimmt das Württembergische Landesmuseum, Betriebs- und Personalkosten trägt die Stadt Rottweil.

B 1.3.2 Badisches Landesmuseum:

Das Badische Landesmuseum Karlsruhe, das bisher erst vier Zweigmuseen (vgl. A 1.2.2) hat, bereitet z. Zt. folgende Zweigmuseen vor:

a) Sammlung „Kunsthandwerk im 20. Jahrhundert"

Mit beispielhaften Werken aus Design und Kunsthandwerk des 20. Jh. soll im Gebäude der „Badischen Neuesten Nachrichten" in Karlsruhe in der Trägerschaft des Badischen Landesmuseums ein Zweigmuseum geschaffen werden. Mit dem Abschluß der Arbeiten wird bis Ende 1990 gerechnet.

b) Keramiksammlung E. Bregger, Staufen

Mit einem Bestand von mehreren tausend Keramiken, die beispielhaft den Übergang von der traditionellen Gebrauchskeramik zur hochwertigen modernen Kunstkeramik vorstellen, soll in Zusammenarbeit mit dem Landkreis Breisgau-Hochschwarzwald und der Stadt in Staufen/Breisgau ein Zweigmuseum errichtet werden. Damit wird im Regierungsbezirk Freiburg die erste staatliche Museumseinrichtung geschaffen. Sie soll 1990 eröffnet werden.

c) Klostermuseum Hirsau

Anläßlich des 900-jährigen Weihe-Jubiläums der Peter-und-Paul-Kirche im Jahr 1991 soll in der gemeinsamen Trägerschaft mit der Stadt Calw ein Klostermuseum errichtet werden. Die Eröffnung ist für 1991 vorgesehen.

d) Zweigmuseum für Volkskunde Waldkirch

Das Badische Landesmuseum verhandelt mit der Gemeinde Waldkirch, um die überregional bedeutsamen volkskundlichen Sammlungen des Städtischen Museums als Zweigmuseum für Volkskunde zu übernehmen. Die Einrichtung dieses Museums würde ein Gegenstück zu dem 1989 eröffneten Volkskundemuseum in Waldenbuch (Zweigmuseum des Württembergischen Landesmuseums; vgl. A 1.1.2) darstellen.

B 1.3.3 „Wanderndes Museum" bei den Landessammlungen für Naturkunde in Karlsruhe:

Es entspricht der dezentralen Museumspolitik des Landes, daß die Landessammlungen für Naturkunde in Karlsruhe schon in den vergangenen Jahren daran gedacht haben, ein „Wanderndes Museum" einzurichten, das den Auftrag hat, naturkundliche Sammlungen auch in Standorte der Region zu vermitteln, von wo aus der Besuch der Landessammlungen in Karlsruhe nur schlecht möglich wäre. Zielgruppe des „Wandernden Museums" sollen insbesondere Schüler aus Nord- und Südbaden sein, für die eine Fahrt nach Karlsruhe zu aufwendig wäre. Ihnen soll die Begegnung mit ausgesuchten naturkundlichen Exponaten und Lehrschauen ermöglicht werden.

Vase. Eierschalenporzellan, Haagsche Plateelbakkerij Rozenburg, Den Haag 1908; copyright: Badisches Landesmuseum Karlsruhe

B 1.3.4 Zweigmuseen des Landesmuseums für Technik und Arbeit in Mannheim:

Im Bereich der technischen und sozialgeschichtlich orientierten Museen des Landes hat es bislang an einer Leitstelle gefehlt, wie sie z. B. in Bayern beim Deutschen Museum vorhanden ist. Deshalb sind in den vergangenen Jahren wiederholt Forderungen vorgetragen worden, regionale oder lokale Einrichtungen in die Obhut des Landesmuseums für Technik und Arbeit in Mannheim zu übernehmen. Solche Forderungen wurden bisher sinnvollerweise bis zur Eröffnung des „Mutterhauses“ in Mannheim zurückgestellt.

Obwohl ersichtlich ist, daß sich die Stadt Mannheim an den Kosten für Zweigmuseen nicht beteiligen wird, erscheint es doch unumgänglich, wichtige technisch-historische Denkmale und sozialgeschichtliche Sammlungen von Mannheim aus betreuen zu lassen. Die Betriebskosten der örtlichen Einrichtungen müßten von den Sitzorten getragen werden.

B 1.4 **Baumaßnahmen für staatliche Museen**

B 1.4.1 Erweiterungsbau für das Linden-Museum in Stuttgart:

Das renovierte Gebäude des Linden-Museums bietet zwar Raum für die wichtigsten Schaustücke, reicht aber bei weitem nicht aus, um das Museum so arbeiten zu lassen, wie es dem Rang seiner Bestände entspricht. Vor allem ist es zur Zeit nicht möglich, größere Wechselausstellungen und wenigstens zeitweilig einen größeren Teil der Magazinbestände zu zeigen.

Die derzeitige Ausstellungsfläche von rund 4.200 qm sollte daher durch einen Erweiterungsbau verdoppelt werden. In Anbetracht der Tatsache, daß von den rd. 130.000 Objekten des Linden-Museums nur 3% ausgestellt sind, ist der Erweiterungsbau dringend notwendig.

In ihm soll auch Raum für eine „Musikethnologische Abteilung“ geschaffen werden (mit Musikbeispielen aus nichteuropäischen Ländern, Schallarchiv, Musikinstrumentensammlung mit Ausstellung, Herausgabe von Schallplatten bzw. anderen Tonträgern außereuropäischer Musik usw.). Diese Aufgabe entspricht dem Rang des Linden-Museums und könnte seine Attraktivität noch steigern.

Durch den Erweiterungsbau wäre es auch möglich, Objekte, die bisher in angemieteten Räumen (1.200 qm Fläche) außerhalb des Hauses untergebracht sind, unter einem Dach zu versammeln. Im Erweiterungsbau würden auch Flächen für Wechselausstellungen geschaffen werden, die gerade für ein Völkerkundemuseum von großer Bedeutung sind. Weil der jetzige Wechselausstellungsraum mit 170 qm viel zu klein ist, mußte das Linden-Museum wiederholt bedeutende Ausstellungen absagen oder auf Räumlichkeiten außerhalb des Hauses ausweichen.

B 1.4.2 Umfassende Sanierung des Staatlichen Museums für Naturkunde in Stuttgart:

Zur Internationalen Gartenbau-Ausstellung (IGA) 1993 in Stuttgart sollen das Schloß Rosenstein umfassend saniert und die zoologische und botanische Schausammlung neu aufgestellt werden. Für einen zügigen Baufortschritt und die rechtzeitige Bereitstellung der Mittel ist daher zu sorgen.

B 1.5 **Personeller Ausbau**

B 1.5.1 Ausbau der Museumspädagogik:

Obwohl die staatlichen Museen stark wachsende Besucherzahlen verzeichnen, kann man nicht darüber hinwegsehen, daß es nur relativ wenige Bildungsbürger gibt, die ohnehin schon immer Museen und Galerien besuchen und denen ein Museumsbesuch auch zu einem Bildungserlebnis wird. Der Bildungsgehalt der Museen muß aber weiteren Kreisen der Bevölkerung, vor allem Berufstätigen und Jugendlichen, voll erschlossen werden. Dafür bedarf es neuer Instrumente der Führung und vorbereitender Informationsschriften, die von Museumspädagogen erst entwickelt werden müssen.

Der Bestand an Stellen für Museumspädagogen bei den staatlichen Museen ist noch unzureichend, zumal Museumspädagogen, wo solche vorhanden sind, infolge der Personalknappheit bei den Museen insgesamt i. d. R. noch Aufgaben auf dem Gebiet der Öffentlichkeitsarbeit zu erledigen haben. Teilweise wird auch auf ABM-Kräfte und Volontäre zurückgegriffen, was aber keine dauerhafte Lösung darstellt. Ehrenamtliche Mitarbeiter, die auf diesem Gebiet zur Verfügung stehen, können hauptamtliche Kräfte nicht ersetzen.

Eine wirksame Hilfe wäre nur möglich, wenn die Zahl der Planstellen für Museumspädagogen bei allen staatlichen Museen erhöht werden könnte. Dabei sollte bei den staatlichen Museen ein Standard von vier Museumspädagogen erreicht werden.

Daneben müßten die Museen nach wie vor auf nebenamtliche und ehrenamtliche Führungskräfte zurückgreifen. Dafür und für die Erweiterung ihrer Publikationstätigkeit, die Verstärkung ihrer Didaktik und die Entwicklung audiovisueller Medien müßten zusätzliche Mittel bereitgestellt werden.

B 1.5.2 Personeller Mittelbau an Museen:

Der Rechnungshof hat in seinen Mitteilungen über die Querschnittsprüfung bei den staatlichen Museen und Gemäldegalerien des Landes u. a. festgestellt, daß

- ☐ mangels ausreichenden Personals in den nachgeordneten Diensten die Wissenschaftler häufig in ihrer wissenschaftlichen Tätigkeit behindert und im erheblichen Umfang mit der Erledigung von Arbeiten betraut sind, die keine wissenschaftliche Ausbildung voraussetzen;
- ☐ Restauratoren teilweise mit Arbeiten des haustechnischen Dienstes betraut sind und dadurch ihren eigentlichen Aufgaben entzogen werden.

Aus diesen Gründen erscheint es dringend notwendig, Stellen für den Mittelbau an Museen zu schaffen, vergleichbar etwa mit den „Museologen“ in der Deutschen Demokratischen Republik. In der Bundesrepublik Deutschland gibt es eine solche Laufbahn bisher nicht.

Das Staatliche Museum für Naturkunde in Stuttgart hat 1988 versuchsweise einen Museumsassistenten in Vergütungsgruppe V b/IV BAT beschäftigt und dabei außerordentlich gute Erfahrungen gemacht. Durch den allgemeinen Einsatz der Museumsassistenten wäre es möglich, Wissenschaftler und Präparatoren von solchen Aufgaben zu entlasten, die im Grenzbereich zwischen wissenschaftlicher und nichtwissenschaftlicher Tätigkeit liegen.

Es wird daher vorgeschlagen, Museumsassistenten der o. g. Vergütungsgruppe allen staatlichen Museen in Baden-Württemberg zur Verfügung zu stellen.

B 1.5.3 Abbau von Defiziten im konservatorischen und präparatorischen Bereich der staatlichen Naturkundesammlungen:

Nach Vorlage des Forschungsberichtes der staatlichen Naturkundemuseen sollte in den nächsten Jahren versucht werden, die dort aufgezeigten Mängel im konservatorischen und präparatorischen Bereich abzustellen. Nur so können die Naturkundemuseen in den Stand versetzt werden, alle Forschungsaufgaben - insbesondere auch im Umweltbereich - wahrzunehmen, die heute an ein modernes Naturkundemuseum gestellt werden.

B 2 Nichtstaatliche Museen

B 2.1 **Ausbau der Landesstelle für Museumsbetreuung**

Die nichtstaatlichen Museen leiden vor allem darunter, daß sie - außer den größeren kommunalen Sammlungen und Freilichtmuseen - nur ehrenamtliches Personal haben, das zwar meist engagiert ist, aber doch ein Museum mit seinen Möglichkeiten kaum für das Publikum voll erschließen kann. Außerdem verfügen viele kommunale Museen und auch viele von Vereinen betriebene Museen nur über sehr knappe Finanzmittel. Diesen Defiziten kann teilweise über die Landesstelle für Museumsbetreuung in Tübingen (vgl. A 2) begegnet werden, die mit ihrer Tätigkeit zunächst nichtstaatlichen Trägern nützt, über ihre Wirksamkeit in die Öffentlichkeit hinein aber auch mittelbar wichtige Landesinteressen auf musealem Gebiet wahrnimmt.

- ☐ Die Landesstelle hat z. Zt. ein Defizit im Personalbestand und seiner Ausstattung: Sie verfügt nur über vier Wissenschaftler und vier Verwaltungsangestellte. Bei rd. 900 zu betreuenden Museen und in Anbetracht der komplexen Thematik reicht diese Kapazität nicht aus. Bei einer jährlichen Zuschußvergabe von 8 bis 9 Mio. DM ist es ein gravierender Mangel, daß bislang keine Stelle für einen Verwaltungsbeamten geschaffen werden konnte.
- ☐ In Anbetracht der Bedeutung der zu betreuenden Bestände wird es auch als schmerzlich empfunden, daß die Landesstelle über keinen Landeshistoriker und keinen Technikhistoriker verfügt und bislang auch keine Beratung auf dem äußerst wichtigen Gebiet der Restaurierung anbieten kann.
- ☐ Auch eine Fotodokumentation und ein Fotolabor sind bisher nicht vorhanden.

Die Landesstelle für Museumbetreuung sollte daher zu einem Landesamt ausgebaut werden. Dieses sollte von einem Präsidenten geleitet werden und in zwei Abteilungen (Verwaltung und wissenschaftlich-technischer Dienst) gegliedert sein.

B 2.2 **Ausbau der regionalen bäuerlichen Freilichtmuseen zu Kulturzentren**

Die Freilichtmuseen führen bereits jetzt kulturelle Programme durch, die zu ihrer Thematik passen und beim Publikum auf reges Interesse stoßen, z. B. Ausstellungen, Vorstellungen, Handwerkertage, Seminare, Trachten- und Musikantentreffen, ländliche Feste und Tiermärkte. Diese Veranstaltungen stärken nicht nur das Eigengefühl der betreffenden Region, sondern sind auch ein wichtiger Beitrag zur Festigung der kulturellen Identität und der Lebensqualität im ländlichen Raum.

Die Freilichtmuseen zeigen im einzelnen ein sehr differenziertes, insgesamt aber starkes Interesse an ihrer Aufwertung und ihrem Ausbau zu regionalen Kulturzentren. Der Ausbau der Begleitprogramme stellt die Freilichtmuseen vor allem vor Personal- und Geldfragen. Die Träger der Freilichtmuseen fordern vom Land Personalkostenzuschüsse, um dafür wissenschaftliches Personal beschäftigen zu können. Nach den Grundsätzen des Landes für die Förderung nichtstaatlicher Museen ist die Finanzierung von Personalkosten durch Landesmittel ausgeschlossen. Man kann aber jenen Teil der Personalkosten, die für Begleitprogramme nötig sind, im Rahmen von Projektzuschüssen subventionieren.

Trachtentreffen in Kürnbach; Bild: Josef Ege, Bad Schussenried; copyright: Freilichtmuseum Kürnbach

B 2.3 **Private Museumsstiftungen**

Im Interesse einer Aktivierung privater Kunstsammlungen von Rang für die Öffentlichkeit sind auf Initiative des Ministerpräsidenten im Zusammenhang mit der Schaffung einer „Stiftung für konkrete Kunst" in Reutlingen modellhafte Vorstellungen entwickelt worden, wie in Sonderfällen von seiten des Landes Anreize geschaffen und Unterstützung auch durch eine Beteiligung an Bauinvestitionen gewährt werden können, und zwar aus Sonderprogrammen außerhalb der allgemeinen Museumsförderung, wie z. B. Stadtsanierungsprogramm oder Programm zur Förderung des ländlichen Raums.

Als Kriterien eines solchen Modells sind vorgesehen:

- ☐ Eine private Kunstsammlung von überregionaler Bedeutung wird in eine Stiftung eingebracht.
- ☐ Die Stiftung oder die Sitzgemeinde stellt eine für die Präsentation der Sammlung geeignete Liegenschaft bereit.
- ☐ Die Gemeinde und gegebenenfalls die Stiftung beteiligen sich maßgeblich an den Kosten für Sanierung und Ausbau des Gebäudes.
- ☐ Sie gewährleisten auch den laufenden Museumsbetrieb.
- ☐ Sie schaffen die finanziellen Voraussetzungen dafür, daß das Museum professionell geführt werden kann.

Wird die Liegenschaft in einem Sanierungsgebiet ausgewiesen, so werden der Grunderwerb und der Umbau des Gebäudes durch das Innenministerium aus dem Stadtentwicklungsprogramm gefördert. Liegt das Gelände dagegen außerhalb eines Sanierungsgebietes, aber im ländlichen Raum, so fördert das Ministerium für Ländlichen Raum dieses Projekt aus PLR-Mitteln in dem Umfang, den auch die Förderung des Innenministeriums ausgemacht hätte. Liegt das Gelände außerhalb eines Sanierungsgebietes und nicht im ländlichen Raum, so wird das Projekt vom Ministerium für Wissenschaft und Kunst im gleichen Umfang wie in den zuvor genannten Fällen aus Mitteln für die Freilichtmuseen gefördert.

Skulpturengarten der Sammlung Domnick in Nürtingen-Oberensing: Bernar Venet, Undetermined Line, 1985, Eisen; Bild: aus dem Katalog der Sammlung Domnick

Schloß Ludwigsburg; Bild: Stuttgarter Luftbild Elsäßer, Freigabe durch Regierungspräsidium Stuttgart Nr. 9/70529; copyright: Verkehrsamt der Stadt Ludwigsburg

Kapitel 7

STAATLICHE SCHLÖSSER UND GÄRTEN

Einleitung

Auf dem Territorium des heutigen Landes Baden-Württemberg lagen - insbesondere vor der Neuordnung Deutschlands durch Napoleon - zahlreiche Gebiete mittlerer und kleinerer Fürstenhäuser und Grafschaften neben Teilgebieten größerer Herrscherhäuser (z. B. Hohenzollern, Habsburger). Daraus erklärt sich die große Zahl gut erhaltener Schlösser mit reichhaltiger Gartenarchitektur und erhaltenswerter Ruinen, die heute im staatlichen Besitz sind.

Daneben gibt es eine beachtliche Zahl gut erhaltener Klosteranlagen, die nach der Säkularisation in den Besitz der Landesherren und später in staatliches Eigentum übergegangen sind.

Sie haben nicht nur historischen Wert, sondern auch kulturelle Bedeutung, insbesondere soweit sie für das Publikum zugänglich gemacht und als Präsentations-, Ausstellungs- und Aufführungsräume verwendet werden können. Mit der Zunahme der Freizeit hat außerdem das Interesse der Bevölkerung an allem Historischen zugenommen, was die kulturelle Bedeutung dieser Anlagen noch vermehrt hat.

A. Bestand

A 1 Landeseigene Gebäude und Freiflächen

Einer Anregung der Kommission „Neue Führungsstruktur Baden-Württemberg" folgend, hat der Ministerrat am 10. März 1986 die Staatliche Liegenschaftsverwaltung beauftragt, die landeseigenen historischen Gebäude und Freiflächen zusammengefaßt unter dem Begriff der „Staatlichen Schlösser und Gärten" einem breiten Publikum zu öffnen und verbessert zu präsentieren.

Seit 1987 nehmen sich beim Finanzministerium, den Oberfinanzdirektionen Karlsruhe und Stuttgart und der Mehrzahl der Staatlichen Liegenschaftsämter fachlich orientierte Referate und Sachgebiete der Staatlichen Schlösser und Gärten an. Sie betreuen u. a.

- ☐ 36 Schlösser, darunter die größten südwestdeutschen Schloßanlagen in Mannheim und Ludwigsburg sowie Deutschlands bekanntestes Schloß in Heidelberg,
- ☐ 17 Klosteranlagen, darunter die bedeutenden, weitgehend erhaltenen Klosteranlagen in Maulbronn und Schöntal, Bebenhausen und Ochsenhausen, Zwiefalten und Groß-Comburg,
- ☐ 51 Ruinen vom Römerbad in Badenweiler und den römischen Kastellen in Nordbaden bis zu den großen Festungsanlagen des Hohenneuffen und des Hohentwiel und
- ☐ rd. 100 gestaltete Freiflächen: Gärten, Parks und Plätze, von dem wenige Ar großen Pomeranzengarten in Leonberg bis zu den ausgedehnten Parkanlagen in Schwetzingen, Ludwigsburg und Stuttgart.

Die „Staatlichen Schlösser und Gärten" (einschl. Wilhelma und Blühendes Barock) hatten 1988 mehr als 5,6 Mio. Besucher. Bei einer Zunahme der Besucherzahlen von 4% gegenüber dem Vorjahr konnten die Einnahmen aus Eintrittsgeldern, Mieten und Pachten um 6% gesteigert werden; ihr Aufkommen betrug insgesamt 14,4 Mio. DM.

A 2 Ausstattung und Restaurierung von Schlössern

Die beste Bauunterhaltung verliert an Wirkung, wenn die Ausstattung der Räume nicht dem äußeren Erscheinungsbild des Bauwerks entspricht, wenn etwa hinter der bestens restaurierten Schloßfassade unattraktiv möblierte Fürstenzimmer gezeigt werden. Das Publikum erwartet, daß restaurierte Schloßräume dem Baustil entsprechend ausgestattet werden (aktuell z. B. die Schloßmuseen in Rastatt und Schwetzingen und Schloß Kirchheim), daß Lücken im Meublement geschlossen werden und daß zur Wiedergewinnung erlöschenden Interesses in sachgerechtem Umfang Ummöblierungen stattfinden. Der Beschaffung von Mobiliar, das in Schlössern gezeigt werden kann, und der Restaurierung beweglicher Kunstgegenstände kommt daher erhebliche Bedeutung zu.

1987 und 1988 wurden zur Verbesserung der originalgetreuen Ausstattung u. a. folgende Gegenstände erworben:

- ☐ 2 barocke Fayence-Öfen für Schloß Tettnang,
- ☐ ein Prunkbett für Schloß Ludwigsburg,
- ☐ die seit Kriegsende fehlenden Teile des sog. Napoleon-Bettes im Schloß Solitude (die mit Hilfe des Württembergischen Landesmuseums in detektivischer Kleinarbeit im Bestand eines Schweizer Museums ausfindig gemacht worden waren),
- ☐ je ein Kabinettschrank des 17. Jahrhunderts für Schloß Rastatt und für Schloß Heidelberg.

Ferner wurde 1987/88 im Ludwigsburger Schloß damit begonnen, die historischen Opern- bzw. Theaterkulissen - eine besondere Rarität! - Stück um Stück restaurieren und sichern zu lassen. Diese Maßnahmen zur Rettung der Kulissen konnten - teilweise mit Hilfe von Sondermitteln - gerade noch rechtzeitig in Angriff genommen werden. Einen weiteren Schwerpunkt stellte 1988/89 die Restaurierung des Möbelbestandes im Krongut für eine Klinckerfuß-Ausstellung dar.

1987 gelang es der Oberfinanzdirektion Stuttgart, die kostbar bestickten und bemalten Seidenbestände eines Prunkbettes aus dem 18. Jh. zurückzuholen, die seit dem Zweiten Weltkrieg verloren waren. Das Paradebett gehört seit langer Zeit zur Austattung des Schlafzimmers von Schloß Solitude; copyright: Schloßverwaltung Ludwigsburg

A 3 Führungen

Die Staatliche Liegenschaftsverwaltung versteht ihren Auftrag dahin, die Kulturdenkmäler einem nach Herkunft und Alter möglichst breit gefächerten Besucherkreis als Kunstobjekte und Zeugnisse der Geschichte, insbesondere der Landesgeschichte, nahezubringen. Bei vielen Objekten ist dies mit Aussicht auf Erfolg nur über Führungen möglich.

Dabei muß die Präsentation sowohl vereinfachen, ohne in der historischen und kulturellen Aussage zu verfälschen, als auch höheren und spezielleren Ansprüchen genügen, um auch den fachlich gebildeten Laien mehr als bisher anzusprechen.

Die Liegenschaftsverwaltung konnte dazu auf einem überwiegend schon vorhandenen Stab an Führern aufbauen. Auch gab es bisher schon Ansätze, zusätzliche Besucher durch Ausstellungen und kulturelle Veranstaltungen (oder ganze Veranstaltungsreihen) anzusprechen und in die „Staatlichen Schlösser und Gärten“ zu holen. Die dazu notwendigen Werbemaßnahmen fehlten hingegen fast ganz. Vor allem auf diesem Feld wurden neue Initiativen gestartet.

A 4 Nutzung durch Dritte

Schon bisher werden in erstaunlicher Vielfalt landeseigene Schlösser und Anlagen von Dritten für öffentliche Veranstaltungen beansprucht. 1988 fanden z. B. statt:

- ☐ die Schwetzinger und die Ludwigsburger Schloßfestspiele,
- ☐ die Schloßspiele Heidelberg und die Sommerlichen Serenadenkonzerte,
- ☐ die Bruchsaler Barocktage und Schloßkonzerte,
- ☐ Klosterkonzerte in Maulbronn, Alpirsbach und Bebenhausen,
- ☐ Konzertveranstaltungen in den Bibliothekssälen in Ochsenhausen und Ulm-Wiblingen, sowie im „Haus der Musik“ im Schloß Weikersheim,
- ☐ Aufführungen (Oper, Konzert, Theater) in Heidenheim, Maulbronn und Hirsau,
- ☐ das „Höhlifescht“ der Gemeinde Hasel (Anlaß: 175 Jahre geführte Besichtigungen in der landeseigenen Erdmannshöhle) sowie
- ☐ das Hohentwielfest (1988: 30.000 Besucher).

A 5 Eigene Veranstaltungen

Wo die Aktivitäten Dritter Lücken lassen, wird versucht, diese durch eigene Veranstaltungen auszufüllen:

- ☐ 1987 wurde begonnen, mit Orgelkonzerten in Schwetzingen eine eigene Veranstaltungsreihe aufzuziehen;
- ☐ ebenfalls 1987 wurde das 800-Jahr-Jubiläum des Klosters Bebenhausen mit einem Festakt, einem Bürgerfest und während der ganzen Saison mit einer bunten Reihe von Konzert- und Vortragsveranstaltungen begangen.

A 6 Weitere Maßnahmen

Diese Aktivitäten (vgl. A 2–A 5) sind Ausschnitte aus der Objektbetreuung, die der Staatlichen Liegenschaftsverwaltung aufgetragen ist. Sie werden durch Einzelaufgaben ergänzt, z. B. durch

- ☐ Vermietung von Schloßräumlichkeiten für Einzelveranstaltungen (z. B. Film- und Fernsehaufnahmen in Schlössern),
- ☐ Vermietung von Schloßräumlichkeiten für Dauernutzungen (z. B. Rathaus im Kloster Schöntal) oder die
- ☐ Pflege landeseigener Plätze und Grünanlagen.

Diese Maßnahmen sollen sich als tragfähige Basis für eine zielgerichtete Ausrichtung und Fortentwicklung liegenschaftlicher Tätigkeit zur verbesserten Präsentation landeseigener Kulturliegenschaften erweisen.

B. Perspektiven

Die Staatliche Liegenschaftsverwaltung hat eine Reihe von Anstrengungen unternommen, um den Staatlichen Schlössern und Gärten unter verantwortlicher Bewahrung und Nutzung der wertvollen Substanz auch ein bisher weniger interessiertes Besucherpotential zu gewinnen. 1989 wurde Schloß Rastatt dem Publikum nach einer umfangreichen Restaurierung zugänglich gemacht, nach Abschluß der Restaurierungsarbeiten wird demnächst auch Schloß Schwetzingen wieder dem Publikum zugänglich sein.

B 1 Verbesserung des Führungswesens

Im Mittelpunkt der Bemühungen um eine Öffnung für ein breites Publikum und um eine verbesserte Präsentation stehen die 21 Schloß- und Klostermuseen des Landes. Daneben muß der landeseigene Grundbesitz laufend auf die Erschließbarkeit weiterer Objekte oder Bereiche (Beispiele: Ausarbeitung weiterer Gruppenführungen, Öffnung des Neuen Schlosses in Stuttgart für einzelne Besuchergruppen) überprüft werden.

Zur weiteren Verbesserung des Führungswesens sind folgende Maßnahmen erforderlich:

B 1.1 **Begrenzung der Gruppengrößen**

Allzu oft leidet die Qualität der Führungen unter der Größe der geführten Gruppe. Um wenigstens einen Mindeststandard zu gewährleisten, wurde beispielsweise in Heidelberg die Obergrenze je Besuchergruppe von 80 auf 50 Personen herabgesetzt. Dies bedeutet eine verstärkte Nachfrage nach Führungen. Diesem Mangel kann nur durch Vermehrung des Führungspersonals abgeholfen werden. Teilzeitarbeitskräfte haben sich überwiegend als qualifiziertes Personal erwiesen. Ihr Einsatz ist zu verstärken.

B 1.2 **Erweiterung und Differenzierung des Führungsangebots**

Die Vermehrung der Zahl der Führungen erlaubt auch eine Differenzierung des Führungsangebots; zu nennen sind hier Führungen von unterschiedlicher Dauer, das Angebot von Abendführungen sowie Führungen für bestimmte Besuchergruppen, insbesondere Kinderführungen. Ein solches Angebot verlangt entsprechend differenzierte Führungsanleitungen und besonders geschultes Personal.

Neben allgemeinen Führungen sollen verstärkt Spezialführungen zur vertieften Betrachtung von Einzelaspekten des jeweiligen Kulturdenkmals und ggf. auch neu erschlossene Bereiche angeboten werden. Wie vor allem Erfahrungen in Nordbaden zeigen, stoßen Tagesfahrten zu den Denkmalgebäuden des Landes auf Interesse, weil die Besucher hier auch Bereiche sehen können, die bei den Normalführungen nicht gezeigt werden („Blick hinter die Kulissen").

Kinderführungen – seit neuestem in verschiedenen württembergischen Schlössern im Angebot: hier eine Führung im Kloster Bebenhausen; copyright: OFD Stuttgart

B 1.3 **Qualifizierung des Führungspersonals**

Die Weiterbildung des Führungsperonals ist auf eine breitere Grundlage zu stellen und gleichzeitig zu intensivieren. Die einzelnen Fortbildungsmaßnahmen für das Führungspersonal im Stuttgarter Bereich und die Schloßführerseminare (1987 in Salem, 1988 in Würzburg) sind ein verheißungsvoller Anfang, reichen aber noch nicht aus.

Darüber hinaus sollte das Führungspersonal höher qualifiziert sein; dieses gilt insbesondere für das im Arbeitertarif eingruppierte Stammpersonal.

Für das unverzichtbare Stammpersonal muß untersucht werden, wie künftig im Rahmen der Personalfluktuation besser ausgebildete Kräfte (zu angemessener Entlohnung) zu gewinnen sind.

Um vor allem in der Hauptsaison den Mangel an fremdsprachigen Führungen abzubauen, müssen für diese besondere Aufgabe sprachkundige Führerinnen und Führer gewonnen werden, die auf Zeit beschäftigt werden können.

B 1.4 **Verstärkte Bemühungen um den Tagestourismus**

Der Tagestourismus muß stärker umworben werden. Dazu gehört neben der ständigen Herausgabe neuer Werbeschriften für Veranstalter und Busunternehmen die Ausarbeitung weiterer Besichtigungsrouten, evtl. kombiniert mit einem Betreuungsangebot. – In die gleiche Richtung zielt eine Kontaktaufnahme zum ADAC.

B 2 Ausdehnung der Ausstellungsaktivitäten

B 2.1 **Sonderausstellungen in Schlössern**

Als besonders attraktiv für die Schloßbesucher haben sich Wechsel- bzw. Sonderausstellungen erwiesen, wie sie etwa im Schloß Ludwigsburg und in Zusammenarbeit mit dem Badischen Landesmuseum im Schloß Bruchsal veranstaltet werden. In Ludwigsburg ist die Schwäbische Floriade zusammen mit dem Blühenden Barock zu einem Publikumsmagnet geworden. Sie wurde 1989 um eine Juwelenschau ergänzt. Im Ludwigsburger Schloß fand in diesem Frühjahr auch die erste eigene Sonderausstellung der Staatlichen Schlösser und Gärten unter dem Titel „Königliche Möbel im Schloß Ludwigsburg" statt; sie war dem Gesamtwerk des Kunstschreiners Klinckerfuß gewidmet.

Derartige Aktivitäten sind von Fall zu Fall auch auf andere Schlösser auszudehnen. Dabei werden neben eigenen Ausstellungsaktivitäten auch künftig Kooperationsmodelle mit anderen Ausstellungsveranstaltern zu entwickeln sein.

1989 zeigte die Staatl. Liegenschaftsverwaltung ihre erste Kunstausstellung im Ludwigsburger Residenzschloß. In ihrem Mittelpunkt standen Empire- und Biedermeiermöbel des Württ. Hof- und Kunstschreiners Johannes Klinckerfuß (1770–1831); copyright: OFD Stuttgart

B 2.2 **Dezentrale Sonderausstellungen vor Ort**

Um die „Staatlichen Schlösser und Gärten" einem breiteren Publikum vertraut zu machen, müssen dezentrale Ausstellungen durchgeführt werden. Die Multivisionsschau der Saison 1989 des Landespavillons (vgl. Kap. 10.3) war diesem Thema gewidmet. Sie war von einer kleinen Wanderausstellung begleitet, die später in Weikersheim und Urach gezeigt wurde. Ähnlich wird mit den Ausstellungsbeiträgen des Bereichs „Staatliche Schlösser und Gärten" für die Landesgartenschauen („Treffpunkt Baden-Württemberg") verfahren. Die Ettlinger Ausstellung wurde inzwischen in Maulbronn und Bruchsal, der Bietigheimer Beitrag „Geschichte der Gartenkunst" in Bad Mergentheim gezeigt.

Diese Bemühungen beruhen auf einer publikumsnahen Strategie und sollen auch in Zukunft in einer flexiblen Mischung von Eigenproduktion und Kooperationsmaßnahmen mit geeigneten Partnern fortgesetzt werden.

B 2.3 **Bildende Kunst in staatlichen Gärten**

Die Präsentation staatlicher Gärten ist in Verbindung mit der Präsentation bildender Kunst besonders attraktiv. Wo sich der Rang der Kunstobjekte mit dem Rang des Ausstellungsraumes und der gebauten Umgebung verträgt, wo ferner die Dimensionen der Ausstellungsobjekte mit den Dimensionen des „Ausstellungsraumes Garten" harmonisieren und wo außerdem keine Substanzgefährdung zu befürchten ist, kann sich der Staat als Inhaber der Gärten und Parks einer Ausstellung von Skulpturen und Plastiken nicht entziehen. Derartige Versuche, z. B. mit Werken von di Suvero im Stuttgarter Oberen Schloßgarten, Künstlerbundausstellungen am Stuttgarter Schloßplatz und Ausstellungen mit Werken von Joannis Avramidis u. a. im „Blühenden Barock" Ludwigsburg, haben sich bereits bewährt, weil sie eine ernsthafte Diskussion über moderne Kunst in die Öffentlichkeit brachten.

Bei der fortzuführenden Präsentation von Werken der bildenden Kunst werden Eigenproduktionen die Ausnahme, die Zusammenarbeit mit verschiedenartigen Mitveranstaltern (Kunstvereinen, Kulturämter, Museen) die Regel sein.

B 3 Ausweitung des Veranstaltungsprogramms

B 3.1 **Fortsetzung der Veranstaltungsreihen**

Die Reihe der Dritt- und Eigenveranstaltungen hat sich bewährt. In jedem Jahr soll (zumindest) eine bedeutendere Veranstaltung durchgeführt werden. So fand im Zusammenwirken mit der Stadt Rastatt 1989 aus Anlaß der Übergabe der Bel Étage des Schlosses Rastatt und des neugestalteten Gartens eine Reihe von ergänzenden kulturellen Veranstaltungen statt. Ferner sind geplant:

- ☐ in Schwetzingen anläßlich der Fertigstellung der Schloßrestaurierung ein kulturelles Begleitprogramm (verbunden mit der Vorstellung eines neuen Informationssystems),
- ☐ 1991 die Feier des 900-Jahr-Jubiläums des Klosters Hirsau ähnlich wie 1987 in Bebenhausen (vgl. Kap. 6, B 1.3.2).

B 3.2 **Open Air Classic**

Im Anschluß an gelungene Beispiele im Ausland wird geprüft, ob die staatlichen Gärten ohne Gefährdung der Substanz auch genutzt werden können, um in neuer Präsentationsform (Open Air Classic) klassische Musik auf hohem Niveau einem breiten Publikum nahezubringen.

Zusammen mit einer Mannheimer Konzertagentur wurde deshalb im August 1988 im Schwetzinger Schloßpark ein Konzert unter Mitwirkung von Justus Frantz als Solisten und dem Royal Philharmonic Orchestra unter Yehudi Menuhin mit mehr als 17.000 Besuchern veranstaltet, nachdem bereits im Juni ein kleineres Open Air-Konzert auf dem Schloßplatz in Karlsruhe rd. 6.000 Besucher angezogen hatte. Um weitere Erfahrungen zu sammeln, wurde der Versuch 1989 in Schwetzingen wiederum mit Justus Frantz als Solist fortgesetzt.

Open Air Classic im Schwetzinger Schloßpark 1988 mit Justus Frantz und Yehudi Menuhin; Foto: Lenhart, Schwetzingen, copyright: Schwetzinger Zeitung

B 4 Substanzbezogene Maßnahmen

B 4.1 **Denkmalgerechte Nutzung**

Denkmalgerechte Nutzung ist der beste Denkmalschutz. Wo die denkmalgerechte Nutzung (noch) nicht erreicht ist, muß sie wenigstens als Zielvorstellung definiert werden. Erst dann wird man auf dem beschränkten Markt der Möglichkeiten zugunsten des Baudenkmals aktiv werden können.

B 4.1.1 Nutzungsdefizite und ihre Beseitigung:

Wo also landeseigene Schlösser und Klöster ganz oder teilweise ungenutzt sind (wie das Wasserschloß Presteneck oder die Kapfenburg), wo sie nicht zweckgerecht belegt sind (wie bei Teilen des Mergentheimer Schlosses) oder die bisherige Nutzung aus anderen Gründen aufgegeben oder verändert werden soll (wie bei den Räumlichkeiten im Schloß Ludwigsburg, die bisher von der Verwaltung genutzt wurden), sind in Zusammenarbeit mit der Staatlichen Hochbauverwaltung neue Nutzungsmöglichkeiten zu suchen. Diese Vorsorge ist umso wichtiger, je gefährdeter das Denkmal in seiner Substanz ist. Auch landeseigene Gebäude sind in ihrer Substanz teilweise bedroht, wie z. B. das Schloß Aulendorf oder das Kurtheater Wildbad. Insbesondere in diesen Fällen müssen Lösungen – notfalls auch in Stufen (z. B. zunächst bloße Substanzsicherung) – eingeleitet und auch solche Nutzungen in Aussicht genommen werden, für die neben dem Land selbst andere Träger der öffentlichen Hand oder Dritte (private Träger, Stiftungen) in Betracht kommen.

B 4.1.2 Schloßtheater Ludwigsburg:

Das Problem der denkmalgerechten Nutzung stellt sich aber auch in Räumen, die dem Publikum längst geöffnet und scheinbar vertraut sind. Deutlich wird das am Beispiel des Schloßtheaters Ludwigsburg. Bisher wird dieses Theater von den Schloßfestspielen (vgl. Kap. 1, A 4.1.1) für Aufführungen benutzt, und bei Schloßführungen können die Besucher den Theaterraum (meist bei geschlossener Bühne) besichtigen.

Die nähere Beschäftigung mit dem Theaterbau im Zusammenhang mit Überlegungen zur künftigen Nutzung der gesamten Schloßanlage eröffnete die Möglichkeit, durch interdisziplinäre Kooperation verschiedener staatlicher Stellen eine ausgesprochene Attraktion zu gewinnen:

- ☐ Das ganze Theater und insbesondere der im Thouret'schen Original der Königszeit von 1812 erhaltene, jedoch stark strapazierte Zuschauerraum wird nach 1991 von der Staatlichen Hochbauverwaltung renoviert und danach wieder im originalen Glanz erscheinen.
- ☐ In diesem Zusammenhang wird auch die weitgehend erhaltene, teilweise aber zerlegte und beschädigte Bühnenmaschinerie saniert und wieder gebrauchsfähig installiert werden.
- ☐ Schloß Ludwigsburg verfügt über einen weltweit fast konkurrenzlosen Bestand historischer Kulissen (mehr als 10 komplette Bühnenbilder) aus der Zeit Friedrichs I. (vgl. Abschnitt B 4.3). Ihre Bedeutung wurde erst vor wenigen Jahren erkannt. Das Restaurierungsprogramm (vgl. Abschnitt A 2) ist demnächst abgeschlossen. Die Kulissen stehen dann wieder weitgehend gebrauchsfähig zur Verfügung.

Werden die Elemente Zuschauerraum, Bühnenmaschinerie und Kulissen zusammengefügt, ergibt sich das lebendige und historisch getreue Bild eines Theaters aus klassischer Zeit, eine Besonderheit für ganz Europa. Sie kann (außerhalb der Theater- oder Opernaufführungen) dem Besucher in Funktion vorgeführt werden. Dies kann – ähnlich wie in Schwetzingen, wo allerdings kein kompletter historischer Bestand vorhanden ist – in einer Art von Inszenierung geschehen. Die authentische Verlebendigung im Stil einer Zeit, die für die deutsche Theatergeschichte von besonderer Bedeutung war, wird nicht nur ein Höhepunkt jeder Schloßführung, sondern kann ein Anziehungspunkt von weit überregionaler Bedeutung werden.

Beispiel eines restaurierten Bühnenbildes aus den originalen Kulissen des Schloßtheaters Ludwigsburg; Bild: Schloßverwaltung Ludwigsburg

B 4.2 **Neue Aspekte in den Nutzungskonzeptionen**

Der Bereich „Staatliche Schlösser und Gärten" ist wie jede Präsentationseinrichtung auf eine gediegene Erhaltung der Substanz angewiesen, also insbesondere auf die bauliche Unterhaltung, Sanierung und nutzungsgerechte Herrichtung der Anlagen. Dies gilt auch für die Beschaffung der baulichen „Infrastruktur", ohne die eine publikumsgerechte Präsentation auf Dauer nicht möglich ist. Vor allem zwei Maßnahmen sind erforderlich:

B 4.2.1 Bessere Gestaltung der Empfangsräume:

In Führungsobjekten müssen die auf den Führungsbeginn wartenden Besucher betreut werden. Sie sollten im Rahmen des baulich Möglichen überall einen Empfangsraum mit Verkaufstheke (Bücher, Karten, Dias usw.) und Besucherinformationen (Modell, Schautafeln, evtl. Video-Vorführungen oder dergleichen) vorfinden. Für das Klosterjubiläum 1987 wurde in Bebenhausen ein derartiges Entrée für das Klostermuseum geschaffen und hat sich inzwischen sehr bewährt. - Am Hohentwiel ist der Aufbau eines Informationszentrums didaktisch vorbereitet. Für das Kloster Allerheiligen (Oppenau) sind die Planungen für ein solches Zentrum in der Anlaufphase. Alle namhaften Objekte des Landes werden auf die Verbesserung der Eingangssituation hin überprüft.

B 4.2.2 Gastronomieangebot in allen Schloßmuseen:

Die Erfahrungen lehren, daß die Besucher eines Schloßmuseums in dessen Nähe ein gastronomisches Angebot (Cafeteria oder Gaststätte) erwarten. In einigen Schloßmuseen gibt es bereits solche Einrichtungen, die rege besucht werden (Schloß Heidelberg, Schloß Bruchsal) und den Bedarf an derartigen Einrichtungen für alle Schloßmuseen bestätigen.

Ob und wie das gastronomische Angebot zu verbessern ist (Kiosk, Cafeteria, Café, Restaurant), hängt vom Bedarf und den baulichen Möglichkeiten ab. Wo es möglich ist, wird frühzeitig Vorsorge getroffen:

- ☐ Im Zusammenhang mit der Sanierung des Schlosses Weikersheim sind die Voraussetzungen zum Einbau eines Schloßcafes geschaffen worden.
- ☐ Im Blühenden Barock Ludwigsburg steht ein Neu- und Umbau des Parkcafes heran.
- ☐ Auf der Solitude ist die angemessene gastronomische Versorgung im Anschluß an den Umbau sichergestellt.
- ☐ Die Bemühungen, im Alten Schloß Stuttgart eine Weinstube einzurichten, werden fortgesetzt.

B 4.3 **Vervollständigung der Ausstattung von Schlössern und verbesserte Pflege**

Die gerade noch rechtzeitig begonnene Restaurierung der originalen Opern- und Theaterkulissen im Ludwigsburger Schloß (vgl. Abschn. B 4.1.2) und die spürbaren Lücken in der Ausstattung mancher Schlösser (z. B. auch des Heidelberger Schlosses, vgl. Abschn. A 2) zeigen schlaglichtartig, daß in der Pflege der Ausstattungsgegenstände noch einige Aufgaben anstehen. Die Pflege der vorhandenen Bestände entwickelt sich immer deutlicher zu einem Schwerpunkt, weil es sich hier um die Sicherung unersetzlicher und besonders stark gefährdeter Vermögenswerte handelt.Die vorhandenen Einrichtungsgegenstände bedürfen der Inventarisierung und laufenden Betreuung. Das in den Depots befindliche Mobiliar kann oft nur deshalb nicht gezeigt werden, weil es in keinem ausstellungsfähigen Zustand ist. Dem ist dadurch abzuhelfen, daß die vorhandenen Werkstätten in einem Mindestumfang ausgebaut und komplettiert werden. Arbeiten, die zweckmäßigerweise nicht in eigenen Werkstätten durchgeführt werden, sind weiterhin und verstärkt zu vergeben.

Zur Erhaltung der wertvollen Gegenstände gehört auch die sachgerechte Lagerung des beweglichen Kunstguts. In Karlsruhe ist die Komplettierung des neu eingerichteten Magazins, in Ludwigsburg die Zusammenfassung der Depoträume zu einem qualifizierten Magazin anzustreben.

B 5 Parkpflegewerke für alle wichtigen historischen Gärten

Die historischen Gärten und Freianlagen im Umfeld von Schlössern, Klöstern und Ruinen bedürfen besondes sorgfältiger Pflege. Diese muß sich bei historischen Gärten am historischen Vorbild, bei den übrigen Anlagen am Anspruch des benachbarten Baudenkmals orientieren. Die Pflegepläne und -vorhaben werden aus Parkpflegewerken entwickelt, die ihrerseits auf einer Ermittlung und Bewertung des historischen Befundes und einer sorgfältigen Aufnahme des Ist-Zustandes basieren. Wo derartige Parkpflegewerke bestehen und die entsprechenden Pflegepläne in die Tat umgesetzt werden (z. B. in Schwetzingen), haben sie ihre Notwendigkeit bereits hinlänglich bewiesen.

Die Parkpflegewerke werden aber nur dann ihren vollen Wert entfalten, wenn die finanzielle und personelle Kapazität für ihre Umsetzung bereitgestellt wird. Solche Grundlagen sollen sukzessive für alle relevanten historischen Gärten, Plätze und Parks des Landes entstehen. Sie sind besonders wichtig bei den frei zugänglichen Anlagen, auch als Grundlage für die Vereinbarungen mit den Kommunen über eine Beteiligung an den Pflegekosten.

Alterungsprozesse und umweltschädliche Einflüsse führen dazu, daß immer häufiger Neupflanzungen wesentlicher Parkelemente erfolgen müssen (so mußte die Allee vor Schloß Favorite Ludwigsburg bereits ersetzt werden, während die Ersetzung des alten Alleenbestandes beim Residenzschloß in 10 bis 15 Jahren ansteht). Hier gilt es, rechtzeitig in die Anzucht junger Bäume zu investieren, um damit letztlich die Beschaffungskosten zu senken.

Pomeranzengarten Leonberg, 1980 wiederhergestellt nach Plänen des württembergischen Baumeisters Heinrich Schickhardt; Bild: OFD Stuttgart

B 6 Intensivierung der Werbung und Öffentlichkeitsarbeit

Werbung ist für die Staatliche Liegenschaftsverwaltung eine neue Schwerpunktaufgabe. Sie wurde bisher nur sehr zurückhaltend betrieben; ihr Ausmaß reicht für die Zukunft nicht aus.

Sie muß unter Einbeziehung der Massenmedien und unter Mitwirkung professioneller Werbegrafiker stattfinden, wobei die einzelnen Maßnahmen aufeinander abgestimmt und in einem einheitlichen Werbekonzept zusammengefaßt werden müssen. Dafür bieten sich an:

B 6.1 **Marketing-Konzept**

Einzelne Schloß- und Klostermuseen sind in der Hauptsaison ausgelastet und vertragen keine weitere Zunahme der Besucherfrequenz (z. B. Schloß Heidelberg mit mehr als 900.000 Besuchern jährlich). Andere Objekte haben dagegen noch erhebliche Kapazitätsreserven. Damit für diese Objekte zusätzliche Besucher gewonnen werden, erscheint ein professionell entwickeltes Marketing-Konzept unverzichtbar. Die Vorgaben dafür werden derzeit zusammen mit Fremdenverkehrs- und Touristikexperten der Fachhochschule Heilbronn und der Berufsakademie Ravensburg erarbeitet.

Dieses Konzept soll nicht nur eine reine Werbestrategie, sondern auch eine Analyse und Lösungsvorschläge für die Problemfelder enthalten, die unmittelbar für das Publikum relevant sind.

B 6.2 **Einheitlicher Raster für Publikationen**

Eine werbliche Komponente gab den Ausschlag dafür, daß die zur Eröffnung des Schlosses Rastatt herausgegebenen Publikationen im Erscheinungsbild aufeinander abgestimmt wurden (von der Eintrittskarte über den Führer bis zum Objektplakat). Nach einheitlichem „Raster" sollten auch in Zukunft die Publikationen für andere landeseigene Kulturdenkmäler entwickelt werden.

B 6.3 **Zusammenarbeit mit dem Landesfremdenverkehrsverband**

Auf der Grundlage des Marketing-Konzepts werden die einzelnen Werbemaßnahmen ergänzt. Unabhängig davon wird die bereits erfolgreich betriebene Zusammenarbeit mit dem Landesfremdenverkehrsverband intensiviert und weiter ausgebaut, insbesondere bei Erarbeitung und Vertrieb von Publikationen und bei Messeaktivitäten. So sollen die „Staatlichen Schlösser und Gärten" nach dem erfolgreichen Test 1989 auch künftig im Ausstellungsquartier des Landesfremdenverkehrsverbandes auf der CMT-Messe mit einem eigenen Stand vertreten sein. Ihre Darstellung im Freizeitatlas des Landesfremdenverkehrsverbandes soll noch verbessert werden.

B 6.4 **Öffentlichkeitsarbeit**

Gezielte Werbemaßnahmen sollen durch eine kontinuierliche Öffentlichkeitsarbeit – vornehmlich in der Presse, zunehmend aber auch in anderen Medien – ergänzt werden. Schon die seit 1987 gesammelten Erfahrungen zeigen, daß einer Zeitungsanzeige die Erwähnung im redaktionellen Teil der Zeitung weit überlegen ist; dieselbe Erfahrung hat bereits die Wilhelma gemacht, die ebenfalls dem Bereich „Staatliche Schlösser und Gärten" zugeordnet ist. Neben den stetigen und breit gestreuten Informationen aus konkreten Anlässen (z. B. bei Einweihungen, Jubiläumsveranstaltungen) bedarf es der begleitenden Betreuung der Journalisten und Reporter (z. B. für Fortsetzungsreihen über Schlösser einer bestimmten Region), um über das Interesse der Medien das des Publikums zu gewinnen.

Kapitel 8

DENKMALPFLEGE

Einleitung

Der Ministerrat hat das Innenministerium beauftragt, ein mittelfristiges Gesamtkonzept für die Denkmalpflege in den 90er Jahren zu erarbeiten. Diese Denkmalkonzeption wird alle fachlichen Aspekte von der Bau- und Kunstdenkmalpflege über die archäologische Denkmalpflege bis zur Steinschadensforschung umfassen.

Zwei wichtige Aspekte der künftigen Denkmalkonzeption sind inhaltlich mit der Kunstkonzeption verknüpft. Dies rechtfertigt es, sie nicht nur in der Denkmalkonzeption, sondern auch als begründetes Anliegen in der Kunstkonzeption zur Darstellung zu bringen.

Villingen, Liebfrauenmünster. Die Bronzetüren des hochmittelalterlichen Westportals wurden 1983 von dem in der Region beheimateten Bildhauer Klaus Ringwald gestaltet; Bild: Fred Hugel, Villingen-Schwenningen

A. Bestand

Die Gefährdung und die Erhaltung der Baudenkmäler sind gleichermaßen mehr denn je abhängig von den Veränderungen in vielfältigen Lebensbereichen. Dementsprechend sind die Ziele einer modernen Denkmalpflege nur in interdisziplinärer Verzahnung mit anderen einschlägigen Aufgabenfeldern zu erreichen.

In diesem Sinne besteht ein enger Zusammenhang zwischen immer wieder notwendigen Maßnahmen der Neugestaltung im Denkmalbestand und den kreativen Chancen der Gegenwartskunst einerseits und dem Bedarf an neuer Nutzung bei bedeutenden Kulturdenkmalen und den heutigen Nutzungsanliegen im kulturellen Bereich andererseits.

A 1 Denkmalpflege und Gegenwartskunst

Ein zusätzliches Wirkungsfeld für künstlerisch-kreatives Gestalten ist in den vielfältigen, notwendigen Neugestaltungen im Aufgabenbereich der Denkmalpflege zu sehen.

Bau- und bildkünstlerische Neugestaltung im Denkmalzusammenhang, die einerseits die Sprachmöglichkeit zeitgenössischer Kreativität vermittelt und andererseits auch dialogfähig ist mit dem historischen Bestand, gehört von jeher zu den schwierigsten, jedoch auch zu den besonders fruchtbaren Herausforderungen jeder Gegenwartskunst. Dies gilt für Neuarchitektur im alten Bauzusammenhang genauso wie für die vielfältigen bildkünstlerischen Aufgaben beispielsweise in historischen Kirchen usw.

Die Landesdenkmalpflege registriert mit Besorgnis seit längerem Tendenzen, wonach bei derartigen Aufgaben die Chancen zu künstlerisch kreativer Neugestaltung zugunsten von fragwürdigen Lösungen in der Form historisierender Nachbildung, Anpassung oder Rekonstruktion vertan werden. Die Vorbehalte der Auftraggeber (Kommunen, Kirchen usw.) gegenüber zeitgenössischen Neulösungen sind auffällig.

Die Ursachen für einen Rückgriff auf eine historisierende Gestaltsprache sind u. a. in den Erfahrungen mit jenen bekannten, gestalterischen Neulösungen zu sehen, die in ihrer allzu kontrastierenden Haltung als unvereinbar mit dem Altbestand empfunden wurden. Sie liegen außerdem in jenem verbreiteten Mißverständnis, daß der Auftrag der Denkmalpflege im Umgang mit Geschichtsdenkmälern vor allem als Wiederherstellung des ursprünglichen Zustandes aufgefaßt werden muß. Die Denkmalpflege in ihrer Konzeption für die 90er Jahre wird für diejenigen Fälle, in denen eine Neugestaltung im Denkmalzusammenhang gefragt ist, ihr Votum für mehr Offenheit gegenüber den zeitgenössischen Gestaltungsmöglichkeiten einbringen und unter Bezugnahme auf die geschichtliche Dimension auch begründen.

Die Kunstpolitik des Landes wird aus dem ihr wesentlichen Anliegen heraus dieses Votum unterstützen. Mit dem gestalterischen Auftrag im verpflichtenden Denkmalzusammenhang werden Chancen und inhaltliche Vorgaben zu kreativer Auseinandersetzung eröffnet, deren Wahrnehmung nicht vernachlässigt werden darf. Ein Kunstschaffen, das sich nicht nur der Innovation, sondern auch der Kontinuität verpflichtet weiß, darf in der immer wieder geforderten Fähigkeit zum Dialog mit vorhandenem Bestand nicht weiter verkümmern.

A 2 Kulturelle Nutzung im Denkmal

Das Landesdenkmalamt Baden-Württemberg betreute in den vergangenen Jahren mit einem gezielten, besonders auf Substanzerhaltung gerichteten Einsatz zahlreiche Kulturdenkmale, die heute für eine kulturelle Nutzung zur Verfügung stehen. Im Schwerpunktprogramm Denkmalpflege und im Denkmalnutzungsprogramm konnten herausragende Kulturzeugnisse unseres Landes, die besonders gefährdet waren, vor drohendem Verfall gerettet und einer angemessenen, denkmalverträglichen kulturellen Nutzung zugeführt werden.

Der gemeinsame Nenner aller Maßnahmen war die Schonung und Erhaltung des geschichtsurkundlichen Wertes und damit auch die Rücksicht auf die Geschichtsspuren, die die Zeit dem Baubestand eingeprägt hatte; denn sie machen das Alter sichtbar, das ein emotionaler Wert und schließlich ein entscheidendes Merkmal eines Denkmals ist.

Der schonende Umgang mit dem materiellen Geschichtszeugnis verlangt eine sorgfältige und abgewogene Prüfung der nutzungsbedingten Veränderungen. Nach umfangreichen Voruntersuchungen konnte jeweils der Rahmen der notwendigen Restaurierungs-, Konservierungs- und Veränderungsmaßnahmen festgelegt werden. Beschädigte Teile wurden stets mit den traditionellen, bewährten Handwerksmethoden und entsprechenden Materialien ausgewechselt.

Dort aber, wo im Gefolge einer erweiterten oder geänderten Nutzung Um- oder Anbauten unvermeidlich waren, konnte aus denkmalpflegerischer Sicht eine in Form und Material eigenständige Auseinandersetzung mit dem vorhandenen Bestand erfolgen, damit Geschichte nicht nur bewahrt, sondern auch fortgeschrieben wird. Gerade die besondere Qualität der historischen Bauten hat Architekten und Ingenieure zu hervorragenden individuellen Lösungen angeregt, wie z. B. im Franziskaner-Kloster in Villingen-Schwenningen, wo die Kreuzgangverglasung, die Pendelleuchten in Kirche und Refektorium oder die Türbeschläge besondere Erwähnung verdienen.

Diese künstlerischen Leistungen lassen sich sicherlich noch steigern, wenn befähigte, kreative Architekten und Designer, die im Umgang mit historischer Substanz bereits Erfahrung sammeln konnten, auch in Zukunft für diese wichtigen Aufgaben zur Verfügung stehen.

A 2.1 **Schwerpunktprogramm 1980–1991**

Das Schwerpunktprogramm für die Denkmalpflege des Landes umfaßt für die Zeit von 1980 bis 1991 insgesamt 130 Objekte der Bau- und Kunstdenkmalpflege und 15 Maßnahmen der Archäologie. Es hat ein Gesamtvolumen von 158 Mio. DM.

Als Beispiele sollen besonders hervorgehoben werden:

A 2.1.1 Franziskanerkloster, Villingen-Schwenningen:

Die in wesentlichen Teilen erhaltene Klosteranlage ist heute im Besitz der Stadt Villingen-Schwenningen und stammt aus dem Jahr 1268. Sie wurde im spanischen Erbfolgekrieg bei der Tallardschen Belagerung 1704 in Teilbereichen zerstört und 1705–1712 wiederaufgebaut. Die Kirche ist seit 1791 säkularisiert, das Kloster seit 1797 endgültig aufgehoben. Nach der Nutzung als Kaserne und Stall erwarb die Stadt die Klosteranlage im Jahr 1813 und baute sie zu einem Altersheim um. Nachdem diese Nutzung aufgegeben wurde, standen Kloster und Kirche leer.

Die restaurierte Kirche dient heute der gesamten Region als Konzert- und Vortragssaal, und die Klosteranlage wird zu einem regionalen Museum ausgebaut.

Die Zuwendungen aus Mitteln der Denkmalpflege betragen fast 4 Mio. DM. Hinzu kamen namhafte Mittel aus dem Programm der Stadterneuerung.

Villingen, ehemalige Franziskaner-Klosterkirche. Im Rahmen der Neunutzung der mittelalterlichen Klosteranlage wurde die Verglasung der wertvollen Kreuzgang-Maswerkfenster nach Entwurf des Architekten Elmar Fuhrer gestaltet; Bild: LDA

A 2.1.2 „Schlößle“ in Friesenheim-Heiligenzell

Die ehem. Propstei des Klosters Schuttern, ein schloßartiger Landsitz mit Kapellenflügel, stammt aus dem 17. und 18. Jh. Das heruntergekommene und stark umgebaute Gebäude im Bereich der Gemeinde Friesenheim stand zum größten Teil leer. Heute befindet sich in dem restaurierten Gebäude ein kulturelles Zentrum mit Vortrags- und Konzertsaal, Altenbegegnungsstätte und Bibliothek.

Zuwendungen aus Mitteln der Denkmalpflege: 1,7 Mio. DM.

A 2.1.3 Schloß Ettlingen

Die Witwe des Türkenlouis, Markgräfin Sybilla Augusta von Baden-Baden, hat das ehemalige markgräfliche Schloß in Ettlingen im 18. Jh. zu einer Vierflügelanlage ergänzt und innen und außen neu gestaltet. Der Baumeister war Johann Michael Ludwig Rohrer. Die Schloßanlage ist heute baulicher und kultureller Angelpunkt im Besitz der Stadt Ettlingen. Sie enthält den durch Konzertveranstaltungen überregional bekannten „Asamsaal“, die ehemalige Schloßkapelle mit Fresken von Cosmas Damian Asam, das Albgaumuseum und außerdem einige Festräume. Zur Arrondierung der bisher geleisteten Restaurierungsarbeiten war die restauratorische Instandsetzung der Innenräume des Süd- und Ostflügels unumgänglich.

Heute wird das Schloß vor allem für kulturelle Zwecke genutzt (z. B. Ettlinger Schloßfestspiele, vgl. Kap. 1, A 4.1.1).

Zuwendungen aus Mitteln der Denkmalpflege: 2,9 Mio. DM.

A 2.1.4 Karlsburg in Durlach:

Das markgräfliche Schloß – im Besitz der Stadt Karlsruhe – entstand nach der Verlegung der Residenz von Pforzheim nach Durlach und nach der Zerstörung des Vorgängerbaus in den Orleanschen Kriegen. Die Planung stammt von dem berühmten Barockbaumeister Domenico Egidio Rossi und wurde 1698 begonnen. Das große Barockschloß diente bis 1945 als Kaserne und war stark in Mitleidenschaft gezogen. Danach stand das Gebäude jahrzehntelang leer und war akut gefährdet.

Zur Zeit wird das Barockschloß restauriert und soll dann dem Stadtteil Durlach als Kulturzentrum zur Verfügung gestellt werden.

Ein Zuschuß von 2,5 Mio. DM wurde bewilligt.

A 2.1.5 Ehemalige Pfarrkirche in Wolfegg:

Die ehemalige Pfarrkirche des Ortes ist im Kern ein romanischer Saalbau mit gotischem, polygonalem Chor und enthält im Innern umfangreiche Zyklen gotischer Wandmalerei des frühen 14. und 15. Jahrhunderts. Nach der Säkularisierung im Jahre 1806 diente die Kirche als Scheune.

Heute wird die Kirche, die sich im Besitz der Gemeinde Wolfegg/Fürstlich-Waldenburg-Wolfegg'sche Verwaltung befindet, von der Gemeinde genutzt, nachdem sie zuvor instandgesetzt und die gotischen Wandmalereien restauriert worden sind.

Zuwendungen aus Mitteln der Denkmalpflege: 545 TDM.

A 2.1.6 Äbtissinnenhaus Heiligkreuztal

Das 1227 gegründete Zisterzienserinnen-Kloster ist eines der wenigen Beispiele in Deutschland, die noch einen vollständigen und ungestörten Eindruck von einer mittelalterlichen Klosteranlage vermitteln. Das Äbtissinnenhaus gehört der Umbau- und Erneuerungsphase unter Veronika von Rietheim an. Der um 1530 errichtete Bau ist ein herausragendes Beispiel für die Übergangszeit von der Spätgotik zur Frührenaissance. Das Gebäude enthält wertvolle Stuckdecken des frühen 18. Jahrhunderts.

Das leerstehende und akut einsturzgefährdete Gebäude konnte inzwischen saniert werden und enthält heute Tagungs- und Konferenzräume.

Zuwendungen aus Mitteln der Denkmalpflege: 1,5 Mio. DM.

Kloster Heiligkreuztal, Landkreis Biberach. Das sogenannte Äbtissinenhaus des 16. Jh. wird im Rahmen der Neubelebung des ehem. Zisterzienserinnenklosters durch die Stephanus-Gemeinschaft für Tagungszwecke genutzt; Bild: LDA

A 2.1.7 Ehemalige Synagoge Freudental:

Die älteste Synagoge Württembergs stammt aus dem Jahr 1770. Das desolate Gebäude war als Lagerraum genutzt und sollte abgebrochen werden. Der Förder- und Trägerverein „Ehem. Synagoge Freudental e.V." hat in dankenswerter Weise die Initiative ergriffen und nutzt jetzt die Synagoge als Pädagogisch-Kulturelles Zentrum.

Zuwendungen aus Mitteln der Denkmalpflege: 878 TDM.

A 2.1.8 Schloß Ballmertshofen:

Das Schloß Ballmertshofen ist als Bau des späten 16. Jh. regional von besonderer künstlerischer wie heimatgeschichtlicher Bedeutung.

Nach der Sanierung des statisch gefährdeten, besonders wertvollen Dachstuhls, der Außenerneuerung und der Restaurierung des frühbarocken Stucks im Innern kann das Gebäude von der Gemeinde Dischingen als Heimatmuseum genutzt werden.

Zuwendungen aus Mitteln der Denkmalpflege: 400 TDM.

A 2.2 **Denkmalnutzungsprogrammm 1987–1991**

Im Denkmalnutzungsprogramm für die Jahre 1987 bis 1991 werden weitere 76 Objekte von kommunalen und freien Trägern sowie 12 Baumaßnahmen an Kulturdenkmalen gefördert, die im Landeseigentum stehen. Die Landesregierung möchte mit diesem Programm leerstehende oder nur unzureichend genutzte, hochwertige Baudenkmale erhalten und einer langfristigen öffentlichen Nutzung zuführen. Damit kann gleichzeitig auf entsprechende Neubauten verzichtet werden. Eine Vielzahl der in das Programm aufgenommenen Baudenkmale ist für eine kulturelle Nutzung vorgesehen, so z. B. die Kelter in Besigheim, die ehemalige Stadtmühle in Ellwangen, der alte Zunfthof in Staufen/Breisgau, das Alte Gymnasium in Rottweil, die Ökonomiegebäude des Klosters Rot an der Rot, die Zehntscheuer in Balingen usw.

Es gibt allerdings auch Baudenkmale, bei denen eine Renovierung grundsätzlich nicht in Frage kommt, weil man sich auf Konservierungs- und Restaurierungsarbeiten beschränken muß. In diesen Fällen würde eine Nutzungsänderung die geschichtlichen Zeugnisse in ihrem materiellen Bestand und in ihrer originalen Erscheinungsweise gefährden, die jedoch erhalten werden sollen.

Baudenkmale, die auch in Zukunft ohne unmittelbare „Nutzung" unverzichtbare Teile unserer Denkmallandschaft bleiben, sind Schloß- und Burgruinen. Die Ruine als Merkmal, als Zeugen der Geschichte, gilt es in der uns überkommenen Form zu erhalten.

B. Perspektiven

B 1 Künftige kulturelle Nutzung von Baudenkmälern

Die Denkmalpflege wird auch in den nächsten Jahren mit den Auswirkungen gewandelter Nutzungsbedürfnisse und mit einer steigenden Zahl von Kulturdenkmalen konfrontiert, die baupflegerisch vernachlässigt und in ihrem Bestand gefährdet sind und keiner neuen Nutzung zugeführt werden können. Auf der anderen Seite ist aus den gesellschaftlichen Veränderungen und neu erwachsenden kulturellen Bedürfnissen der künftigen Freizeitgesellschaft ein breites Spektrum an Nutzungsaktivitäten absehbar, für deren Verwirklichung ein zusätzlicher Bedarf an besonders geeigneten Gebäuden und Räumlichkeiten besteht.

Beide Anliegen, der Bedarf an zusätzlichen kulturellen Einrichtungen und die Reaktivierung nutzungslos gewordener Baudenkmäler, können sich gegenseitig begünstigen. In diesem Sinne werden gegenwärtig für eine Reihe weiterer Denkmäler erhaltende Umnutzungsmaßnahmen überlegt bzw. planerisch vorbereitet. Dies gilt beispielsweise für Schloß Achberg (Landkreis Ravensburg), für Kloster Bronnbach (Landkreis Tauberbischofsheim), für das Renaissanceschloß Meßkirch usw.

Weitere Denkmäler aus den unterschiedlichsten Kategorien werden absehbar von der fehlenden Nutzung her zum Problem. Dabei werden herkömmlich bedeutende Denkmalkomplexe, wie z. B. das ehemalige Zisterzienserkloster Kirchheim am Ries, genauso betroffen sein wie gewichtige Vertreter der jüngeren Denkmalkategorien, z. B. die hochrangige Architektur des ehemaligen Hildebrandt'schen Mühlengebäudes in Weinheim (1895).

Schloß Achberg, Landkreis Ravensburg. Das ehem. Deutsche Ordensschloß wird vom neuen Eigentümer, dem Landkreis Ravensburg, schrittweise einer öffentlich-kulturellen, denkmalverträglichen Neunutzung zugeführt; Luftaufnahme freigegeben durch RP Tübingen; Nr. 000/24365; copyright: LDA

B 2 Voraussetzungen für Neunutzungen

Nach den Erfahrungen aus der bisherigen Umnutzungspraxis sind denkmalpflegerisch angemessene und allseits befriedigende Lösungen allerdings nur zu erreichen, wenn zweierlei Voraussetzungen verstärkt beachtet und erfüllt werden:

B 2.1 **Frühzeitige Beteiligung des Landesdenkmalamts**

Die neue Nutzung eines Denkmals muß schon von den ersten Überlegungen an auch mit der Denkmalfachbehörde erörtert werden. Nur so kann rechtzeitig geklärt werden, ob und wieweit die beabsichtigte neue Nutzung ohne größere Schwierigkeiten und ohne erhebliche Denkmalnachteile verwirklicht werden kann.

So kann beispielsweise das Einbringen einer öffentlichen Bibliothek in ein Denkmalgebäude zwar für die Infrastruktur einer Stadt erhebliche Vorteile bringen. Andererseits kann diese Vorstellung aber aus statischen Gründen zur totalen Auskernung und damit zum Verlust von wertvollem, für das Denkmalgebäude wesentlichem Innenbestand führen. Die rechtzeitige Einschaltung der Denkmalpflege hat in der Vergangenheit solche Probleme in vielen Fällen frühzeitig aufgedeckt und zur Anregung weiterer Nutzungsmöglichkeiten geführt, die dann eine erhaltende und insgesamt vorteilhafte Neunutzung des Kulturdenkmals mit sich brachten.

Kloster Maulbronn. Ehem. Wirtschaftshof mit Hexenturm im Nordwesten der Anlage; Bild LDA

Es gibt auch bedeutende historische Bauanlagen, bei denen (zumeist angesichts einer hohen Besucherfrequenz) immer wieder eine nutzungsgemäße Aufwertung gefordert wird. Einige solcher Anlagen verschließen sich aber vom besonderen historischen Charakter her jedem größeren Umnutzungseingriff.

So gibt es z. B. im Kloster Maulbronn im rückwärtigen Bereich der alten Klostermühle Gebäudeteile, die in ihrem geschichtlichen Charakter von besonderem Erlebniswert sind. Für diese Gebäudeteile wird immer wieder eine intensivere Nutzung angeregt. Schon die Untersuchungen im Zusammenhang mit einer Unterbringung der Akademie für politische Bildung haben aber ergeben, daß selbst das behutsamste Einbringen neuer und zusätzlicher Nutzungen die geschichtlichen Erlebnisqualitäten dieses ehemaligen Denkmalbestandes in entscheidener Weise verfremden, ja sogar zerstören würde.

Darum sollten Überlegungen zur Neunutzung alter Kulturdenkmale von der Fachbehörde stets so rechtzeitig geprüft werden, daß spätere Konflikte und kostenträchtige, letztendlich aber überflüssige Planungen von vorneherein vermieden werden.

B 2.2 **Vorausgehende Bestandsuntersuchungen**

Werden Denkmalgebäude neu genutzt, so setzt das stets in mehr oder minder großem Ausmaß bauliche Erneuerungen, Änderungen und Eingriffe voraus. In vielen Fällen sind aber die historisch-räumlichen Qualitäten eines Denkmalgebäudes durch spätere Umbauten bereits verdeckt worden und deshalb heute zunächst unbekannt.

In jedem Fall kann deshalb nur eine vorausgehende, denkmalpflegerisch angemessene Bestandsuntersuchung jene Klarheit schaffen, die von vorneherein sinnvolle, bestandsverträgliche und möglichst konfliktfreie Nutzungsplanungen erlaubt und zugleich die Chancen erkennen läßt, die sich auch dem erst untersuchungsmäßig erschlossenen Denkmalbestand für die Neunutzung ergeben.

Die rechtzeitige, denkmalpflegerische Voruntersuchung führt erwiesenermaßen zu kostengünstigen und praktisch lohnenden Ergebnissen; sie erleichtert die Entscheidung über die angemessene Nutzungsart und ist eine wichtige Grundlage für den verantwortbaren Einsatz öffentlicher Gelder und Fördermittel.

Ein aktuelles Beispiel dafür ist die Bestandsuntersuchung auf dem Hohen Asperg; dort konnte die Denkmalpflege helfen, die vorausgehenden Nutzungsüberlegungen nach einer fachlichen Bestandsaufnahme zu einer Konzeption zu verschmelzen, die den Baubestand weitgehend schont.

Die Denkmalpflege erfüllt hier eine vorleistende Aufgabe, die grundlegend ist für das Gelingen denkmalverträglicher kultureller Neunutzungen von Baudenkmälern.

Diese Aufgabe kann derzeit nur beschränkt wahrgenommen werden. Nur wenn die personellen und finanziellen Verhältnisse im Landesdenkmalamt verbessert werden, kann diese hilfreiche und inzwischen auch anerkannte, ja erwartete Leistung für die Bestrebungen, Denkmale neu zu nutzen, landesweit erbracht werden.

Praktische Arbeiten in der Klasse für Graphik-Design von Prof. Günter Jacki, Akademie der bildenden Künste Stuttgart; Bild: Kunstakademie Stuttgart

Kapitel 9

KÜNSTLERISCHE AUSBILDUNG UND FORTBILDUNG

Einleitung

Baden-Württemberg ist - gemessen an seiner Bevölkerung - das Land mit den meisten Kunsthochschulen und Kunststudenten in der Bundesrepublik Deutschland. 1989 studierten an den fünf Musikhochschulen (Kap. 9.2) und den beiden Kunstakademien (Kap. 9.1) insgesamt knapp 4.000 Studenten; an den in Kapitel 9.3 beschriebenen Fachhochschulen mit künstlerischen Ausbildungsinstituten waren etwa 1.300 Studenten eingeschrieben.

Das traditionell gut ausgebaute und breit gefächerte Hochschulwesen in Südwestdeutschland umfaßt auch die künstlerische Ausbildung. Bildungsbeflissenheit als Erbe des schwäbischen Protestantismus, das Gespür der Bevölkerung für erlesene Gestaltung in früheren badischen Landesteilen und die Sinnenfreude in den katholischen Gebieten sind hierfür insgesamt ebenso die Grundlage wie die Erkenntnis der vielfältigen materiellen Verwertbarkeit der angewandten Kunstformen in der Wirtschaft.

Charakteristisch für die künstlerischen Ausbildungsstätten in Baden-Württemberg sind deshalb:

- ☐ eine große fachliche Differenzierung zwischen und in den einzelnen Ausbildungsstätten,
- ☐ eine ausgewogene dezentrale Verteilung der Ausbildungsstätten auf die Landesteile und
- ☐ die angemessene Berücksichtigung der günstigen Auswirkungen, die von gut ausgebauten künstlerischen Ausbildungsstätten auf die Wirtschaftsentwicklung ausgehen.

Diese drei Grundsätze prägen nicht nur die bestehende Hochschullandschaft, sondern sind auch der Maßstab für ihre Fortentwicklung und die in dieser Konzeption beschriebenen vier neuen Einrichtungen: die Theaterakademie (Kap. 9.4), die Akademie Schloß Solitude (vgl. Kap. 9.5), das Zentrum für Kunst und Medientechnologie mit der ihm angeschlossenen Hochschule für Gestaltung (vgl. Kap. 9.6) und die Filmakademie (Kap. 9.7).

Eine gewisse Abrundung soll das Ausbildungsangebot des Landes im künstlerischen Bereich dadurch erfahren, daß künftig - als Antwort auf einen zunehmenden Bedarf an Kunstvermittlern und Kulturadministratoren - an einer Pädagogischen Hochschule des Landes in Verbindung mit anderen Ausbildungseinrichtungen ein Studienangebot „Öffentliche Kulturarbeit/Kulturmanagement" (Kap. 9.8) errichtet wird.

Die den Grundsätzen einer dezentralen Kulturförderung verpflichtete und traditionelle wie moderne Kunstformen umfassende künstlerische Ausbildung in Baden-Württemberg ist nicht nur die Voraussetzung für ein blühendes kulturelles Leben und daher ein Gebot der kulturstaatlichen Verantwortung; die künstlerische Nachwuchsförderung ist längst auch ein Wirtschaftsfaktor geworden.

Ein Blick in eine Fortbildungsveranstaltung in der musikalischen Ausbildungsstätte Schloß Weikersheim; copyright: Robert Schuler, Weikersheim

9.1 Kunstakademien

Einleitung

Die Kunstakademien in Karlsruhe (mit Außenstelle Freiburg) und in Stuttgart repräsentieren die früheren Landesteile. Die fachliche Differenzierung führte zu einer Konzentration der freien Studiengänge in Karlsruhe und den Ausbau der angewandten Fächer in Stuttgart, die dort die freien Studiengänge ergänzen.

A. Bestand

A 1 Das Ausbildungsangebot in Baden-Württemberg

Baden-Württemberg unterhält in Karlsruhe und Stuttgart je eine Akademie der bildenden Künste, die sich in Größe und Selbstverständnis voneinander unterscheiden (vgl. auch Kap. 11, A 4.2).

A 1.1 **Staatliche Akademie der Bildenden Künste Stuttgart**

Die Stuttgarter Kunstakademie verbindet in der Nachfolge des Bauhauses freie und kunstpädagogische Ausbildungsgänge mit dem Studium der angewandten Fächer. Zum freien Bereich gehören die Studiengänge Malerei, freie Grafik, Bildhauerei, freie Keramik und Bühnenbild, zum angewandten Bereich die Studiengänge Architektur und Innenarchitektur, Produktgestaltung, Grafik-Design, Textil-Design und die Restauratorenausbildung. Daneben wird ein Studiengang für Kunsterzieher angeboten.

In den vergangen Jahren hat der Ministerrat den qualitativen Ausbau der Designer- und Restauratorenausbildung an der Stuttgarter Kunstakademie beschlossen, insbesondere aufgrund des Design-Berichts der Landesregierung von 1986.

Unterrichtsgespräch in der freien Malklasse von Prof. K. R. H. Sonderborg, Akademie der bildenden Künste Stuttgart; Bild: Kunstakademie Stuttgart

A 1.2 **Staatliche Akademie der Bildenden Künste Karlsruhe**

Die Karlsruher Kunstakademie hat ihren traditionellen Charakter einer reinen Maler- und Bildhauerhochschule bis heute erhalten. Bereiche der angewandten Kunst sind nach dem Zweiten Weltkrieg in Karlsruhe aufgegeben worden. Auch hier ist das Studium der Kunsterziehung möglich.

Die geplante Hochschule für Gestaltung in Karlsruhe (vgl. Kapitel 9.6) wird wieder Ausbildungsgänge für Grafik- und Produkt-Designer anbieten und die Arbeit der Kunstakademie in dieser Stadt ergänzen.

A 1.3 **Strukturdaten für die Kunstakademien**

Zur Größe der beiden Kunstakademien geben die folgenden Zahlen Auskunft:

Kunstakademien in Baden-Württemberg

Zahl der ...	Stuttgart	Karlsruhe
Studierenden	820	230
- davon freie Kunst	270	193
- Kunsterziehung	150	37
- angewandte Kunst incl. Architektur	400	-
Professoren	50	19
technische Lehrer	26	13
Assistenten/künstlerische Mitarbeiter	13	2

Die drei Säulen der Arbeit einer Kunstakademie Lehre – Kunstausübung – Präsentation: Prof. Rainer Küchenmeister an der Karlsruher Akademie der bildenden Künste bereitet mit seinen Studenten eine Werkausstellung vor; Bild: Kunstakademie Karlsruhe

A 2 Ausbau der Stuttgarter Kunstakademie

Die Stuttgarter Kunstakademie wurde besonders in den Bereichen Design, Trickfilmausbildung und Restauratorenausbildung ausgebaut.

A 2.1 **Verbesserung der Ausbildung in Produktgestaltung und Grafik-Design**

1980 wurde an der Kunstakademie Stuttgart das Institut für Möbel-Design gegründet. Dieses Institut betreibt Grundlagenforschung, die in der überwiegend mittelständisch strukturierten Möbelindustrie des Landes nicht geleistet werden kann. Außerdem unterstützt das Institut das Marketing der Möbelhersteller durch die Veranstaltung von Wettbewerben, Ausstellungen, workshops und Symposien. Jährlich veranstaltet das Institut die Weißenhof-Design-Seminare, die in der Fachwelt bereits überall anerkannt sind.

Zur Verstärkung des Praxisbezugs in der Ausbildung für Produkt- und Grafik-Designer hat das Land ein Sonderprogramm zur Bestellung von Gastprofessuren geschaffen, für das zusätzliche Mittel bereitgestellt wurden.

Für besonders begabte Studenten der Design-Studiengänge wurden parallel zur Promotion an wissenschaftlichen Hochschulen Aufbaustudiengänge eingerichtet. Wer am Aufbaustudium teilnimmt, kann die Einrichtungen der Kunstakademie (Werkstätten, Labors und Übungsräume) unbeschränkt benutzen. Da der Student im Aufbaustudium selbständig und zielgerichtet arbeitet, ist zu erwarten, daß auf diese Weise eine enge Verbindung zwischen der Entwicklungsarbeit an der Kunstakademie und der produzierenden Wirtschaft hergestellt wird.

A 2.2 **Studiengang Investitionsgüter-Design**

1988 wurde an der Stuttgarter Kunstakademie als erster Hochschule in der Bundesrepublik Deutschland ein spezifischer Studiengang für Investitionsgüter-Design eingeführt. Es handelt sich um ein viersemestriges Ergänzungsstudium, das mit einem Diplom abgeschlossen wird.

Mit der Einführung dieses Studiengangs hat die Landesregierung dem in Baden-Württemberg bestehenden dringenden Bedarf an Designern von Investitionsgütern Rechnung tragen wollen. In Baden-Württemberg sind nämlich 42% der Werkzeugmaschinenindustrie angesiedelt.

A 2.3 **Geräteausstattung für Trickfilmausbildung**

Die Trickfilmausbildung an der Kunstakademie Stuttgart und das Internationale Trickfilmfestival machen Stuttgart zu einer wichtigen Region des Animationsfilms in der Bundesrepublik Deutschland. Das hat die Landesregierung veranlaßt, für die Kunstakademie als erster deutscher Kunsthochschule einen Grafikanimationscomputer zu beschaffen und damit die gute Ausstattung der Trickfilm- und Videowerkstatt zu ergänzen.

Ablaufzeichnung aus einem Trickfilm der Stuttgarter Kunstakademie; Bild: Prof. Albrecht Ade, Stuttgart

A 2.4 **Erweiterung der Restauratorenausbildung**

1986 hat der Ministerrat die Einführung weiterer Diplomstudiengänge für Restauratoren an der Stuttgarter Kunstakademie beschlossen, um damit die traditionelle Ausbildung von Restauratoren für Gemälde und gefaßte Skulpturen zu erweitern.

Bei der Restauratorenausbildung arbeitet die Kunstakademie mit anderen Kulturinstitutionen des Landes eng zusammen. Dabei bieten die Akademie die theoretischen Ausbildungsinhalte, die Landesdenkmalpflege, Staatliche Museen, Bibliotheken und ein noch einzurichtendes Ausbildungslabor die praktischen Ausbildungsinhalte an.

Die Absolventen der neuen Studiengänge haben gute Berufsaussichten, weil

- ☐ die sehr frühe Besiedelung und kulturelle Erschließung Südwestdeutschlands eine Vielzahl archäologischer Objekte überliefert haben, die bisher nur teilweise oder überhaupt nicht restauratorisch betreut werden konnten;
- ☐ in den wissenschaftlichen Bibliotheken des Landes Tausende von alten Druckwerken dringend restaurierungsbedürftig sind und umgehend restauriert werden müssen, wenn nicht noch größere Verluste hingenommen werden sollen;
- ☐ in der Bau- und Kunstdenkmalpflege infolge schädlicher Umwelteinflüsse in Zukunft mit erheblich mehr und schwierigeren Erhaltungsmaßnahmen zu rechnen ist, für die bisher kein qualifiziertes Personal in ausreichendem Umfang zur Verfügung steht.

A 3 Veranstaltungen der Kunstakademien

Die Kunsthochschulen des Landes sind nicht nur Stätten der künstlerischen Lehre, sondern auch Kunstinstitutionen, die zur Ausübung der Kunst in der Öffentlichkeit berufen sind. Künstlerische Entwicklungsvorhaben und freie Kunstausübung haben an den Kunsthochschulen eine vergleichbare Bedeutung wie die Forschung an wissenschaftlichen Hochschulen.

Mit ihrem kulturellen Auftrag bieten die Kunstakademien ihren fortgeschrittenen Studenten und Absolventen die Möglichkeit, Ausstellungserfahrung zu gewinnen und erleichtern ihnen damit den Eintritt in das berufliche Leben.

Für Veranstaltungen der Kunst- und Musikhochschulen standen 1989 etwa 750 TDM zur Verfügung.

Zur Stärkung des kulturellen Lebens in den dezentralen Gebieten hat die Landesregierung ein zusätzliches Programm „Kunsthochschulen in der Region" beschlossen, für das 1989 ein Betrag von 140 TDM aus Wettmitteln aufgewendet wurde. Diese Veranstaltungen sind ein wichtiger Faktor in der dezentralen Kunstförderung des Landes.

Das seit mehr als 10 Jahre bestehende Programm „Debutanten-Ausstellungen" hilft Absolventen der Kunstakademien an der Schwelle zur freien künstlerischen Berufspraxis als Maler und Bildhauer, indem es ihnen finanzielle Mittel für eine repräsentative Ausstellung bietet. Jede Debütanten-Ausstellung wird durch einen Katalog der Akademie begleitet. Katalog und Ausstellung sollen den jungen Künstler auszeichnen und sein Werk einer breiteren Öffentlichkeit bekanntmachen. Für dieses Programm standen 1989 ebenfalls aus Wettmitteln Beträge in Höhe von 90 TDM zur Verfügung.

Als Starthilfe für den Beruf dienen auch Zuschüsse zur Ateliermiete für junge Künstler. Die von den beiden Kunsthochschulen vergebenen Zuschüsse können für die Dauer von 5 Jahren in Höhe von maximal 500 DM/Monat gewährt werden.

B. Perspektiven

B 1 Organisatorische Verknüpfung der freien Kunst, des Design und der Mediengestaltung

Freie Kunst und angewandte Künste und Mediengestaltung stehen in einem Verhältnis der gegenseitigen Spannung und Befruchtung. Für die Verflechtung dieser Bereiche werden im Rahmen der künstlerischen Ausbildung verschiedene Modelle entwickelt.

Die Anwendung der neuen Medien in der Kunst setzt erhebliche Investitionen voraus, die nicht an jeder Hochschule finanziert werden können. Der Zwang zur Konzentration und Rationalisierung bei der Untersuchung gestalterischer Phänomene in den neuen Medien zwingt daher die Kunsthochschulen zur Erprobung neuer Kooperationsmodelle, für die auch in anderen Ländern bisher keine schlüssigen Erfahrungen vorliegen. Sobald in Karlsruhe das Zentrum für Kunst und Medientechnologie mit der Hochschule für Gestaltung (vgl. Kap. 9.6) und in Stuttgart die Filmakademie (vgl. Kapitel 9.7) errichtet sind, sind solche Kooperationen möglich, und zwar in Karlsruhe auf dem Gebiet der elektronischen Medien und in Stuttgart auf dem Gebiet von Film und Video.

B 2 Befristete Bestellung von Professoren

In den vergangenen Jahren ist es zunehmend problematisch geworden, im Bereich der bildenden Kunst Professoren auf Lebenszeit zu berufen. Es kann nicht ausgeschlossen werden, daß solche Lebenszeitprofessuren dem Wandel der künstlerischen Entwicklung und der individuellen Kreativität nicht gerecht werden.

Daher sollen in Zukunft Modelle für befristete Lehrtätigkeiten an den Kunstakademien entwickelt werden, die den Hochschulen eine hohe personelle Flexibilität zurückgeben, ohne daß ihnen deshalb Nachteile bei den Berufungsverhandlungen entstehen, weil die zu vergebenden Funktionen an Attraktivität verlieren.

B 3 Räumliche Ausstattung, Neubauten

Die räumliche Ausstattung einer Hochschule hat erhebliche Auswirkungen auf ihre Attraktivität bei Berufungsverhandlungen und auf die Qualität der von ihr angebotenen Ausbildung. Deshalb müssen die räumlichen Arbeitsbedingungen an beiden Kunstakademien weiter verbessert werden.

Für die Kunstakademie Stuttgart ist ein Erweiterungsbau mit 4.200 qm geplant. In dem Neubau soll der Bereich des Grafik-Designs untergebracht werden. Außerdem müssen noch rd. 1000 qm für die Unterbringung der neuen Fachrichtungen in der Restauratorenausbildung angemietet werden.

Im Juni 1989 hat die Karlsruher Kunstakademie einen Neubau für Bildhauerei eingeweiht. Der Neubau umfaßt eine Fläche von 1.400 qm und bietet Raum für zwei Dienstateliers, vier Klassenräume und zwei Werkstätten. – Sanierungsbedürftig ist das Rückgebäude im Hauptteil der Karlsruher Kunstakademie. Die hohen Baukosten von 14 Mio. DM sind auf Schäden zurückzuführen, die durch Kriegseinwirkungen entstanden sind und nicht sachgerecht repariert werden konnten.

Der architektonisch ansprechende Neubau für Bildhauer verbessert die Arbeitsmöglichkeiten an der Karlsruher Kunstakademie; Bild: Kunstakademie Karlsruhe

9.2 Musikhochschulen

Einleitung

Die Musikhochschulen sind – historisch überkommen – in den kulturellen städtischen Zentren des Landes angesiedelt. Die Trossinger Hochschule, die einzige deutsche Musikhochschule im ländlichen Raum, erschließt die Begabungsreserven in der südlichen Landesregion. Neben einem Grundbestand der Ausbildungsgänge in Instrumentalmusik, Gesang, Privatmusikpädagogik und künstlerischem Lehramt wurden fachliche Schwerpunkte für Opernausbildung, für Schauspiel und Sprecherziehung und für Tanz geschaffen – ein differenziertes Spektrum fachlicher Angebote für den künstlerischen Nachwuchs.

Ein Blick in die Akademie des Tanzes der Staatlichen Hochschule für Musik Heidelberg-Mannheim; Bild: Musikhochschule Heidelberg-Mannheim

Neuer Konzertsaal der Musikhochschule Freiburg; copyright: Foto B. Krupp, Freiburg

A. Bestand

A 1 Ausbildungsangebote der Musikhochschulen im Land

In der Bundesrepublik einschließlich Westberlin gibt es 17 Musikhochschulen, davon allein 5 in Baden-Württemberg. Ihre Standorte sind: Freiburg, Heidelberg-Mannheim, Karlsruhe, Stuttgart und Trossingen.

Die flächendeckende Verteilung der Standorte im Land hat zur Folge, daß jeder junge Baden-Württemberger, der Musik studieren will, in zumutbarer Entfernung von seinem Heimatort eine Musikhochschule vorfindet.

An den baden-württembergischen Musikhochschulen sind 1989 ca. 2.800 Studierende eingeschrieben. Sie werden von 290 hauptamtlichen Lehrkräften und ca. 470 Lehrbeauftragten unterrichtet.

Die Musikhochschulen bilden für ein breites berufliches Spektrum aus. Sie bieten sämtliche grundständigen Studiengänge für Schulmusik (Musiklehrer an Gymnasien), für Musiklehrer an Musikhochschulen oder im freien Beruf und für den Beruf des Orchestermusikers an. Hinzu treten Aufbaustudiengänge, in denen die Studierenden bei ausreichender Begabung ihre Fähigkeiten bis zur Solistenreife entwickeln können.

Die Musikhochschulen Freiburg, Heidelberg-Mannheim, Karlsruhe und Stuttgart haben auch Opernschulen, an denen derzeit insgesamt ca. 83 Studenten studieren. An den Musikhochschulen Freiburg, Karlsruhe, Suttgart und Trossingen gibt es außerdem Studiengänge für Evangelische und Katholische Kirchenmusik mit 170 Studierenden.

A 2 Die Profile der einzelnen Hochschulen

Darüber hinaus haben die einzelnen Musikhochschulen besondere Profile entwickelt:

A 2.1 **Musikhochschule Freiburg**

Die Musikhochschule Freiburg hat sich durch stetige Arbeit auf hohem künstlerischen Niveau einen internationalen Ruf geschaffen. Entsprechend groß ist auch der Ausländeranteil der Studenten; er liegt bei 16%. Diese Musikhochschule entwickelt eine rege Veranstaltertätigkeit sowohl in Freiburg selbst als auch in der umliegenden Region und im benachbarten Ausland. Sie ist dadurch zu einem bedeutenden Kulturinstitut im Drei-Länder-Eck geworden.

A 2.2 **Musikhochschule Heidelberg-Mannheim**

Die Musikhochschule Heidelberg-Mannheim beherbergt als einzige Hochschule des Landes eine Akademie des Tanzes. Sie bildet Tänzer vorwiegend in den Fächern des klassischen Tanzes für den Ballettnachwuchs und Tanzpädagogen für private Ballettschulen aus.

A 2.3 **Musikhochschule Karlsruhe**

Die Musikhochschule Karlsruhe hat in den letzten Jahren gezielt die zeitgenössische Musik gepflegt. Es gibt eine Reihe junger Komponisten, die aus dieser Hochschule kommen und mittlerweile in der ganzen Bundesrepublik die Aufmerksamkeit des Publikums gefunden haben.

A 2.4 **Musikhochschule Stuttgart**

Die Staatliche Hochschule für Musik und Darstellende Kunst Stuttgart verfügt über Studiengänge für Sprecherziehung, Figurentheater und über die einzige staatliche Schauspielschule des Landes. Ferner wurden kürzlich erste Schritte zum Aufbau eines Studiengangs für Jazz unternommen.

A 2.5 **Musikhochschule Trossingen**

Die Musikhochschule Trossingen hat als musikalische Ausbildungsstätte in einem ausgeprägt ländlichen Raum einen für eine Musikhochschule zweifellos atypischen Standort. Gerade dieser führt zu einer engen Zusammenarbeit mit den Einrichtungen der Region, z. B. im Bereich der pädagogischen Ausbildung mit den Musikschulen, im Bereich der Bläser mit den örtlichen Musikvereinen. Auch die Veranstaltungstätigkeit der Hochschule stellt eine spezifische Symbiose des pädagogischen Auftrags der Hochschule mit den kulturellen Bedürfnissen des ländlichen Raumes dar.

A 3 Ausbauplan für die Musikhochschulen

Die Landesregierung hat für die Staatlichen Musikhochschulen 1988 einen Ausbauplan beschlossen. Er sieht in den Jahren 1988 bis 1992 den Zugang von insgesamt 124 Deputaten vor, davon 83 Professorenstellen und 41 Lehrauftragsdeputate. Ferner wird die Ausstattung mit Sachmitteln für den laufenden Betrieb verbessert. Die Umsetzung des Ausbauplans begann im Nachtragshaushalt 1988 und im Doppelhaushalt 1989/90 und soll im Doppelhaushalt 1991/92 abgeschlossen werden.

A 3.1 **Ziele und Ursachen des Ausbauplanes**

Die Notwendigkeit des Ausbaus ergibt sich aus folgenden Ursachen:

A 3.1.1 <u>Der internationale Standard:</u>

Die ständig steigende Zahl der Studienbewerber und der Umstand, daß das Land drei seiner fünf Musikhochschulen vor anderthalb Jahrzehnten von ihren kommunalen Trägern mit schwacher Finanzausstattung übernommen hat, hatten zur Folge, daß Inhalte und Intensität der Ausbildung dem internationalen Standard nicht entsprachen.

Probe mit einem Kammermusikensemble der Staatlichen Hochschule für Musik Trossingen unter der Leitung von Prof. Horst-Dieter Bolz in der Kleinen Aula; Bild: Musikhochschule Trossingen

A 3.1.2 Bedarf an Nachwuchskräften:

Der Bedarf an Nachwuchskräften für die Orchester und Musiktheater (Sänger, Tänzer, Instrumentalisten) wird derzeit nicht gedeckt. Ein Indiz dafür ist u. a. die Tatsache, daß viele Ensembles nur mit Hilfe ausländischer Kräfte spielfähig sind; diese sind wegen ihrer gründlicheren Ausbildung dem deutschen Nachwuchs oft überlegen.

A 3.1.3 Steigende Nachfrage nach privatem Musikunterricht:

Das wachsende Freizeitbudget der Bevölkerung und ihr Wunsch nach einer Freizeitgestaltung, die nicht ausschließlich konsumorientiert ist, wecken den Wunsch nach mehr musikalischem Unterricht auch in kleinen Städten und Gemeinden. Die Ausbildung der Musiklehrer an kommunalen Musikschulen und im freien Beruf soll daher verstärkt werden. Dies ist auch deshalb zweckmäßig, weil ein großer Teil gerade dieser Ausbildungsplätze außerhalb des öffentlichen Dienstes und durch Teilzeitarbeit und flexible Arbeitszeiten entsteht.

A 3.1.4 Festigung der Basis des musikalischen Lebens:

In der kulturpolitischen Öffentlichkeit wird die Bedeutung des Musiklebens als Wirtschaftsfaktor häufig unterschätzt. Zu den Musikberufen im engeren Sinne (Musiktheater, Orchester, Rundfunk, Kirchenmusik) zählen im Bundesgebiet ca. 62.000 Beschäftigte. Ihre Einkommen werden zwar zu etwa Dreivierteln durch die öffentlichen Hände finanziert. Sie stellen aber nur den künstlerischen Kern dar, von dem das gesamte Musikleben seine Inhalte und Impulse bezieht. Die Gesamtzahl der auf dem Musikmarkt Beschäftigten einschließlich des Instrumentenbaus, der Schallplattenproduktion, des Musikalienhandels und des Verlagswesens liegt bei ca. 225.000 Personen. Der Umsatz im Musikbereich beträgt ca. 25 Mrd. DM, der Zuschuß der öffentlichen Hände 1,6 Mrd. DM. Die Musikhochschulen sichern durch ihre Ausbildungstätigkeit somit die Basis eines bedeutenden Wirtschaftszweiges (vgl. Kap. 11, B 1).

A 3.2 **Auswirkungen des Ausbauplanes**

Der Ausbauplan ergänzt an sämtlichen Musikhochschulen das Fächerspektrum durch hauptberufliche Lehrer für die häufigsten Orchesterinstrumente und sieht für das künstlerische Hauptfach durchgehend zwei Stunden Einzelunterricht/Woche vor.

Außerdem soll an allen Musikhochschulen die Zahl der sogenannten Vorschüler - z. Zt. etwa 70 - verdoppelt werden. „Vorschüler" sind musikalisch Hochbegabte, die noch eine allgemeinbildende Schule besuchen und sich daher nicht als ordentliche Studierende immatrikulieren können (vgl. Kap. 2, B 4.7). Gleichwohl werden sie an der Hochschule unterrichtet, damit sie nach Abschluß ihrer Schulzeit auf hohem künstlerischen Niveau das Studium an einer Musikhochschule beginnen können.

Daneben ermöglicht der Ausbauplan zusätzliche Maßnahmen für folgende Musikhochschulen:

- ☐ Die Musikhochschule Freiburg hat bereits Absprachen mit dem privaten Birklehof-Gymnasium Hinterzarten getroffen, wonach ihre Vorschüler dort unterrichtet und im Internat der Schule untergebracht werden können.
- ☐ An der Musikhochschule Karlsruhe entsteht ein Schwerpunkt für zeitgenössische Musik, darunter auch Computer-Musik.
- ☐ Die Musikhochschule Heidelberg-Mannheim vergrößert die Akademie des Tanzes u. a. durch den Ausbau der sogenannten Elevenklassen und bezieht die Tanzausbildung auch in die Ausbildung der Vorschüler ein.
- ☐ An der Musikhochschule Stuttgart werden auch junge Sänger in den Kreis der Vorschüler aufgenommen. Bei ihnen handelt es sich insofern um einen Sonderfall, als die stimmliche Schulung nur im Einklang mit der physischen Entwicklung möglich ist. Es bietet sich an, durch Zusammenarbeit mit den Hymnus-Chorknaben eine sängerspezifische Vorschularbeit zu entwickeln.
- ☐ An der Musikhochschule Trossingen wird ein Institut für Alte Musik eingerichtet.

A 4 Musikhochschulen als Veranstalter

A 4.1 **Musikhochschulen als Kulturinstitute**

Die Musikhochschulen sind wie die Kunstakademien (vgl. Kap. 9.1, A 3) nicht nur reine Ausbildungsinstitute, sondern sie veranstalten auch zahlreiche Konzerte und szenische Aufführungen. Dies ist unverzichtbar, damit die Studierenden Podiumsroutine erwerben. Zugleich wächst den Hochschulen damit die Funktion von Kulturinstituten in ihrer jeweiligen Region zu. 1988 haben insgesamt 880 Veranstaltungen dieser Art stattgefunden, darunter 83 Opern-, Ballett- und Schauspielaufführungen.

Für Veranstaltungen der Musikhochschulen und Kunstakademien stehen jährlich ca. 750 TDM zur Verfügung.

A 4.2 **Tage der baden-württembergischen Musikhochschulen**

Die Musikhochschulen veranstalten gemeinsam im Abstand von zwei Jahren die „Tage der baden-württembergischen Musikhochschulen“, ein Festival, das im Verlauf einer Woche die Bandbreite der Hochschularbeit in Konzerten, Aufführungen, Werkstattveranstaltungen und Matineen vorführt.

A 5 Internationale Kontakte der Musikhochschulen

Die baden-württembergischen Musikhochschulen haben bisher nur sporadische Kontakte mit ausländischen Einrichtungen. Ständige Öffnung zum Ausland ist aber geboten, damit sie die dortigen künstlerischen Entwicklungen aufnehmen, damit Studierende auf das international stark verdichtete Musikleben vorbereitet werden und lernen, die Schwierigkeiten künstlerischer Leistungen unter Tournee-Bedingungen zu bewältigen. Mehr dazu siehe Kap. 12, A 3.2.5.

Szenenbild aus „Dido und Aeneas“, Oper von Henry Purcell, Produktion der Musikhochschule Karlsruhe; Bild: Musikhochschule Karlsruhe

B. Perspektiven

B 1 Kurse

An den Musikhochschulen werden die Studierenden durch regelmäßige, langfristige Arbeit, vorzugsweise durch Einzelunterricht, auf den Beruf vorbereitet. Daneben organisieren zahlreiche Veranstalter im In- und Ausland Kurse, in denen prominente Künstler für kurze Zeit unterrichten. Diese Kurse sind für Studierende attraktiv, finden jedoch häufig während der Unterrichtszeit statt und sind relativ kostspielig. Es ist erforderlich, diese Unterrichtsform auch an den Musikhochschulen des Landes zu verstärken und damit vielbeschäftigte Künstler der Praxis, die für eine dauernde Lehrtätigkeit nicht zu gewinnen sind, in das Unterrichtsspektrum der Hochschulen einzufügen.

Die Musikhochschule Freiburg schlägt deshalb vor, einmal jährlich Instrumental-, Gesangs- und Kompositionskurse abzuhalten. Dafür sollen prominente Künstler aus dem internationalen Musikleben gewonnen werden, die sonst nicht im Hochschulbereich arbeiten. Die Kurse sollen nach Maßgabe der üblichen Teilnahmemodalitäten (Pflichtstücke, Vorspiel) den Studierenden der baden-württembergischen Musikhochschulen, aber auch Teilnehmern aus der Schweiz und Frankreich offenstehen. Damit unterstreicht die Hochschule ihre Eigenart und ihre Aufgabe als Kulturinstitut im Dreiländer-Eck (Regio). Zugleich erreicht sie, daß auch die unterrichtsfreie Zeit für die Ausbildung genutzt wird. An Musikhochschulen wirken sich nämlich unterrichtsfreie Zeiten (im Gegensatz zu wissenschaftlichen Hochschulen) als eine bedauerliche Lücke in der ständigen Betreuung der Studierenden aus. Außerdem werden durch die zusätzlichen Kurse die Unterrichtsräume, Übungszellen und der Konzertsaal der Hochschule intensiv genutzt, Umfang und Intensität des Unterrichts werden größer.

B 2 Ausbildungsangebote für neue Berufsfelder

Das Kulturleben hat in den letzten Jahrzehnten neue Berufsfelder hervorgebracht, für die es noch keine befriedigende Ausbildung gibt. Die Musikhochschulen des Landes wollen mit folgenden Einrichtungen auf diesen neuen Bedarf antworten:

B 2.1 **Musikhochschule Stuttgart**

B 2.1.1 <u>Diplom-Studiengang Jazz:</u>

Die Musikhochschule Stuttgart hat bereits erste Erfahrungen mit einer systematischen Ausbildung für Jazzmusiker gesammelt, seitdem sie einige Studierende in einem begrenzten Fächerspektrum ausbildet. Dieses Ausbildungsangebot muß zu einem Vollzeitstudiengang mit Diplomabschluß erweitert werden, den es in der Bundesrepublik Deutschland bisher nicht gibt. Da sich große Teile vor allem der jugendlichen Bevölkerung für Jazz und Pop-Musik interessieren, ergeben sich für die Absolventen günstige Berufsaussichten.

Ziel ist eine breitangelegte Ausbildung, die über die Beherrschung des eigenen Instruments hinaus die Erzeugung elektronischer Klangwirkungen (Midi, Sampler), Ensemblespiel in Combo- und Big-Band-Besetzungen sowie Kenntnisse in Stilistik und Jazztheorie umfaßt. Ferner sollen die Studierenden eine pädagogische Ausbildung erhalten, sodaß mit dem Diplom zugleich die Lehrbefähigung für Musikschulen und für den freien Beruf zuerkannt wird.

Blick in das Wilhelma-Theater Stuttgart: Ein Glücksfall für die Restauratoren, daß die alten Zeichnungen wiedergefunden wurden, ein weiterer Glücksfall, daß aus dem früheren Sommertheater des Württembergischen Hofes ein Hochschultheater werden konnte. Copyright: Matthaes-Verlag Stuttgart

B 2.1.2 Wilhelma-Theater:

Das Wilhelma-Theater, ein historischer Theaterbau aus dem 19. Jahrhundert, ist nach seiner Restaurierung am 1. Dezember 1987 unter großer Anteilnahme der Stuttgarter Bevölkerung wieder eingeweiht und der Staatlichen Hochschule für Musik und Darstellende Kunst Stuttgart als Hochschultheater übergeben worden. Dorthin sollte die Hochschule das Publikum ursprünglich zu etwa 80 öffentlichen Vorstellungen (Oper, Schauspiel, Orchesterkonzerte, Kammerkonzerte, Figurentheater) pro Jahr einladen, um dort den Hochschülern Publikumserfahrung vermitteln zu können.

Die personelle und sächliche Ausstattung des Wilhelma-Theaters war auf diese Nutzung ausgelegt worden.

Tatsächlich fanden 1988 insgesamt 166 Veranstaltungen statt, darunter 132 Hochschulveranstaltungen:

- ☐ 51 Aufführungen der Schauspielschule,
- ☐ 16 Aufführungen der Opernschule,
- ☐ 23 Konzerte und
- ☐ 42 Aufführungen im Figurentheater.

Dieser Trend hat sich 1989 wegen des großen Interesses des Publikums fortgesetzt. Mit der aufwendigen Restaurierung hat die Landesregierung der Stadt Stuttgart ein Stück Stadtgeschichte wiedergegeben. Das Theater ist zu einem Zentrum der Cannstatter Stadtteilkultur geworden; 1988 wurden etwa 50.000 Besucher gezählt. Dazu haben sowohl die starke emotionale Bindung der Bevölkerung an dieses Haus als auch die hohe Qualität der Hochschulveranstaltungen und populäre Fremdveranstaltungen z. B. der Internationalen Bachakademie, des Schwäbischen Sängerbunds, des Fördervereins Alt-Stuttgart etc. beigetragen.

Der intensive Theater- und Veranstaltungsbetrieb des Wilhelma-Theaters kann mit dem vorhandenen Personal und der bisherigen Mittelausstattung nicht fortgeführt werden. Die Hochschule hat nämlich im vergangenen Jahr ihren anderen Ausbildungsbereichen zugunsten des Theaters Mittel entziehen müssen, was im Blick auf die Erhaltung der Ausbildungsqualität auf Dauer nicht vertretbar erscheint. Außerdem kann die gegenwärtige Überlastung der technischen Kräfte und des studentischen Orchesters auf Dauer nicht fortgeführt werden.

Es müssen deshalb zusätzliche Personalstellen für verwaltungstechnische und theaterspezifische Aufgaben geschaffen, die laufenden Sachmittel aufgestockt und zusätzliche Räume für Probemöglichkeiten, Fundus und Werkstatt angemietet werden. (Die Bühne des Theaters reicht für den Spielbetrieb von 2 Studiengängen (Oper und Schauspiel), ihren Probenbetrieb und die übrigen Veranstaltungen nicht aus.)

B 2.2 **Musikhochschule Karlsruhe**

B 2.2.1 Aufbaustudium für Rundfunkjournalisten im Fach Musik:

Die Musikhochschule Karlsruhe plant die Einrichtung eines Aufbaustudiengangs für Rundfunkjournalisten der Fachrichtung Musik. Ein abgeschlossenes Studium der Musik oder der Musikwissenschaft wird vorausgesetzt. Der Studiengang umfaßt vier Semester, in denen die theoretischen Grundlagen gelehrt und mit praktischer Programmarbeit verbunden werden.

B 2.2.2 Diplom-Studiengang für Tonmeister/Toningenieure:

Die Hochschule plant ferner die Einrichtung eines grundständigen Diplom-Studiengangs für Tonmeister/Toningenieure. Die Regelstudienzeit beträgt acht Semester. Der musikalische Teil des Unterrichts (Theorie, Gehörbildung, Instrumentenkunde) wird von der Musikhochschule erteilt. Theoretisch-physikalische Grundlagen und technisches Wissen werden vom Personal umliegender Einrichtungen einschließlich der Rundfunkanstalten auf Lehrauftragsbasis vermittelt.

Das Renaissance-Schloß Gottesaue: restaurierter Neubau für die Musikhochschule Karlsruhe und neuer kultureller Mittelpunkt der Karlsruher Oststadt; copyright: Staatliches Hochbauamt

B 2.2.3 Lernradio:

Beide Studiengänge werden in einem Lernradio zusammengeführt, um dort mit größtmöglicher Annäherung an die Arbeitsweise einer professionellen Rundfunkanstalt und unter der verantwortlichen Leitung rundfunkerfahrener Lehrer ein Programm zu entwerfen und zu realisieren. Die Studierenden erlernen journalistische Techniken (Interviews, Recherchen, Programmdramaturgie) und erarbeiten sendefähige Manuskripte, die sich auch als Referenzen für spätere Bewerbungen eignen.

Im Hinblick auf die Studienziele handelt es sich vornehmlich um ein Musikprogramm. Dieser thematische Bezug ist geboten, da anderenfalls die Dimension eines Lernradios zum Zwecke fachlicher Ausbildung gesprengt würde. Die Einbindung anderer Themen und Personen von Fall zu Fall, insbesondere die Mitwirkung der anderen Karlsruher Hochschulen, ist jedoch erwünscht.

Ein Teil der Ausstattung für das Lernradio ist bereits vorhanden: Im Neubau der Musikhochschule (Schloß Gottesaue) ist bereits ein Tonstudio enthalten. Ein Tontechniker ist eingestellt. Aufnahmen in den Hochschulräumen und Überspielungen dorthin sind möglich. Gleiches wird für den künftigen Bühnenkomplex (Konzertsaal/Theatersaal) gelten. Erforderlich sind noch der technische Aufwand für die Sendeanlage, Vorkehrungen für ambulante Aufnahmen und die Einrichtung eines Tonträgerarchivs. Für das Personal sind 5 Stellen notwendig (Toningenieur, Programmleiter, Schreibkräfte und Archivar), an Lehraufträgen sind etwa 80 Stunden zu veranschlagen.

B 2.3 Show-Studiengang an der Musikhochschule Heidelberg-Mannheim

An der Musikhochschule Heidelberg-Mannheim soll in Ergänzung zum Ausbauplan zusätzlich ein Show-Studiengang eingerichtet werden. In Verbindung mit diesem Studiengang soll ein „Caterina-Valente-Show-Förderpreis“ in Höhe von 70 bis 90 TDM pro Jahr gestiftet werden. Dieser Preis soll dazu dienen, einem begabten Nachwuchskünstler ein Stipendium zu geben. Der Preisträger erhält die Auflage, den Show-Studiengang zu belegen. Das Stipendium wird für die gesamte Studiendauer von 3 Jahren bezahlt.

B 2.4 Koordinationszentrum für den Raum Schwarzwald-Baar-Heuberg an der Musikhochschule Trossingen

Unverzichtbares Mittel der nachhaltigen kulturellen Betreuung des ländlichen Raumes ist die stetige Unterstützung derjenigen Personen und Einrichtungen, die am jeweiligen Ort bereits vorhanden sind. Dies entspricht den für die baden-württembergische Kunstförderung typischen Prinzipien der Flächendeckung und der Subsidiarität.

Die Musikhochschule Trossingen hat die Einrichtung eines Koordinationszentrums vorgeschlagen, das – ähnlich den Zentren für Technologietransfer – tätig wird im Wege der künstlerischen und organisatorischen Beratung, durch Abstimmung von Konzertreihen mit Anschlußengagements in mehreren Orten, durch überörtliche und gruppenspezifische Werbung, durch die Organisation von Konzerten für örtliche Ensembles und durch das Zusammenführen von professionellen Künstlern mit Vereinen der Laienmusik. Die örtlichen Strukturen werden vernetzt, und die für den ländlichen Raum typische Isolation von ortsansässigen Künstlern und kulturellen Vereinigungen wird beseitigt. Das Zentrum wird an der Musikhochschule eingerichtet und kann damit auf ihre musikalischen und pädagogischen Ressourcen zurückgreifen. Das Koordinationszentrum benötigt zwei hauptamtliche Mitarbeiter sowie Sach- und Veranstaltungsmittel. Es handelt sich um ein Modell, das zu gegebener Zeit auf andere Landesteile übertragen werden kann.

9.3 Künstlerische Ausbildungsangebote an Fachhochschulen

Einleitung

In sieben staatlichen, kommunalen oder privaten Fachhochschulen werden in allen Landesteilen - in den Städten Pforzheim, Schw. Gmünd, Konstanz, Nürtingen, Heidelberg, Stuttgart und Mannheim - Fächer der angewandten Kunst unterrichtet.

Die Ausbildung an diesen Fachhochschulen dauert einschließlich der Praxissemester i.d.R. vier Jahre und wird mit der Verleihung eines Fachhochschul-Diploms abgeschlossen.

Die in den folgenden Abschnitten genannten Überlegungen zum Ausbau der einzelnen Fachhochschulen werden demnächst in der von der Landesregierung berufenen Expertenkommission „Fachhochschule 2000“ erörtert werden.

9.3.1 **Staatliche Fachhochschule für Gestaltung Pforzheim**

Die Pforzheimer Fachhochschule für Gestaltung geht auf die 1877 gegründete „Großherzogliche Kunstgewerbeschule und Fachschule für die Metallindustrie“ zurück. Die „Staatliche Kunst- und Werkschule“ (seit 1966) wurde 1971 in eine Staatliche Fachhochschule für Gestaltung umgewandelt und gehört seit diesem Zeitpunkt zum Hochschulbereich des Landes.

An dieser Fachhochschule wurde 1986 ein Transferzentrum für Design-Innovation gegründet.

In Pforzheim werden folgende grundständigen Studiengänge angeboten: Graphik-Design, Mode-Design, Schmuck- und Industrie-Design einschließlich des 1985 neu eingerichteten Schwerpunkts Kfz-Design sowie der Aufbaustudiengang Kfz-Design. Im Wintersemester 1988/89 waren etwa 440 Studierende an dieser Hochschule eingeschrieben.

Die Fachhochschule hat die Einrichtung zweier neuer Schwerpunkte beantragt, und zwar „Ausstellungs-Design“ und „Kfz-Design (dreidimensional)“. Sie wünscht auch eine Erweiterung ihrer Angebote in den Bereichen Foto, Film, Video. Schließlich bestehen Überlegungen hinsichtlich der Einrichtung eines Aufbaustudiums „Mode-Design“ sowie einer Kooperation mit der Fachhochschule für Wirtschaft Pforzheim (gemeinsames Aufbaustudium „Wirtschaftsingenieur-Design“).

9.3.2 **Staatliche Fachhochschule für Gestaltung Schwäbisch Gmünd**

Die Vorläufereinrichtung der Gmünder Fachhochschule für Gestaltung wurde 1909 als „Königliche Fachschule für das Edelmetallgewerbe“ mit dem Auftrag gegründet, Kunsthandwerker für örtliche Manufakturen und Handwerksbetriebe auszubilden. Mit zunehmender Industrialisierung veränderte sich nicht nur die Wirtschafts- und Produktionsstruktur der Region, die Veränderungen betrafen ebenso die Richtung der künstlerischen Ausbildung. Die Umwandlungen der Schule zunächst zur höheren Fachschule, dann zur Werkkunstschule sind Etappen auf dem Weg zur Anpassung der Bildungsziele an die Veränderungen der Berufspraxis. 1971 wurde sie als Staatliche Fachhochschule für Gestaltung in den Hochschulbereich übergeführt.

In Schw. Gmünd werden die grundständigen Studiengänge Visuelle Gestaltung, Produktgestaltung und Schmuckgestaltung angeboten. Im vergangenen Wintersemester waren hier etwa 300 Studierende eingeschrieben.

Das Studienangebot muß künftig die methodisch-planerischen Inhalte verstärken sowie technische Inhalte bereitstellen. Im Bereich Produktgestaltung/Industrie-Design müssen die Voraussetzungen für die Erweiterung des CAD-Konzepts in Richtung CAM und CIM geschaffen werden. Im Bereich Visuelle Gestaltung müssen die vorhandenen Einrichtungen (Video, DTP, Btx) durch Computer-Animation und Bildplattentechnologie ergänzt werden.

Die Fachhochschule hat die Einrichtung zweier Aufbaustudiengänge für Design-Manager und Kommunikations-Manager beantragt.

Die Fachhochschule will Aktivitäten der angewandten Forschung und Entwicklung dort, wo sie bereits vorhanden sind, fördern, z. B. in der Untersuchung der Möglichkeiten, CAD-Software in den gestalterischen Entwurfsprozeß zu integrieren und neue Software durch die Konkretisierung der speziellen Anforderungen des Designs zu unterstützen. Sie will auch neue Aktivitäten initiieren, z. B. Untersuchungen zur Lesbarkeit von Bildschirmtext und Benutzeroberflächen und Untersuchungen der Faktoren, die Langzeit-Design bestimmen.

9.3.3 Städtische Fachhochschule für Gestaltung Mannheim (staatlich anerkannte Fachhochschule)

Die Fachhochschule geht zurück auf eine in der ersten Hälfte der 20er Jahre gegründete Freie (und Private) Kunstakademie, die 1967 - nunmehr in der Trägerschaft eines Vereins - als Werkkunstschule staatlich anerkannt wurde. 1974 wurde sie von der Stadt Mannheim übernommen und gleichzeitig als Fachhochschule staatlich anerkannt. Das Land gewährt die im Fachhochschulgesetz vorgesehenen Zuschüsse, die sich 1988 auf ca. 800 TDM beliefen.

Im Wintersemester 1988/89 waren insgesamt 173 Studenten im Studiengang Graphik-Design immatrikuliert.

Traditionelle Tätigkeitsfelder des Graphik-Designers verlieren an Bedeutung, andererseits eröffnen sich ständig neue Arbeitsbereiche für den Kommunikations-Designer. Künftig muß die umfassende Gestaltung der Kommunikation im Zentrum des Studiums stehen, nicht mehr ihr isolierter Teilbereich Graphik-Design. Das Studienangebot der Mannheimer Fachhochschule für Gestaltung soll deshalb künftig neue Impulse aufnehmen und den Studenten zukunftsorientierte Studienschwerpunkte wahlweise anbieten, die Bestandteile des Hauptstudiums werden. Der Student soll künftig zwischen einem betriebswirtschatlich orientierten, einem informationstheoretisch orientierten oder einem medienorientierten Design-Schwerpunkt wählen.

Es wird geprüft, die Einrichtung an die Staatliche Fachhochschule für Technik in Mannheim anzugliedern. Als Bindeglied zwischen Design und Technik sollte möglichst ein neuer Studiengang Medientechnik/Mediengestaltung eingerichtet werden.

Schmuckgestaltung eines Gmünder Fachhochschulabsolventen: Aus dem Katalog der Internationalen Ausstellung zeitgenössischer Schmuckkunst ORNAMENTA I in Pforzheim im Oktober/Ende November 1989: Johannes Oppermann (geb. 1960 in Köln), Haarkamm, 1988 (Länge ca. 33 cm; verleimte Holzfurniere, zum Teil plattvergoldet); copyright ORNAMENTA/Schmuckmuseum Pforzheim

9.3.4 Institut für Kommunikations-Design der Stiftung Bodensee-Kunstschule (staatlich anerkannte Fachhochschule)

Das Institut ist aus der Privaten Bodensee-Kunstschule hervorgegangen, die 1962 gegründet wurde. Seit dem Wintersemester 1985/86 hat das Institut den Rang einer staatlich anerkannten Fachhochschule für Gestaltung. Das Institut arbeitet mit der Staatlichen Fachhochschule Konstanz zusammen. Der vom Land gewährte Zuschuß zu den laufenden Personal- und Sachaufwendungen belief sich 1988 auf ca. 200 TDM. Die Trägerstiftung strebt die Verstaatlichung des Instituts an.

Im Wintersemester 1988/89 waren insgesamt 72 Studenten im Studiengang Kommunaktions-Design immatrikuliert.

Sehr große Probleme für das Institut bestehen in der zur Zeit unzureichenden räumlichen und sachlichen Ausstattung. Die Altbauflächen („Villa Prym“) sind größtenteils ungeeignet für professionelle Nutzungen, die apparative Ausstattung entspricht noch nicht den Ansprüchen der Ausbildung.

9.3.5 Merz-Akademie Stuttgart (staatlich anerkannte Fachhochschule für Kommunikations-Design)

Bei der Merz-Akademie handelt es sich um eine nach früherem Recht genehmigte private Werkkunstschule, die 1985 vom Ministerium für Wissenschaft und Kunst für den Studiengang „Graphik-Design“ die staatliche Anerkennung als Fachhochschule erhielt. Sie erhielt 1988 einen Landeszuschuß in Höhe von 710 TDM.

Im Wintersemester 1988/89 waren insgesamt 132 Studenten im Studiengang Kommunikations-Design immatrikuliert.

Die Merz-Akademie ist äußerst beengt untergebracht; die vorgesehene Erweiterung der Ausbildungskapazität kann in den bisherigen Räumen nicht verwirklicht werden. Die Akademie hat deshalb Räume im Teck-Areal in Stuttgart angemietet. Dafür entstehen Umbau- und Erstausstattungskosten. Die Finanzierung dieser Kosten ist der Merz-Akademie nicht möglich. Sie hat deshalb einen Landeszuschuß beantragt. Der Ministerrat hat im März 1989 beschlossen, daß das Land diese Kosten in Höhe von 50% der anerkannten Beträge bezuschußt. Voraussetzung dafür ist allerdings, daß der Wissenschaftsrat die Aufnahme der Merz-Akademie in das Hochschulverzeichnis des Hochschulbauförderungsgesetzes und der angemeldeten Baumaßnahme in den Rahmenplan für den Hochschulbau empfiehlt.

9.3.6 Staatliche anerkannte Fachhochschule für Kunsttherapie der Freien Kunstschule Nürtingen

Die staatlich anerkannte Fachhochschule für Kunsttherapie ist aus dem Fachbereich „Kunsttherapie“ der Freien Kunstschule Nürtingen hervorgegangen. Der Studiengang Kunsttherapie wurde 1987 durch das Ministerium für Wissenschaft und Kunst staatlich anerkannt; eine eigene Fachhochschule für Kunsttherapie in Trägerschaft einer Stiftung des bürgerlichen Rechts wurde eingerichtet.

1988 konnte diese Institution eigene Räume in einer 2.000 qm großen Halle beziehen, die mit Mitteln des Ministeriums für Wissenschaft und Kunst (300 TDM), des Landkreises Esslingen (150 DM), der Stadt Nürtingen (150 TDM) sowie der Stiftung Freie Kunstschule (400 TDM) für die neuen Ausbildungszwecke um- und ausgebaut wurde.

Die Fachhochschule erhielt 1988 einen Landeszuschuß in Höhe von ca. 277 TDM.

Im Wintersemester 1988/89 waren 105 Studenten im Studiengang Kunsttherapie immatrikuliert.

Die Fachhochschule möchte zur Hebung des Ausbildungsniveaus eine Ambulanz einrichten, in der die Studierenden schon während der Ausbildung unter der Supervision eines Arztes und erfahrenen Kunsttherapeuten unmittelbar mit psychisch Kranken oder Behinderten zusammenarbeiten können. Eine kleine Ambulanz ist bereits eingerichtet, sie reicht aber noch nicht aus und sollte in naher Zukunft ausgebaut werden.

9.3.7 Studiengang Musiktherapie der staatlich anerkannten Fachhochschule beim Berufsförderungswerk der Stiftung Rehabilitation Heidelberg

Die Fachhochschule der Stiftung Rehabilitation hat es sich zur Aufgabe gemacht, Behinderten mit entsprechender Eignung und Neigung ein Studium auf Fachhochschulebene zu ermöglichen. Daneben werden in einem Studiengang „Musiktherapie“ Therapeuten ausgebildet, die in diesem Ausbildungsgang auf die Rehabilitation seelisch und körperlich erkrankter Menschen vorbereitet werden.

Die Fachhochschule erhielt für den Studiengang Musiktherapie im Jahr 1988 einen Landeszuschuß in Höhe von ca. 450 TDM.

Im Wintersemester 1988/89 waren in diesem Studiengang insgesamt 72 Studenten immatrikuliert.

9.4 Theaterakademie

Einleitung

Durch die Planung einer Theaterakademie wird das Ausbildungsspektrum der Musikhochschulen in einzigartiger Weise ergänzt. Erstmals soll in Deutschland eine integrierte Ausbildung für alle künstlerischen, künstlerisch-technischen und administrativen Theaterberufe angeboten werden. Sie soll unter den Bedingungen der Theaterpraxis in einem der ganzheitlichen Sicht der Bühne entsprechenden Projektstudium in einem Lerntheater unter Leitung von Theaterpraktikern durchgeführt werden.

A. Ausgangslage

A 1 Bestehende Ausbildungswege für Theaterberufe

Die Förderung der Theater durch die öffentliche Hand in der Bundesrepublik Deutschland ist weltweit als beispielhaft bekannt.

Nach Auffassung führender Theaterschaffender und ihrer Verbände (Deutscher Bühnenverein, Bühnengewerkschaften, Dramaturgische Gesellschaft) wird dagegen das Ausbildungswesen für die bühnenkünstlerischen Berufe den Ansprüchen in der Theaterpraxis nicht gerecht. Ursachen dafür sind zum einen die Aufsplitterung der einzelnen Fächer auf die unterschiedlichsten Ausbildungsstätten in staatlicher, kommunaler und privater Trägerschaft (Sänger und Musiker werden an Musikhochschulen, Schauspieler an Schauspielschulen, Bühnenbildner an Kunstakademien ausgebildet), zum anderen das Fehlen von Ausbildungsgängen für andere Bühnenberufe. Für Regisseure, Dramaturgen und Theaterpädagogen werden allenfalls punktuelle Ausbildungswege erprobt. Für bühnentechnische Berufe und Verwaltungsberufe werden keine spezifischen Ausbildungswege angeboten.

A 2 Ansätze für neue Ausbildungswege

Die Notwendigkeit von Maßnahmen zur Behebung der Ausbildungsdefizite im Theaterbereich ist unumstritten. Einzelne Bundesländer versuchen auf unterschiedlichen Wegen, Verbesserungen zu erreichen. In der Diskussion, teilweise schon in der Erprobung sind dazu folgende Lösungen:

- ☐ Stärkung des Praxisbezugs der Bühnenausbildung und Schaffung günstigerer materieller Voraussetzungen für studentische Aufführungen (Rahmenrichtlinien der Kultusministerkonferenz der Länder),
- ☐ Überlegungen zur Standardisierung der Ausbildung im künstlerisch-technischen und im technischen Bereich gemeinsam mit dem Bundesministerium für Bildung und Wissenschaft,
- ☐ Erweiterung des Fächerspektrums in der Bühnenausbildung an bestehenden Kunsthochschulen durch Einführung neuer Studiengänge, z. B. Regie (München und Hamburg), Musical (München und Essen).

An baden-württembergischen Musikhochschulen durchlaufen zur Zeit 83 Studierende ihre Ausbildung für Operngesang, 36 Studierende für Schauspiel, 40 Studierende für Bühnentanz und 19 Studierende für das Bühnenbild. Der Nachwuchs für das Ballett wird an der John-Cranko-Schule ausgebildet, die den Staatstheatern Stuttgart angegliedert ist. Weitere Ausbildungsmöglichkeiten für Bühnenberufe werden in Baden-Württemberg im staatlichen Bereich z. Zt. nicht angeboten, abgesehen von direkt an Theatern praktisch ausgebildeten Handwerksberufen.

Das Modell des gemeinsamen Neubaus von James Sterling unterstreicht den Funktionszusammenhang von Theaterakademie, Musikhochschule und Württembergischen Staatstheatern an der Konrad-Adenauer-Straße in Stuttgart; copyright Architekt Dipl. Ing. Peter Walser, Stuttgart

B. Konzeption: Gründung einer „Theaterakademie“

Das Land Baden-Württemberg unternimmt jetzt den konsequentesten Versuch, die Qualität der Ausbildung zu verbessern. Seine Konzeption verbindet differenzierte Ausbildungsgänge für Künstler und künstlerisch-konzeptionelle Berufe sowie für künstlerisch-technische, technische und administrative Theaterberufe mit fachübergreifenden Projekten in einem Lerntheater, wo alle Berufsarten in Kooperation ausgebildet werden.

Ein Modell für eine solche Konzeption gibt es in der Bundesrepublik Deutschland bisher nicht. Der Versuch mit dem Lerntheater ist daher als richtungweisendes Modell für die Zukunft der Ausbildung für Theaterberufe anzusehen. Die Begrüdung dafür ist einfach: Ein Theaterstück ist ein Kunstwerk, zu dessen Gelingen viele Beteiligte beitragen. Sie sollten in ihrer Ausbildung die fächer- und berufsübergreifende Kooperation gelernt haben.

Zur Realisierung dieses Konzepts wird eine „Theaterakademie“ gegründet. Die Theaterakademie versteht sich als ästhetisches und gesellschaftliches Forum, als einen Ort der spezifischen Ausbildung für die Praxis.

B 1 Verschiedenartige Ausbildungsgänge

B 1.1 Künstlerische Ausbildung

Für die Ausbildung von Schauspielern, Sängern, Musikern und Tänzern sind differenzierte Ausbildungsgänge zu entwickeln.

Dies gilt auch für die Theaterarbeit im künstlerisch-konzeptionellen Bereich (Regisseure, Regieassistenten, Bühnenbildner, Bühnenbildassistenten, Dirigenten, Choreographen, Dramaturgen, Öffentlichkeitsreferenten und Theaterpädagogen).

B 1.2 Künstlerisch-technische und administrative Ausbildung

Eine erhebliche Anzahl von Bühnenfachberufen wird bisher nicht oder unzureichend ausgebildet. Dies gilt für die Berufe im künstlerisch-technischen Bereich (Requisiteure, Beleuchter, Licht-Designer, Theatermaler, Kostümschneider, Tonmeister), im technischen und administrativen Leitungsbereich (Technische Leiter und Abteilungsleiter), in der Verwaltung und im Bereich der eigentlichen Theaterleitung (Intendant, Verwaltungsdirektor, Spartendirektor).

Die Ausbildung soll in Projekten oder Kursen und Seminaren durchgeführt werden.

B 1.3 Fachübergreifende Ausbildung

Für die Theaterberufe wird an der Theaterakademie, die alle Theaterberufe umfaßt, durch fachübergreifende Projekte und Lernweisen und unter einer künstlerisch-pädagogisch-konzeptionellen Leitung eine Gesamtsicht entwickelt, wie sie für die Arbeit am Theater unerläßlich ist. Damit wird die Isolierung und Zersplitterung der herkömmlichen Ausbildung beseitigt.

B 1.4 Theoretische Ausbildung

Wesentlicher Bestandteil der theaterpraktischen Ausbildung sind Unterrichte in Theorie, deren Inhalte über die konventionellen theaterwissenschaftlichen Themenstellungen wie Ästhetik und Geschichte des Theaters hinausgehen müssen.

B 2 Theaterpraxis als Lerngegenstand

B 2.1 **Lernen am Lerntheater**

Die Einrichtung eines Lerntheaters, das unter professionellen Bedingungen und unter Einbeziehung des Publikums arbeitet, soll dem Praxisdefizit der bisherigen Ausbildung entgegenwirken. Erst ein Lerntheater versetzt die an der Theaterakademie Arbeitenden (Lehrende und Lernende) in die Lage, neue theoretische und praktische Einsichten zu erproben. Dazu gehört auch die Einbeziehung und die Auseinandersetzung mit den „Neuen Medien".

Das Lerntheater muß zu diesem Zweck ein komplett eingerichtetes, mit eigenen Werkstätten ausgestattetes Theater sein, das nach den Arbeitsbedingungen der Berufstheater produziert.

Diese Projekte werden eng mit theoretischen Fragestellungen verbunden sein.

Ein wichtiger Bestandteil ist auch die enge Zusammenarbeit mit Autoren und Komponisten.

Szenenfoto aus dem Vorlaufprojekt der Theaterakademie Stuttgart im Sommer 1989 im Schloßtheater Ludwigsburg; Inszenierung Dieter Dorn; Bild: Theaterakademie Stuttgart

B 2.2 Neue Formen des Lernens und Lehrens

Der Theaterakademie muß es möglich sein, wichtige Theaterleute für ihre Projekte zu gewinnen. Denkbar ist dies nur unter künstlerischen, organisatorischen und materiellen Bedingungen, die sich an den individuellen Standards und Arbeitsweisen der Theaterleute orientieren (Engagements unter professionellen Bedingungen).

Wesentlich für die Arbeit der Theaterakademie ist die künstlerische Freiheit und Eigenverantwortung der Lehrenden. Abweichend von den festgelegten Ausbildungsmethoden im Hochschulbereich müssen an der Theaterakademie neue Formen, die sich spezifisch auf die Arbeitsweise der einzelnen Lehrenden und der einzelnen Lernenden beziehen, entwickelt und erprobt werden. Dies setzt die Möglichkeit der Weiterentwicklung und Korrektur der inhaltlichen Konzepte voraus. Veränderbarkeit und Veränderung ist die Grundlage jeder Theaterarbeit.

B 2.3 Internationale Begegnungen

Die Theaterakademie soll außerdem innerhalb und außerhalb ihrer eigenen Räume im nationalen und internationalen Rahmen Symposien, Kolloquien und Tagungen zu Theaterthemen und zu interdisziplinären Fragestellungen veranstalten.

B 3 Rahmenbedingungen für die Theaterakademie

B 3.1 Organisationsstruktur, Rechtsform und Leitung

Der Betrieb des Lerntheaters muß professionellen Erfordernissen entsprechen. Das setzt voraus, daß die Theaterakademie wie ein öffentlich-rechtliches Theater unter einer gesamtverantwortlichen Leitung geführt wird. Die Theaterakademie soll deshalb als unselbständige Anstalt des Landes errichtet werden. Sie unterliegt nicht dem Hochschulrahmengesetz, doch müssen rechtliche Grundlagen zumindest für Zugangsvoraussetzungen und Studienabschlüsse geschaffen werden. Die Theaterakademie soll unter Anwendung der betriebswirtschaftlichen, haushaltsrechtlichen und arbeitsvertraglichen Regelungen wie ein öffentlich-rechtliches Theater geleitet werden.

B 3.2 Standort

Wesentlich für die Theaterakademie sind ein enges Zusammenwirken und ein kontinuierlicher Austausch mit den Theatern und mit den bestehenden künstlerischen Ausbildungsstätten. Aus diesem Grund ist Stuttgart mit den größten Theatern im Lande, dem breitesten Ausbildungsspektrum im Bühnenbereich (Musikhochschule und Kunstakademie, John-Cranko-Schule) als Standort für die Theaterakademie am besten geeignet.

Die Arbeit der Theaterakademie wird im künstlerisch-technischen und administrativen Bereich eng mit der Theaterlandschaft Baden-Württembergs verknüpft sein. Die Theaterakademie will ihre Ausbildungsfunktion im Zusammenwirken mit allen Theatern des Landes wahrnehmen. Dadurch trägt sie auch dem kulturpolitischen Ziel der Landesregierung Rechnung, zentrale Schwerpunktbildung mit dezentralen Veranstaltungsorten zu verbinden.

B 3.3 Neubau und räumliche Unterbringung

Im Zusammenwirken mit dem Gründungsbeirat, seinem Bauausschuß und einzelnen Fachleuten hat das Gründungsbüro ein Raumprogramm für die Theaterakademie erstellt. Dieses Raumprogramm ist Planungsgrundlage für den gemeinsamen Neubau Musikhochschule/Theaterakademie, der vom Architekturbüro Stirling auf dem früheren Schiedmayer-Gelände geplant wird. Teile des Raumprogramms müssen in bestehende Altbauten im Bereich der Eugenstraße ausgelagert werden. Bei der Erstellung des Raumprogramms und bei seiner planerischen Umsetzung wurde berücksichtigt, daß alle Räume, für die besondere bauliche Anforderungen gelten (Geschoßhöhen, bestimmte Bodenbelastungen, akustische Anforderungen), im Neubau untergebracht werden konnten. Die räumliche Gestaltung und die bühnentechnische Ausstattung des Lerntheaters sollen einerseits den für Ausbildungszwecke unerläßlichen konventionellen Anforderungen (Guckkastenbühne mit Orchestergraben) genügen, andererseits aber Raumlösungen zulassen, die aktuelle künstlerische Projekte aller Art ermöglichen (Raumbühne, Arenabespielung, Mehrraumbespielung).

9.5 **Akademie Schloß Solitude**

A. Ausgangslage

A 1 Voraussetzung

Der Ministerrat hat am 22. Juli 1985 die Errichtung der „Akademie Schloß Solitude“ als rechtlich selbständige Stiftung des öffentlichen Rechts und deren Unterbringung im Offizien- und Hotelbau von Schloß Solitude beschlossen. Das Anwesen befindet sich derzeit im Umbau für die Zwecke der Akademie. Der Leiter und der Verwaltungsdirektor der Akademie sind bestellt.

A 2 Zielsetzungen

Aufgabe der Akademie wird es sein, Kunst und Künstler zu fördern. Sie verfügt dazu über 14 Wohnateliers für bildende Künstler, 13 Studios für Musiker, weitere 18 Appartements und Werkstatt- und Tagungsräume. Sie erfüllt ihre Aufgabe, indem sie insbesondere Wohnstipendien an Debutanten und arrivierte in- und ausländische Künstler aller Sparten vergibt und Künstlerbegegnungen, Seminare und Tagungen, Aufführungen, Lesungen, Konzerte und Ausstellungen ihrer Gäste veranstaltet.

A 2.1 **Förderung junger Künstler**

Ihr erster Schwerpunkt wird die Förderung jüngerer, besonders begabter Künstler sein. Dabei kommt es vor allem darauf an, daß junge Künstler mit Kunsttheoretikern, arrivierten Künstlern aus Baden-Württemberg, der Bundesrepublik Deutschland und dem Ausland sowie mit einem interessierten Publikum im Augenblick der Kreativität zusammentreffen. Folgende Formen der Begegnung sind geplant:

- ☐ Begegnung junger Künstler mit gleichaltrigen Künstlern der gleichen und anderer Sparten,
- ☐ Begegnung mit arrivierten internationalen Künstlern der gleichen Sparte und
- ☐ Begegnung mit dem Publikum: Jeder junge Künstler muß an einer bestimmten Anzahl von Veranstaltungen und in den Projekten der arrivierten Künstler aktiv teilnehmen.

A 2.2 **Förderung des internationalen Austauschs**

Ein anderer Schwerpunkt soll auf dem internationalen Austausch liegen. Hervorragende ausländische Künstler sollen zu einem längeren Studien- und Arbeitsaufenthalt auf die Solitude eingeladen werden, auch in der Erwartung, daß ihre Heimatländer im Gegenzug Künstler aus Baden-Württemberg zu Studienaufenthalten einladen. Im Rahmen der Akademie wird der Austausch mit den Partnerregionen Baden-Württembergs eine besondere Rolle spielen.

A 2.3 **Vermittlung von Künstlerbegegnungen**

Außerdem soll sich die Akademie mit Veranstaltungen aller Art, an denen sich die Künstler beteiligen, die gerade in der Akademie arbeiten, an die Öffentlichkeit wenden und damit der Künstlerbegegnung und dem Austausch künstlerischer Impulse und Anregungen auf höchstem Niveau dienen.

Akademie Schloß Solitude: Solitude Mutation 1989, Claude Giverne; copyright: Akademie Schloß Solitude

B. Konzeption

Wenn die Akademie ihre Ziele verwirklichen will, benötigt sie eine eigene Struktur, für die es bisher, was die Auswahl von Stipendiaten und die Projektförderung betrifft, keine Beispiele gibt.

B 1 Stipendiaten

Das Höchstalter der Stipendiaten soll bei 35 Jahren liegen. Außerdem soll der Studienabschluß nicht länger als 5 Jahre zurückliegen.

B 1.1 **Auswahlverfahren**

Zum Auswahlverfahren bestehen folgende Überlegungen:

- ☐ Das Kuratorium der Akademie wählt – nach Möglichkeit aus seiner Mitte – einen Jury-Präsidenten für die Dauer von drei Jahren.
- ☐ Der Jury-Präsident benennt jeweils für 18 Monate für die Sparten bildende Kunst, Photographie/Kunsttheorie, Musik, Literatur/Übersetzung, Theater, Design, Video/Film und Architektur jeweils je einen Juror, der nicht dem Kuratorium angehören darf. Einem nachfolgenden Jury-Präsidenten ist unbenommen, einen schon früher bestellten Juror ein weiteres Mal zu berufen.
- ☐ Jeder Juror bestimmt für seine Sparte die ihm vorgegebene Anzahl von festen Stipendiaten und nominiert eine ebenfalls vorgegebene Anzahl zusätzlicher Stipendiaten.
- ☐ Der Jury-Präsident, der vom Vorstand der Akademie beraten wird, entscheidet über die Vergabe der Stipendien, ist aber an die Vorschläge der Juroren zu den festen Stipendiaten gebunden.
- ☐ Die Stipendien werden jeweils für einen Zeitraum von 18 Monaten vergeben, wobei ein Stipendium entweder nach dem Willen der Bewerber oder nach Prüfung des künstlerischen Projekts auch in Teile (dreimal 6 Monate oder einmal 12 und einmal 6 Monate) zerlegt und mehreren Künstlern zugedacht werden kann.

B 1.2 **Ateliers für Debutanten der Kunstakademien**

Damit auch Debutanten in den Genuß von Wohnateliers kommen können, sollen die beiden Kunstakademien dem für bildende Kunst zuständigen Juror entsprechende Vorschläge machen. Auch Eigenbewerbungen von Debutanten sollen nicht ausgeschlossen werden. Der Juror entscheidet aber in eigener Verantwortung, welche Stipendiaten er aufnimmt.

B 2 Projektförderung für arrivierte Künstler

Pro Jahr sollen 5 bis 8 Projekte geplant werden. Die Projekte sollen so terminiert werden, daß sie mit ohnehin stattfindenden Aktivitäten internationaler Künstler in der Stadt verbunden sind. Dadurch werden zugleich die Beziehungen der Akademie zu den kulturellen Institutionen der Stadt gestärkt und die internationale Arbeit der Akademie erweitert. Stadt und Land sollen in gleicher Weise von dieser Kombination profitieren.

B 3 Organe der Stiftung

Organe der Stiftung sind der Stiftungsrat, der Vorstand und das Kuratorium.

Dem Stiftungsrat gehören je 1 Vertreter des Ministeriums für Wissenschaft und Kunst (Vorsitzender), des Staatsministeriums und des Finanzministeriums an. Er legt die Grundsätze für die Arbeit der Stiftung fest und überwacht die Tätigkeit des Vorstandes.

Der Vorstand ist der Akademiedirektor. Er vertritt die Stiftung nach außen und führt die Geschäfte. Dazu gehört auch, die Belegung und die Veranstaltung der einzelnen Akademien nach Maßgabe der Gremienbeschlüsse zu planen und durchzuführen.

Das Kuratorium besteht aus 12 Vertretern des künstlerischen Lebens und bis zu 12 Personen des öffentlichen Lebens, zwei Vertretern der Kunststiftung Baden-Württemberg und je einem Vertreter aller Fraktionen des Landtags und der Stadt Stuttgart. Es berät die Akademie in grundsätzlichen Fragen und wählt aus seiner Mitte einen Beirat als Arbeitsausschuß, der die Aufgabe hat, die Akademie laufend zu beraten.

B 4 Organische Aufbauphase

Die Akademie wird ihren Betrieb im Sommer 1990 aufnehmen können. Während der Bauzeit werden bereits die Baustelle, die Bausubstanz und das Areal der Akademie in den Mittelpunkt der Aufbauarbeit gestellt werden. Dabei geht es um eine für die Allgemeinheit verständliche Darstellung der Funktion der Gebäude. Zugleich sollen in der Aufbauphase einzelne Kuratoriumsmitglieder zu Vorträgen veranlaßt werden, damit allmählich mit einer in die Öffentlichkeit wirkenden Vortragstätigkeit der Akademie begonnen wird.

9.6 Zentrum für Kunst und Medientechnologie Karlsruhe

Einleitung

Der Erweiterung der gestalterischen Fächer an den Kunstakademien (vgl. Kap. 9.1) und damit einer zeitgemäßen Vervollständigung des Ausbildungsspektrums dient die Hochschule für Gestaltung in Karlsruhe, die in Angliederung an das Zentrum für Kunst und Medientechnologie errichtet werden soll. Sie bezieht Kunst und Gestaltung auf die modernen digitalen Techniken und kommt damit zu neuen grenzüberschreitenden Gestaltungsformen und neuen Verbindungen der traditionellen Künste. Das Spezifikum der Ausbildung an der Hochschule für Gestaltung gegenüber anderen künstlerischen Ausbildungsstätten ist ihr umfassender Ansatz (Musik, darstellende Kunst, bildende Kunst, Design und Spartenverbindungen wie Multi-Media-Oper) und – mit Hilfe des Zentrums für Kunst und Medientechnologie – der intensive Einsatz der modernen Medientechnik als Gestaltungsmittel.

A. Ausgangslage

Überlegungen, ein Zentrum für Kunst und Medientechnologie (ZKM) zu errichten, wo kreative Möglichkeiten einer Verbindung zwischen den traditionellen Künsten und den „Neuen Medien“ entwickelt und erprobt werden, gehen von der Stadt Karlsruhe aus.

Der Ministerrat hat der Errichtung des Zentrums im Oktober 1988 grundsätzlich zugestimmt und beschlossen, 50% des laufenden Zuschusses bis zur Höhe von 5 Mio. DM jährlich zu tragen.

In Ergänzung zum ZKM soll nach einem weiteren Beschluß des Ministerrats vom September 1989 auch eine neue Hochschule für Gestaltung geschaffen werden.

Der Leiter des ZKM hat seine Tätigkeit bereits aufgenommen. Er ist auch zum Gründungsrektor der geplanten Hochschule für Gestaltung bestellt worden.

B. Zielsetzungen

B 1 Konzeption des Zentrums

B 1.1 Inhaltliche Überlegungen

Es ist das Ziel des ZKM, eine Verbindung zwischen den traditionellen Künsten und der Medientechnologie zu entwickeln. Das ZKM steht in der Nachfolge des Bauhauses Dessau und der Hochschule für Gestaltung in Ulm. Während das Bauhaus die freie Kunst und die handwerklichen Techniken nach Jahrhunderten wieder zusammenführte und die Hochschule für Gestaltung in Ulm die gestalterischen Möglichkeiten auf die neue industrielle Massenproduktion nach dem Zweiten Weltkrieg bezog, ist es die Aufgabe des ZKM, zusammen mit der geplanten Hochschule für Gestaltung die Künste mit den digitalen Techniken zu verbinden.

Nach dem Entwurf der Satzung hat das ZKM die Aufgabe, „als Einrichtung der Forschung, der Kulturvermittlung und der Weiterbildung eine umfassende Auseinandersetzung mit Kunst und Medientechnologie insbesondere in den Bereichen Bild, Musik, Wort und Verbindungen unter ihnen zu ermöglichen“. Es hat ebenso den Auftrag, nicht nur durchgesetzte Kunst zu zeigen, sondern Experimentierfeld zu sein.

Um dieser Aufgabe gerecht zu werden, insbesondere um seine grenzüberschreitende Funktion zwischen den Künsten erfüllen zu können, müssen für das ZKM inhaltlich und organisatorisch neue Wege eingeschlagen werden.

Die Organisationsstruktur des ZKM orientiert sich an der charakteristischen Beschaffenheit unterschiedlicher Mediengattungen, an der Absicht, die traditionellen Künste mit den neuen Medien zu verbinden und an den unterschiedlichen Aufgabenstellungen der hier arbeitenden Künstler, Wissenschaftler und der interessierten Bürger.

Das ZKM gliedert sich in die Teilbereiche:

- ☐ Computerlabors und Studios,
- ☐ Medientheater,
- ☐ Museumsforum sowie
- ☐ Sammlungen und Dokumentation.

B 1.1.1 Computerlabors und Studios:

Computerlabors und Studios sind die Experimentier- und Forschungsstätten, in denen Künstlern und Wissenschaftlern die nötigen Geräte zur Verfügung stehen, um die neuen Technologien ästhetischer Praxis anwenden zu können. Damit das gesamte Potential der digitalen Techniken genutzt werden kann, bedarf es einer umfangreichen apparativen Ausstattung, die auch komplexe Vorstellungen realisieren kann.

Für längerfristige Installationen werden Studios benötigt, in denen Videos, Laserstrahlen und Holographien hergestellt und Aufführungen (Performance, Multimedia-Oper) vorbereitet werden können.

Auch das allgemeine Publikum soll mit den medientechnologischen Möglichkeiten vertraut gemacht werden. Deshalb sind mediendidaktische Einrichtungen, Informationsspeicher und lokale und überregional vernetzbare EDV-Geräte erforderlich.

B 1.1.2 Medientheater:

Eine Aufführungsstätte soll die Möglichkeit bieten, Gastaufführungen zu veranstalten und die in den Labors des ZKM erarbeiteten Ergebnisse einem größeren Publikum vorzustellen. Insbesondere sollen hier Veranstaltungen stattfinden, die dem Ziel dienen, unterschiedliche Kunst- und Mediengattungen miteinander zu verbinden. Gastspiele sind nötig, damit Resultate, die an anderen Orten erarbeitet wurden, im ZKM präsentiert und mit hiesigen Arbeiten verbunden werden können. Die internationale Szene medientechnologischer und medienästhetischer Ereignisse soll im ZKM beobachtet werden, damit auch der internationale Erfahrungsaustausch möglich wird.

B 1.1.3 Museumsforum:

In einem Museumsforum, das sich in ein Medienmuseum und ein Museum der Gegenwartskunst gliedert, sollen einerseits die Geschichte der Medien und deren Anwendungsmöglichkeiten, andererseits die Kunst der Gegenwart in ihren vielfältigen, traditionellen und medialen Aspekten zur Anschauung gebracht werden.

Im Medienmuseum sollen überwiegend die Ergebnisse der medienästhetischen Forschung vorgestellt werden. Gleichzeitig sollen hier die Möglichkeiten selbsttätiger Beteiligung für ein großes Publikum ausgeschöpft werden. In einer Dauerausstellung soll der Bogen von den medientechnologischen Grundlagen über die konventionellen Bereiche klassischer Medien zu den heutigen medientechnischen und medienästhetischen Möglichkeiten gespannt werden. Dabei soll auch ein Einblick in die Laborpraxis vermittelt werden. Als Präsentationsbeispiele sollten im Bereich der Drucktechniken der Buchdruck, die verschiedenen Techniken des Bilddruckes (Holzschnitt, Radierung, Lithographie) und Vervielfältigungsformen der Massenkommunikation (Flugblatt, Karikatur, Comicstrip, Plakat, Fotografie, Film bis zum Fotojournalismus) in das Museum einbezogen werden. Diese Beispiele sollen im Vergleich zu den Möglichkeiten der neuen Medien dargestellt werden: Zeichencomputer, Computergraphik, Medienenvironment im Zusammenspiel zwischen elektronischer Musik, Laser, Licht und Video sowie simulatorische Techniken.

Sammlungen und Ausstellungspraxis des Museums für Gegenwartskunst sollen einen Einblick geben in die Kunstpraxis der unmittelbaren Gegenwart und den Vergleich der traditionellen Kunst mit der Medienkunst ermöglichen.

Das Museum soll Wechselausstellungen präsentieren. Im jährlichen Turnus soll die gesamte Ausstellung verändert und auf die jüngsten Entwicklungen im Bereich traditioneller Künste wie auch der Medienkünste eingestellt werden. Dabei wird das ZKM nicht nur eigene Bestände zeigen, sondern auch Leihgaben privater Sammler und Galerien präsentieren. Das Museum benötigt daher Ankaufsmittel und muß außerdem in die Lage versetzt werden, Medieninstallationen und Environments in Auftrag zu geben.

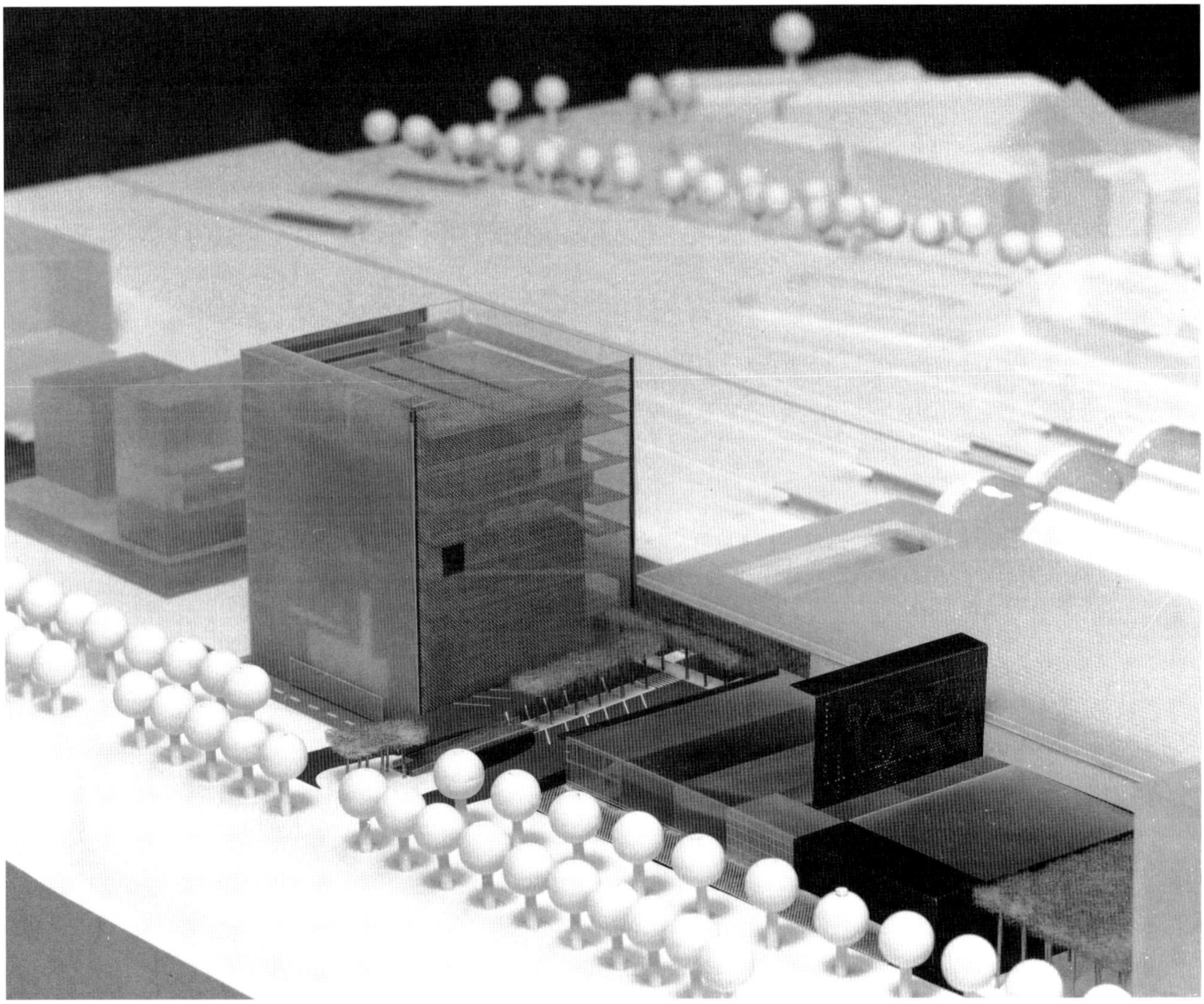

Realisierungswettbewerb der Stadt Karlsruhe für das Zentrum für Kunst und Medientechnologie; 1. Preis: Rem Kohlhaas/Office for Metropolitan Architecture Rotterdam; Copyright: Samuel Degen, Karlsruhe

B 1.1.4 Sammlungen und Dokumentationen:

Im Dienstleistungsbereich einer Bibliothek, Videothek, Audiothek und Diathek werden Werke aus dem Spannungsfeld zwischen Kunst und Technik gesammelt und dokumentiert. Durch Verbund mit nationalen und internationalen Datenbanken sollen Künstlern, Wissenschaftlern und Bürgern auch Publikationen und Objekte zugänglich gemacht werden, die nicht im ZKM selbst aufbewahrt werden.

Die Videothek hat die zusätzliche Aufgabe, bedeutende Dokumente aus dem Bereich der Kunst-Videos und der Video-Animation zu erwerben und verfügbar zu halten. Eine solche zentrale Videosammlung besteht bisher in der Bundesrepublik nicht.

Bei der Erfüllung dieser Aufgaben arbeitet das ZKM auf nationaler und internationaler Ebene mit Forschungs- und Bildungseinrichtungen, den Karlsruher Hochschulen sowie mit der geplanten Hochschule für Gestaltung zusammen.

B 1.2 **Rechts- und Organisationsform**

Das ZKM wird durch eine von der Stadt Karlsruhe und dem Land begründeten, rechtsfähigen Stiftung des öffentlichen Rechts getragen. Als Organe der Stiftung sind Stiftungsrat, Vorstand und ein Kuratorium vorgesehen.

Dem Stiftungsrat gehören je drei stimmberechtigte Vertreter des Landes und der Stadt und ohne Stimmrecht grundsätzlich die Rektoren der Karlsruher Universität, Kunstakademie und Musikhochschule an. Der Vorstand der Stiftung ist der Direktor des Zentrums. In das Kuratorium werden vom Ministerpräsidenten im Einvernehmen mit dem Oberbürgermeister der Stadt Karlsruhe 16 Persönlichkeiten aus den Bereichen Kunst, Wissenschaft und öffentliches Leben berufen.

B 1.3 **Finanzierung**

B 1.3.1 Personalbedarf:

Die Planung im „Konzept '88" geht von einem festen Personalbestand des Zentrums von insgesamt 68 Beschäftigten aus. voraussichtlich sind 32 Wissenschaftler und Künstler sowie 14 Techniker (in den Werkstätten) für die Funktionsfähigkeit des Zentrums erforderlich. Für den organisatorischen und technischen Bereich (Verwaltung, Hausdienst und Haustechnik) sind als Infrastruktur weitere 22 Stellen vorgesehen.

B 1.3.2 Einnahmen und Ausgaben:

Die Einnahmen und Ausgaben des ZKM lassen sich heute noch nicht genau bestimmen. Nach den vorläufigen Prognosen können von den laufenden Kosten des ZKM in Höhe von voraussichtlich 12,4 Mio. DM jährlich rund 2,4 Mio. DM durch Fördermittel, Benutzungsgebühren, Spenden, Eintrittsgelder und Veranstaltungserlöse gedeckt werden.

B 1.4 **Baumaßnahmen**

Auf der Grundlage eines 1986 vorgeschalteten städtebaulichen Ideenwettbewerbs führt die Stadt Karlsruhe zur Zeit einen begrenzten Realisierungswettbewerb für den Bau des ZKM-Gebäudes durch; der Bau soll bis 1993 erstellt sein.

Das Bauvolumen umfaßt knapp 17.100 qm Programmfläche; der größte Teil mit 9.800 qm fällt dem Forum (mit Medientheater, Museum für Gegenwartskunst, Medienmuseum) zu, der zentrale Bereich mit Verwaltung (Foyer, Cafeteria, Besprechungsraum, Rechenzentrum und Versorgungsräumen) wird etwa 1.500 qm, Labors und Experimentierflächen werden etwa 1.000 qm umfassen.

B 2 Hochschule für Gestaltung

B 2.1 **Zielvorstellungen**

Die Hochschule für Gestaltung ergänzt die Forschungs- und Entwicklungsarbeit des ZKM im Bereich der akademischen Lehre. Durch die enge Verbindung mit dem ZKM und die dadurch mögliche gemeinsame Nutzung von Geräten, Studios und Räumen lassen sich zwei Ziele erreichen:

- ☐ Inhaltlich lassen sich Forschung und Lehre im Bereich der gestalterischen Nutzung der Medientechnologie verbinden.
- ☐ Die Finanzierung der Hochschule für Gestaltung wird ökonomisch erträglich.

Die geplante Hochschule für Gestaltung im Verbund mit dem ZKM verhindert die Isolation der am ZKM arbeitenden Künstler und Wissenschaftler und bietet ihnen die Möglichkeit, die gewonnenen Erkenntnisse an die junge Generation weiterzugeben. Durch die Lehre werden sie zugleich veranlaßt, eine verbindliche Basis der Argumentation und der Praxis zu finden.

Der Studienbetrieb an der Hochschule soll im Wintersemester 1991/92 aufgenommen werden. Ihr personeller Aufbau soll bis 1994 abgeschlossen sein.

B 2.2 **Organisationsstruktur**

Die Hochschule für Gestaltung ist als Hochschule im Sinne des Hochschulrahmengesetzes konzipiert: Sie soll Promotions- und Diplomierungsrecht erhalten.

Die Zusammenarbeit und die gemeinsame Nutzung von personellen Kräften und räumlichen Ressourcen wird in einer Kooperationsvereinbarung zwischem dem ZKM und der Hochschule für Gestaltung geregelt.

B 2.3 **Studieninhalte**

Die Zulassung zum Studium an der Hochschule für Gestaltung setzt das Bestehen einer Eignungsprüfung voraus. Es ist mit ca. 300 Studenten zu rechnen.

Für die Hochschule sind 5 Studiengänge vorgesehen, die unter dem Gesichtspunkt der spartenübergreifenden gestalterischen Anwendung der Medientechnik ausgewählt und strukturiert werden:

- ☐ Promotions-(Aufbau)-Studiengang und Magisterstudiengang (ohne Nebenfach) Kunstwissenschaft – Umweltwissenschaften/Environment,
- ☐ Diplomstudiengang Produkt-Design (Regelstudienzeit von 9 Semestern einschließlich Prüfung),
- ☐ Diplomstudiengang Graphik-Design (Regelstudienzeit von 9 Semestern),
- ☐ Diplomstudiengang Szenographie/Bühnenbild/Ausstellungs-Design (Regelstudienzeit von 9 Semestern) und
- ☐ Diplomstudiengang Medienkunst / Medienästhetik, der auch die Bereiche Fotografie, Film, Video, Zeichentrickfilm (Computer-Animation) und Fernsehen umfaßt.

In allen Studiengängen ist ein gemeinsames Grundstudium von zwei Semestern für alle Studenten verbindlich. Das studiengangbezogene Hauptstudium vom 3. bis 8. Semester schließt mit der Diplom- oder Magisterprüfung ab. Ein postgraduiertes Studium von zwei Semestern für alle Fächer und ein Promotionsstudium für Kunstwissenschaften (Dr. phil.) können sich anschließen.

B 2.4 **Finanzierung**

Zur Sicherstellung des Lehrangebots an der Hochschule sind als Mindestausstattung 34 Personalstellen vorzusehen. Außerdem werden noch Mittel für Gast- und Projektprofessoren benötigt.

An der Hochschule für Gestaltung sollte im Hinblick auf die erforderliche Flexibilität im Lehrkörper ein System befristeter Dienstverhältnisse für Professoren eingeführt werden; hierdurch wird der Veränderung künstlerischer Kreativität und dem Wandel künstlerischer Anschauungen Rechnung getragen.

B 2.5 **Raumprogramm**

Bei der Aufstellung des Raumprogrammes für die Hochschule für Gestaltung ist von einer Programmfläche von etwa 8.500 qm auszugehen; sie enthält 10 Großstudios in einer Gesamtfläche von 600 qm, 22 Professorenstudios mit zusammen knapp 800 qm und 10 Meister- und Assistentenstudios.

Übergangsweise sollen für die Hochschule für Gestaltung ab 1990 Räume mit zusammen 2.840 qm gemietet werden, die 1989 vom ZKM mietweise genutzt werden.

9.7 Filmakademie

Einleitung

Eine notwendige Ergänzung zur Hochschule für Gestaltung in Karlsruhe soll die im Raum Stuttgart geplante Filmakademie in Zusammenarbeit mit dem Institut für Filmgestaltung in Ulm bilden. Während die Ausbildung an der Karlsruher Hochschule für Gestaltung ihren medienästhetischen Ausbildungsschwerpunkt in der Computeranimation und in Grenzüberschreitungen zur Szenografie und zur Bühnenkunst sieht, wird die Filmakademie die an den bisherigen Ausbildungsstätten schon jetzt angebotene Filmausbildung speziell auf den Gebieten des Wirtschafts- und wissenschaftlichen Films intensivieren, während das Institut für Filmgestaltung in Ulm die theoretischen Inhalte für dieses Filmstudium auf professioneller Grundlage beisteuert.

A. Bestand

A 1 Filmausbildungsstätten in der Bundesrepublik Deutschland

In den Bundesländern stellt sich die Situation heute folgendermaßen dar:

A 1.1 **Bayern**

Die 1966 errichtete Hochschule für Fernsehen und Film in München wird vom Freistaat mit Zuschüssen des Bayerischen Rundfunks, des deutschen Fernsehens und der Stadt München getragen. Das Budget der Filmhochschule beträgt rund 5 Mio. DM.

Die Hochschule bildet z. Zt. etwa 120 Redakteure, Dramaturgen, Regisseure, Produktionsleiter sowie Mitarbeiter in Medieneinrichtungen in den Fachrichtungen Film- und Fernsehspiel, Dokumentarfilm und Fernsehpublizistik aus. Außerdem ist die Einführung eines Studiengangs für die Ausbildung von Industrie- und Werbefilmfachleuten geplant.

A 1.2 **Berlin**

Die Deutsche Film- und Fernsehakademie in Berlin hat die Rechtsform einer GmbH, die je zur Hälfte vom Bund und vom Land Berlin finanziert wird. Der Zuschußbedarf betrug 1988 ca. 5,3 Mio. DM. An der Akademie werden z. Zt. 80–100 Studierende in einem dreijährigen Regelstudium in den Hauptfachgebieten Dramaturgie, Drehbuch und Regie, Kamera, Tonbearbeitung, Schnittmontage und Produktionsorganisation ausgebildet.

A 1.3 **Nordrhein-Westfalen**

Nordrhein-Westfalen baut zur Zeit in Köln eine Hochschule für Film, Video und Fernsehen auf, die „in einer Verbindung von technischer und künstlerisch-gestalterischer Ausbildung den sich verändernden Anforderungen im Bereich der elektronischen Medien an das technische und künstlerische Personal Rechnung tragen“ soll. Die Hochschule soll eng mit dem im ehemaligen Güterbahnhof Gereon geplanten „Mediapark“ zusammenarbeiten.

Dic Kosten für Personal und Sachmittel werden bei etwa 150 Studenten auf 4 Mio. DM (bei 14 Personalstellen), der Erstausstattungsbedarf auf rund 14 Mio. DM geschätzt.

A 1.4 **Hamburg**

An der Hamburger Universität wurde 1988 der Studiengang Filmregie eingerichtet. Die Hamburger Fachhochschule bietet seit 1988 den Diplomstudiengang Medienbetriebsingenieur an. Das Bildungswerk Medien e. V. in Hamburg hat die Aufgabe der Weiterbildung von Medienexperten.

A 1.5 **Niedersachsen**

In Niedersachsen steht ein Programm zur Medienbildung (Finanzierungssumme 26–27 Mio. DM in 4 Jahren) vor der Verwirklichung. An der Musikhochschule Hannover werden Filmproduktionsleiter, Producer, Regisseure und Autoren ausgebildet. Die Fachhochschule Hannover bietet Studiengänge im Bereich Szenographie, Computeranimation, Holographie und Maske an. Die Koordination dieser beiden Bereiche liegt bei der Musikhochschule Hannover. Die Hochschule der Künste in Braunschweig erhält einen Schwerpunkt „Visualisierungsforschung und Computergrafik“.

Für das Gesamtprogramm werden 18 Personalstellen geschaffen. Die Grundausstattung wird von einer Produktionsstätten GmbH zur Verfügung gestellt.

A 1.6 **Hessen**

Hessen hat beim Bundesminister für Bildung und Wissenschaft einen Modellversuch zur Medienausbildung (kultureller Bereich) an der Universität Frankfurt beantragt.

A 1.7 **Bremen**

Auch in Bremen gibt es Überlegungen zur Einführung einer professionellen Filmausbildung.

A 2 Filmausbildung in Baden-Württemberg

In Baden-Württemberg gibt es bisher nur vereinzelte und partielle Ausbildungsangebote zum Film:

A 2.1 **Kunstakademie Stuttgart**

An der Kunstakademie Stuttgart hat sich eine Trickfilmklasse (vgl. Kap. 9.1, A 2.3) etabliert, die internationales Ansehen genießt. Die Ausbildung wird im größeren Rahmen eines Graphik-Design-Studiums angeboten. Von den 170 Studierenden des Diplomstudienganges Graphik-Design erhalten alle (30 pro Jahr) eine Grundausbildung in Film. Von den 80 Studierenden des Hauptstudiums können aber wegen der apparativen Kapazitäten nur 20 eine vertiefte Ausbildung im Trick-und Animationsfilm erhalten.

A 2.2 **Fachhochschulen für Gestaltung**

An den Staatlichen Fachhochschulen für Gestaltung in Pforzheim und Schwäbisch Gmünd und den Fachhochschulen für Gestaltung in Mannheim und Konstanz (vgl. Abschnitt 9.3) ist im Rahmen der Design-Studiengänge auch eine Ausbildung in Film und Video möglich. Von den Studierenden der Diplomstudiengänge im Graphik-Design an den Staatlichen Fachhochschulen für Gestaltung erhalten rund 35 Studierende die Möglichkeit, sich während ihres Studiums mit den Medien Film und Video zu beschäftigen.

A 2.3 **Staatliche Fachhochschule für Druck**

An der Staatlichen Fachhochschule für Druck in Stuttgart beschäftigen sich 50 Studierende mit den Medien Film und Video zumindest in technischer und organisatorischer Hinsicht.

B. Konzeption

Es wird vorgeschlagen, in Baden-Württemberg eine Filmakademie zu schaffen. In der Filmakademie wird in jedem Fall eine Ausbildung in den Bereichen des Wirtschaftsfilms und des wissenschaftlichen Films angeboten. Auch für die Ausbildung in diesem Bereich muß ein bestimmtes Ausbildungspotential für den szenischen Film zur Verfügung stehen. Ob überdies an der Filmakademie eine spezifische Ausbildung für Spiel-, Dokumentar- und Fernsehfilme eingeführt wird, soll nach einem Symposion entschieden werden, das zum Ausbildungsbedarf und zu didaktischen Fragen der Ausbildung veranstaltet wird.

Durch die Ausbildung im Bereich des Wirtschaftsfilms und des wissenschaftlichen Films wird eine Lücke im Ausbildungssystem der Bundesrepublik geschlossen; diese Sparten werden bisher an den traditionellen Filmausbildungsstätten nicht mit spezifischen Schwerpunkten angeboten.

B 1 Ausbildungsangebot der Filmakademie

B 1.1 **Ausbildung**

Parallel zur Theaterakademie wird ein Studium mit starkem Praxisbezug eingerichtet. Es umfaßt die Bereiche

- ☐ Industriefilm,
- ☐ Trickfilm,
- ☐ Computeranimationsfilm,
- ☐ Werbefilm und
- ☐ wissenschaftlicher Film.

Überdies sollte angestrebt werden, in einem Kurssystem Ausbildungsangebote für Kameraleute und Kamera-Assistenten sowie Ton- und Bildtechniker einzurichten.

B 1.2 **Zulassung und Kapazität**

In die Filmakademie können Studienbewerber aufgenommen werden, die schon in anderen Ausbildungsstätten die Grundzüge der Filmgestaltung kennengelernt haben; sie müssen eine spezifische Eignungsprüfung als Zulassungsvoraussetzung bestehen.

Es ist eine Studentenzahl von 200 bis 250 vorgesehen.

B 1.3 **Abschlußqualifikation**

Der Abschluß dieses Aufbaustudiums befähigt im Bereich des Wirtschaftsfilms und des wissenschaftlichen Films zu den Berufen Regisseur/Filmautor, Dramaturg, Produktionsleiter und Mitarbeiter an Medieneinrichtungen. Die Absolventen des Studiums in dieser Fachrichtung haben aller Voraussicht nach ausgezeichnete Berufschancen.

B 2 Einrichtungen der Filmakademie

B 2.1 Filmzentrum

Mit der Akademie soll ein Filmzentrum verbunden werden, dessen Ausstattung sowohl im Rahmen der Akademieausbildung als auch für die Entwicklungsprojekte der Akademieprofessoren und - gegen Entgelt - von Dritten benutzt werden kann.

B 2.2 Filmsammlung und Videothek

Als Teil der Filmakademie soll für Studienzwecke eine Filmsammlung und eine Videothek eingerichtet werden, die filmgeschichtliches und filmwissenschaftliches Material sammelt, dokumentiert und verfügbar macht. Sie soll für Studierende im Bereich des Films und der Medien Anschauungsmaterial liefern.

Die Sammlung hat die Aufgabe, wichtige Filmproduktionen aus Baden-Württemberg zu dokumentieren und über die Geschichte des Films, die künstlerischen Gestaltungsformen, die Produktionstechniken und das gesellschaftliche Umfeld informieren.

Aus der Filmsammlung könnte sich längerfristig ein Filmmuseum in Baden-Württemberg entwikkeln.

Teil des Gebäudes der Württembergischen Waffelfabrik Ludwigsburg, in dem künftig die Filmakademie untergebracht werden soll; Bild: MWK

B 3 Kooperationsmöglichkeiten der Filmakademie

Das Konzept der Filmakademie und des angeschlossenen Filmzentrums soll an vorhandene Einrichtungen und ihre Arbeit anküpfen, sie zusammenfassen und ergänzen. Im Raum Stuttgart gibt es zahlreiche Einrichtungen, die in der Lage sind, die an der Filmakademie geplante Ausbildung durch Dienstleistungen im Bereich der Lehre zu unterstützen und auch die in der Filmakademie und im Filmzentrum vorhandene Ausstattung selbst zu nutzen. Für eine Zusammenarbeit mit der Filmakademie und dem Filmzentrum kommen in Frage:

- die Kunstakademie Stuttgart im Bereich des Animationsfilms, des Videofilms und der Computeranimation,
- die Fachhochschule für Druck im Bereich Film, Video, AV-Technik, Betriebswirtschaft,
- die Musikhochschule Stuttgart und die Theaterakademie im Bereich Filmmusik, Sprecher, Schauspieler, Filmdekorationen,
- die Universität Stuttgart im Bereich Großrechner für Computeranimation,
- die Universität Hohenheim im Bereich Filmjournalismus und Medienwissenschaft,
- das Institut für Filmgestaltung in Ulm im Bereich der Medienforschung; das Institut wird seinen Forschungsschwerpunkt in Zukunft auf internationale Filmfragen richten,
- sowie private Filmstudios und AV-Studios.

B 4 Standort, Raum- und Personalbedarf

Es ist zu prüfen, ob die Filmakademie in landeseigenen Räumlichkeiten eingerichtet werden kann oder ob kommunale Angebote in Betracht kommen. Dies ist prinzipiell im gesamten Großraum Stuttgart möglich. An diesem Raum sollte auch im Blick auf die angestrebten Kooperationen festgehalten werden.

Für den Produktionsbereich Film sowie für Organisation und Verwaltung wird ein Flächenbedarf von ca 2.500 qm entstehen, für den Ausbildungsbereich ein Bedarf von ca. 1.200 qm.

Unter Berücksichtigung wichtiger Serviceleistungen der Kunstakademie, der Fachhochschule für Druck und der Universität Hohenheim werden voraussichtlich ca. 26 Personalstellen für Forschung, Lehre und Verwaltung und 3 Stellen für die Filmsammlung benötigt.

B 5 Mutmaßliche Auswirkungen der Filmakademie

Filmakademie und Filmzentrum fördern die Gründung und Ansiedlung von medientechnischen Firmen, Klein- und Mittelbetrieben, Selbständigen, Kopierwerken, Tonstudios, Film- und Fernsehstudios, Werbeagenturen, Labors und technischen Servicefirmen.

9.8 „Öffentliche Kulturarbeit / Kulturmanagement“

Einleitung

Unter gesellschaftspolitischen und kulturpolitischen Gesichtspunkten (Zunahme des Freizeitbereichs, Vermehrung der kulturellen Aktivitäten auch in kleineren und mittleren Städten) zeichnet sich in Baden-Württemberg zunehmend ein Bedarf nach umfasssender Ausbildung von Kulturvermittlern und Kulturadministratoren ab. Dies gilt insbesondere für solche Städte, die über keine eigenen kulturellen Einrichtungen verfügen, aber nach dem Prinzip der Dezentralität ebenso wie die Städte in den Ballungszentren gehalten sind, ihren Bewohnern kulturelle Angebote zu machen. Das Land hat daher einen Handlungsbedarf, den Kommunen zu helfen, ihre Kulturprogramme in eigener Regie zu gestalten und durchzuführen.

Da es aller Voraussicht nach eine länger anhaltende Tendenz ist, daß der kulturelle Informations- und Beteiligungswille der Bevölkerung in allen Teilen des Landes zunimmt, wächst der kulturpolitischen Aufgabe der Städte und Gemeinden auch längerfristig zunehmende Bedeutung zu. Ob sie mit ihren Institutionen (z. B. Kulturämter, Bibliotheken, Volkshochschulen, Kommunale Kinos) ein Kulturprogramm erarbeiten und durchführen können, das von der Bevölkerung angenommen wird, hängt zum großen Teil davon ab, ob ein hinreichend kompetenter und engagierter Kreis von Vermittlern zur Verfügung steht.

A. Bestand

A 1 Entwicklung in anderen Bundesländern

Dieser auch außerhalb des Landes zu beobachtende wachsende Bedarf an Professionalisierung und Institutionalisierung der kommunalen Kulturarbeit hat in einer Reihe von Bundesländern den Entschluß gefördert, im Rahmen der vorhandenen geistes- und gesellschaftswissenschaftlichen Lehr- und Forschungskapazitäten an verschiedenen Hochschulen Studiengänge für Kulturpädagogik oder Kulturerziehung zu gründen. Die längste Erfahrung auf diesem Gebiet besitzt die Wissenschaftliche Hochschule Hildesheim, die seit 10 Jahren einen Studiengang dieser Art anbietet. Er ist sehr gefragt und zur Zeit von 450 Studierenden aus allen Teilen der Bundesrepublik belegt, darunter etwa 60 Studierende aus Baden-Württemberg. Ähnliche Studienangebote bestehen in Lüneburg, Wuppertal, Bielefeld und Berlin, neuerdings auch in Bremen, Göttingen und Marburg, bei denen es jedoch offensichtlich an der bewußten Ausprägung des Praxisbezugs fehlt.

A 2 Pläne in Baden-Württemberg

Es ist geplant, an einer Pädagogischen Hochschule des Landes einen Studiengang einzurichten mit dem Ziel, qualifizierte Fachkräfte heranzubilden, die sowohl als Kunstvermittler als auch als Kunstadministratoren tätig werden können. Ziel der Ausbildung soll nicht die Vorbereitung auf die Tätigkeit eines Kulturpädagogen sein. Vielmehr geht es hier um die gleichzeitige Vermittlung von künstlerischen, kulturpädagogischen und administrativen Fähigkeiten und Kenntnissen, die vor allem im Bereich des Kulturmanagements benötigt werden. Diese Zielvorstellung ist von erheblicher Bedeutung für die Wahl des Standortes.

Die Pädagogische Hochschule Ludwigsburg vereinigt auf sich hinsichtlich des Standorts für ein solches Studienangebot die meisten Vorteile: besonders gute Kooperationsmöglichkeiten mit

- ☐ Fachhochschule für öffentliche Verwaltung,
- ☐ Fachhochschule der Finanzen,
- ☐ Fachhochschule für Bibliothekswesen,
- ☐ Theaterakademie,
- ☐ Staatsgalerie und Musikhochschule u. a.

Es besteht somit ein sehr reiches kulturelles Umfeld, starkes kommunales Interesse, genügend Auswahl von Lehrbeauftragten.

Deshalb hat der Wissenschaftsminister die Pädagogische Hochschule Ludwigsburg beauftragt, in Zusammenarbeit mit kooperationsfähigen Einrichtungen eine Konzeption für das neue Studienangebot zu entwickeln. Sie hat ihr Strukturkonzept im Ministerium für Wissenschaft und Kunst bereits mit den Stuttgarter Hochschulen, der Staatsgalerie, der Theaterakademie und die Bedarfs- und Besoldungsfragen mit Vertretern der kommunalen Spitzenverbände erörtert.

B. Konzeption

Es wird vorgeschlagen, an der Pädagogischen Hochschule Ludwigsburg ein Studienangebot einzurichten, das in Kooperation mit den o.g. Hochschulen im einzelnen entwickelt und durchgeführt wird.

B 1 Zielgruppen

Das neue Studienangebot soll sich an zwei verschiedene Zielgruppen richten, auf deren Interessenlage die Struktur des Angebots jeweils besonders zugeschnitten werden muß. Diese Zielgruppen sind:

- ☐ Lehramtsabsolventen verschiedener Schularten mit geisteswissenschaftlichen oder künstlerischen Schwerpunkten und Absolventen der Kunsthochschulen. Sie sollen schwerpunktmäßig im administrativen (volks- und betriebswirtschaftlichen, organisatorischen) Bereich ausgebildet werden.
- ☐ Absolventen der Verwaltungsfachhochschulen und Verwaltungsbeamte sind im künstlerischen und pädagogischen Bereich auszubilden.

Während für die Lehramtsabsolventen und die Absolventen der Kunsthochschulen eher ein Aufbaustudiengang in Betracht kommt, eignet sich für Verwaltungsbeamte am besten die Form eines Kontaktstudiums.

Das Strukturkonzept der Pädagogischen Hochschule Ludwigsburg sieht beide Arten von Ausbildung vor. Im Unterschied zu andersartigen Studiengängen, die an den Hochschulen in der Bundesrepublik Deutschland angeboten werden, wird in beiden Arten des Studienangebotes in Ludwigsburg von einem beruflichen Schwerpunkt ausgegangen, auf dem die Ausbildung aufgebaut werden kann.

B 2 Aufbaustudium

Im Aufbaustudium wird eine Zusatzausbildung vermittelt, die den Absolventen befähigt, im kommunalen Dienst oder im freien Bereich als Kunstvermittler oder als Kunstadministrator tätig zu werden. In den Aufbaustudiengang von vier Semestern Dauer sollen jährlich etwa 15 Studierende aufgenommen werden. Das Aufbaustudium endet mit der Verleihung des Grades eines Magister Artium. Eine wissenschaftliche Arbeit ist Voraussetzung für die Erreichung dieses Abschlusses.

Das Aufbaustudium wird neben gemeinsamen Grundlagen spezifische Inhalte für jede Adressatengruppe anbieten:

- ☐ Studierende mit einem kulturwissenschaftlichen Erststudium erhalten schwerpunktmäßig ein Angebot im Kulturmanagement, Organisation, Recht und Wirtschaft.
- ☐ Studierende mit einem juristischen, betriebswirtschaftlichen oder verwaltungswissenschaftlichen Erststudium erhalten schwerpunktmäßig ein Angebot in den Kulturwissenschaften und einem Wahlpflichtfach.

Die Studierenden im Aufbaustudium müssen einschlägige Praktika an konkreten Projekten durchführen, die im kulturellen Umfeld der Hochschule von verschiedenen Trägern durchgeführt werden. Solche Projekte können z. B. Ausstellungen, Theaterproben, Musikaufführugen usw. sein.

B 3 Kontaktstudium

Zielgruppe dieses Kontaktstudiums sind Personen, die bereits im Berufsleben stehen. Deshalb handelt es sich hier um gedrängte (Wochenend-)Seminare, in die auch Fernstudienphasen eingestreut werden.

Den in der Berufspraxis stehenden Verwaltungskräften, die kulturelle Aufgaben zu betreuen haben, fehlen in der Regel die kulturwissenschaftlichen Grundlagen. Die Nachfrage nach einem solchen kulturwissenschaftlichen Studienangebot im Rahmen eines Kontaktstudiums ist daher bei verwaltungswissenschaftlich ausgebildeten Fachkräften nach Auskunft des Baden-württembergischen Städtetags und des Gemeindetags groß und auch langfristig zu erwarten.

Ziel des Kontaktstudiums ist es daher, Verwaltungsfachleuten vertiefte Kenntnisse in den kulturwissenschaftlichen Grundlagen, in einem Wahlpflichtfach (Musik oder bildende Kunst oder Literatur) sowie in modernen Methoden des Kulturmanagements und der kulturellen Öffentlichkeitsarbeit zu vermitteln.

Das Kontaktstudium soll nach dem Baukastenprinzip aufgebaut werden, wobei Fernunterrichts- und Präsenzphasen miteinander verbunden werden. Die Teilnehmer am Kontaktstudium erhalten ein Hochschulzertifikat, jedoch keinen akademischen Abschluß.

B 4 Personal- und Raumbedarf

Insgesamt werden zwei Professoren-Stellen (je eine der Bes.Gr. C 3 und C 4) und je eine Stelle für einen Akademischen Rat, einen Wissenschaftlichen Mitarbeiter und eine Sekretärin benötigt. Außerdem müssen Mittel für die Erteilung von Lehraufträgen und die Beschäftigung von Hilfskräften bereitgestellt werden.

Für das Studienangebot werden zusätzliche Räume benötigt. Diese sind im Stadtbereich Ludwigsburg oder im Ludwigsburger Schloß anzumieten. Der Flächenbedarf wird mit insgesamt 300 qm angegeben.

7.–23. April 1989

Landeskunstwochen Donaueschingen '89

Bildende Kunst

Musik und Theater

Literatur

Freitag, 7. April

18.00 Uhr, Donauhalle A
Eröffnung der Landeskunstwochen
Prof. Dr. Helmut Engler, Minister für Wissenschaft und Kunst
Festvortrag von Prof. Dr. Hans H. Hofstätter, Freiburg
Vernissage der Ausstellungen · **Farbe – Malerei der Gegenwart in Baden-Württemberg** · **Theorie und Funktion der Farbe** · **Bildhauerzeichnungen, Entwürfe und Skulpturen** · **Autoren aus Baden-Württemberg und ihre Bücher**

Freitag, 7. April – 27. April

Donauhalle A Foyer
Autoren aus Baden-Württemberg und ihre Bücher
vorgestellt vom Verband der Verleger und Buchhandlungen in Baden-Württemberg e.V., Stuttgart, in Zusammenarbeit mit der Stadtbibliothek Donaueschingen
Öffnungszeiten: täglich 10.00 – 12.00 Uhr, 14.00 – 18.00 Uhr, Samstag und Sonntag 10.00 – 18.00 Uhr

Samstag, 8. April – 23. April

8. April, 11.00 Uhr, Rathaus
Eröffnung der Ausstellung
Jugendstil in Donaueschingen
Einführung: Dr. Ehrenfried Kluckert und Daniela Donzelli-Kluckert
Architektur und Alltagskultur um 1900. Dokumentationsausstellung
Öffnungszeiten: Montag bis Freitag 8.30 – 12.00 Uhr, Mittwochnachmittag 14.30 Uhr – 16.30 Uhr, Sonntag 10.00 – 18.00 Uhr

Sonntag, 9. April

11.15 Uhr, Donauhalle A Foyer
Autorenlesung Maria Beig
Sie liest aus ihren Büchern Rabenkrächzen, Hochzeitslose, Hermine, Urgroßelternzeit, Minder und Kuckucksruf.
Volkshochschule Baar und Stadtbibliothek Donaueschingen

Dienstag, 11. April

16.00 Uhr und 20.00 Uhr, Donauhalle A
Tatort Musik. Ein Musiktheater, Text und Musik von Gheorghe Costinescu
Staatstheater Stuttgart

Mittwoch, 12. April

20.00 Uhr, Donauhalle A
Donaueschinger Harmoniemusik
von Wolfgang Amadeus Mozart zur »Entführung aus dem Serail«
Mus. Ms. 1392 der Fürstl. Fürstenbergischen Hofbibliothek
(hg. von Bastiaan Blomhert)
Wiener Bläseroktett – Mitglieder der Wiener Philharmoniker und des Orchesters der Wiener Staatsoper

Donnerstag, 13. April

20.00 Uhr, Ev. Gemeindezentrum
»Die Quelle manches Guten«
Donaueschingen in literarischen Bezügen
Stefan Karthaus, Freiburg, liest Texte aus sechzehn Jahrhunderten, Volkhard Huth, Donaueschingen, kommentiert.
Volkshochschule Baar

Freitag, 14. April

18.00 Uhr, Galerie im Turm, Stadtbibliothek
Eröffnung der Ausstellung **Gabriele Straub**
Erkundungen mit der Farbe · Malerei und Collagen

20.00 Uhr, Donauhalle A
Sack und Asche · Ein modernes Volksstück in neunzehn Bildern in der süddeutschen Fassung von Klaus Hoggenmüller · Stadttheater Konstanz

Sonntag, 16. April

11.15 Uhr, Donauhalle A Foyer
Autorenlesung Gunter Haug
Geschichten aus der baden-württembergischen Geschichte
Der Autor liest aus seinen Büchern Du edle Perl' . . . und Droben stehet die Kapelle. · Stadtbibliothek Donaueschingen und Volkshochschule Baar

20.00 Uhr Donauhalle A
Messa da Requiem von Giuseppe Verdi
Sopran: Brigitt Schmid, Zürich · Mezzosopran: Marina Sandel, Stuttgart · Tenor: Andreas Wagner, Stuttgart · Bass: Cornelius Hauptmann, Stuttgart
Chorgemeinschaft des Fürstenberg-Gymnasiums Donaueschingen
Mitglieder des Sinfonieorchesters des SWF
Leitung: Ernst Scherer

Dienstag, 18. April

18.00 Uhr, Hofgut Hohenkarpfen bei Hausen ob Verena, Landkreis Tuttlingen
Meyer-Amden, Itten, Graeser
Drei Schweizer Künstler aus dem Hölzel-Kreis.
Vortrag von Dr. Felix Baumann, Direktor des Kunsthauses Zürich

Mittwoch, 19. April

20.00 Uhr, Katholisches Gemeindeheim St. Johann
Plastik
Zeitkritische Pantomime des Antagon-Theaters
mit Barbara Karger, Thomas Stich und Karsten Itterbeck

Freitag, 21. April

20.00 Uhr Donauhalle A
Sinfonieorchester des Südwestfunks · Leitung: Arturo Tamayo
Paul Hindemith, Kammermusik Nr. 1 mit Finale 1921
Wolfgang Motz, ». . . non svanisce . . .« (Uraufführung)
Johann Wenzel Kalliwoda, Sinfonie Nr. 2 Es-Dur

Samstag, 22. April

20.00 Uhr, Gewölbekeller der Städtischen Jugendmusikschule
Lyrik und Jazz
In Zusammenarbeit mit dem Südwestfunk Baden-Baden, Landesstudio Freiburg

Sonntag, 23. April

17.00 Uhr, Donauhalle A
Broom
Eine Oper für junge Leute von Brent McCall
Schüler als Schauspieler, Chor und Orchester der Städt. Jugendmusikschule
Leitung: Karl Heinz Naumann

Sonntag, 7. Mai

18.00 Uhr, Donauhalle B
Finissage der Ausstellungen in der Donauhalle mit einer **Einführung zum Ersten Donaueschinger Bildhauersymposion** von Albert Baumgarten

Kapitel 10

SPARTENÜBERGREIFENDE KUNSTFÖRDERUNGS-MASSNAHMEN

Landeskunstwochen – eine attraktive, spartenübergreifende Veranstaltungsreihe. Bild: Stadt Donaueschingen

Einleitung

In der Regel präsentieren sich die Kunstsparten getrennt. Kunst lebt aber auch von der Begegnung und vom Miteinander der Sparten. Das kann zum einen in Einrichtungen geschehen, die

- ☐ die Kunstsparten unter einem Dach vereinigen (hier sei z. B. auf die Akademie Schloß Solitude (vgl. Kap. 9.5) hingewiesen)
- ☐ oder für verschiedene Sparten immer wieder ein Forum bieten (wie z. B. der Landespavillon; vgl. Kap. 10.3)
- ☐ oder die spartenübergreifend Kunstvermittlung betreiben (wie z. B. die Volkshochschulen, vgl. Kap. 10.4),

zum anderen in Veranstaltungen, die

- ☐ wie die Landeskunstwochen (vgl. Kap. 10.1) oder die Kunststiftung Baden-Württemberg (vgl. Kap. 10.2) oder das „Collegium Artium“ (vgl. Kap. 10.6) die Chance zur Begegnung und zum Austausch geben, oder
- ☐ wie die Kulturbühnen und Kulturinitiativen (vgl. Kap. 10.5) gemeinsame oder neue Arbeits- und Kommunikationsformen zum Ziel haben.

10.1 Landeskunstwochen

Die Landeskunstwochen sind ein Musterfall dezentraler Kunstförderung im Land. Sie werden jährlich von einer anderen Stadt veranstaltet. Diese Stadt gestaltet auch das Programm der Landeskunstwochen in eigener Verantwortung. Sie erhält für die gesamte Veranstaltung einen Zuschuß des Landes, der sich z. Zt. auf 350 TDM beläuft.

Ziel der Landeskunstwochen ist, daß in einem Zeitraum von ca. 14 Tagen Spitzenensembles des Landes in der betreffenden Stadt gastieren und daneben Kunstausstellungen, literarische und spartenübergreifende Veranstaltungen stattfinden. Örtliche Aktivitäten sollen in das Programm einbezogen und bewußt den Gastspielen an die Seite gestellt werden. Durch die Einbeziehung der örtlichen Initiativen sollen diese anerkannt und aufgewertet werden. Mit den Gastspielen der Spitzenensembles, die im Rahmen der Landeskunstwochen an verschiedenen Orten des Landes auftreten, soll in allen Landesteilen das Bewußtsein gefördert werden, daß ihr Wirkungskreis nicht nur Stuttgart oder Karlsruhe, sondern das ganze Land sein soll.

Die Landeskunstwochen machen den Austragungsort zu einer Art Kunsthauptstadt des Landes auf Zeit. Die ersten Landeskunstwochen fanden 1980 in Biberach statt. Darauf folgten die Städte Heidelberg, Ulm, Freiburg, Rottweil, Heidenheim, Tübingen, Schwäbisch Gmünd und 1988 Villingen-Schwenningen. 1989 war Donaueschingen an der Reihe. 1990 folgt Pforzheim, 1991 Reutlingen, 1992 Kornwestheim, 1993 Aalen, 1994 Friedrichshafen, 1995 Waiblingen, 1996 Ettlingen und 1997 Böblingen und Sindelfingen gemeinsam. Bewerbungen liegen vor bis zum Jahr 2002 und für das Jahr 2004.

Donaueschingen veranstaltete im April 1989 anläßlich seines 1100-jährigen Stadtjubiläums die Landeskunstwochen 1989; copyright: Kurt Grill, Donaueschingen

10.2 Kunststiftung Baden-Württemberg

Auf Initiative von Abgeordneten aller drei Parteien, die damals im Landtag vertreten waren (CDU, SPD und FDP), wurde 1977 die Kunststiftung Baden-Württemberg gegründet. Sie hat die Rechtsform einer GmbH mit fast 200 Gesellschaftern und verfügt damit über eine breite Basis für ihre Arbeit. Die Kunststiftung betreibt in Stuttgart, Gerokstraße 37, ein eigenes Haus, das der Unterbringung von Stipendiaten und den Veranstaltungen der Stiftung dient. Die Stiftung vergibt Arbeitsstipendien und Arbeitshilfen und soll durch ihre Maßnahmen die staatlichen Subventionen ergänzen.

Die Kunststiftung erhält vom Land z. Zt. Zuschüsse von etwa 660 TDM, einen Sockelbetrag, der der Verwaltung der Stiftung und der Verwaltung und Unterhaltung des Hauses dient, und weitere Zuwendungen. Die Fördermittel der Stiftung im engeren Sinne werden zuerst einmal durch Spenden aus allen Kreisen der Bevölkerung aufgebracht. Das Land gewährt der Kunststiftung weitere Zuwendungen in Höhe der zuvor eingeworbenen Spenden. Die Kunststiftung war von Anfang an als Modell für eine Finanzierung gedacht, die die staatlichen Zuschüsse an die aus eigener Kraft aufgebrachten Mittel knüpft.

Diese Mittel dienen der Förderung begabter, noch unbekannter, in Baden-Württemberg lebender Künstler.

10.3 Landespavillon „Treffpunkt Baden-Württemberg“

A. Bisherige Entwicklung

Die Landesregierung hat zur Bundesgartenschau 1978 in Stuttgart im Oberen Schloßgarten den Landespavillon „Treffpunkt Baden-Württemberg“ in Betrieb genommen. Er hat sich zu einem dauerhaften und erfolgreichen, bürgernahen Informations- und Kommunikationszentrum entwickelt, in dem den Besuchern die geistige, kulturelle, wissenschaftliche, gesellschaftliche, politische, wirtschaftliche, geschichtliche sowie landschaftliche Vielfalt des Landes durch Ausstellungen, Veranstaltungen, Festivals und Wettbewerbe aufgezeigt und vorgestellt wird.

Der Landespavillon findet bei der Bevölkerung ein reges Interesse. Seit seiner Eröffnung wurden etwa acht Millionen Besucher gezählt. Darüber hinaus hat sich der Pavillon mit seinem Ausstellungs- und Diskussionsraum und seinem Cafe zu einer beliebten Plattform für viele Gruppen, Vereine und andere Institutionen entwickelt, die sich mit ihren Programmen und Leistungen in Stuttgart präsentieren können. Zahlreiche Ausstellungen wurden hier erstmalig gezeigt, um dann als Wanderausstellung in alle Regionen des Landes weiterzugehen. Städte und Gemeinden greifen gern auf das Repertoire des Landespavillons zurück. Der Kleinkunstpreis, der hier vergeben wird (vgl. Kap. 1, A 4.2.2) ist Sprungbrett für junge, engagierte Künstler. So werden immer wieder Brücken von der Landeshauptstadt in alle Regionen des Landes geschlagen.

Das kulturelle Rahmenprogramm ist von großer Vielfalt: Musik, Theater, Puppenspiel, Kabarett, Film, Literatur, Tanz – alle Sparten sind in den unterschiedlichsten Ausdrucksformen zu finden. Avantgardistisches, Experimentelles, Traditionelles, Volkstümliches hat seinen eigenen Stellenwert im Programm. Aufgabe des Landespavillons ist einmal die Förderung der Laienkunst. Amateur- und Hobbykünstler finden hier Auftrittsmöglichkeiten. Der Landespavillon ist aber auch ein zentral gelegenes Forum für professionelle Künstler, die hier immer wieder zu hören und zu sehen sind. Vor allem aber hat sich der Landespavillon nicht selten als Sprungbrett für solche Künstler erwiesen, die den Schritt vom Amateur zum Profi unternehmen wollen.

Die Verantwortung für die technische Abwicklung obliegt dem Landesgewerbeamt. Die Programmdirektion wird durch das Ministerium für Kultus und Sport wahrgenommen. Für Ausstellungen stehen bislang Mittel in Höhe von 300 TDM zur Verfügung. Für das Rahmenprogramm sind 250 TDM ausgebracht.

Hautnaher Publikumskontakt; der Landespavillon „Treffpunkt Baden-Württemberg“ im Stuttgarter Oberer Schloßgarten ist eine beliebte Plattform für Gruppen aus dem ganzen Land; Bild: MKS

B. **Perspektive**

Sowohl als Service-Einrichtung, die kleinere Städte und Gemeinden bei der Durchführung von Ausstellungen und kulturellen Veranstaltungen berät, als auch als Förderinstrument insbesondere für jüngere, professionelle und semiprofessionelle Künstler, hat sich der Landespavillon bewährt. Da die Beratungsdienste von kommunaler Seite immer mehr nachgefragt werden, müßten sie erheblich intensiviert werden. Auch könnte der Landespavillon den Gemeinden und anderen lokalen Veranstaltern gerade bei der Durchführung von Ausstellungen noch besser helfen, wenn er vor allem die immer wieder erbetenen Ausstellungssysteme zur Verfügung stellen könnte. Dazu müßte allerdings die sächliche und die personelle Ausstattung des Landespavillons verstärkt werden.

10.4 Die Volkshochschule als Einrichtung der Kunstvermittlung

A. Bestand

In Baden-Württemberg gibt es Volkshochschulen mit mehr als 800 Außenstellen im ländlichen Raum. Sie haben sich von Anfang an auch als Einrichtungen der Vermittlung zwischen Kunst, Künstlern und Bürgern verstanden. In vielen Städten und Gemeinden ist es in erster Linie die Volkshochschule, die die Bevölkerung vor allem in den Bereichen bildende Kunst, Musik, Literatur und Theater mit Werken und Ideen zeitgenössischer Künstler bekanntmacht.

A 1 Kunstvermittlung

Die Volkshochschule hat sich als Stätte der Kunstvermittlung und als kulturelle „Drehscheibe" folgende Aufgaben gestellt:

- ☐ die Bürger nicht nur in der Großstadt, sondern auch im ländlichen Bereich über die Entwicklung in der „Kunstszene" zu informieren und mit neuen Werken der zeitgenössischen Kunst bekanntzumachen,
- ☐ den Künstlern Gelegenheit zum Gespräch mit dem Publikum zu geben und es über die Situation der Künstler in der heutigen Gesellschaft zu informieren,
- ☐ in die einzelnen Kunstrichtungen einzuführen,
- ☐ durch die Vermittlung von Kunst- und Kulturgeschichte die für das Kunstverständnis nötigen Grundlagen zu schaffen,
- ☐ auf bedeutende Kunstereignisse vorzubereiten und diese durch Veranstaltungen zu begleiten,
- ☐ durch eigene Kunstveranstaltungen im gegebenen Rahmen die Kulturarbeit in der Gemeinde zu bereichern und einheimischen Künstlern Gelegenheit zur Darstellung zu geben.

Die Volkshochschule wird im Rahmen ihrer Vermittlungsaufgaben auch zum Dolmetscher zwischen Kunst/Künstlern und Bevölkerung im Bereich der zeitgenössischen Kunst. Daneben hat sie die besondere Chance, die Bevölkerung durch die Verbindung von Kunst mit Weiterbildung zu aktivieren, so daß in Seminaren oder Kursen im Amateurbereich selbst gearbeitet wird und dadurch Kunst sehr viel intensiver erlebt werden kann als durch einen rein rezeptiven „Kunstgenuß".

Der Schwerpunkt der Arbeit liegt auf Seminaren, Vorträgen und Exkursionen, häufig in Verbindung zu Kunstereignissen. Dabei kann dieses Ereignis dem Seminar vorausgehen, am Schluß stehen oder auch in die Seminararbeit direkt einbezogen werden. Einige Beispiele mögen dies verdeutlichen:

- ☐ In einem Seminar zur bildenden Kunst wird eine besimmte Epoche der Malerei oder Plastik beziehungsweise ein bestimmter Künstler behandelt. Im Anschluß daran findet der Besuch entsprechender Ausstellungen statt, oder es schließt sich der Atelierbesuch bei einem Künstler und die Diskussion mit ihm an.
- ☐ Seminare oder Vorträge bereiten auf die in der Stadt veranstalteten Theateraufführungen/Konzerte vor.
- ☐ Der Regisseur oder Dramaturg des Theaters erläutert in der Diskussion die künstlerischen Intentionen seiner Inszenierung.
- ☐ Die Gemeinde/der Landkreis bereitet eine größere Kunstveranstaltung - Ausstellung, Theatertage usw. - vor und beauftragt die Volkshochschule, Begleitveranstaltungen durchzuführen, z. B. vorbereitende Seminare, Diskussionen mit Künstlern und dem künstlerischen Management, Exkursionen.
- ☐ Die Volkshochschule widmet eine Veranstaltungsreihe - Vortrag, Seminar, Exkursion, Ausstellung, Konzert, Theater- oder Filmvorführungen - einer bestimmten Epoche oder einer Gruppe von Künstlern bzw. den verschiedenen Kunstrichtungen in einem regionalen Raum. Sie beteiligt an der Planung und Durchführung dieser Reihe Künstler, Kunstvereine, Bibliotheken, Kulturamt, Sparkasse usw.
- ☐ Die Volkshochschule übernimmt die Aufgabe des „Kommunalen Kinos“ und führt Film-Seminare durch.
- ☐ Die Volkshochschule veranstaltet selbst Theater- oder Kabarett-Aufführungen oder Konzerte (von Landesbühnen, Kammermusikgruppen, aber auch einheimische Solisten oder Aufführungen der eigenen Amateurgruppen, Chöre und Orchester).

Im Jahr 1987 sind in diesem Sinn folgende Veranstaltungen durchgeführt worden:

Bereiche	Anzahl der Seminare	Zahl der Teilnehmer
Bildende Kunst	133	1.900
Kunstgeschichte	272	5.575
Literatur, Theater	591	8.671
Vorträge im Bereich Kunst	2.960	134.600
Theateraufführungen, Konzerte	1.014	134.300
Theater- und Konzertfahrten	366	16.500
Museums- und Ausstellungsfahrten	394	11.150
Kunstgeschichtliche Fahrten	258	6.500
Kunstausstellungen (Gesamtdauer 4.074 Tage)	194	ca. 130.000

A 2 Kunstausübung

Neben dieser Vermittlungsaufgabe zwischen Kunst und Publikum bietet die Volkshochschule im Amateurbereich Veranstaltungen zur Entdeckung und Entwicklung der künstlerischen Fähigkeiten an, und zwar für alle Altersgruppen und quer durch alle Gesellschaftsschichten. In diesem Bereich hat die Volkshochschule die Ziele, Erwachsenen, Kindern und Jugendlichen

- ☐ vielfältige Möglichkeiten zu geben, die eigenen künstlerischen Fähigkeiten zu entfalten,
- ☐ die entsprechenden Fertigkeiten und Techniken zu erlernen,
- ☐ fächerübergreifend die verschiedenen Kunstformen zu gemeinsamen Projekten zu verbinden und
- ☐ durch das Erlebnis des eigenen künstlerischen Arbeitens einen neuen, persönlichen Zugang zur Kunst zu finden.

Dieser zweite große Bereich der Volkshochschularbeit ist mit dem ersten verknüpft durch

- ☐ die Verbindung von Theorie und Praxis in den Kursen, z. B. Kunstgeschichte in Mal- und Zeichenkursen,
- ☐ die Einbeziehung des sozial- und kulturgeschichtlichen Hintergrunds bestimmter Kunstrichtungen und Kunsttechniken und
- ☐ die Beteiligung der einheimischen Künstler als Lehrkräfte in diesen Veranstaltungen.

Für alle Altersgruppen und in allen Volkshochschulen, häufig auch in Außenstellen, werden folgende Projekte durchgeführt:

Mal- und Zeichenkurs an der Volkshochschule Aalen; Bild: Volkshochschulverband Baden-Württemberg

A 2.1 **Mal- und Zeichenkurse**

Grund- und Aufbaukurse, spezielle Techniken wie Aquarellieren, Portrait- und Aktzeichnen, Landschaftsmalerei, perspektivisches/gegenständliches Zeichnen; Grafik- und Drucktechniken, Radierung, Siebdruck und u. ä.

Hier wurden 1987 3.563 Kurse mit rund 41.000 Teilnehmern durchgeführt.

Plastisches Gestalten - Skulptur, Plastik, Modellieren mit verschiedenen Materialien (1987: 2.371 Kurse mit rd. 27.000 Teilnehmern).

A 2.2 **Darstellendes Spiel und Amateurtheater**

Das Ziel dieser Gruppen ist nicht in erster Linie die Aufführung, sondern vielmehr das Spiel selbst einschließlich der dramaturgischen Aufgaben, der Regie und der Technik. Die Volkshochschulen haben sich in den letzten Jahren mehr und mehr spezialisiert auf Kabarett, Pantomime, Satire, Tanz- und Bewegungstheater. Diese Arbeit hat Werkstattcharakter mit zahlreichen workshops, zunehmend in Kompaktform an Wochenenden.
Jährlich arbeiten hier rd. 500 Gruppen mit ca. 7.000 Teilnehmern.

A 2.3 **Fotografie, Video, Film**

In Seminaren werden Fragen der Ästhetik behandelt, Dramaturgie, Schnittechnik, Licht, Ton usw., verbunden mit theoretischen Fragen und der Herstellung eigener Bilder und Filme.

Auch hier werden jährlich etwa 500 Kurse mit mehr als 6.000 Teilnehmern durchgeführt.

A 2.4 **Musizieren, Singen**

Jährlich werden etwa 3.000 Kurse von rd. 23.000 Teilnehmern besucht. Dabei handelt es sich hier um Kurse über ein oder zwei Semester; daneben haben viele Volkshochschulen eigene Orchester - z. T. seit 40 Jahren - und Chöre.

A 3 Kooperationen

Die Volkshochschulen kooperieren im Bereich Kunst nicht nur mit Künstlern, Kunsteinrichtungen, wie z. B. Theater oder Orchester, sowie mit Kommunen, sondern auch mit

- ☐ Museen und Galerien,
- ☐ Kunstvereinen und Kunstagenturen,
- ☐ Bibliotheken und Archiven,
- ☐ Amateurtheatern und Kabaretts,
- ☐ Vereinen, soziokulturellen Zentren und
- ☐ Veranstaltern von Ausstellungen.

Die Kooperation erstreckt sich dabei auf die Planung und Vermittlung von Veranstaltungen, die Unterstützung bei Veranstaltungen anderer Träger oder auf die gemeinsame Durchführung von Veranstaltungen.

A 4 Finanzierung

Die Finanzierung von Veranstaltungen erfolgt durch Teilnehmergebühren, kommunale Zuschüsse sowie z. T. durch staatliche Zuschüsse. Teilnehmergebühren werden für praktisch alle Veranstaltungen erhoben.

Kurse und Seminare zur Kunstvermittlung (siehe A 1) werden im gesamten musisch-kreativen Bereich vom Land nach den Bestimmungen des Gesetzes zur Förderung der Weiterbildung und des Bibliothekswesens und der hierzu ergangenen Durchführungsverordnung bezuschußt, d. h. diese Veranstaltungen werden bei der Berechnung der jährlichen Zuwendungen berücksichtigt. Die Berechnung des Zuschusses erfolgt auf der Grundlage der sog. förderfähigen Unterrichtseinheiten. Hingegen ist der gesamte Amateurbereich (siehe A 2) von der Förderung ebenso ausgenommen, wie etwa die Durchführung von Theaterfahrten, Filmveranstaltungen, Ausstellungen, Theater- und Konzertveranstaltungen, kunstgeschichtlichen Studienreisen.

B. Perspektiven

B 1 Errichtung eines „Kunst-Kontors" beim Verband der Volkshochschulen

Trotz der Erfolge der Volkshochschulen im Bereich der Kunst sind zum Teil erhebliche Mängel und Probleme festzustellen, die sich in den letzten Jahren verschärft haben:

- ☐ Die Versorgung der Bürger mit Kunstveranstaltungen erfolgt zwar flächendeckend, weist aber große qualitative und quantitative Unterschiede auf.
- ☐ Insbesondere in mittleren und kleinen Volkshochschulen fehlt die Fachkompetenz, die notwendig ist, wenn die Volkshochschule ihrer Vermittlerrolle gerecht werden soll.
- ☐ Die Einzelplanung der Volkshochschulen ist häufig unrationell, und die gemeinsame Planung wird aus Mangel an Fachpersonal und Zeit nicht selten wieder aufgegeben.
- ☐ Besonders für fächerübergreifende Kunstveranstaltungen und für Ausstellungen fehlt die zentrale Hilfe.
- ☐ Die ländliche Arbeit bedarf einer zentralen Unterstützung; denn die Außenstellen sind ausschließlich nebenberuflich besetzt, und auch in den einzelnen Volkshochschulen fehlt zumeist das Fachpersonal.
- ☐ Es mangelt bei der Mehrzahl der Volkshochschulen an Fachräumen und Werkstätten mit entsprechender Ausstattung.
- ☐ Es fehlen zentrale Arbeitshilfen für Seminare und zentrale Werbemittel.
- ☐ Die Dozenten haben zu wenige Möglichkeiten für den Erfahrungsaustausch und für die Fortbildung.

Abhilfe könnte zumindest teilweise dadurch geschaffen werden, daß eine zentrale Fachstelle für die Vermittlung und Betreuung von Kunstveranstaltungen, ein „Kunst-Kontor", errichtet wird. Aus Kostengründen sollte jedoch keine eigenständige Einrichtung geschaffen, sondern das Kunst-Kontor dem Verband der Volkshochschulen angegliedert werden.

Das Kunst-Kontor hat folgende Aufgaben zu übernehmen:

- ☐ Es beobachtet die „Kunstszene", hält Verbindung zu Künstlern, Kunstensembles, Agenturen und Veranstaltern. Es prüft die Angebote und Kosten, verhandelt über die für Volkshochschulen angemessenen Bedingungen. Es vermittelt die Veranstaltungen an die Volkshochschulen und stellt dabei, wenn gewünscht, Tourneen, Lesungen von Autoren an verschiedenen Orten und ähnliche Reihen zusammen.
- ☐ Es plant Ausstellungen oder entwickelt Konzepte für Ausstellungen und bereitet diese didaktisch auf. Es plant einführende und begleitende Veranstaltungen einschließlich der entsprechenden Materialien. Da in diesem Bereich künftig auch der Landespavillon als Service-Einrichtung tätig werden soll (siehe Kap. 10.3), ist eine enge Zusammenarbeit zwischen Kunst-Kontor und Landespavillon herbeizuführen.
- ☐ Es plant Veranstaltungen, die den besonderen Bedürfnissen der Volkshochschulen entsprechen, vor allem spartenübergreifende Veranstaltungen – Verbindung von Theater, Musik, Kabarett, Kunstgeschichte, Geschichte, Literatur usw. – z. B. als Semesterschwerpunkte. Es sucht und vermittelt die entsprechenden Dozenten und Künstler.
- ☐ Es entwickelt und vertreibt in Zusammenarbeit mit den Volkshochschulen Werbematerialien für diese Veranstaltungen, z. B. Plakate, Pressenankündigungen, Texte für die Arbeitspläne der Volkshochschulen, Handzettel, Kataloge.

- ☐ Für die Arbeit im ländlichen Bereich wird ein besonderes Konzept entwickelt, und zwar sowohl für Kunstveranstaltungen als auch für die notwendigen Grundlagen-Seminare. Die Veranstaltungen sollten möglichst eng an die örtlichen Bedürfnisse angepaßt werden. Da im ländlichen Bereich meist nur auf eine kleine Gruppe von Dozenten zurückgegeriffen werden kann, müssen z. B. auch Dozenten für kunstgeschichtliche Seminare vermittelt werden.
- ☐ Für die Kurse und Seminare werden Unterrichtsmaterialien entwickelt, und zwar für unterschiedliche Altersgruppen. Wichtig sind Rahmenstoffpläne für Kursleiter über neue Entwicklungen in den einzelnen Sparten, neue künstlerische Techniken und Materialien.
- ☐ Das Kunst-Kontor ergänzt spartenübergreifend für den Bereich der Kunst die Einführung und Fortbildung der Dozenten, die durch den Volkshochschulverband geleistet wird. Da die Dozenten aus den verschiedensten Berufen kommen, sind unterschiedliche Seminare notwendig, nämlich grundlegende Einführungen in die Erwachsenenpädagogik für Dozenten, die z. B. als freie Künstler tätig sind, Einführungen in die Methodik und Didaktik der Weiterbildung im Fachbereich Kunst für alle Dozenten, fachliche und methodische Fortbildungsprogramme für die Dozenten der verschiedenen Kunstrichtungen, vor allem auch im Kontakt mit den Hochschulen und Institutionen.
- ☐ Schließlich berät das Kunst-Kontor die Träger der Volkshochschulen bei der Ausstattung von Fach- und Seminarräumen.

Bei der Übernahme der Aufgaben eines Kunst-Kontors durch den Volkshochschulverband soll gewährleistet werden, daß auch andere Weiterbildungsträger in Einzelfällen an den Angeboten des Kunst-Kontors partizipieren können.

B 2 Projektmittel

Es wurde bereits darauf hingewiesen, daß nach den Bestimmungen des Weiterbildungsgesetzes und der dazu ergangenen Durchführungsverordnung ein großer Teil der dem künstlerischen Bereich zuzuordnenden Veranstaltungen nicht in die Landesförderung einbezogen ist. Nun kann es nicht Aufgabe der Kunstkonzeption sein, diese in Gesetz und Verordnung getroffenen bildungspolitischen Entscheidungen zu korrigieren, etwa durch Novellierung der einschlägigen Bestimmungen.

Dennoch sollten neue Fördermöglichkeiten in dem hier aufgezeigten, aber von der Förderung bislang ausgenommenen Bereich ins Auge gefaßt werden. Hierfür würde sich die Schaffung eines neuen Haushaltstitels anbieten, mit dem gezielt besondere Projekte bezuschußt werden können, sofern diese von der betroffenen Volkshochschule mit eigenen Kräften oder Ensembles durchgeführt werden. Insbesondere sollten Projekte gefördert werden, die mehrere Kunstsparten einbeziehen und die inhaltlich und methodisch neue Formen von Veranstaltungen erproben.

10.5 Soziokulturelle Zentren und Kulturinitiativen

A. Ausgangslage

A 1 Entstehung

Anfang der 70er Jahre entstanden in der Bundesrepublik Deutschland neuartige kulturelle Einrichtungen, die soziokulturellen Zentren, je nach ihrem besonderen Schwerpunkt auch Kommunikationszentren, Kulturzentren, Kulturbühnen und Kulturinitiativen genannt. In Baden-Württemberg haben sich die meisten dieser Initiativen in der „Landesarbeitsgemeinschaft der Kulturinitiativen und soziokulturellen Zentren in Baden-Württemberg e. V." (LAKS) zusammengeschlossen, der z. Zt. etwa 35 Mitglieder angehören. In der Bundesvereinigung sozio-kultureller Zentren und den Landesarbeitsgemeinschaften sind z. Zt. 120 Zentren organisiert.

Soziokulturelle Zentren haben vielfältige Ausprägungsformen. Eine eindeutige Beschreibung, die sie von anderen Einrichtungen abgrenzt, ist daher nicht möglich. Die folgenden Grundsätze lassen sich jedoch ungefähr als kleinster gemeinsamer Nenner für die Arbeit der Zentren aufstellen:

- ☐ Integration verschiedener Altersgruppen, sozialer Schichten und Nationalitäten;
- ☐ Anstoß sozialer, politischer und kultureller Lernprozesse durch die Entfaltung eigenschöpferischer Aktivitäten bei Zuschauern und Zuhörern;
- ☐ Förderung kultureller und künstlerischer Initiativen;
- ☐ spartenübergreifende und multifunktionale Veranstaltungen.

Soziokulturelle Zentren sind weder Theater noch Konzerthaus, weder Gemäldegalerie noch Musik- oder Volkshochschule, haben aber von allen diesen Einrichtungen etwas und sind bemüht, die verschiedenen Kunstsparten in Bezug zueinander zu setzen. Dabei verstehen sie sich insbesondere als Diskussionsforen und Orte politischer Aktionen und Veranstaltungen, wo aktuelle soziale und kulturelle Fragen behandelt werden.

In einer Untersuchung, die der Bundesminister für Bildung und Wissenschaft 1988 veröffentlicht hat, wurde die Eigenart soziokultureller Zentren durch eine Reihe von Arbeitsbereichen bzw. Arbeitsmerkmalen charakterisiert, die – mit einer Akzentverschiebung in Richtung auf künstlerische und kulturelle Tätigkeiten – auch in Baden-Württemberg gelten. Darunter sind besonders hervorzuheben:

- ☐ künstlerische Eigenproduktionen und -veranstaltungen (Musik, Theater, Lesungen, Tanz, Film usw.),
- ☐ Projektarbeit, z. B. bei Festivals und Kulturwochen,
- ☐ kulturelle Bildung und Kreativangebote,
- ☐ politische Arbeit: Vorträge, Diskussionen, Seminare,
- ☐ Erwachsenen- und Weiterbildung,
- ☐ Selbsthilfegruppen und selbst organisierte Gruppen,
- ☐ Sozialarbeit und psychosoziales Arbeiten,
- ☐ Information und Kommunikation.

Das Prinzip der Selbstverwaltung verhilft den soziokulturellen Zentren dazu, auch neue Formen der Arbeitsverteilung und Leitungsstruktur zu entwikkeln, die Transparenz und Mitbestimmung aller aktiv Beteiligten zu garantieren.

A 2 Entwicklung

Bis zur Mitte der 80er Jahre entwickelten sich die soziokulturellen Einrichtungen vor allem in Club- und Kneipenform.

A 2.1 **Großzentren**

Seit Mitte der 80er Jahre gibt es die zusätzliche Tendenz zu großen Zentren (d. h. mit einer Nutzfläche von 3.000 qm und mehr) in ehemaligen Fabrikanlagen oder in ungenutzen öffentlichen Gebäuden. Vor allem in Städten entsteht dieser neue Typus. In einigen Fällen sind solche „Großzentren" nicht auf Kulturarbeit eingeschränkt; vielmehr bieten sie auch Gewerbebetrieben Platz, die nach den Grundsätzen der Selbstverwaltungswirtschaft arbeiten. Derartige kombinierte Einrichtungen bestehen bereits in der „Fabrik" in Freiburg und im „Gewerbehof" in Karlsruhe und sind an anderen Orten im Entstehen, z. B. das „Kultur- und Gewerbezentrum Waldhörnle" in Tübingen.

A 2.2 **Ausbau vorhandener Zentren**

Eine andere Entwicklungstendenz strebt nach Vergrößerung bestehender Einrichtungen durch Ausbau, Erweiterung oder Anmietung neuer Räume. Z. Zt. sind 18 Planungen in dieser Richtung bekannt. Und zwar im Bereich des Regierungspräsidiums

- ☐ Karlsruhe: Horb/Nordstetten, Pforzheim, Heidelberg und Karlsruhe
- ☐ Freiburg: Singen, Konstanz, Schopfheim und Freiburg (3),
- ☐ Stuttgart: Schorndorf, Stuttgart (2) und Brakkenheim
- ☐ Tübingen: Ulm, Tübingen (2) und Reutlingen.

A 2.3 **Zeltfestivals**

Originelle Formen, in denen neue soziokulturelle Zentren im Modell erprobt werden, sind die diversen Zeltfestivals, die u. a. in Ulm, Singen, Freiburg, Pforzheim, Schorndorf und Karlsruhe stattfinden. Bei diesen Festivals werden große Zirkuszelte als Vorformen fester Häuser genutzt.

A 2.4 **Kulturringe u. ä.**

Als freie Träger soziokultureller Arbeit sind in vielen Städten und Gemeinden des Landes Kulturinitiativen, Kulturringe und sonstige Zusammenschlüsse von Kulturschaffenden in gemeinnützigen Vereinen tätig, die sich nicht in erster Linie die Schaffung eines soziokulturellen Zentrums vorgenommen haben, sondern eine Bereicherung des künstlerischen und kulturellen Lebens am Ort und in der Region. Dieser Bereich der soziokulturellen Arbeit (z. B. die „Stadtkulturringe“ in Heidelberg, Pforzheim und Karlsruhe) hat für die kulturelle Breitenarbeit wachsende Bedeutung.

Publikumsaktion beim Soziokulturellen Zentrum „Goldener Anker“ im Rahmen des Internationalen Fests der Gaukler und Jongleure in Pforzheim; Bild: „Goldener Anker“, Pforzheim

→

Staatsrat Professor Wolfgang Gönnenwein (vordere Reihe, zweiter v. r.) beim Kulturkongreß der LAKS am 2. Juni 1989 in Ulm/Donau; copyright: Maria Müssig

A 3 Kulturpolitische Bedeutung

Die soziokulturellen Zentren, Kulturbühnen und Kulturinitiativen werden zur alternativen Kunst gerechnet. Politik und Staat, Gesellschaft und Kultur erwarten von ihnen zurecht Anstöße, müssen aber auch mit Provokationen rechnen. Dennoch steht auch ihre Arbeit unter dem Schutz der Kunstfreiheit, die durch das Grundgesetz garantiert wird. Dieser Kunstfreiheit muß aber die Kritikfähigkeit entsprechen. Wer selbst über künstlerische Inhalte entscheidet oder diese gestaltet, muß auch bereit sein, sich der Kritik aus dem Publikum zu stellen und sich mit ihr auseinanderzusetzen.

Die Kulturpolitik des Landes respektiert die Garantie der Kunstfreiheit auch für die soziokulturellen Zentren aus guten Gründen: Die etablierte Kunst (Theater, Museen, Konzertagenturen usw.) darf nicht verkrusten. Sie braucht immer wieder neue Impulse. Dazu gehört auch das Experiment in den soziokulturellen Zentren.

Daher sollen auch in Zukunft die soziokulturellen Zentren, Kulturbühnen und Kulturinitiativen stärker als bisher gefördert werden.

A 4 Voraussetzungen der Förderung

Zur Unterstützung der Investitionen für die Ausstattung von soziokulturellen Zentren, Kulturbühnen und Kulturinitiativen hat der Landtag 1987 ein Förderprogramm aufgelegt, das in den ersten beiden Jahren mit je 500 TDM, seit 1989 mit je 1 Mio. DM ausgestattet ist. Aus diesem Programm können soziokulturelle Zentren unter folgenden Voraussetzungen gefördert werden:

- ☐ mindestens fünfjährige Tätigkeit der Einrichtung in Baden-Württemberg,
- ☐ keine ausschließliche Veranstaltertätigkeit,
- ☐ regelmäßiges Angebot eines für die Öffentlichkeit bestimmten Programms, das in der Verbindung von verschiedenen Medien und unter Erprobung neuer Kommunikationsformen überwiegend neuen kulturellen Bedürfnissen, insbesondere von jüngeren Menschen, Rechnung trägt und neue künstlerische Strömungen fördert, die von der bisherigen Kunstszene nicht als Schwerpunktprogramm betrieben werden, und
- ☐ i. d. R. eine Bezuschussung von mindestens gleicher Höhe oder eine vergleichbare laufende Förderung durch die Sitzgemeinde und/ oder den Landkreis.

B. Perspektiven

Bisher konnte das Land die soziokulturellen Zentren, Kulturbühnen und Kulturinitiativen lediglich bei der Beschaffung von Einrichtungsgegenständen unterstützen, die unmittelbar ihrer Arbeit dienten, so z. B. bei der Beschaffung von Bühneneinrichtungen oder einer Grafikpresse.

B 1 Investitionszuschüsse

Das Land hat bisher keine Möglichkeit gehabt, den Trägern der soziokulturellen Zentren, Kulturbühnen und Kulturinitiativen bei baurechtlich notwendigen Sanierungs- und Umbaumaßnahmen finanziell unter die Arme zu greifen. In der Praxis wären aber oft die Reparatur eines undichten Daches oder der Durchbruch eines Lüftungskanals oder Notausgangs mindestens ebenso wichtig wie die Beschaffung von Bühneneinrichtungen. Um hier Abhilfe zu schaffen, muß das Förderprogramm für die soziokulturellen Zentren erheblich erweitert werden.

B 2 Projektzuschüsse

Bei den soziokulturellen Zentren und Kulturinitiativen bestanden von Anfang an Schwierigkeiten, die verschiedenartigen Teile ihrer Arbeit voneinander abzugrenzen. Zum einen sind sie in nicht unbeträchtlichem Umfang lediglich Veranstalter, zum anderen sind wesentliche Bereiche ihrer Arbeit etwa der der Volkshochschulen oder der Jugendhäuser verwandt. Nach bisheriger Praxis erhalten aber weder Volkshochschulen noch Jugendhäuser als Veranstalter Zuschüsse zu ihren laufenden Betriebskosten. Eine Förderung des laufenden Betriebs der soziokulturellen Zentren käme somit einer Verletzung des Gleichheitsgrundsatzes gleich.

Andererseits ist nicht zu verkennen, daß kulturelle Projekte beträchtliche Mittel erfordern, die nicht allein über Eintrittsgelder oder Spenden aufzubringen sind. Gerade aber durch ihre Projekte können die soziokulturellen Zentren wertvolle innovatorische Anstöße geben. Das sollte durch Zuschüsse anerkannt werden.

B 3 Finanzierungsprobleme

Der Ansatz für Investitionszuschüsse sollte dem voraussichtlichen Bedarf entsprechend erhöht werden. Voraussetzung für die Zuschüsse sollte wie bisher die kommunale Förderung in mindestens gleicher Höhe wie der Zuschuß des Landes oder eine vergleichbare laufende Bezuschussung durch die kommunale Ebene sein.

Für Projektzuschüsse sollte eine kommunale Beteiligung im Verhältnis von 2:1 des Landeszuschusses vorausgesetzt werden, wie dies z. B. auch bei der Förderung der Kleintheater (vgl. Kap. 1, A 1.4.1) der Fall ist.

Bisher wurden die soziokulturellen Zentren, Kulturbühnen und Kulturinitiativen aus den Erträgen der Losbrieflotterie gefördert. Der künftig höhere Bedarf wird aus diesen Erträgen aber nicht zu finanzieren sein. In Analogie zur Theaterförderung sollte deshalb die Finanzierung der soziokulturellen Zentren künftig aus Steuermitteln geleistet werden.

10.6 „Collegium Artium“ der Universität Tübingen

A. Ausgangslage

A 1 Vorüberlegungen

Hauptziel des „Collegium Artium“ ist es, die ästhetische Dimension für die Gesamtuniversität stärker zur Wirkung zu bringen und die künstlerischen Potentiale bei der Studentenschaft zu verstärken. Nach dem Vorbild amerikanischer Universitäten soll eine fächerbegleitende künstlerische Ausbildung allen Studenten der Universität angeboten werden. Diese Ausbildung soll keine Konkurrenz zu den Kunstakademien (vgl. Kap. 9.1) darstellen, die ja professionelle Künstler ausbilden wollen. Das „Collegium Artium“ soll freilich den Übergang zu Kunstakademien nicht ausschließen und kann auch die Hinführung zu anderen Berufsfeldern im Blick haben (Museen, Publizistik, Design usw.).

A 2 Bestand

Die Universität Tübingen unterhält für Studierende aller Fakultäten im musisch-kulturellen Bereich bereits ein umfangreiches Angebot; dazu gehören:

- das Zeicheninstitut mit seinen vielfältigen Veranstaltungen zu verschiedenen künstlerischen Techniken, zum Zeichnen und Malen sowie zur Kunstbetrachtung,
- das „Collegium Musicum“ mit einem systematischen Programm zur musikalischen Fortbildung mit den Schwerpunkten Orchesterspiel und Chorsingen,
- Übungen zum kreativen Schreiben sowie zur Theaterarbeit/Dramaturgie in der Neuphilologischen Fakultät,
- die 1977 vom Universitätszeichenlehrer eingeleitete Initiative, junge Künstler für das Zeicheninstitut zu gewinnen,
- der Modellversuch „Künstler an Hochschulen“ des Tübinger Studentenwerks e.V. und
- workshops (Malkurse) im Rahmen des Studium generale.

Gemaltes Treppenhaus der Malklasse L. Schall im Fabri-Institut der Universität Tübingen; Bild: Universität Tübingen

B. Konzeption

Die Vielfalt dieser Aktivitäten zusammenzuführen, hat der Senat der Universität Tübingen 1988 einen Ausschuß eingesetzt, der folgende Konzeption für ein „Collegium Artium" erarbeitet hat:

B 1 Struktur

Das „Collegium Artium" sollte drei Abteilungen enthalten:

- ☐ Studio Musik (das Collegium Musicum sollte in dieser Richtung ausgebaut werden),
- ☐ Studio Kunst (das Zeicheninstitut sollte in dieser Richtung ausgebaut werden) und ein
- ☐ Studio Literatur.

Für die Gesamtausrichtung und den Zusammenhalt der drei Abteilungen sollte ein Kuratorium Sorge tragen, dem neben dem Universitätspräsidenten drei Ehrensenatoren der Universität, drei Fachvertreter der Musikwissenschaft, der Kunstgeschichte und der Literaturwissenschaft und zwei Vertreter des Studium generale angehören.

Die einzelnen Abteilungen sollten je einen Direktor erhalten, der bereits in einem Universitätsinstitut verwurzelt ist. Dieser Direktor sollte in der betreffenden Abteilung als Inspirator, Koordinator und Moderator fungieren. Er soll selbst mit den Studenten arbeiten, andere interessierte Lehrkräfte der Universität zur Mitarbeit heranziehen und für die Verzahnung der Arbeit mit den anderen Abteilungen sorgen.

B 2 Tätigkeitsbereiche

Ziel des „Collegium Artium" ist, dem einseitigen Fachspezialistentum durch die Förderung künstlerischer und kreativer Fähigkeiten und Fertigkeiten der Studierenden entgegenzuwirken.

Dafür hat der Ausschuß der Universität zunächst folgende Schwerpunkte vorgeschlagen:

- ☐ eine umfassende Erweiterung des allgemeinen künstlerisch-kreativen Lehrangebots für alle interessierten Studierenden und
- ☐ eine eigenständige künstlerisch-praktische sowie kunsttheoretische Ausbildung in einem der genannten Bereiche.

Für die Sparte des Schreibens wird u. a. daran gedacht, jährlich zusätzlich einen neuen „Universitätsschreiber" einzuladen. Für die Sparten Malerei und Bildhauerei/Töpferei sollten jeweils zwei Künstler für ein Jahr auf Werkvertragsbasis (monatlich etwa 5.000 DM) gewonnen werden. Diese Künstler sollen entsprechende Kurse anbieten, gleichzeitig aber in den Räumen der Universität die Möglicheit erhalten, ein eigenes Atelier einzurichten. Im Bereich des Studio Musik sollen ebenfalls Künstler durch Werkverträge an die Universität gebunden werden. In allen drei Bereichen ist zusätzlich an befristete Lehraufträge während der Vorlesungszeit und an Sommerkurse in der vorlesungsfreien Zeit gedacht.

B 3 Theoretische Ausbildung

Das „Collegium Artium" wird ein nicht berufsqualifizierendes Studienangebot umfassen, dessen theoretischer Teil von folgenden Einrichtungen der Universität getragen werden soll:

- ☐ Kunsthistorisches Institut,
- ☐ Musikwissenschaftliches Institut,
- ☐ Professur für Ästhetik und Theorie der Künste in der Philosophischen Fakultät,
- ☐ mehrere kulturwissenschaftliche Einrichtungen, darunter das Ludwig-Uhland-Institut für empirische Kulturwissenschaften, sowie
- ☐ der in der Bundesrepublik Deutschland einmalig angebotene Studiengang „Rhetorik".

B 4 Modellversuch

Die Universität Tübingen bereitet z. Zt. einen Antrag an die Bund-Länder-Kommission für Bildungsplanung und Forschungsförderung vor, um im Rahmen eines Modellversuchs mit finanzieller Unterstützung des Bundes modellartig auch für andere Universitäten das „Collegium Artium" aufbauen zu können.

Ein Beispiel für eine gesponsorte Theateraufführung: Chr. W. Gluck, „Alceste"; musikalische Leitung: Chr. Eschenbach, Inszenierung und Bühnenbild: R. Wilson, Kostüme: J. Herzog, Choreographie: S. Hanayazi, Lichtgestaltung: H.-J. Haas. Die Aufführung wurde von der Daimler-Benz AG gesponsort. Bild: Württembergische Staatstheater

Kapitel 11

KUNST UND WIRTSCHAFT

Einleitung

Baden-Württemberg ist ein verhältnismäßig reiches Land mit starker Wirtschaftskraft. Deshalb ist es interessant, die Wechselwirkungen von Kunst und Wirtschaft etwas näher zu betrachten. Dies umso mehr, als dieser Bereich in seiner Bedeutung und Beachtung immer mehr zunimmt.

Nach dem System der Kunstkonzeption geschieht dies in der Weise, daß zunächst die bestehenden Verhältnisse in Baden-Württemberg geschildert und dann in einem zweiten Abschnitt grundsätzliche und perspektivische Überlegungen angestellt werden.

A. Zur Situation von Mäzenatentum und Sponsoring in Baden-Württemberg

A 1 Theater

Die traditionellste und ursprünglichste Form im Mäzenatentum ist die der Fördervereine oder Förderkreise, die über Beiträge und Spenden (von Privatpersonen und Firmen) ihre Theater unterstützen. Die Unterstützung erfolgt entweder durch pauschale Zurverfügungstellung eingeworbener Mittel oder durch gezielte Förderung einzelner Projekte.

Finanziell größere Bedeutung für die Theater hat in jüngster Zeit eine gezielte Sponsoren-Tätigkeit großer Firmen gewonnen. Im Gegensatz zu den Fördervereinen, die heute selbst kleinste Zimmertheater unterstützen, richtet sich das Sponsoren-Angebot der großen Firmen in Baden-Württemberg vorwiegend an die Spitzenkunst.

Beispiele für Sponsoring im Theaterbereich sind die finanzielle Unterstützung der Veranstaltung „Theater der Welt“ 1987 in Stuttgart und einzelner Opern- und Ballettproduktionen an den Württembergischen Staatstheatern (vgl. Kap. 1, A 1.1) Stuttgart, bei denen sich die Förderbeträge in der Regel bei etwa 100.000 DM bewegen. Als Gegenleistung erhalten die Sponsoren Werbeflächen bei Publikationen bestimmter Produktionen.

A 2 Musik

A 2.1 Internationale Bachakademie

Die Internationale Bachakademie (vgl. Kap. 2, A 1.5.4) wurde gegründet mit dem ausdrücklichen Ziel, einen wesentlichen Teil sowohl der Unterbringungskosten (Haus in der Hasenbergsteige) als auch des laufenden Betriebes mit Mitteln der Wirtschaft zu finanzieren. Über längere Zeit hinweg wurde sogar seitens der Bachakademie das Ziel angestrebt, die öffentliche Hand ganz aus der Finanzierung zu entlassen. Inzwischen hat sich herausgestellt, daß sich diese Pläne mit Hilfe der Wirtschaft allein nicht verwirklichen lassen. Vielmehr ist der Hauptzuschußgeber die öffentliche Hand (Land und Stadt Stuttgart). Die Spendenbeträge der Firmen bewegen sich pro Jahr zwischen 500.000 und 600.000 DM. Daneben erhält die Bachakademie noch Kleinspenden der Mitglieder des Fördervereins Stuttgarter Konzertvereinigung, wodurch die Finanzierung einzelner Konzerte ermöglicht wird.

Blick in den Proben- und Veranstaltungssaal der Internationalen Bachakademie im Haus in der Hasenbergsteige Stuttgart; Bild: Internationale Bachakademie Stuttgart

A 2.2 **Musikhochschulen**

Wie unplanbar und auch schwierig die Arbeit mit dem Sponsoring ist, wenn es sich nicht um eindeutige und einmalige Spitzenbeträge handelt, zeigt das Beispiel der Musikhochschule Karlsruhe.

Die Musikhochschule Karlsruhe hat in den Jahren 1986 und 1987 zwei große Gastspielreisen nach Brasilien unternommen (vgl. Kap. 12, A 3.2.5). Die erste dieser Reisen wurde zu einem erheblichen Teil aus Beiträgen der Industrie finanziert, hinzu trat ein Zuschuß aus Bundesmitteln. Aber das genannte Spendenaufkommen mußte von der Hochschule in einer äußerst mühevollen und zähen Werbeaktion hereingeholt werden. Es handelte sich in aller Regel um Kleinbeträge, und zwar auch dann, wenn namhafte Firmen angegangen wurden. Insgesamt kam ein Betrag von 150 TDM zusammen. Diese Erfahrung hat dazu geführt, daß die Werbeaktion bei der zweiten Brasilienreise im Jahre 1987 nicht wiederholt wurde.

A 2.3 **Instrumentensammlung der Landeskreditbank**

Eine interessante Form des Musik-Sponsoring in Baden-Württemberg hat sich besonders bewährt:

Die Landeskreditbank hat es sich zur Aufgabe gemacht, zum Zwecke der Kapitalanlage hochwertige Streichinstrumente zu erwerben und Künstlern zur Verfügung zu stellen (vgl. Kap. 2, A 1.12). Diese Aktion läuft seit ungefähr fünf Jahren und hat inzwischen zu einer beachtlichen Instrumentensammlung geführt. Darüberhinaus gehört es grundsätzlich zur Aufgabe der Landeskreditbank, günstige Kredite bereitzustellen.

Eine Stradivari-Geige aus der Instrumentensammlung der Landeskreditbank Baden-Württemberg; Bild: Landeskreditbank

A 3 Literatur

Schiller-Nationalmuseum und Deutsches Literaturarchiv in Marbach (vgl. Kap. 3, A 6.1) profitieren von Beiträgen der privaten Wirtschaft. Die Deutsche Schillergesellschaft erhält immer wieder zweckbestimmt größere Geldzuwendungen.

Dem Mäzenatentum sicher zuzurechnen sind auch Schenkungen (Nachlässe und einzelne Stücke), selbst wenn sie von den Autoren selber kommen.

A 4 Bildende Kunst

A 4.1 **Museen und Galerien**

In der bildenden Kunst gibt es eine ganze Reihe beispielhafter Maßnahmen. Die Staatsgalerie in Stuttgart (vgl. Kap. 6, A 1.1.1) hat von privaten Stiftungen wertvolle Kunstwerke im heutigen Gesamtwert von sicherlich nicht unter 50 Mio. DM erhalten. Das starke Engagement des Staates zog starkes privates Engagement nach sich.

Zu den gestifteten Kunstwerken gehören so einmalige Stücke wie das Tahiti-Bild von Gaugin sowie Gemälde von Munch, Kokoschka und anderen weltberühmten Künstlern der Moderne, ferner etwa die Sammlung Preuschen mit frühitalienischer Malerei und die umfangreiche Max-Kade-Stiftung von alter Grafik der Spitzenklasse.

Der Stuttgarter Galerieverein ist eine seit bald einem Jahrhundert mäzenatisch für die Staatsgalerie wirkende Vereinigung und besitzt ein Gesamtvermögen an Kunstwerken, die der Staatsgalerie als dauernde Leihgaben und damit praktisch als eigener Besitz zur Vergügung stehen, im heutigen Gesamtwert von sicherlich über 100 Mio. DM. Zu seinen Spitzenerwerbungen aus neuerer Zeit gehören etwa die Triaden von Schlemmer und das Doppelportait von Schiele (wobei in diesen Fällen insbesondere die Landesgirokasse Stuttgart noch eine herausgehobene zusätzliche Förderrolle gespielt hat). Der Stuttgarter Galerieverein ist mit seiner mäzenatischen Tätigkeit in seiner Art Spitzenreiter zumindest in Südwestdeutschland.

Zunehmende Bedeutung hat auch die mäzenatische Förderung bedeutender Sonderausstellungen der Staatsgalerie gewonnen, die mit Etatmitteln allein nicht hätten finanziert werden können.

Auch außerhalb der Staatsgalerie gibt es selbstverständlich eine Fülle mäzenatischen Wirkens im Lande (wenn auch zum erheblichen Teil in bescheideneren Ausmaßen).

Paul Gaugin, „Wohin gehst Du?“ 1892: aus dem Katalog der Staatsgalerie Stuttgart „Malerei und Plastik des 19. Jahrhunderts“, bearbeitet von Christian von Holst, Stuttgart 1982

A 4.2 **Kunsthochschulen**

Wie beim Theater gibt es bei den Kunsthochschulen (vgl. Kap. 9.1) jeweils Fördervereine, deren Vereinszweck in der finanziellen Unterstützung der Hochschularbeit besteht. Sie unterstützen in aller Regel mit Hilfe ihrer Mitgliedsbeiträge kleinere Vorhaben, so z. B. einen hochschulinternen Wettbewerb oder eine Ausstellung, oder sie beteiligen sich an der Finanzierung eines Stipendiums.

A 5 Kunststiftung Baden-Württemberg

Die Kunststiftung ist der Musterfall einer auf Spenden angelegten Einrichtung.

Jede Mark für ihre Aufgaben, die sie bei Spendern einwirbt, verdoppelt das Land durch einen Zuschuß aus öffentlichen Mitteln. Dieser Zuschuß beträgt gegenwärtig 450 TDM. Dies bedeuet, daß die Kunststiftung einschließlich ihrer eigenen Spendenmittel über einen Förderungsbetrag in Höhe von 900 TDM verfügt (vgl. Kap. 10.2).

A 6 Zusammenfassung

Dies sind nur einige grundlegende Beispiele aus der erfreulich umfangreichen Spendenbereitschaft baden-württembergischer Wirtschaftsunternehmen. Eine prinzipielle Erfahrung läßt sich an diesen und allen übrigen Einzelfällen ablesen: Die jeweiligen Führungspersönlichkeiten in den Unternehmen bestimmen nicht nur den wirtschaftlichen Kurs, sondern meist auch Art und Umfang der Spendenbereitschaft. Es gilt die Regel: „Je kunstinteressierter die Bosse, desto qualitativer die Spenden“. Das Land Baden-Württemberg ist auch in dieser Hinsicht in einer glücklichen Lage.

B. Grundsätzliche und perspektivische Überlegungen

B 1 Die Kunst fördert die Wirtschaft

In der von Krieg und Nachkriegszeit geprägten Gesellschaft waren Leben und Lebenswerte ausgerichtet an ökonomischen Vorstellungen und Prinzipien. Das Bruttosozialprodukt war das Maß aller Dinge, und der ständige Kreislauf von Arbeit und Konsum wurde zum Lebensrhythmus.

In den letzten Jahren ist ein deutlicher Wertewandel erkennbar. Für das Lebensnotwendige, für Kleidung und Brot und auch für das Dach über dem Kopf ist weitgehend gesorgt. Je mehr die materiellen Sorgen beseitigt sind, desto mehr wenden sich die Menschen den immateriellen Gütern zu. Dieter Sauberzweig, der Leiter des Deutschen Instituts für Urbanistik in Berlin, weist zu Recht darauf hin, daß unter diesen veränderten gesellschaftlichen und ökonomischen Bedingungen die Wirtschaft, das Soziale und die Kultur zu „komplementären Größen“ geworden sind. Es mag vielen noch ungewöhnlich erscheinen, Kultur und Wirtschaft in einem Atemzug zu nennen. Kultur galt bisher für viele als Luxus, für manche als „Allotria des Lebens“, als „teure Arabeske der Gesellschaft“ jedenfalls als „unrentabler Kostgänger der öffentlichen Hand“.

Neuere Studien haben dieses Pauschalurteil widerlegt und kommen zu einem ganz anderen Ergebnis:

„Kunst ist wirtschaftlich rentabel!“

Das Bundesministerium des Innern hat beim IFO-Institut für Wirtschaftsforschung ein Gutachten über „Die volkswirtschaftliche Bedeutung von Kunst und Kultur“ in Auftrag gegeben, das im Mai 1988 erschienen ist. Die Ergebnisse widerlegen das weitverbreitete Vorurteil, daß Kunst und Kultur nur Kosten verursachen und im strengen volkswirtschaftlichen Sinn unrentabel seien. Der Kunst- und Kultursektor ist nämlich

- ☐ mit 680.000 Beschäftigten (2,7% aller Erwerbstätigen),
- ☐ einem Beitrag von 40 Mrd. DM zur Bruttowertschöpfung (2,3%) und
- ☐ Investitionen von 5 Mrd. DM (1,4% der Anlageinvestitionen)

ein recht bedeutender Wirtschaftsfaktor.

Vergleiche mit anderen Wirtschaftszweigen veranschaulichen das Ergebnis:

Das Ernährungsgewerbe und das Textil-, Leder- und Bekleidungsgewerbe haben ähnliche Beschäftigungszahlen wie der Kunst- und Kulturbereich, und die Energieversorgung umfaßt „nur“ 230.000 Beschäftigte und leistet „nur“ 39,6 Mrd. DM zur Bruttowertschöpfung.

Der Kunst- und Kulturbereich trägt also im beachtlichen Maß zur Entstehung von Einkommen und Beschäftigung bei und hat einen relativ hohen Anteil an den gesamtwirtschaftlichen Investitionen.

Auch die Untersuchungen über die sog. (Netto-) Übertragungen des Kultursektors an den Staat führen zu einem interessanten Ergebnis:

Staatliche Einnahmen aus dem Kulturbereich übersteigen die Ausgaben!

Das genannte Gutachten stellt fest, daß der Kulturbereich insgesamt 6,1 Mrd. DM an staatlichen Zuwendungen erhält. Die Summe der Rückflüsse aus dem Kultursektor an den Staat beläuft sich demgegenüber auf 15,7 Mrd. DM. Damit übersteigen die Rückflüsse aus diesem Bereich die staatlichen Zuwendungen um 9,6 Mrd. DM, also um das Eineinhalbfache.

(Netto-)Übertragungen des Kultursektors an den Staat 1984 (9,6 Mrd. DM)

a) Gebietskörperschaften und Sozialversicherung.
b) Selbständige Künstler, Verlage, Theater und Orchester. Hersteller bespielter Tonträger, Filmwirtschaft (einschließlich Videowirtschaft), Hörfunk und Fernsehen, Museen, Denkmalschutz sowie sonstige Kunst- und Kulturpflege (einschließlich Kulturverwaltung).
c) Kunst- und kulturbezogene Leistungen u. a. von Druckereien, Bindereien, Papierherstellern und filmtechnischen Betrieben, Geräteherstellern (u. a. Rundfunk- und Fernsehgeräte, Papier- und Druckereimaschinen); Musikinstrumentenherstellung.
d) Kunst- und kulturbezogene Leistungen des Handels mit Büchern, Zeitschriften, Musikalien, Musikinstrumenten, Rundfunk- und Fernsehgeräten: des Kunsthandels, der Büchereien und Bibliotheken (soweit nicht der Forschung dienend) sowie der Nachrichtenübermittlung.

Quelle: IFO-Institut für Wirtschaftsforschung: Die volkswirtschaftliche Bedeutung von Kunst und Kultur. München 1988, Abb. 2.

Die allgemeinen volkswirtschaftlichen Wechselbeziehungen von Wirtschaft und Kultur werden noch ergänzt durch die ganz spezifische Dimension des Wohn- und Freizeitwertes. Dieser Bereich, in dem die Verflechtung von Kultur und Wirtschaft zunehmend deutlicher wird, läuft unter dem immer häufiger zitierten Slogan:

Kunst als wirtschaftlicher Standortfaktor

Da sich der kommunale Konkurrenzkampf um die Ansiedlung von Unternehmen verschärft und die Wirtschaft immer standort-unabhängiger wird, sind die örtlich vorhandenen Kunst-Angebote und Bildungseinrichtungen zu einem wichtigen Entscheidungsfaktor für potentielle Investoren geworden. Ein qualitatives Kunstangebot wird zunehmend wichtig, nicht nur für die Mitarbeiter in Wirtschaft und Industrie, sondern auch für deren Geschäftspartner und Kunden. Das Deutsche Institut für Urbanistik bestätigt diese These mit einer Untersuchung aus dem Jahr 1986, in der der Wohn- und Freizeitwert bereits an dritter Stelle hinter den Faktoren Verkehrsanbindung und Arbeitsmarkt rangiert.

Wenn man diese Zahlen und Fakten summiert, dann kann man sich durchaus der These von Dr. Karl Richter, Sekretariat für gemeinsame Kulturarbeit in Nordrhein-Westfalen, anschließen, der zu dem Ergebnis kommt:

Die Wirtschaft ist ein Kulturfaktor,
die Kultur ist ein Wirtschaftsfaktor.

Dieses Resümee ist ebenso zutreffend wie problematisch!

Denn so richtig es ist, daß sich die Kulturindustrie zu einer Schlüsselindustrie mit großen Marktanteilen entwickelt und so sehr die wirtschaftliche Komponente von Kunst an Bedeutung zugenommen hat, so gefährlich wäre es, wenn diese merkantile Betrachtungsweise als wichtigstes Argument für das Kulturengagement der öffentlichen Hand gelten würde. Dies wäre eine Degradierung der Kunst. Denn Kunstsubventionen dürfen nicht vorwiegend als Wirtschaftsinvestitionen betrachtet werden, sondern sie sind und bleiben in erster Linie Investitionen in den Menschen.

Die Entwicklung von Phantasie, das Bekenntnis zum Humanen und die Förderung der Kreativität sind die wichtigsten Funktionen der Kunst. Dies gilt übrigens auch in ihrem Verhältnis zur Wirtschaft. Unternehmen und Unternehmer betonen immer häufiger, daß viele technische Innovationen ursprünglich aus der Kunst stammen, oder mindestens von dieser inspiriert werden.

Kunst ist also ein Kreativ-Potential
für die Wirtschaft!

Dies läßt sich an Beispielen aus der Kunstgeschichte ablesen: Die Maler der Renaissance erfanden die Zentralperspektive und bereiteten damit Fortschritte in der Kartographie und Geometrie vor. Auch aktuelle Beispiele belegen dies. Nicht nur die Textil- und Möbelbranche leben von kreativen Einfällen, sondern die Funktion des Ästhetischen wirkt auf vielfältige Weise:

Edzard Reuter, der Vorsitzende des Vorstands der Daimler-Benz AG, hat in einem Vortrag auf dem Neujahrsempfang des Verbandes Bildender Künstler Württemberg in Stuttgart dies so ausgeführt:

„Wer verkaufbare Kraftfahrzeuge bauen will, muß sich außer um die technischen Möglichkeiten und die politischen Erfordernisse seiner Zeit auch um die jeweils gültigen Kategorien der Ästhetik bemühen. Der Griff nach Rezeptbüchern reicht da nicht aus."

Dieser Inhalt der Industrie-Kultur bezieht sich aber nicht nur auf das wirtschaftliche Produkt, sondern auch auf den Bereich derer, die das Produkt herstellen. Dies meint Reuter, wenn er sagt:

„Bewußt machen, daß Kunst und Technik aus der gleichen Quelle schöpfen, kann für Menschen in ihrem Arbeitsalltag Identität bestätigen und Befriedigung hervorrufen."

Das Bewußtsein dieser Verflechtung von Kunst und Wirtschaft nimmt immer mehr zu, und diese gegenseitigen Wechselwirkungen sind wohl auch der Schlüssel dafür, daß die Wirtschaft über diese Zusammenhänge nicht nur reflektiert, sondern auch zunehmend sich aktiv und offensiv an der Förderung von Kunst beteiligt. Am sichtbarsten wird dies am Beispiel einer neuen Art finanzieller Unterstützung der Kunst durch die Wirtschaft, dem Sponsoring.

Die Ausstellung von Walter de Maria anläßlich der Vergabe des 2. Internationalen Preises des Landes Baden-Württemberg für bildende Kunst wurde 1987 durch finanzielle Förderung der Daimler-Benz AG ermöglicht. Bild: „5 Kontinente Skulptur", 1987, Installation in der Staatsgalerie; Copyright: Staatsgalerie Stuttgart

B 2 Die Wirtschaft fördert die Kunst

Die Förderung der Kunst durch die Wirtschaft geschieht auf vielfältige Weise und aus unterschiedlichen Motiven. Deshalb ist es schwierig, die Gönner und deren Handeln exakt zu definieren.

B 2.1 **Mäzene und Sponsoren**

Mäzene berufen sich gerne auf Gaius Maecenas, diesen Namensgeber guten Wirkens, der in der europäischen Antike als vorbildlicher Gönner und Beschützer der Künste galt. Dieser Maecenas gilt bis heute als der Prototyp des idealen Kunstförderers, denn er hat angeblich die Kunst um ihrer selbst willen unterstützt und damit uneigennützig gehandelt.

Sponsoren hingegen fehlt ein solch illustrer Ahnherr. Aber nicht nur deshalb unterscheiden sie sich von den Mäzenen. Das Charakteristische für Sponsorship ist das Prinzip von Leistung und Gegenleistung. Lapidar ausgedrückt heißt das: Der Mäzen tut Gutes - und schweigt. Der Sponsor tut ebenfalls Gutes - und möchte, daß darüber geredet wird. Dies ist sein durchaus legitimes Interese, und dies kann sich mit den Interessen der Kunst durchaus verbinden.

B 2.2 **Interesse der Wirtschaft**

Was sich Unternehmer vom Kunst-Sponsoring versprechen, läßt sich mit folgenden Zielen umschreiben:

- ☐ Steigerung des Bekanntheitsgrades,
- ☐ Imagepflege und
- ☐ Kunden- und Kontaktpflege.

In einer Studie des Kulturkreises im Bundesverband der Deutschen Industrie e.V. (Die Wirtschaft als Kulturförderer, Köln, 1987), wurden Unternehmen nach ihren Fördermotiven gefragt. 56% nannten Imagepflege und 24% Kundenpflege; beides sind Ziele, die typisch für Kunstsponsoring sind.

In derselben BDI-Studie wurden Unternehmen gefragt, was sie von Kultursponsoring hielten: 23% der Unternehmen praktizierten nach eigenen Aussagen Kultursponsoring; 30,8% begriffen die Befragung als Anstoß und meinten, daß Kultursponsoring für sie ebenfalls sinnvoll sein könnte. Nur für 27% kam Kultursponsoring überhaupt nicht in Frage.

Die Mehrheit der Unternehmen praktiziert also bereits jetzt Kultursponsoring, und das Institut der Deutschen Wirtschaft geht sogar von einer „explosionsartigen“ Entwicklung aus; es schätzt, daß sich die Ausgaben für Kultursponsoring alle zwei bis drei Jahre verdoppeln werden.

B 2.3 **Interesse der Kunst**

Das Interesse der Kunst am Sponsoring kann vielfältig sein. Da ist zunächst der vordergründige Finanzaspekt. „Ich halte viel davon, wenn etwas gesponsert wird, das vom Staat nicht subventioniert wird“, erklärt August Everding, der Generalintendant der Bayerischen Staatstheater. Diese „Zugabe“ ist sicher die vornehmste und wichtigste Form von Sponsoring. Mit dieser Funktionsbeschreibung können Defizite ausgeglichen, Nischen entdeckt, Risikobereitschaft belohnt und Spontaneität gefördert werden. Auch die Überwindung bürokratischer Fesseln und haushaltsrechtlicher Zwänge ist eine wichtige Domäne und ein breites Feld privatwirtschaftlichen Engagements. Und die sog. „Sahnehäuptchen“ auf dem Kuchen staatlicher Förderung sind nicht zu verachten.

Aber neben diesem Finanzaspekt steht der Identifikationsaspekt. In Europa waren viele Jahrhunderte lang Kirche, Könige und Kommunen die Träger von Kunst und Kultur. Erst in der jüngsten Vergangenheit wächst das Bürgertum und die Wirtschaft in mäzenatische Aufgaben hinein. Auf diese Weise findet ein Prozeß der Identifikation zwischen Gesellschaft und Kultur, zwischen Wirtschaft und Kunst statt. Kulturelles Leben wird dadurch ins Leben der Gesellschaft einbezogen.

B 3 Die Gefahr des Sponsoring

Jürgen Flimm, der Intendant des Hamburger Thalia-Theaters, hat dadurch Aufsehen erregt, daß er im September 1988 ein Spendenangebot der Firma Messerschmidt-Bölkow-Blohm (MBB) abgelehnt hat, und Hermann Glaser, Kulturdezernent der Stadt Nürnberg, befürchtet, daß durch Sponsoring die Kultur zum „Callgirl des Kommerz" verkomme. Bevor man derartige Haltungen und Äußerungen als arrogant oder feuilletonistisch abtut, muß man ernsthaft darüber nachdenken, welche Negativ-Wirkungen durch Sponsoring entstehen können:

B 3.1 **Direkte Einflußnahme auf Kunstinhalte**

Konkrete Beispiele aus dem Kulturbetrieb der USA belegen, daß diese Sorge nicht unbegründet ist.

Dies gilt insbesondere für den Theaterbereich. Namhafte deutsche Regisseure berichten aus ihren dortigen Erfahrungen, daß sich nicht selten die Rollenbesetzungen in der Oper nach den Wünschen der Sponsoren richten. Im Museumsbereich ist es dort fast zur Selbstverständlichkeit geworden, daß wertvolle Exponate nur unter der Bedingung gestiftet werden, daß der Stifter (und nicht der Museumsdirektor) über die Hängung und Präsentation der betreffenden Werke entscheidet. In solchen Fällen wird die Kunst abhängig von den Direktiven privater Geldgeber, und damit wird die künstlerische Freiheit eingeschränkt.

Dies gilt natürlich auch für die primitivste Form der Einflußnahme, das product placement, die publikumswirksame Plazierung von Werbeprodukten in der Kunst (z. B. bei Theaterinszenierungen).

B 3.2 **Indirekte Einflußnahme durch Selektion**

Eine Selektion findet bei der Kunstförderung eigentlich immer statt, auch bei der staatlichen Kunstförderung. Aus diesem Grunde stellen einige Juristen die Frage, ob eine Unterstützung der Kunst durch den Staat verfassungsrechtlich überhaupt zulässig sei („Rechtsprobleme der staatlichen Kunstförderung", Inaugural-Dissertation von Frieder Schäuble). Die Diskussion darüber hat immerhin dazu geführt, daß sensible Kulturpolitiker und Kulturdezernenten dieses Problem der Selektion erkennen und dementsprechend handeln. Konkret bedeutet dies, daß die öffentliche Hand sich an Kriterien orientieren muß, die den Gleichheitsgrundsatz beachten und allgemeinen, verwaltungsrechtlichen Prinzipien folgen.

Die Wirtschaft dagegen ist an solche Kriterien nicht gebunden. Sie kann völlig subjektiv nach eigenen Präferenzen handeln. Dies ist – aus der Sicht der Wirtschaft – auch völlig legitim. Edzard Reuter hat sich in dem bereits zitierten Vortrag auch ganz offen dazu bekannt, als er sagte:

> *„Ich habe jetzt den Mut, vor Ihnen auszusprechen, daß wir uns vor diesem Hintergrund entschlossen haben, ganz gezielt das zu fördern, was wir für Spitzenleistungen halten".*

Dementsprechend ist es nur konsequent, wenn die Firma Daimler-Benz Großprojekte der Württembergischen Staatstheater und der Stuttgarter Staatsgalerie unterstützt oder sich z. B. für eine partnerschaftliche Zusammenarbeit mit den Wiener Philharmonikern entscheidet. Der Daimler-Chef betont zu Recht, daß seine Firma sich nicht nur auf arrivierte Leistungsträger stürzen, sondern daß auch der hoffnungsvolle Nachwuchs beachtet wird. Dies ist sicher zutreffend. Aber ebenso zutreffend ist die bisherige Erfahrung, daß es die Großereignisse, die sogenannte Hochkultur und die Elite-Kunst viel leichter haben, Sponsoren zu finden, als die alternative Kunst und das Experiment.

B 3.3 **Sponsor-Agenturen als Therapie?**

In dem Bemühen, nicht nur die Spitze der Kunsteinrichtungen zu fördern, sondern nach Möglichkeit auch die Breite zu erreichen, werden da und dort Vorschläge für die Einrichtung von organisierten Sponsor-Agenturen gemacht. Ansätze dafür sind vorhanden. Zwei Beispiele:

- ☐ Der Bundesverband der deutschen Industrie (BDI) hat beschlossen, eine Beratungsfirma für Kunst-Sponsoring einzuführen.
- ☐ In Großbritannien existiert sei einigen Jahren die sog. ABSA (Association for Business Sponsorship of the Arts). Die ABSA besteht aus Mitgliedsfirmen und berät diese beim Aufbau eines Sponsorprogramms. Sie vermittelt Kontakte zwischen Kunst und Wirtschaft und schafft damit auf professioneller Basis wesentliche Voraussetzungen für das Zustandekommen von Sponsorship. Diese Einrichtung besteht aus drei Büros in London, Edinburgh und Belfast und beschäftigt zur Zeit 14 Angestellte. Ihre wesentliche Aufgabe (neben der Vermittlertätigkeit) ist die Verwaltung eines von der britischen Regierung 1984 gegründeten Fonds. Aus diesem Fonds werden Prämien an die Unternehmer geleistet als Anreiz und Belohnung für erfolgreiches Sponsorship (business sponsorship).

Aber gerade dieses auf Anhieb attraktiv erscheinende Beispiel zeigt auch die Gefahr dieses Systems: Unter Berufung auf diese Geldquellen wurden die öffentlichen Subventionen in Großbritannien sehr stark gekürzt und die Kunsteinrichtungen auf diese private Förderungsmöglichkeit verwiesen. Hier zeigt sich, daß eine Verzahnung zwischen dem öffentlichen und dem privaten Sektor auf dem Gebiet der Kunstförderung auch kontraproduktiv wirken kann.

B 3.4 **Sponsoring als Ersatz staatlicher Förderung?**

Die öffentliche Hand (Bund, Länder und Gemeinden) fördern derzeit Kunst und Kultur mit jährlich ca. 8,5 Mrd. DM. Nach Schätzungen des Instituts der deutschen Wirtschaft macht das finanzielle Kunst- und Kulturengagement der privaten Wirtschaft ca. 200 bis 250 Mio. DM aus. Dies ist ein verhältnismäßig geringer Anteil, so daß die Gefahr eines völligen Rückzugs der öffentlichen Hand aus der Kultur- und Kunstförderung sicherlich nicht unmittelbar bevorsteht. Aber da und dort zeigen sich doch schon Tendenzen, die Kunst auf den Weg des Sponsoring zu verweisen. Haushaltsexperten und Finanzpolitiker könnten dieser Versuchung unterliegen, um die Subventionslasten dadurch abzubauen. Natürlich ist es durchaus vertretbar, wenn Kunstinstitute sich dann und wann ein zuätzliches „Sahnehäuptchen" sponsern lassen. Aber dies darf nicht dazu führen, daß – so August Everding – der Staat für die Kunst nur noch das Armenbrot gibt und sagt, „die Creme-Törtchen holt Ihr Euch ja selber".

Angesichts dieser Gefahren, aber auch im Hinblick auf die großen Chancen einer Wechselwirkung von Kultur und Wirtschaft gewinnt das Sponsoring an Aktualität. Die 5. Europäische Kultusministerkonferenz hat sich im September 1987 in Sintra/Portugal damit befaßt, die kommunalpolitische Vereinigung der CDU des Landes Nordrhein-Westfalen hat eine „Orientierungshilfe für Kommunalpolitiker" erarbeitet, die Bertelsmann-Stiftung hat versucht, in „Grundsätzen" die sinnvollen Beziehungen zwischen Förderern und Geförderten zu beschreiben, und die Presse nimmt sich zunehmend dieses Themas an. Von allen Seiten wird versucht, diese schwierige Materie „in den Griff" zu bekommen. Dabei zeigt sich, wie schwer es ist, in allgemeinen Formulierungen eine Art „Ehrenkodex" für Sponsoring zu erstellen. Wesentliche Verhaltensregeln und ethische Grundsätze, wie sie von Dr. Hans-Dieter Weger, dem Geschäftsführer der Bertelsmann-Stiftung, postuliert wurden, können nur eine abstrakte Leitlinie sein. Die konkreten Einzelfälle müssen jeweils für sich von Fall zu Fall beurteilt werden.

B 4 Zehn Thesen zum Sponsoring

Dennoch sollten zwischen allen Beteiligten folgende 10 Thesen konsensfähig sein:

1. Das Lebensgesetz von Kunst und Kultur heißt Freiheit und Eigenbestimmung. Echte Mäzene und hilfreiche Sponsoren verzichten deshalb auf jede Art von Einmengung in künstlerische Vorgänge.

2. Kommerz und Kunst können sich durchaus vertragen, wenn die Grenzen der Sphären gesehen und respektiert werden. Kunst eignet sich nicht zur wohlfeilen Reklamefolie oder als Kulisse für Selbstdarstellung und Vermarktung. Eine direkte Produktplazierung im Rahmen des gesponserten Projekts (z. B. Inszenierung oder Bühnenbild) ist geschmacklos.

3. Ein Hinweis auf den Sponsor in Programmheften, Katalogen, Plakaten oder ähnlichen Projekt-Materialien beeinträchtigt weder Kunst noch Künstler. Auch ein Hinweis auf den Sponsor bei Veröffentlichungen oder Interviews ist sicherlich nicht ehrenrührig.

4. Sponsoren sollten sich vorwiegend auf Projektförderung konzentrieren. Dort ist die Domäne für Neues, für Grundsätzliches und auch für das Experiment. Eine Beteiligung des Sponsors an der Grundversorgung kultureller Institutionen ist nicht zweckmäßig, weil dies Sache des öffentlichen Rechtsträgers ist.

5. Förderer und Geförderte sollten klug genug sein, sich nicht zu stark voneinander abhängig zu machen.

6. Kunstsponsoring sollte sich nicht nur auf etablierte Kunsteinrichtungen konzentrieren. Alternative Kunstformen stehen zunehmend im Blickpunkt der Öffentlichkeit und können deshalb für die Wirtschaft unter dem Gesichtspunkt der Imagepflege und auch der Zielgruppenstrategie (Jugend) durchaus interessant sein.

7. Für öffentliche Kulturausgaben kann es keinen Ersatz durch Sponsoren geben. Es wäre verhängnisvoll, wenn ein Teil der sog. „kulturellen Grundversorgung" über Sponsoren abgewickelt würde. Damit wären nicht nur Kontinuität und Bestand der betreffenden Kultureinrichtung gefährdet (ein Sponsor kann aus vielen Gründen ausfallen), sondern es würde auch die öffentliche Hand aus ihrer Pflicht entlassen. Dies kann nicht Sinn eines kunstinteressierten Sponsorings sein. Beim Sponsoring geht es immer um Zusätzliches und nicht um die Entlastung der öffentlichen Hand.

8. Das geltende Steuer- und Stiftungsrecht (begrenzte Abzugsfähigkeit von Spenden) entspricht nicht der besonderen Bedeutung von Kunst und Kultur. Hier könnte durch gezielte und spürbare Stimulationen zusätzliche Sponsorenbereitschaft geweckt werden.

9. Durch eine flexiblere Gestaltung und Praktizierung des Haushaltsrechts müssen solche kameralistischen Hemmnisse beseitigt werden, die eine gezielte und unbürokratische Unterstützung behindern.

10. Kunst und Wirtschaft sollten einvernehmlich prüfen, ob die Einrichtung von Sponsor-Agenturen im gegenseitigen Interesse hilfreich sein kann. Eine finanzielle oder organisatorische Beteiligung der öffentlichen Hand sollte dabei aber nicht stattfinden.

Die Internationale Bachakademie Stuttgart beim Osaka International Festival 1988; Bild: Internationale Bachakademie Stuttgart

Kapitel 12

GRENZÜBERSCHREITENDE KULTURELLE BEZIEHUNGEN

Einleitung

Die Pflege der grenzüberschreitenden kulturellen Beziehungen fällt zunächst einmal in die Kompetenz des Bundes. Da jedoch die kulturellen Angelegenheiten nach dem Grundgesetz Ländersache sind, hat auch Baden-Württemberg ein berechtigtes Interesse, einen selbständigen Beitrag zur Pflege der auswärtigen Kulturbeziehungen zu leisten. Dabei geht das Land von folgenden Zielsetzungen aus:

- ☐ Das Kulturgut deutscher Minderheiten in verschiedenen Ländern Osteuropas und deutscher Ostgebiete (östlich von Oder und Neisse) soll im Bewußtsein der Menschen erhalten werden. Einrichtungen des Kunstschaffens, der Ausbildung der deutschen Sprache und der Wissenschaft, die sich dieser Aufgabe annehmen, sind zu fördern.
- ☐ In der kulturellen Zusammenarbeit mit der Deutschen Demokratischen Republik soll das gemeinsame Kulturgut erhalten und als Basis der politischen Verständigung beider deutscher Staaten genutzt werden.
- ☐ Die kulturelle Zusammenarbeit mit Regionen und Staaten in und außerhalb Europas soll dazu beitragen, die eigene Kultur den Partnern nahezubringen und als selbständigen Beitrag zur kulturellen Vielfalt der Menschheit darzustellen und damit eine tragfähige Grundlage gegenseitigen Verständnisses der Menschen und Völker zu schaffen als Voraussetzung für den Frieden und für eine langfristige Kooperation in politischen, wirtschaftlichen, wissenschaftlichen, technischen und sozialen Fragen.

Dieses Kapitel berichtet in seinem Bestandsteil zuerst über die Pflege der Kulturtradition des deutschen Sprachraumes in Osteuropa und die Zusammenarbeit mit der Deutschen Demokratischen Republik, sodann gibt es einen Überblick über die vielfältigen interregionalen und internationalen kulturellen Aktivitäten in den einzelnen Kunstsparten, um dann mit einem auf die einzelnen Länder bezogenen Überblick zu schließen. Der Perspektiventeil ist nach demselben Prinzip gegliedert, enthält aber auch organisatorische Konsequenzen für eine dauerhafte Pflege internationaler kultureller Beziehungen des Landes.

Nicht berichtet wird hier über den internationalen Jugendaustausch. Es ist aber darauf hinzuweisen, daß allein in den vom Ministerium für Kultus und Sport geförderten ca. 320 Projekten des internationalen Jugendaustauschs (1988) ca. 40 Projekte von Jugendchören und -orchestern über Jazztage, Jugendtheateraustausch, Ausstellungen junger Künstler, Begegnungen von Sing-, Tanz- und Spielkreisen, Jugendbigband u. a. enthalten waren. Nicht berichtet wird auch über das Deutsch-französische Jugendwerk mit seinen jährlich rd. 400 Projekten, deren Inhalte teilweise natürlich auch kulturelle Aspekte betreffen.

Wie es in den vorausgegangenen Kapiteln nicht möglich war, alle einzelnen Aktivitäten vollständig aufzuführen, kann es auch nicht die Absicht dieses Kapitels sein, einen vollständigen und lückenlosen Überblick über alle grenzüberschreitenden kulturellen Tätigkeiten zu vermitteln, zumal bisher viele dieser Aktivitäten – wie es ganz natürlich ist – von Kunstinstitut zu Kunstinstitut oder von Künstler zu Künstler unmittelbar vereinbart wurden oder oftmals mehr oder minder zufällig aus aktuellen politischen Anlässen entstanden sind. Hier kommt es vielmehr darauf an, systematische Zusammenhänge aufzuzeigen und auf die Notwendigkeit einer auf Dauer angelegten und auch langfristig institutionell, personell und finanziell abgesicherten internationalen Kulturpolitik des Landes hinzuweisen.

A. Bestand

A 1 Pflege der Kulturtradition des deutschen Sprachraumes in Osteuropa

Das Land betrachtet die Pflege der Kulturtradition des deutschen Sprachraumes in Osteuropa als rechtliche Verpflichtung und innenpolitische Angelegenheit, die das Geschichtsbewußtsein der eigenen Bevölkerung entwickeln soll. Daher liegt die Pflege der gesamtdeutschen Tradition bisher beim Innenministerium.

Bereits 1954 hat das Land die Patenschaft über die Volksgruppe der Donauschwaben, 1965 über die Landsmannschaft Berlin-Mark Brandenburg und 1979 über die Landsmannschaft der Deutschen aus der Sowjetunion übernommen.

Die Landesregierung hat sich 1988 entschlossen, ihre gesamtdeutsche Kulturarbeit zu verstärken und insbesondere das ehrenamtliche Engagement zu unterstützen. Sie wollte auch auf institutionellem Wege dafür sorgen, daß diese Kulturtradition als Teil der gesamtdeutschen Kultur erhalten wird.

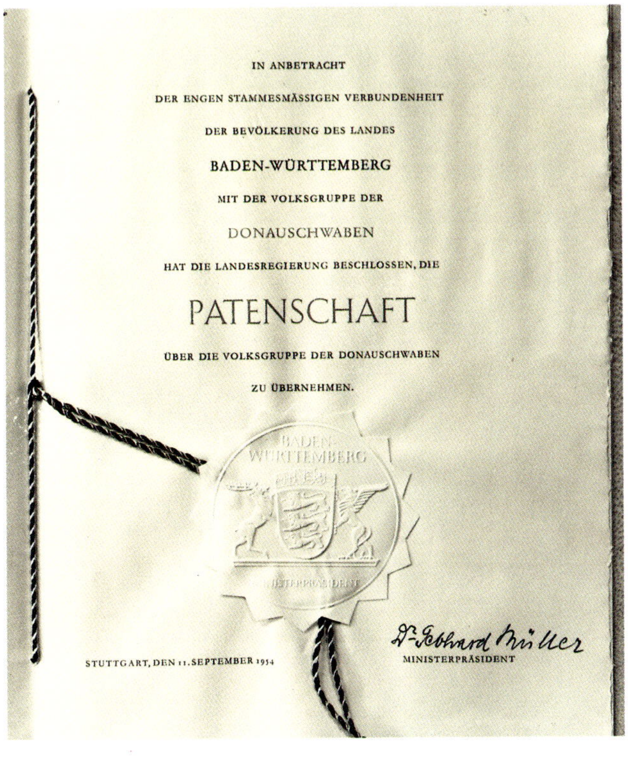
IN ANBETRACHT
DER ENGEN STAMMESMÄSSIGEN VERBUNDENHEIT
DER BEVÖLKERUNG DES LANDES
BADEN-WÜRTTEMBERG
MIT DER VOLKSGRUPPE DER
DONAUSCHWABEN
HAT DIE LANDESREGIERUNG BESCHLOSSEN, DIE
PATENSCHAFT
ÜBER DIE VOLKSGRUPPE DER DONAUSCHWABEN
ZU ÜBERNEHMEN.

STUTTGART, DEN 11. SEPTEMBER 1954

MINISTERPRÄSIDENT

A 1.1 Kulturstiftung der deutschen Vertriebenen

1974 wurde in Baden-Württemberg die „Kulturstiftung der deutschen Vertriebenen“ mit Sitz in Stuttgart errichtet. Der Stiftungszweck besteht darin, das Kulturgut deutscher Minderheiten Ost- und Mitteleuropa zu pflegen und zu erhalten. Die Stiftung ist schwerpunktmäßig damit beschäftigt, überregional das ostdeutsche Kulturleben darzustellen und wissenschaftliche Vorhaben zu fördern, die der historischen und politischen Aufarbeitung der Veränderungen am Ende des Zweiten Weltkriegs dienen.

Die Kulturstiftung bedient sich dabei dreier Arbeitsgruppen:

- ☐ Die Studiengruppe für Politik und Völkerrecht bearbeitet vornehmlich Staats-, Völker- und Menschenrechtsfragen und nimmt insbesondere Stellung zur deutschen Frage, zum Ost-West-Verhältnis und zur Teilung Europas.
- ☐ Die Studiengruppe für Geschichte hat die Aufgabe, die kulturellen Traditionen der Deutschen in den Gebieten östlich von Oder und Neisse für das Zusammenleben mit den Nachbarvölkern aufzuarbeiten und in der Öffentlichkeit bewußt zu machen. Das Schwergewicht liegt in der Darstellung der Neuzeit.
- ☐ Die Arbeitsgruppe „Ostdeutsche Literatur“ stellt das Autorenteam für das Periodicum „Ostdeutsche Gedenktage“. Zusammen mit weiteren Mitarbeitern setzt sie sich mit überregionalen literarischen und kunsthistorischen Themen des ostdeutschen Kulturerbes auseinander.

Das Innenministerium fördert die Stiftung institutionell jährlich mit ca. 130 TDM sowie durch gezielte Buchankäufe für die Bildungsarbeit.

Urkunde zur Übernahme der Patenschaft über die Donauschwaben durch das Land Baden-Württemberg im Jahr 1954; Bild: IM

A 1.2 **Kulturgut der Donauschwaben**

Daß die Pflege des Kulturguts der Donauschwaben an dieser Stelle behandelt wird, geht darauf zurück, daß im 17. bis 19. Jh. zahlreiche Kolonisten aus Südwestdeutschland in Gegenden gezogen sind, die heute zu Ungarn, Jugoslawien und Rumänien gehören, und ihre Nachfahren nach dem Zweiten Weltkrieg wieder nach Baden-Württemberg zurückgekehrt sind. Das Land hat für die donauschwäbischen Siedlungsgebiete die Patenschaft übernommen, um die kulturelle Tradition dieser Menschen zu erhalten und für eine politische Annäherung der Völker zu sorgen. Auch das Donauschwäbische Fest in Ulm und die dort erneuerte Zusammenarbeit aller Donau-Universitäten haben im Sommer 1989 dazu wesentlich beigetragen.

A 1.2.1 Institut für donauschwäbische Dichtung und Landeskunde:

Das Land hat 1987 das „Institut für donauschwäbische Dichtung und Landeskunde" in Tübingen errichtet. Seine Aufgabe besteht darin, Geschichte, Landeskunst und Dialekte der deutschen Siedlungsgebiete in Südosteuropa und die Schicksale deutscher Vertriebenen am Ende des Zweiten Weltkrieges wissenschaftlich zu erforschen und zu dokumentieren. Intensiven Kontakten zu wissenschaftlichen Einrichtungen in Osteuropa kommt dabei eine entscheidende Bedeutung zu. Das Institut strebt eine Partnerschaft mit dem Komitatsarchiv in Pecs/Fünfkirchen an.

Der Haushalt des Instituts umfaßt vier Personalstellen und Sachmittel in Höhe von 465 TDM. Der Bund gewährt jährlich einen Zuschuß von 100 TDM.

A 1.2.2 Wanderausstellung:

Das Inneministerium hat 1987 mit einem Aufwand von ca. 500 TDM die Wanderausstellung „Die Donauschwaben - deutsche Siedlungen in Osteuropa" erarbeitet. Die Präsentation dieser seither mit großem Erfolg in Baden-Württemberg gezeigten Wanderausstellung ist auf lange Sicht verplant. 1990 soll die Ausstellung in Budapest, Pecs/Fünfkirchen und anderen ungarischen Städten gezeigt werden, die partnerschaftliche Beziehungen zu Städten in Baden-Württemberg pflegen.

A 1.2.3 Studienreise 1988:

1988 hat das „Haus der Heimat" in Stuttgart, eine dem Innenministerium unmittelbar nachgeordnete Behörde, eine Studien- und Begegnungsreise für Lehrer und Multiplikatoren in deutsche Siedlungsgebiete in Ungarn als Pilotprojekt durchgeführt. Diesem Projekt sollen weitere Studienreisen in die Gebiete östlich von Oder und Neisse folgen.

A 1.2.4 Donauschwäbische Kulturstiftung:

1988 hat Baden-Württemberg die „Donauschwäbische Kulturstiftung" als eine Stiftung des privaten Rechts mit 2 Mio. DM in Stuttgart errichtet. Diese Stiftung soll zusammen mit der ebenfalls 1988 in Budapest errichteten „Ungarndeutschen Stiftung" (Stiftungskapital 2 Mio. Forint) die Kultur der Deutschen in Ungarn fördern und helfen, die deutsche Muttersprache in Ungarn zu erhalten und den Kulturaustausch zwischen Einrichtungen, Vereinen, Verbänden und Bevölkerungsgruppen zu verstärken (vgl. auch A 4.3.5 und B 1, B 5.1).

A 1.2.5 Ostdeutsche Museen und Sammlungen:

In Baden-Württemberg gibt es zur Zeit 100 ostdeutsche Museen und Sammlungen, die bestrebt sind, ihre Bestände insbesondere aus Osteuropa zu ergänzen. Das Land leistet dazu fachliche Beratungshilfe durch die „Arbeitsgemeinschaft ostdeutscher Museen und Sammlungen" in Gundelsheim sowie Finanzhilfen zur Beschaffung von Exponaten und Einrichtungsgegenständen.

Anfang 1989 hat das Innenministerium den Museumsführer „Ostdeutsche Museen und Sammlungen in Baden-Württemberg" herausgegeben.

W. Jaeckel, Porträt von Gerhard Hauptmann, aus dem Ostdeutschen Theaterarchiv der Künstlergilde Esslingen; Bild: Künstlergilde Esslingen

A 1.2.6 Künstlergilde Esslingen:

Seit 40 Jahren arbeitet die Künstlergilde Esslingen mit dem Ziel, Künstler, die durch ihr Leben und ihr Werk mit den früheren deutschen Kulturlandschaften in Ost- und Südosteuropa verbunden waren, zusammenzuführen und sie in der Weiterentwicklung ihres künstlerischen Schaffens zu fördern. Mit ihren Fachgruppen für bildende Kunst, Schrifttum, darstellende Kunst, Musik und Publizistik ist die Künstlergilde eine der größten Künstlervereinigungen in der Bundesrepublik Deutschland. Sie unterhält das einzige ostdeutsche Theaterarchiv, ein ostdeutsches Musikarchiv und ein Künstlerarchiv mit reichen Beständen, aus denen auch Ausstellungen zusammengestellt werden.

Die Künstlergilde ist für die Präsentation von Kunstausstellungen in Ost- und Südosteuropa besonders geeignet (vgl. A 3.5.1).

A 1.2.7 Donauschwäbische Siedlung Entre Rios in Brasilien:

Das Land hat in seine Schirmherrschaft auch die donauschwäbische Siedlung Entre Rios in Brasilien einbezogen. Seit 1951 haben sich dort aus Südosteuropa vertriebene Donauschwaben eine neue Heimat geschaffen. Durch Finanzhilfen trägt das Land zur Erhaltung der deutschen Sprache und Kultur und damit zur Identitätsbewahrung dieser Donauschwaben bei. 1989 wurde ein Zuschuß von 40 TDM gewährt.

A 1.2.8 Internationale Lenaugesellschaft Stockerau/ Wien:

Baden-Württemberg ist als Patenland der Donauschwaben Mitglied der Internationalen Lenaugesellschaft geworden, die Andenken und Werke des donauschwäbischen Dichters Nikolaus Lenau durch wissenschaftliche Tagungen, Vorträge, Lesungen und Publikationen fördert. Ihre Tagungen finden abwechselnd in Baden-Württemberg und Österreich statt. Daran nehmen auch Wissenschaftler aus Ungarn, Rumänien, Jugoslawien und anderen Ländern teil. Das Land fördert die Lenaugesellschaft mit 10 TDM jährlich (vgl. auch A 4.3.5).

A 2 Kulturelle Beziehungen zur Deutschen Demokratischen Republik

Die kulturellen Beziehungen des Landes zur Deutschen Demokratischen Republik sind eingebettet in das Kultur- und Wissenschaftsabkommen der Bundesrepublik Deutschland mit der DDR. Im Rahmen des ersten Arbeitsplanes 1988/89 wurde eine Reihe gemeinsamer Projekte realisiert. Hervorzuheben sind die Beteiligung von DDR-Künstlern an der Triennale der Kleinplastik in Fellbach (Sommer 1989) und die Dokumentationsausstellung zur Denkmalpflege in der DDR, die im Juli 1989 im Rahmen der Landesgartenschau in Bietigheim-Bissingen gezeigt wurde.

Die Projektanmeldungen des Bundes und der Länder für den 2. Arbeitsplan 1990/91, die wieder von der Kultusministerkonferenz koordiniert wurden, enthalten 5 kulturelle Projekte, an denen sich Baden-Württemberg beteiligen wird:

1. Otto Dix – Retrospektivausstellung zum 100. Geburtstag in Stuttgart und Dresden/Gera; erstmals sollen Hauptwerke des Malers aus den Staatlichen Kunstsammlungen Dresden und der Galerie der Stadt Stuttgart zusammengeführt und anschließend auch in Ausstellungen in den USA einem breiten Publikum gezeigt werden; Gesamtkosten etwa 2,5 Mio. DM (Finanzierung noch offen),
2. zeitgenössische Schmuckkunst aus der DDR, Ausstellung im Schmuckmuseum Pforzheim;
3. Teilnahme von max. 4 Jugendmusikgruppen aus der DDR am Eurotreff Musik des Landes Baden-Württemberg;
4. Gastspiel eines Ensembles der Staatlichen Hochschule für Musik Freiburg an der Musikhochschule Carl Maria v. Weber in Dresden und
5. Ausstellung des Schiller-Nationalmuseums Marbach in der Kunsthalle Weimar: „Harry Graf Kessler – Tagebuch eines Weltmannes".

Das Land hat 1989 ca. 350 Gruppen (Jugend- und Studentengruppen, Schulklassen) mit über 8.500 Teilnehmern bei Studienfahrten in die DDR finanziell mit ca. 1,4 Mio. DM (darin enthalten ca. 0,8 Mio. DM Bundesmittel) unterstützt. Ziel der Fahrten sind in vielen Fällen kultur- und kunsthistorisch wichtige Stätten, Fernziel ist die Anbahnung von Partnerschaften mit Gruppen aus der DDR.

A 2.1 **Bereich Theater/Ballett**

Im Bereich Theater/Ballett besteht bereits ein reger Austausch von Gastspielen:

- ☐ 1988 gastierten die Württembergischen Staatstheater in Dresden und Berlin.
- ☐ 1989 führte die Komische Oper Berlin bei den Ludwigsburger Festspielen die Oper „Judith" auf. Dabei beteiligte sich der Bund mit 10% der Kosten.
- ☐ Das Badische Staatstheater gastierte 1989 mit der „Schweigsamen Frau" bei den Dresdner Musikfestspielen in der Semperoper. Die Kosten dieses Gastspiels wurden bis auf einen Restbetrag von 50 TDM von der Künstleragentur der DDR übernommen. Das Land und die Stadt Karlsruhe haben sich in den Restbetrag geteilt.

Der Landesverband der Amateurtheater ist mit dem Ministerium für Kultur in Ostberlin über die Teilnahme von Theatergruppen aus der DDR an Veranstaltungen des Landesverbands Baden-Württemberg im Gespräch. Anträge baden-württembergischer Laienkunstgruppen auf finanzielle Zuwendungen für Begegnungen und Gastspiele in der DDR liegen beim Ministerium für Kultus und Sport vor. Ab 1989 stehen dafür neue Haushaltsmittel zur Verfügung.

A 2.2 **Bereich bildende Kunst**

Im Bereich der bildenden Kunst hat die Villa Merkel in Esslingen im Mai und Juni 1986 unter der Schirmherrschaft des Leiters der Ständigen Vertretung der DDR und des Ministerpräsidenten des Landes die Ausstellung „Kunst in der DDR in den 80er Jahren" gezeigt. In der Städtischen Kunsthalle Mannheim fand im Januar/Februar 1988 die Ausstellung „Bildhauerkunst aus der DDR" statt. Im Haus der Wirtschaft in Stuttgart wurde von Ende Mai bis Ende Juli 1988 die Ausstellung „Design in der DDR" veranstaltet.

Siegfried Mattus, „Graf Mirabeau", Uraufführung des Badischen Staatstheaters Karlsruhe zusammen mit der Berliner Staatsoper der DDR am 14. Juli 1989; Copyright Foto Weiß, Karlsruhe

A 2.3 **Bereich Musik**

Im Rahmen des Förderprogramms „Kunst - Geschichte - Schule" traten seit 1988 auch Preisträger des Musiklebens der DDR an Schulen in Baden-Württemberg auf.

Die Staatliche Musikhochschule Freiburg entsandte im Oktober 1989 ihr Ensemble für Neue Musik auf Einladung des Zentrums für zeitgenössische Musik nach Dresden.

Im Oktober 1990 gastiert die Internationale Bachakademie in Leipzig und Ostberlin.

A 2.4 **Bereich Museen**

Das Badische Landesmuseum Karlsruhe und das Württembergische Landesmuseum Stuttgart unterhalten sehr vielfältige Kontakte z. B. nach Dresden, Halle und Leipzig, nach Erfurt, Schwerin, Gotha, Weimar und Ostberlin, möchten diese aber nach Möglichkeit intensivieren. Beim Württembergischen Landesmuseum wird mit der Skulpturensammlung in Dresden ein gemeinsames Forschungsprojekt über die Terrakotten der Sammlung Sieglin vorbereitet. Dieses Museum beteiligt sich bereits an dem von der Robert-Bosch-Stiftung geförderten Forschungsprojekt „Neue Methoden der Ausstellungsplanung in Museen", an dem auch Wissenschaftler aus der DDR und den USA mitwirken.

Erwähnenswert ist auch die Kooperation der Staatlichen Naturkundesammlungen in Karlsruhe mit dem Staatlichen Museum für Geologie und Mineralogie in Dresden, wo im Mai 1989 erstmals eine Karlsruher Sonderausstellung gezeigt wurde. Im Gegenzug dazu zeigt das Karlsruher Museum am Friedrichsplatz 1990 die Sonderausstellung „350 Millionen Jahre Wald", die vom Staatlichen Museum für Geologie und Mineralogie Dresden und dem Naturhistorischen Museum Wien gemeinsam erarbeitet worden ist.

A 2.5 **Verhandlungen über den Austausch kriegsbedingt verlagerter Kulturgüter**

In einer gemeinsamen Protokollerklärung zum Kulturabkommen vom 6. Mai 1986 haben beide deutsche Staaten die Bereitschaft bekundet, trotz unterschiedlicher Rechtsauffassungen in der Frage kriegsbedingt verlagerter Kulturgüter Lösungen für einen Austausch zu suchen. Inzwischen wurde Einigung über die Rückführung und den Austausch folgender Kulturgüter erzielt:

- ☐ Archivalien (Herbst 1986),
- ☐ Gemälde und Zeichnungen (Herbst 1987),
- ☐ sonstiges Museumsgut (Herbst 1988) und
- ☐ Bibliotheksgut (Sommer 1989).

Nach diesen Verhandlungen können Exponate aus öffentlichem Besitz wieder an ihre angestammten Plätze in Museen, Galerien und Bibliotheken in der Bundesrepublik und der Deutschen Demokratischen Republik zurückkehren. Für Baden-Württemberg ist besonders bedeutsam, daß eine wertvolle Paracelsus-Handschrift (1560–1570), die auf 537 Folioblättern den Psalmenkommentar des Paracelsus enthält und 1941 nach Dresden gekommen ist, wieder an die Universitätsbibliothek Heidelberg zurückgebracht wird.

A 3 Grenzüberschreitende Zusammenarbeit in den einzelnen Kunstsparten

A 3.1 **Theater**

A 3.1.1 Berufstheater:

Das Ministerium für Wissenschaft und Kunst hat seit 1986 die haushaltsrechtliche Möglichkeit, Berufsensembles aus Theatern, Chören und Orchestern Landeszuschüsse für Gastspiele im Ausland zu geben. 1989 standen dafür 430 TDM bereit. Diese Hilfe wird nach dem Subsidiaritätsprinzip gewährt und ist an eine mindestens gleich hohe Förderung durch die Kommune gebunden. Die Kommunen sind allerdings nicht in jedem Fall bereit, entsprechende Zuschüsse zu gewähren.

Schwerpunkte der Auslandskontakte im Theaterbereich sind die Gastspiele baden-württembergischer Theater im Ausland bzw. ausländischer Theater in Baden-Württemberg. Diese Kontakte werden von den Theatern selbst geknüpft, kommen teilweise aber über politische Vermittlungen, z. B. im Zusammenhang mit Wirtschaftskontakten – wie in China oder Japan – oder im Zusammenhang mit weltweiten Veranstaltungen zustande, z. B. anläßlich der Olympiade in Seoul. Diese Kontakte sind schon wegen der hohen Kosten nicht regelmäßig, sondern meist auf konkrete Produktionen oder Anlässe bezogen (z. B. Festivals, Festwochen und Kulturtage). Zumindest was Osteuropa anbelangt, finden mehr Gastspiele baden-württembergischer Theater im Ausland als ausländischer Theater in Baden-Württemberg statt.

Das Stuttgarter Ballett auf dem Roten Platz in Moskau 1985; Copyright Foto Kurt Eppler, Stuttgart

Eine zweite Art des Kontaktes mit ausländischen Theatern ist die Verpflichtung einzelner Künstler (Solisten, Regisseure, Bühnenbildner, Dirigenten) aus dem Ausland für bestimmte Produktionen in Baden-Württemberg oder das Gastieren von Künstlern aus baden-württembergischen Theatern im Ausland. Auch hier kommen die Kontakte im jeweiligen Einzelfall durch die Entscheidungen der betroffenen Theater unmittelbar zustande. Es werden aus Kosten- und Devisengründen mehr ausländische Künstler nach Baden-Württemberg als Künstler des Landes ins Ausland verpflichtet.

Sowohl die Veranstaltung von Gastspielen als auch die Verpflichtung einzelner Künstler sind bisher eher Zufallsentscheidungen als Bestandteil einer geplanten, internationalen kulturellen Zusammenarbeit gewesen. Der einzige längerfristig geplante Auslandskontakt im Bereich der Berufstheater besteht in der Kooperation zwischen dem Badischen Staatstheater Karlsruhe und der Opéra du Rhin in Strasbourg (vgl. A 4.1.4). Das Badische Staatstheater Karlsruhe bemüht sich z. Zt., diese Zusammenarbeit auch auf die Region Rhône-Alpes auszudehnen. Die Opéra de Lyon gastierte in diesem Jahr bereits in Karlsruhe im Rahmen der Europäischen Kulturtage.

In letzter Zeit knüpfen immer mehr baden-württembergische Theater Kontakte zu Theatern im Ausland. Der Schwerpunkt liegt dabei auf osteuropäischen Ländern (Polen, Ungarn und UdSSR). Diese Kontakte entstehen meist im Anschluß an Gastspiele baden-württembergischer Ensembles. Beispielhaft werden genannt: gegenseitige Gastspiele der Stuttgarter Staatstheater und des Maxim-Gorki-Theaters Minsk und des Bolschoi-Theaters Moskau, ein Gastspiel des Nationaltheaters Prag bei den Europäischen Kulturtagen 1988 in Karlsruhe und die regelmäßigen Kontakte des Badischen Staatstheaters Karlsruhe mit der Oper in Warschau.

A 3.1.2 Amateurtheater:

Im Bereich der Amateurtheater ist es mit relativ geringen Mitteln bereits gelungen, langfristige und kontinuierliche internationale Beziehungen aufzubauen. Jährlich kommt es etwa zu einem Dutzend Auslandskontakten. Dazu zählen z. B. die seit 1953 veranstalteten Deutsch-französischen Amateurtheatertage, die alle zwei Jahre in Baden-Württemberg oder in Elsaß-Lothringen stattfinden, sowie die Internationalen Puppenspielertreffen in Ravensburg (1989 zum 20. Mal). Regelmäßige Gastspiele führen verschiedene Gruppen aus Karlsruhe, Fellbach u. a. in Ungarn, Italien, der Sowjetunion (Tiflis, Krasnodar) und Belgien (St. Vieth) durch. Bei den Göppinger Spieltagen gastieren regelmäßig Gruppen aus den Niederlanden, Österreich, Spanien, Tschechoslowakei, Jugoslawien.

Kooperationsverträge bestehen zwischen dem Landesverband der Amateurtheater und Partnerorganisationen in China und Japan. Auf folgende Beispiele von Gastspielen sei hingewiesen:

- 1985 gastierte die Stuttgarter Theatergruppe „ä + ö“ in Kanagawa und Toyama/Japan,
- 1986 die Schülertheatergruppe des Dietrich-Bonhoeffer-Gymnasiums Metzingen in Liaoning/VR China.
- Gegenbesuche fanden 1987/88 statt.

Das Ministerium für Kultus und Sport kann grenzüberschreitende Aktivitäten der Amateurtheater jährlich mit 50 TDM unterstützen.

Internationale Begegnungen von Amateurtheatergruppen: Aktionstheater Donzdorf/Süßen e. V. beim 2. Kanagawa-Festival in Japan (Oktober 1989): Sayonara-Party in Hakone; Bild: MKS

A 3.2 **Musik**

A 3.2.1 Professioneller Bereich:

a) Auslandsreisen

Es gibt immer wieder Ensembles von Berufsmusikern, die kostendeckende Auslandsreisen unternehmen, weil sie von einem ausländischen Veranstalter eingeladen werden und von ihm den vollen Kostenersatz erhalten.

Darüber hinaus unterstützen auch verschiedene Kommunen einzelne Konzertreisen, vor allem wenn es sich um Partnerschaftsbesuche handelt; so wurden von der Landeshauptstadt Stuttgart z. B. der Stuttgarter Hymnus-Knabenchor für eine Reise nach Lodz/Polen und die Internationale Bachakademie für eine Reise nach Straßburg besonders gefördert.

Wenn der Bund solche Aktivitäten fördert, geschieht dies i. d. R. über den Deutschen Musikrat, das Goethe-Institut oder bei Großvorhaben unmittelbar über das Auswärtige Amt. Mit der Bundesförderung ist aber nicht von vorneherein zu rechnen, da der Bund innerhalb der Bundesrepublik seine Mittel regional streut und außerdem aus außenpolitischen Gründen wechselnde Schwerpunkte bei den Zielländern setzt. Z. B. sind vom Bund folgende Projekte gefördert worden:

- ☐ Stuttgarter Kammerchor bei der Teilnahme am „Seoul Olympic Art Festival",
- ☐ Internationale Bachakademie bei Konzerten in Prag, Krakau und Moskau,
- ☐ Markusvocalensemble Stuttgart bei einem Konzert in Paris.

Mitglieder der Internationalen Bachakademie vor dem Tschaikowsky-Denkmal in Moskau; Bild: Internationale Bachakademie Stuttgart

Die Landesregierung hat Gastspiele baden-württembergischer Ensembles im Ausland in der Vergangenheit zunächst nicht bezuschußt. Das hat im Ergebnis zur Ungleichbehandlung geführt, weil einige vom Land bezuschußte Einrichtungen mit großen Etats (z. B. Internationale Bachakademie, Staatstheater Stuttgart) in der Lage waren, einen bestimmten Eigenanteil aufzubringen, und im Hinblick darauf vom Bund weitere Zuschüsse erhielten. Andere Einrichtungen, die auch ein berechtigtes Bedürfnis nach einer Profilierung im Ausland hatten, konnten dagegen aus ihren sehr viel schmaleren Mitteln diese Eigenbeteiligung nicht aufbringen und waren deshalb gegenüber den größeren Einrichtungen im Nachteil.

Deshalb hat die Landesregierung 1986 erstmals einen Betrag von 500 TDM bereitgestellt, der zur Förderung von Auslandsgastspielen eingesetzt wurde. Das Ministerium für Wissenschaft und Kunst hat von dieser Möglichkeit regen Gebrauch gemacht. Allerdings war die Förderung nach dem Subsidiaritätsprinzip an eine entsprechende kommunale Beteiligung geknüpft (vgl. A 3.1.1).

b) Hinweise auf weitere internationale Aktivitäten

Zum Internationalen Violin-Wettbewerb Ludwig Spohr vgl. Kap. 2, A 1.4.5; zu den internationalen Kursen vgl. Kap 2, A 1.5. In internationalem Rahmen finden auch einige musikalische Festspiele in verschiedenen Städten des Landes statt (vgl. Kap. 2, A 1.8).

A 3.2.2 Laienmusik:

Zur Förderung internationaler Kontakte des Landes stehen dem Ministerium für Kultus und Sport 200 TDM jährlich zur Verfügung. Aus diesem Betrag werden auch Laienmusikgruppen gefördert, um an internationalen Festivals im Ausland teilzunehmen oder repräsentative Konzertreisen ins Ausland durchzuführen. Im einzelnen werden gefördert:

- Kontakte mit Vereinigungen in europäischen und außereuropäischen Partnerregionen des Landes,
- die Durchführung und Beteiligung an internationalen Festivals im In- und Ausland und
- Konzertreisen von Vereinen ins Ausland; dabei sind Reisen mit vorwiegend touristischem Charakter von der Förderung ebenso ausgenommen wie Reisen, die im Rahmen der Pflege von Städtepartnerschaften stattfinden (hier wird von einem besonderen kommunalen Interesse und daher einer entsprechenden kommunalen Förderung ausgegangen).

In der Praxis schaltet das Ministerium für Kultus und Sport jeweils die Laienmusikverbände ein, um die Anträge einzelner Vereine unter fachlichen Gesichtspunkten überprüfen zu lassen.

Das Ministerium für Kultus und Sport bereitet zur Zeit Richtlinien vor, um die Förderung internationaler Kontakte im Bereich der Laienmusik künftig durch die Regierungspräsidien abwickeln zu können. In diesen Richtlinien sollen die bisher praktizierten Förderkriterien festgeschrieben und ggf. ergänzt werden.

Internationales Blasmusiktreffen; Foto: Achim Sperber; copyright: Bundesvereinigung der deutschen Blas- und Volksmusikverbände

A 3.2.3 Außerschulische Jugendmusik:

Während der internationale Jugendaustausch im Land eine lange Tradition hat (1989 ca. 320 Projekte mit ca. 1 Mio. DM Fördersumme), wobei stets auch verschiedene Kunst- und Kultursparten erfaßt sind, hat sich der internationale jugendmusikalische Austausch erst relativ spät als Förderschwerpunkt herausgebildet. Die Förderung erstreckt sich auf vier Bereiche:

a) Internationale jugendmusikalische Begegnungen

Anerkannte Träger der Jugendarbeit können auf der Basis der Gegenseitigkeit Zuschüsse zu internationalen Begegnungen erhalten. Zur Zeit nehmen insbesondere die Jugendensembles verschiedener Laienmusikorganisationen sowie die Musikschulen solche Zuschüsse in Anspruch. Gefördert wird nach den Richtlinien zum Bundes-/Landesjugendplan. Die Förderung erfolgt im Rahmen des Budgets für internationale Jugendbegegnung, wo ca. 100 TDM pro Jahr zur Verfügung gestellt werden.

b) Eurotreff Musik Baden-Württemberg

Der Landesmusikrat veranstaltet seit 1979 jährlich in einer anderen Stadt oder einem anderen Landkreis den „Eurotreff Musik Baden-Württemberg". Zu dieser Veranstaltung kommen jeweils etwa 1.500 Jugendliche aus vielen Ländern für 3 Tage zu gemeinsamem Musizieren zusammen. Das Land fördert die Veranstaltung jährlich mit 64 TDM.

c) Repräsentative Auslandseinsätze herausragender Jugendensembles

Das Land gibt herausragenden Jugendchören und -orchestern, insbesondere wenn sie sich bei Wettbewerben hervorgetan haben, Zuschüsse zur Teilnahme an internationalen Festivals und vergleichbaren Veranstaltungen. Erwartet wird eine adäquate Vertretung eines Ausschnitts des badenwürttemberigschen Musiklebens.

Ein Sonderfall sind Einsätze von Spitzenensembles, insbesondere der landeszentralen Jugendensembles, bei Projekten zur Umsetzung von Kulturabkommen der Bundesrepublik Deutschland. Dieser Aufgabe widmet sich hauptsächlich der Deutsche Musikrat, dessen Aktivitäten durch Mittel des Auswärtigen Amtes gefördert werden. Insgesamt stehen dem Land für diese Aufgabe 110 TDM zur Verfügung. Die landeszentralen Ensembles haben mit Förderung des Bundes und/oder des Landes schon eine große Zahl solcher Projekte in vielen Ländern durchgeführt.

d) Austausch mit Partnerregionen

Die außerschulische Jugendmusik ist ein hervorragender Botschafter des Landes beim Aufbau der Regionalpartnerschaften (vgl. A 4.1). Kontakte bestehen bereits zu Katalonien, Rhône-Alpes und der italienischen Region Emilia-Romagna, zu der verschiedene Träger der außerschulischen Jugendbildung seit ca. 10 Jahren rege Beziehungen unterhalten.

A 3.2.4 Schulmusik:

Schon 1987 hatte die Jumelage Musical mit 2.900 gemeinsam musizierenden Schülern aus Frankreich und Baden-Württemberg gezeigt, daß die Schulmusik länderübergreifend wirken kann und zur internationalen Verständigung beiträgt. Sie wirkt nicht nur im musikalischen Bereich, sondern wirkt als Multiplikator in andere Bereiche hinein; denn in den meisten Fällen werden die Schüler im Gastland in Familien untergebracht. Daraus entstehen zahlreiche Bekannt- und Freundschaften, es entwikkeln sich gemeinsame kulturelle Interessen. Hinzu kommt, daß das Gastland nicht nur Auftritte vermittelt, sondern auch seine eigene Kultur darzustellen versucht.

Viele internationale Kontakte werden von den Musikpädagogen auf persönlicher Basis gepflegt. Dabei helfen vor allem die folgenden internationalen Organisationen:

- ☐ ISME: International Society of Musical Education; sie unterhält seit zwei Jahren eine eigene Sektion Baden-Württemberg. Im Rahmen der ISME werden Musikpädagogen aus Baden-Württemberg weltweit zu Fachveranstaltungen eingeladen. ISME hat auch bereits Austauschreisen von Schulmusikgruppen nach Tunesien, UdSSR, Japan, USA, Canada, Neuseeland und zu arabischen Ländern angebahnt.
- ☐ Gruppe D.A.CH.: eine Musiklehrerorganisation, die gelegentlich auch der Schulmusik des Landes hilft. Sie ist in Österreich in das Handelsregister eingetragen und auf dem Gebiet des internationalen Musikalientransports tätig. Über Österreich verlaufen auch sehr geradlinige Kontakte der baden-württembergischen Schulmusik nach Jugoslawien, zur Tschechoslowakei und nach Ungarn.
- ☐ VDS: Verband Deutscher Schulmusikerzieher; er unterhält Kontakte zu musikpädagogischen Vereinigungen anderer Länder und hat z. B. schon den Austausch von Schulmusikgruppen mit Ländern des Ostblocks unterstützt.

Seit 1989 fördert das Ministerium für Kultus und Sport jährlich mit 60 TDM auch Schulmusikbegegnungen auf nationaler und internationaler Ebene. Dadurch wurde es möglich, die Reisen von Schulchören und Schulorchestern z. B. nach Polen und in die Tschechoslowakei, nach Jugoslawien, England, Frankreich, Italien, Spanien und Ägypten, in die USA und nach Chile finanziell zu unterstützen.

Diese Fördermaßnahmen wirkten sich auch in Baden-Württemberg selbst aus. Z. B. nahmen an der Bundesbegegnung „Schulen musizieren“ in Pforzheim schulische Musikgruppen aus Jordanien und der Sowjetunion teil. Beim Musikzug Bonn (Mai 1989) konnten auch musizierende Schüler aus Canada, Großbritannien, Frankreich und Spanien beteiligt werden.

Verwiesen sei auch auf die IMTA (Internationale Musische Tage) – alljährlich veranstaltet durch die Bodensee-Anrainerstaaten mit jeweils guter Beteiligung der Schüler Baden-Württembergs in den Bereichen Musik, bildende Kunst, Theater.

Seit 1985 haben mehr als 1 Mio. Zuhörer an den landesweiten Begegnungen der Schulmusik teilgenommen; seit 1987 werden diese Veranstaltungen auch mit ausländischen Schülern durchgeführt. Minister Mayer-Vorfelder beim Festival der musizierenden Schulen in der Stuttgarter Liederhalle; Bild: MKS

A 3.2.5 Musikhochschulen:

Bei den Musikhochschulen stand der Wunsch im Vordergrund, Partnerschaften zu attraktiven Hochschulen in bestimmten Ländern aufzunehmen. Der Gewinn dieser internationalen Kontakte liegt bei der Anbahnung fachlicher Kooperationen und in gemeinsamen Konzerten.

Zur Vorbereitung solcher Partnerschaften haben zunächst Austauschkonzerte stattgefunden. Darüber hinaus wurden einzelne Reisen unternommen, um persönliche Kontakte anzubahnen. 1986 standen den Musikhochschulen erstmals Haushaltsmittel zur Verfügung, um den Kontakt mit dem Ausland zu suchen. Inzwischen haben zahlreiche Konzertreisen und Austauschveranstaltungen mit ausländischen Hochschulen stattgefunden. So hat die Musikhochschule Karlsruhe in den Jahren 1985–1987 in Rio de Janeiro mit bemerkenswertem Echo in der Bevölkerung und in den Medien eine deutsch-brasilianische Woche mit Opernaufführungen und Konzerten veranstaltet und anschließend eine Tournee durch einige Großstädte des Landes unternommen.

Hochschulpartnerschaften sind mit folgenden Ländern zustandegekommen oder in Vorbereitung:

Musikhochschule	Land	Partnerhochschule
Freiburg	USA	Eastman-College
Heidelberg-Mannheim	Portugal	Konservatorium Gaia
Karlsruhe	Brasilien	Musikfakultät der Universität Rio de Janeiro
Stuttgart	Japan	Staatl. Hochschule „Gedai" in Tokyo
Trossingen	Frankreich	Konservatorium Lyon

Die Musikhochschule Stuttgart war 1985 maßgeblich an der Deutschen Kulturwoche in Dakar/Senegal beteiligt. Kontakte mit afrikanischen Künstlern haben seither zu mehreren gemeinsamen Veranstaltungen geführt und das Studienangebot der Musikhochschule erweitert. Im Bereich des Jazz unterhält diese Musikhochschule zur Western Illinois University enge Kontakte, die voraussichtlich in einen Studentenaustausch einmünden werden.

Unterzeichnung des Partnerschaftsvertrags der Musikhochschule Karlsruhe mit der Universität Rio de Janeiro; Bild: am Tisch von links: Minister Prof. Dr. Helmut Engler, der Rektor der Universität Rio Prof. Guilherme Figueiredo, Rektorin Frau Prof. Dr. Solter, Generalkonsul Dr. Hans-Joachim Dunker; Bild: Musikhochschule Karlsruhe

A 3.3 **Literatur**

Literatur ist zunächst auf den eigenen Sprachraum angewiesen. Dennoch vermitteln Übersetzungen zwischen den Kulturen verschiedener Sprachen. Deshalb ist die Förderung von Übersetzern und Übersetzungen ein wichtiges kulturpolitisches Instrument (vgl. Kap. 3, A 3).

A 3.3.1 Auslandsaufenthalte und Gegeneinladungen:

Neue inhaltliche Dimensionen gewinnt Literatur dadurch, daß sich die Autoren zu Studienzwecken und Begegnungen im Ausland aufhalten und ausländische Schriftsteller ins Land eingeladen werden können, wie z. B. im Rahmen der Kulturwoche in Senegal 1985 (Schriftsteller Fritz, Karlsruhe).

A 3.3.2 Literatur-Triennale:

Fremdsprachige Autoren sollen daher auch an der künftigen Literatur-Triennale des Landes beteiligt werden (vgl. Kap 3, B 3).

A 3.4 **Film**

Das Ministerium für Wissenschaft und Kunst betreibt auch im Bereich der Filmförderung internationale Kulturpflege, und zwar bei

- □ internationalen Filmfestivals (Internationale Filmwoche Mannheim, Internationales Trickfilmfestival Stuttgart) und
- □ der Präsentation ausländischer Filme in Baden-Württemberg, bei sog. „Filmwochen“.

A 3.4.1 Internationale Filmfestivals

a) Internationale Filmwoche Mannheim

Die Internationale Filmwoche Mannheim ist (zusammen mit den Oberhausener Filmtagen) das älteste Filmfestival in der Bundesrepublik Deutschland. Es findet jährlich statt und umfaßt seit einigen Jahren jeweils auch die exemplarische Präsentation einer nationalen Filmkultur (Osteuropa oder Länder der Dritten Welt). 1987 wurde z. B. das Filmschaffen Brasiliens vorgestellt. Die Filmwoche wurde bisher jährlich mit etwa 85 TDM gefördert. Die Stadt wünschte im Rahmen des „Mannheimer Kulturpakets“ eine Erhöhung des Zuschusses. Die Landesregierung hat diesem Wunsch entsprochen und den Zuschuß auf 250 TDM erhöht.

b) Internationales Trickfilmfestival Stuttgart

Seit 1978 finden in Stuttgart alle zwei Jahre Internationale Trickfilmtage statt. Durch die Erhöhung der Zuschüsse von Stadt und Land auf je 117 TDM konnten die Trickfilmtage 1988 zum 1. Mal zu einem Trickfilmfestival erweitert werden.

Beim Internationalen Trickfilmfestival 1988 wurden in Stuttgart 427 Trickfilme aus 28 Ländern gezeigt. In einem internationalen Wettbewerb waren 51 Filme aus 18 Ländern zu sehen. Damit war der internationale Durchbruch erreicht. Das Festival findet künftig alle zwei Jahre statt und ist das einzige Animationsfilm-Festival in der Bundesrepublik.

Stuttgart und Baden-Württemberg sind durch das Festival und die erfolgreiche Trickfilm-Ausbildung an der Kunstakademie (vgl. Kap. 9.1) zu einer wichtigen Region für den Animationsfilm geworden.

A 3.4.2 Internationale Filmwochen in anderen Städten

Das Ministerium für Wissenschaft und Kunst ist grundsätzlich bereit, im Rahmen der zur Verfügung stehenden Wettmittel für die Kunstförderung internationale Filmwochen zu fördern. Voraussetzung dafür ist, daß die Städte, in denen die Filmwochen stattfinden, ebenfalls einen Zuschuß bereitstellen. Der Landeszuschuß kann bis zu 50% der kommunalen Zuschüsse betragen.

1989 fanden statt:

1. eine Retrospektive des georgischen Films in Freiburg (April: rd. 40 Filme); Veranstalter ist Michael Lautenbach aus Merzhausen/Freiburg;
2. eine russische Filmwoche im Rahmen der sowjetischen Wirtschaftstage in Stuttgart; Veranstalter Otto Alter, Schorndorf;
3. eine polnische Filmwoche in Stuttgart; Veranstalter Otto Alter, Schorndorf und
4. französische Filmtage in Tübingen; Veranstalter Michael Friederici, Tübingen.

A 3.4.3 Internationales Amateurfilmfestival

Der Bundesverband Deutscher Film- und Videoamateure (vgl. Kap. 4, A 2) führt jährlich verschiedene Wettbewerbe und Festivals durch. 1989 fand in Baden-Baden ein solches Festival statt.

A 3.5 **Bildende Kunst**

A 3.5.1 Professioneller Bereich:

a) Museen

Die staatlichen Museen, aber auch die Kunsteinrichtungen im nichtstaatlichen Bereich, unterhalten zahlreiche Kooperationen (Ausstellungsaustausch, Leihgaben usw.) mit dem Ausland. Diese werden i. d. R. unmittelbar von Kunstinstitut zu Kunstinstitut vereinbart und durchgeführt.

Aus der großen Fülle der Kooperationen können hier nur wenige Beispiele genannt werden:

Linden-Museum Stuttgart:

- ☐ Unterstützung bei der Einrichtung eines Masken-Museums in Ambalangoda/Sri Lanka; das 1987 eröffnete Museum ist zugleich Forschungsstätte für das volkstümliche Kunsthandwerk in Sri Lanka;
- ☐ Unterstützung bei der Einrichtung eines archäologisch-anthropologischen Museums an der Universität Irbis/Jordanien;

Badisches Landesmuseum Karlsruhe:

- ☐ Austausch von Exponaten mit dem Museum Unterlinden in Colmar;
- ☐ Übernahme der Ausstellung „Eva Zeisel – Industriedesign 1928–1988“ durch das Musée des Arts Decoratifs de Montreal, Château Dufresne;
- ☐ Vorbereitung der Ausstellung „Neues Glas aus Japan“ (1985) in Zusammenarbeit mit der Japan Art-crafts Association;

Württembergisches Landesmuseum Stuttgart:

- ☐ Einladungen von ausländischen Wissenschaftlern und Architeken zu Gastbesuchen auf den Gebieten Museumsbau und -einrichtungen, Kunst- und Kulturgeschichte (z. B. deutscher Jugendstil, Klassische Moderne, Möbelproduktion) und der Numismatik;
- ☐ Kontakte zu verschiedenen Wissenschaftlern und wissenschaftlichen Gesellschaften, Museen und Universitäten in aller Welt;

Staatsgalerie Stuttgart:

- ☐ Kooperation bei der Vorbereitung und Präsentation großer Ausstellungen zur europäischen Kunst z. B. mit der Tretjakow-Galerie Moskau, der Tate-Gallery London und der Sammlung Thyssen-Bornemisza in Lugano.

Einen beachtlichen Umfang hat auch der wissenschaftliche Austausch der Naturkundesammlungen in Stuttgart und Karlsruhe mit China, Japan, Canada, Ungarn, Tschechoslowakei, DDR, Polen, Australien, Südostasien und Ländern in Nord- und Südamerika angenommen. Das Landesmuseum für Technik und Arbeit in Mannheim unterhält bereits Beziehungen bis nach Indien und Südkorea.

b) Ausstellungen

In Einzelfällen konnte bisher das Ministerium für Wissenschaft und Kunst im Rahmen der allgemeinen Kunstförderungsmittel Kooperationsprojekte mit dem Ausland unterstützen, wenn ein spezifisches Landesinteresse vorlag. Der finanzielle Spielraum dafür ist sehr eng; deshalb mußte bei der Entscheidung über Zuschüsse i. d. R. auf das Territorialprinzip geachtet werden, d. h. daß nur der in Baden-Württemberg stattfindende Teil der Austauschmaßnahme finanziell gefördert wurde. Im Rahmen der im Aufbau befindlichen Partnerschaft mit der französischen Region Rhône-Alpes ist es allerdings schon früher gelungen, fruchtbare Kooperationsprojekte modellhaft aus Toto-Lotto-Geldern zu fördern.

Die Galerie der Stadt Esslingen (vgl. A 1.2.6) „Villa Merkel“ hat sich besonders darauf spezialisiert, zeitgenössische Kunst aus Osteuropa zu zeigen. Seit 1984 hat sie folgende Ausstellungen durchgeführt:

1984 UdSSR (Sammlung Semjonow)	1987 Ungarn
1985 Bulgarien	1988 Polen
1986 DDR	1989 Tschechoslowakei

c) Bildende Künstler

Zu den Stipendien, mit denen Künstler aus Baden-Württemberg in Anerkennung ihrer Leistungen zu einem Arbeitsaufenthalt in die Cité Internationale des Arts nach Paris und die Deutsche Akademie „Villa Massimo“ in Rom oder die „Casa Baldi“ in Olevano usw. entsandt werden können, vgl. Kap. 5, A 1.3; zum Internationalen Kunstpreis der Landesregierung vgl. Kap. 5, A 1.4.1.

Ausstellung „Kunst der DDR in den 80er Jahren“ im Mai/Juni 1986 in der Städtischen Galerie Esslingen; copyright: Galerie der Stadt Esslingen, Villa Merkel

A 3.5.2 Schulkunst:

Im Rahmen des Schulkunstprogramms wurden bisher aus Mitteln des Ministeriums für Kultus und Sport mehrere Projekte mit Partnerschulen in Frankreich gefördert, die in Ausstellungen ausgetauscht wurden.

Außerdem haben die deutschen Schulen in Mailand und Kairo sich mit Beiträgen an Schulkunstausstellungen beteiligt.

Im Zusammenhang mit dem muttersprachlichen Unterricht wurde eine deutsch-jugoslawische Begegnungsausstellung in Sindelfingen zusammen mit dem Jugoslawischen Konsulat durchgeführt.

Gefördert wird auch ein Ausstellungsprojekt mit japanischen Schülerarbeiten, die an mehreren Schulen in Baden-Württemberg gezeigt werden sollen.

A 3.5.3 Kunsthochschulen

Bei den etwas loseren Auslandskontakten der Kunstakademien handelt es sich im wesentlichen um Exkursionen und Ausstellungsvorhaben.

Die Akademien der bildenden Künste und die Musikhochschulen mußten in den vergangenen Jahren ihre Auslandskontakte aus dem eigenen Etat bestreiten. Da dieser keine Reserven enthielt, waren die Kontakte entsprechend gering. Seit 1986 verfügt das Ministerium für Wissenschaft und Kunst über einen Betrag von ca. 700 TDM, die auch zur Förderung von Auslandskontakten der Kunsthochschulen zur Verfügung stehen.

Über die Zuschüsse des Ministeriums für Wissenschaft und Kunst hinaus gibt es in Einzelfällen auch Zuschüsse des Bundes, in seltenen Fällen sogar eine Hilfe der betreffenden Stadt, obwohl die Städte zurecht die Unterstützung der Hochschularbeit i. d. R. nicht als kommunale Aufgabe betrachten.

A 4 Internationale Zusammenarbeit in Europa

Die kulturelle Zusammenarbeit des Landes mit ausgewählten Regionen und Staaten in und außerhalb Europas ist getragen von dem Gedanken, daß die Anstrengungen zur Verstärkung der Wirtschafts- und Wissenschaftskontakte mit dem Ausland nur sinnvoll sind, wenn gleichzeitig ein kultureller Austausch stattfindet. Beide Bereiche sind gleich wichtige Säulen für die internationale Verständigung. Dabei sollen die Menschen der jeweiligen Regionen und Länder einander begegnen und ihre kulturellen Gemeinsamkeiten und Unterschiede zugleich darstellen und erfahren können.

A 4.1 **Interregionale Zusammenarbeit in Westeuropa**

Baden-Württemberg hat deshalb bereits 1986 begonnen, mit einzelnen Regionen in Europa feste kulturelle Beziehungen aufzunehmen. Vorrangig wurden solche Beziehungen zu den Regionen Rhône-Alpes/Frankreich, Katalonien/Spanien und Lombardei/Italien geknüpft. Diese Zusammenarbeit mit ausgewählten Regionen ist grundsätzlich für die Erweiterung um andere Regionen offen. Erste Kontakte in dieser Richtung werden bereits mit der Region Kanagawa/Japan, mit der Região do Centro/Portugal und mit Ontario/Canada geknüpft.

Die kulturellen Beziehungen des Landes zu den europäischen Partnerregionen haben sich bisher folgendermaßen entwickelt:

A 4.1.1 Rhône-Alpes/Frankreich

Zwischen dem Land Baden-Württemberg und der französischen Region Rhône-Alpes (Hauptstadt Lyon) ist 1986 eine Partnerschaft vereinbart worden. Sie ist als besondere Akzentuierung in die engen deutsch-französischen Beziehungen aufgrund des Freundschaftsvertrages eingebettet. Es ist dabei der Wille der Landesregierung, auch im Kulturbereich die Beziehungen zu Rhône-Alpes besonders zu pflegen, auszubauen und zu vertiefen. Gedacht ist vor allem an Austausch und Zusammenarbeit zwischen Kunsteinrichtungen in beiden Gebieten.

Für den Bereich der bildenden Kunst ist im Frühjahr 1987 ein konkreter Anfang durch den Besuch einer zehnköpfigen Delegation baden-württembergischer Kunstexperten in der Region Rhône-Alpes gesetzt worden. Die fünftägige Informationsreise diente der Unterrichtung über kulturelle und administrative Strukturen, dem Kennenlernen von einzelnen Einrichtungen, der Schaffung persönlicher Kontakte und der Anbahnung kooperativer Projekte. Eine französische Gegendelegation hat diese Beziehungen 1987 vertieft. 1988 wurden z. B. folgende Ausstellungsprojekte realisiert:

- ☐ Ausstellung künstlerischer Fotografie zum Thema: „Le Corps Figuré“ vom 3. bis 27. Juni 1988 in Baden-Württemberg,
- ☐ Ausstellung baden-württembergischer Künstler in der Villa Gillet, Lyon,
- ☐ Ausstellung des Künstlerbunds Baden-Württemberg im Rahmen des „Octobre des Arts 1988“ im Palais Municipal in Lyon und
- ☐ Präsentation einer Auswahl der beim „Octobre des Arts 1988“ ausgestellten Werke baden-württembergischer Künstler im Februar 1989 im Ministerium für Wissenschaft und Kunst unter dem Titel „Retours de Lyon“.

Im Theaterbereich bestehen seit geraumer Zeit Kontakte des Badischen Staatstheaters Karlsruhe mit der Opéra de Lyon. Das Badische Staatstheater strebt eine förmliche Kooperation mit diesem Opernhaus an. Es gastierte im Rahmen der Europäischen Kulturtage 1989 in Karlsruhe. Zur Wiedereröffnung der Opéra de Lyon bereitet das Badische Staatstheater Karlsruhe ein Gastspiel in Lyon vor. – Außerdem gastierte im Oktober 1988 das Ballett der Württembergischen Staatstheater ebenfalls an der Opéra de Lyon.

Im Bereich der Musik wird zwischen der Musikhochschule Trossingen und dem Konservatorium in Lyon eine Partnerschaft vorbereitet. Außerdem gastierte 1989 der Kammerchor Stuttgart beim Festival St. Etienne, auch wurden Begegnungen von Schulmusikgruppen und eine Tournee des Landesjugendorchesters durchgeführt. Jährlich werden Gruppen zum Eurotreff Musik eingeladen.

Zur Vereinbarung von einzelnen Maßnahmen für eine ständige und erweiterte kulturelle Zusammenarbeit in mehreren Kunstsparten besuchte eine Delegation aus Rhône-Alpes im November 1988 das Land Baden-Württemberg und hat in Arbeitsgruppensitzungen mit den verschiedenen Ressorts Kooperationsprojekte in den Bereichen Musik (außerschulische Jugendmusik, Amateurmusik, Schulmusik und professionelle Musik), Literatur und Theater (Amateur- und Berufstheater) erörtert. Dabei war es das Interesse beider Seiten, nicht nur Projekte zu fördern, die der Präsentation dienen, sondern sich vor allem auf solche Projekte zu konzentrieren, die zur Kooperation geeignet sind. Die Projekte sollen zur gegenseitigen künstlerischen und persönlichen Begegnung führen, wie sie z. B. in workshops und bei gemeinsamen Proben für Konzerte und Theateraufführungen zustandekommen.

Landesjugendorchester Baden-Württemberg auf Konzertreise in Grenoble (Rhône-Alpes) 1989; Bild: Landesverband der Musikschulen Baden-Württemberg

A 4.1.2 Katalonien/Spanien

Seit Oktober 1988 werden auch mit der Region Katalonien bilaterale Verhandlungen zur Ausweitung und Intensivierung der kulturellen Beziehungen geführt. Dabei konnte an einzelne Kontakte angeknüpft werden, die bereits früher aufgenommen worden waren, nämlich:

- ☐ Im Bereich des Theaters hatte 1983 das Theatre Lliure, Barcelona, beim Badischen Staatstheater Karlsruhe, 1984 das Ballett der Wüttembergischen Staatstheater in Barcelona und 1988 das Theatre El Tricicle, Barcelona, beim Badischen Staatstheater Karlsruhe gastiert.
- ☐ Im Bereich der bildenden Kunst hatte das Institut für Auslandsbeziehungen in Stuttgart 1984 in Katalonien eine Ausstellung mit Werken von Max Klinger und 1986 mit Werken von Max Ernst durchgeführt. Auf dem Programm der Städtischen Kunsthalle Mannheim stand 1989 die Ausstellung „30 Jahre spanische Malerei von 1960 bis zur Gegenwart“, aus der Sammlung der Caixa de Pensiones, Barcelona.
- ☐ Im Bereich der Musik hatten neben Gastspielen des Kurpfälzischen Kammerorchesters und des Landesjugendjazzorchesters z. B. der Tübinger Kantatenchor und die Sinfonietta Tübingen im Frühjahr 1987 in verschiedenen katalanischen Städten Carl Orffs „Carmina Burana“ aufgeführt. Katalanische Ensembles hatten sich im September 1988 anläßlich des Eurotreffs Musik in Ulm aufgehalten. Außerdem bereitet die Musikhochschule Karlsruhe einen Austausch mit dem Konservatorium in Barcelona vor. Die Musikhochschule Stuttgart führte 1989 ihrerseits einen Austausch mit dem Kulturzentrum in Lerida durch. Ihr Rektor wurde in das Kuratorium dieses Zentrums berufen.

In den Verhandlungen wurde eine Reihe konkreter Projekte in Aussicht genommen, die sich auf die Bereiche Theater, Literatur, Musik und bildende Kunst erstrecken. Beide Seiten legen auch hier Wert darauf, daß vor allem solche Projekte durchgeführt werden, die zu persönlichen Begegnungen und künstlerischen Kooperationen führen. Eine förmliche Erklärung über die ersten Projekte einer ständigen bilateralen Zusammenarbeit wurde im Juni 1989 in Stuttgart unterzeichnet. Der jugendmusikalische Austausch sieht 1989 u. a. den Austausch des Landesjugendjazzorchesters mit der Jugendbigband Barcelona vor, des Jugendsinfonieorchesters Tübingen mit einem katalanischen Jugendorchester, der Musikschule Winnenden mit der „Aula de Músic“ Barcelona (Bigbands) sowie Einladungen zum Eurotreff Musik. 1990 wird die Gächinger Kantorei mehrfach in Barcelona konzertieren.

Aus dem Katalog zur Ausstellung der Städtischen Kunsthalle Mannheim (1989) „Die Spanische Kunst in der Sammlung der Fundaciò Caixa des Pensions“: Miquel Navarro (geb. 1945 in València), „Des del terrat“, 1986 (Aus dem Dach), Zink und Lehm; copyright: Fundaciò Caixa des Pensions, Barcelona

Aus der Ausstellung „Carlo Carrà-Retrospektive“ (1987) der Staatlichen Kunsthalle Baden-Baden: „Die Pinie am Meer“ (1921); Bild: aus dem Ausstellungskatalog

A 4.1.3 Lombardei/Italien

Mit der Region Lombardei hat das Land Baden-Württemberg bisher in folgenden Bereichen zusammengearbeitet:

- Bei den Kunsthochschulen unterhält die Kunstakademie Stuttgart mit dem weltbekannten Zentrum der italienischen Möbelindustrie und des Möbel-Designs bei Mailand eine langjährige intensive Zusammenarbeit. Das Institut für Innenarchitektur und Möbel-Design hat 1986 im Auftrag des Landesgewerbeamts eine große Werkschau baden-württembergischer Möbel zusammengestellt, die in Mailand präsentiert wurde. Daneben besteht ein Schüler-/Studentenaustasch der Kunstakademie Stuttgart mit der Möbelfachschule in Lisone bei Monza. Außerdem nehmen auch bekannte Dozenten aus dem Mailänder Raum an dem vom Institut für Innenarchitektur und Möbel-Design jährlich veranstalteten Weißenhof-Design-Seminar teil.
- Die Staatliche Kunsthalle Baden-Baden zeigte im Herbst 1987 eine repräsentative Ausstellung von Carlo Carra, einer Schlüsselfigur der europäischen klassischen Moderne. Die Ausstellung wurde weitgehend aus dem Museum Palazzo Reale in Mailand übernommen. Sie ist als hochrangiger kultureller Auftakt zur vorgesehenen Partnerschaft mit der Region anzusehen.
- Im Mai 1988 wurden in Stuttgart historische Violinen aus Cremona gezeigt.
- Im September/Dezember 1988 wurde im Rahmen der Triennale Mailand die Städtebau-Ausstellung „Der Oberrhein – eine andere Metropole“ gezeigt.
- Im Juli 1989 gastierten die Stuttgarter Philharmoniker mit vier Konzerten u. a. in Mailand.

Eine besondere Zusammenarbeit mit der Lombardei bahnt sich auf dem Gebiet der Musik anläßlich des Europäischen Mozartprojekts des italienischen Musikrates an, der alle Städte, in denen Mozart einmal gewirkt hat, zur Beteiligung mit eigenen Beiträgen aufgefordert hat. Die Staatliche Hochschule für Musik Heidelberg/Mannheim, die Stadt Mannheim und der Süddeutsche Rundfunk sind an den entsprechenden Verhandlungen beteiligt.

Darüber hinaus hat das Land im Frühjahr 1989 bilaterale Gespräche mit der Lombardei u. a. zur Erweiterung der gegenseitigen kulturellen Beziehungen aufgenommen. Sie wurden bei der konstituierenden Sitzung der „Gemeinsamen Arbeitsgruppe Baden-Württemberg – Lombardei“ im Juli in Mailand fortgesetzt. In die Verhandlungen soll auch die Möglichkeit einbezogen werden, die Villa Vigoni als Begegnungsstätte für den Kulturaustausch zu nutzen. Der Generalsekretär der Villa Vigoni hat sich grundsätzlich bereiterklärt, an der Planung und Durchführung kultureller Kooperationsprojekte mitzuwirken.

A 4.1.4 Kulturelle Aktivitäten in der Regio am Oberrhein

In den Regionen des Dreiländerecks Deutschland/Frankreich/Schweiz am Oberrhein finden seit Jahren zahlreiche Begegnungen beiderseits der Grenzen statt. Dies gilt vor allem für den Bereich der Kultur, gilt aber auch für die Bereiche Geschichtswissenschaft, Schule und Sport, die mittlerweile in den Austausch einbezogen wurden und geholfen haben, neue Brücken zu schlagen und bestehende Kontakte zu festigen.

Schwerpunkte im Kulturaustausch liegen in den Sparten bildende Kunst und Museen, Literatur und Musik. Bei der bildenden Kunst z. B. kennt man sich in der „Regio" gegenseitig sehr gut.

Bemerkenswert ist, daß zahlreiche Initiativen ohne staatliche Unterstützung laufen, weil das Interesse und der Wunsch nach einem Kulturaustausch bei der Bevölkerung stark zugenommen haben.

Besonders eng ist die „kulturelle Vernetzung" zum Elsaß ausgeprägt. Hier gab manche Veranstaltung auch Denkanstöße in die französische Kulturpolitik hinein. Eine Ausstellung der Kunststiftung Baden-Württemberg löste beispielsweise eine Diskussion um die Gründung einer französischen Kunststiftung unter Einbeziehung der elsässischen Wirtschaft aus.

Eine besondere Rolle bei der Förderung der kulturellen Beziehungen mit dem Elsaß sowie dem Kanton Basel-Stadt und Basel-Landschaft spielt die Arbeitsgruppe „Kultur" des zweiseitigen und dreiseitigen Regionalausschusses der deutsch-französisch-schweizerischen Regierungskommission. Für die Tätigkeit dieses Gremiums sind beispielhaft anzuführen:

- ☐ die Herausgabe eines deutsch-französisch-schweizerischen Kulturhandbuchs im Jahr 1984,
- ☐ die Erstellung einer Museumskarte für den deutsch-französisch-schweizerischen Grenzraum im Jahr 1986 und
- ☐ die Gründung eines Drei-Länder-Jugend-Orchesters im Jahr 1987.

a) Theater

Das Badische Staatstheater Karlsruhe unterhält seit 1971 eine Kooperation mit der Opéra du Rhin in Strasbourg. Gemeinsame Produktionen haben bereits zu einer hohen künstlerischen Effizienz an beiden Theatern geführt. Im Rahmen dieser Kooperation gastierte das Badische Staatstheater zuletzt im Februar 1989 in der französischen Partnerstadt.

Die Württembergischen Staatstheater gaben anläßlich der 2000-Jahr-Feier in Strasbourg im September 1988 ein Gastspiel mit der Oper „Die Soldaten" von Bernd Alois Zimmermann.

b) Vielfalt kultureller Beziehungen

Wie vielfältig die kulturellen Begegnungen in der Regio sind, mögen Beispiele aus der Übersicht zeigen, die der deutsch-französisch-schweizerischen Regierungskommission Ende Januar 1989 in Strasbourg über das Jahr 1988 vorgelegt wurde. Darin waren für den Bereich von Kunst und Kultur folgende Projekte verzeichnet:

- ☐ März 1988: Deutsch-französische Kultur-Aktionswochen in Schramberg mit Ausstellung junger Kunst im Elsaß,
- ☐ April 1988: Orchesterfest 1988 in Freiburg, Auftakt mit Ensembles aus dem Dreiländereck; Ausstellung „Dialog – Französische Künstler zu Gast in Schramberg"; Internationale Tagung des Deutschen Nationalkomitees für Denkmalschutz in Zusammenarbeit mit dem Europarat unter dem Titel „Das Dorf im Wandel – Denkmalpflege für den ländlichen Raum" im Merdingen/Kreis Breisgau-Hochschwarzwald,
- ☐ April/Mai 1988: Bach-Festival in Strasbourg unter Beteiligung der Gächinger Kantorei Stuttgart und mehrerer Bach-Chöre aus dem Oberrheingebiet,
- ☐ Juni 1988: Konzerte des Internationalen Jugendorchesters des Dreiländerecks Deutschland-Frankreich-Schweiz in Schramberg, Münchenstein, Kanton Basel-Land und Ungersheim/Elsaß; Ausstellung „Selest'Art" in Selestatt/Elsaß mit deutsch-französischen Künstlern in Kooperation mit der Stadt Waldkirch; Konzert des Landesjugendorchesters Baden-Württemberg in Münchenstein, Kanton Basel-Landschaft,

Gastspiel des Ensembles der Ludwigsburger Festspiele in Straßburg (1983) mit dem „Deutschen Requiem“ von Johannes Brahms; Leitung: Wolfgang Gönnenwein; Bild: Ludwigsburger Festspiele/Klein

☐ August 1988: 3. Künstlerfest der Regio,

☐ August/September 1988: Vorstellung schweizerischer Literatur mit Lesungen zeitgenössischer Autoren im Rahmen der Szene Schweiz-Freiburg,

☐ Oktober 1988: Wols-Ausstellung in Colmar in Zusammenarbeit mit dem Goethe-Institut,

☐ September bis Dezember 1988: Präsentation der Szene Schweiz in Freiburg mit Musik, Kunst, Tanz, Theater und Film und

☐ November 1988: Zweites Seminar aller Museumsleiter und Konservatoren der Museen der Regio in Mulhouse zum Thema Museumspädagogik.

Außerdem entstand 1988 ein „Alemannischer Lehrerchor", in dem Lehrer von beiden Seiten des Rheins paritätisch zusammenwirken. In Kürze wird die Arbeitsgruppe „Kultur" der deutsch-französisch-schweizerischen Regierungskommission ein „Hochrhein-Kulturhandbuch" herausgeben.

Neben einem wissenschaftlichen Regio-Colloquium des Instituts für neue deutsche Literatur der Universität Freiburg zum Thema und einigen schulbezogenen Veranstaltungen (z. B. im April 1989 das Projekt „Rhin sans frontière" (vgl. B 4.1) in Zusammenarbeit mit dem französischen Erziehungs- und Kulturministerium und ein deutsch-französischer Lehrertag im Herbst d.J.) seien aus dem Programm der kulturellen Begegnungen für 1989 folgende Veranstaltungen beispielhaft erwähnt:

☐ Musikstadt Freiburg Orchesterfest '89: Begegnung mit namhaften französischen Komponisten,

☐ Tournee der Badischen Kammerschauspiele Emmendingen durch das Elsaß mit Gastspielen in Schulen zur Ergänzung des Programms „Lerne die Sprache des Nachbarn",

☐ „Tendenzen der 8Oer Jahre": Ausstellung der Städte Karlsruhe, Baden-Baden, Freiburg, Mulhouse, Colmar und Strasbourg mit ausgewählten Werken zeitgenössischer Kunst,

☐ Präsentation von Künstlern aus Deutschland, Frankreich und der Schweiz bei der Ausstellung „Selest'Art '89",

☐ europäisches Treffen der Jugend-Musikschulen aus 23 Ländern in Strasbourg: Das Internationale Jugendorchester Deutschland/Frankreich/Schweiz nimmt in zwei Formationen an dieser Begegnung teil und konzertiert anschließend in den drei Ländern,

☐ regelmäßiges Musikschultreffen der drei Regionen Südbaden, Basel und Elsaß,

☐ Beteiligung schweizerischer und deutscher Partner sowie des Goethe-Instituts Colmar an der 6. Buchmesse in St. Louis,

☐ Newcomer-Jazz-Wettbewerb der Jazz- und Rockschule Freiburg mit Einladung der Regio-Partner,

☐ Internationales Liedermacher-Treffen auf der Küssaburg, Kreis Waldshut und

☐ Ausdehnung des Baden-Württembergischen Landespreises für Volkstheater-Stücke auf den alemannischen Sprachraum (Schweiz und Elsaß).

c) Kulturkongreß Oberrhein

Im Zuge der dreiseitigen Kongresse zur grenzüberschreitenden Zusammenarbeit im Oberrheingebiet fand im November 1989 in Colmar ein Kulturkongreß statt.

Dabei wurden die Ergebnisse dreier Expertengruppen vorgetragen und mit Multiplikatoren des Kulturlebens im Oberrheingebiet diskutiert. Die Arbeit der Expertengruppen konzentrierte sich auf folgende Themen:

☐ kultureller Wandel im Oberrheingebiet,

☐ wissenschaftliche, technische und Industriekultur und

☐ Kultur und moderne Kommunikationssysteme.

Ziel des Kongresses war, für das Oberrheingebiet auf der Grundlage seines kulturellen Erbes und mit Hilfe moderner Kommunikations- und Ausdrucksformen ein Konzept für die Entwicklung eines einheitlichen europäischen Kulturraums zu entwikkeln.

A 4.2 **Internationale kulturelle Zusammenarbeit in Westeuropa**

Die internationale Zusammenarbeit im Kunstbereich hat in den vergangenen Jahren ständig zugenommen. Dabei ist historisch einleuchtend, daß für Baden-Württemberg nach dem Zweiten Weltkrieg zunächst einmal das westeuropäische Ausland einen besonderen Schwerpunkt darstellte. Auch der folgende Abschnitt erhebt natürlich keinen Anspruch auf die Vollständigkeit der Darstellung, sondern nennt nur Exemplarisches. So sind z. B. die recht zahlreichen Initiativen von musikalischen Ensembles einzelner Universitäten (Chöre, Orchester) nicht aufgeführt, die im Rahmen von formellen Partnerschaftsbeziehungen in allen Teilen der Welt immer wieder mit Konzerten gastieren.

A 4.2.1 Frankreich:

Besonders intensive kulturelle Beziehungen bestehen nach dem Elysée-Vertrag und dem Beginn der deutsch-französischen Freundschaft zum Nachbarland Frankreich:

a) Bildende Kunst

Im Bereich der Bildenden Kunst hat die Staatliche Kunsthalle Baden-Baden bereits im Jahr 1982/83 mit dem Musée d'Art Moderne im Centre Georges Pompidou, Paris, die Retrospektiv-Ausstellung „Yves Tanguy" erarbeitet.

b) Theater

Im Bereich der Darstellenden Kunst sind vor allem die Kooperationen des Badischen Staatstheaters zu nennen (vgl. auch A 4.1.1). Neben seinen intensiven Kontakten zur Opéra du Rhin in Strasbourg hat dieses Theater 1988 ein Kooperationsvertrag mit der Opéra de Nancy abgeschlossen. Sie arbeitet auch mit dem Festival d'Avignon zusammen und hat im vergangenen Jahr als Koproduktion mit diesem Festival und dem Radio France die Uraufführung der Oper „Micromégas" von Paul Méfano herausgebracht.

Ebenfalls 1988 wurde als Koproduktion mit den Schwetzinger Festspielen und dem Théâtre National Opéra de Paris die Oper „Tarare" von Antonio Salerie aufgeführt.

Bei den Europäischen Kulturtagen 1989 in Karlsruhe, die unter dem Motto „Französische Revolution" standen, gastierten das Théâtre de Lyon, das Ballett der Opéra de Nantes, das Théâtre des Arts de Cergy-Pontoise, das Ensemble „Les Arts Florissants", Paris, und die Maison de la Culture, Saint-Etienne.

Bereits 1987 hatten die Württembergischen Staatstheater bei dem internationalen Festival „Theater der Welt" die Compagnie Jérôme Deschamps zu Gast.

Im Juni 1989 gastierte das Ballett der Württembergischen Staatstheater Stuttgart in Paris, nachdem es bereits im Oktober 1988 erfolgreich in Lyon zu Gast gewesen war.

c) Musik

Zahlreiche Kontakte unterhalten auch baden-württembergische Musikensembles zu Frankreich. So gastierten 1988 das Markusvocalensemble in Paris, 1989 der Kammerchor Stuttgart beim Sarrebourg-Festival und beim Saint Etienne-Festival. Ende 1989 konzertiert das Württembergische Kammerorchester Heilbronn mit einer Tournee durch Frankreich in Lyon, Dijon, Paris, Toulouse, Reims, Le Havre und Lille; die Gächinger Kantorei wird Ende des Jahres mit dem Stuttgarter Kammerorchester in Lyon und Strasbourg zwei Mal das Weihnachstoratorium von J. S. Bach aufführen. Für 1990 sind bereits sechs Konzerte der Stuttgarter Philharmoniker u. a. in Paris und Brest und eine Aufführung der Matthäus-Passion von J. S. Bach durch die Gächinger Kantorei in Paris vorgesehen.

In der Schulmusik bestehen im Rahmen der etwa 650 Schulpartnerschaften sehr vielfältige Beziehungen zu Schulmusikern an öffentlichen, kirchlichen und privaten Schulen in Frankreich. Sie werden künftig durch die Einbeziehung der Landesakademie Ochsenhausen (vgl. Kap. 2, B 3.4) noch vertieft werden, wenn dort ein besonderer Schwerpunkt auf den deutsch-französischen Jugendaustausch gelegt wird.

Jumelage Musical: 1.000 Schüler aus Frankreich musizieren mit 2.000 Schülern aus Baden-Württemberg im Karlsruher Kongreßzentrum; Bild: MKS

A 4.2.2 Großbritannien:

Ergiebige kulturelle Beziehungen zu Großbritannien bestehen besonders im Bereich der bildenden Kunst/Museen. Seit 1986 hat die Staatsgalerie Stuttgart Ausstellungen veranstaltet, die sie aus Großbritannien übernommen hat, und zwar 1986 die Ausstellung „Deutsche Kunst im 20. Jahrhundert" und 1987 „Englische Kunst des 20. Jahrhunderts" von der Royal Academy London und 1988 die Ausstellung „Fernand Léger" von der Whitechapel Art Gallery in London.

Im Bereich der darstellenden Kunst gastierte das Ensemble „The Wallace Collection" im Rahmen der Europäischen Kulturtage 1988 in Karlsruhe, ein Jahr zuvor war das Tanztheater „Physical Theatre DV 8" aus London beim Badischen Staatstheater zu Gast. – Beim internationalen Festival „Theater der Welt" gastierte 1987 die „Michael Clark & Company"-Gruppe bei den Staatstheatern Stuttgart.

Im Bereich der professionellen Musik gastierte im November 1988 der Monteverdi Choir London unter seinem Dirigenten John Eliot Gardiner im Rahmen seiner Jubiläumstournee bei den Ludwigsburger Schloßfestspielen, bei denen ein Jahr zuvor das Royal Philharmonie Orchestra London zu Gast war. Der Monteverdi Choir war zusamen mit den Englischen Barocksolisten in Stuttgart bereits im Rahmen des Europäischen Musikfestes zu hören. Für 1991 bereiten die Stuttgarter Philharmoniker fünf Gastkonzerte in Großbritannien vor.

Im Rahmen von Städte- und Schulpartnerschaften oder durch eigene Initiatven der Lehrer kommt es jährlich etwa zu 25 Konzert- und Begegnungsfahrten von Schulmusikgruppen, die vor allem durch die guten Sprachkenntnisse der Schüler begünstigt werden. Das Land hat 1989 z. B. Konzertreisen von Schulorchestern nach Darfield/Insel Jersey, Walton on Thames/London, Chepstow/Wales, Huddersfield/Yorkshire, Up Holland/Manchester, Glenrothes/Schottland bei den Fahrtkosten unterstützt.

Sein Auftritt beim Europäischen Musikfest Stuttgart 1988 war ein großer Erfolg: Dirigent J. E. Gardiner, hier mit Sylvia McNair; copyright: Andreas Weise, Stuttgart

A 4.2.3 Schweiz:

Von Natur aus zahlreich sind die kulturellen Kontakte zur Schweiz. Aus allen Bereichen der professionellen Kunst sollen hier beispielsweise nur folgende Projekte erwähnt werden, die vom Land gefördert wurden:

Im Bereich der bildenden Kunst hat die Staatsgalerie Stuttgart in Zusammenarbeit mit der Sammlung Thyssen-Bornemisza Ende 1988/Anfang 1989 eine Auswahl bedeutender Kunstwerke dieser Privatsammlung mit großem Erfolg einem interessierten Publikum in Stuttgart gezeigt.

Das Ballett der Württembergischen Staatstheater Stuttgart gastierte im Rahmen einer Tournee im Oktober 1988 in Lausanne.

Im Bereich der Musik gab das Württembergische Kammerorchester Heilbronn im Juli 1989 ein Konzert in Meiringen und hat für 1990 zwei Konzerte im Engadin und je ein Konzert in Ascona und in Zürich geplant.

A 4.2.4 Österreich:

Kulturelle Beziehungen zu Österreich gibt es auf dem Feld der darstellenden Kunst und der Musik.

Im Bereich des Theaters waren die Württembergischen Staatstheater im Mai 1988 bei den Wiener Festwochen mit einem Operngastspiel zu Gast. Für Februar 1990 ist ein Ballettgastspiel in Wien geplant. Aus Wien gastierten das Theater „Der Kreis" bei den Europäischen Kulturtagen 1988 in Karlsruhe und das Artis-Quartett bei den Ludwigsburger Schloßfestspielen 1989.

Im Bereich der Musik konzertierten das Württembergische Kammerorchester Heilbronn im Juni 1988 in Villach, während die Gächinger Kantorei mit dem Mozarteum-Orchester drei Konzerte im Rahmen der Salzburger Festspiele gab. Für 1990 plant die Gächinger Kontorei zwei Konzerte bei der Mozartwoche in Salzburg und ein weiteres Konzert bei den Salzburger Festspielen. Die Stuttgarter Philharmoniker werden 1990 in Salzburg, Wels und Wien gastieren, das Württembergische Kammerorchester Heilbronn in Wien.

A 4.2.5 Italien:

Auch zu Italien bestehen kulturelle Beziehungen, und zwar im Bereich der darstellenden Kunst und der Musik.

Bei dem internationalen Theaterfestival „Theater der Welt" traten 1987 in Stuttgart die italienische Compagnia del Collettiro aus Parma, die Compagnia di Canto Popolare aus Neapel und die Tanzkompanie Sosta Palmizi auf. Das Ballett der Württembergischen Staatstheater gastierte 1987 in Verona und 1988 in Turin.

Einen großen musikalischen Erfolg verzeichnete 1988 die Gächinger Kantorei zusammen mit dem Prager Philharmonischen Chor und dem Radio-Sinfonie-Orchester Stuttgart in Parma und Perugia mit Aufführungen der „Messa a Rossini" von G. Verdi. Ebenfalls sehr erfolgreich gastierten im Mai 1989 das Württembergische Kammerorchester Heilbronn mit einem Konzert mit Anne-Sophie Mutter in Rom und der Kammerchor Stuttgart in Bozen und Trient.

Kinder als Notenschlüssel: Beim Jugendchortreff des Badischen Sängerbundes sind seit Jahren auch französische und schweizerische Kinder dabei; Foto: Rolf E. Fülle, Karlsruhe, copyright: Badischer Sängerbund

A 4.2.6 Spanien:

Kulturelle Beziehungen zu Spanien werden sowohl im Bereich der bildenden Kunst/Museen als auch auf dem Gebiet der Musik unterhalten.

Die Städtische Kunsthalle Mannheim zeigte 1989 die Ausstellungen „Von Courbe bis Picasso" und „Von Ravael bis Goia" aus dem Museum Sao Paulo.

Das Orchester der Württembergischen Staatstheater konzertierte im Mai 1989 in Bilbao. Anläßlich des Besuchs des Bundespräsidenten gab die Gächinger Kontorei im April 1989 mit dem Bach-Collegium ein Konzert in Madrid, im Juni 1989 zwei Konzerte beim Festival in Granada. Für 1990 sind vier Konzerte beim Gran Canaria-Festival und mehrere Konzerte in Barcelona geplant.

A 4.2.7 Luxembourg:

Im Bereich des Theaters unterhält das Badische Staatstheater regelmäßig Kontakt zum Théâtre Municipal in Luxembourg. Das letzte Gastspiel mit insgesamt sechs Vorstellungen fand im April 1989 statt. – Das Ballett der Württembergischen Staatstheater gastierte im Oktober 1988 im Rahmen einer Tournee in Luxembourg und hat ein weiteres Gastspiel für 1990 in Aussicht genommen. Die Gächinger Kantorei wird voraussichtlich im Mai 1990 beim Bach-Collegium des Echternacher Festivals mitwirken.

A 4.2.8 Niederlande:

Im Bereich der darstellenden Kunst gastierte das Ensemble „Perspekt Haarlem" im Rahmen der Europäischen Kulturtage 1988 beim Badischen Staatstheater Karlsruhe, das Nederlands Dans Theater war schon mehrfach bei den Württembergischen Staatstheatern zu Gast.

Ebenfalls 1988 gab das Concertgebouw-Orchester Amsterdam ein Konzert bei den Ludwigsburger Schloßfestspielen. Ende 1989 gastierte der Kammerchor Stuttgart in Amsterdam, Den Haag, Enschede, Haarlem, Eindhoven, Den Helder. Für 1990 hat er ein Konzert in Utrecht beim Festival für Alte Musik in Aussicht genommen.

A 4.2.9 Türkei:

Das Linden-Museum hat im Frühjahr 1987 die Ausstellung „EBRU-Türkisches marmorisiertes Papier" sowie im Februar 1989 die Fotoausstellung „SINAN MIMAR – Türkische Architektur" in Zusammenarbeit mit der Deutsch-Türkischen Gesellschaft Stuttgart und dem Türkischen Generalkonsulat Stuttgart gezeigt.

Das Theater der Stadt Istanbul gab bei den Europäischen Kulturtagen 1989 ein Gastspiel am Badischen Staatstheater Karlsruhe. Das Ballett des Badischen Staatstheaters Karlsruhe gastierte im Juli 1989 beim Istanbul-Festival.

A 4.2.10 Weitere internationale kulturelle Beziehzungen in Westeuropa:

Im übrigen sind aus dem Bereich des Theaters folgende internationale Beziehungen zu nennen:

- □ Belgien:
  Die Tanzkompanie Rosas trat im Rahmen des Festivals „Theater der Welt" 1987 in Stuttgart auf. Das Ensemble „Raffineria du Plan K" aus Brüssel gastierte bei den Europäischen Kulturtagen 1988 in Karlsruhe.
- □ Griechenland:
  Das Badische Staatstheater Karlsruhe gastierte 1983 mit Händels Oper „Xerxes" in Athen. Das Ballett der Württembergischen Staatstheater Stuttgart gab im September 1988 ein Gastspiel in Athen.
- □ Portugal:
  Das Staatsorchester der Württembergischen Staatstheater Stuttgart konzertierte im Mai 1989 in Lissabon.
- □ Dänemark:
  Das Ballett der Württembergischen Staatstheater plant für 1990 ein Gastspiel in Kopenhagen.
- □ Finnland:
  Im August 1989 gastierte das Ballett der Württembergischen Staatstheater in Helsinki.

Georg Friedrich Händel, „Xerxes", Aufführung des Badischen Staatstheaters in Athen: Musikalische Leitung: Charles Farncombe, Inszenierung Uwe Wand; copyright: Foto Weiß, Karlsruhe

A 4.3 **Kulturelle Zusammenarbeit mit osteuropäischen Ländern**

Zur Präsentation zeitgenössischer bildender Kunst aus Osteuropa in Baden-Württemberg vgl. Abschnitt A 3.5.1, Buchstabe b).

A 4.3.1 Sowjetunion

Mit Künstlern, Ensembles, Museen und anderen Kunstinstitutionen besteht seit mehreren Jahren ein reger Austausch, der sich in einzelnen Sparten bereits zu einer langjährigen Kooperation entwickelt hat. Ergänzend sei hier auf Veranstaltungen der Deutsch-sowjetischen Gesellschaft in Stuttgart und Tübingen hingewiesen: „Das Bild der russischen Frau in der sowjetischen Gesellschaft", „Georgische Filmtage" und ein mehrtägiges Symposium über Perestroika (mit internationaler Besetzung, Ende Oktober 1989).

a) Ausstellungen

Das Ausstellungswesen kann ebenfalls auf einen besonders intensiven künstlerischen Austausch mit der Sowjetunion hinweisen:

- ☐ Ende 1981 fand in der Staatlichen Kunsthalle Baden-Baden die Ausstellung „Russische Malerei der ersten Hälfte des 19. Jh." statt, bestehend aus 180 ausgezeichneten Werken (Malerei, Aquarelle, Zeichnungen) aus dem Russischen Museum Leningrad sowie einigen anderen Sammlungen. Die Ausstellung stand im Zusammenhang mit der Ende der 70er Jahre ebenfalls in der Staatlichen Kunsthalle Baden-Baden gezeigten Ausstellung „Russische Maler in der zweiten Hälfte des 19. Jh."
- ☐ Anfang 1983 wurde in der Staatlichen Kunsthalle Baden-Baden die Ausstelluung „Alexander Rodtschenko und Warwara Stepanowa" gezeigt. Sie umfaßte rd. 410 Arbeiten und war in Zusammenarbeit mit dem Ministerium für Kultur der UdSSR gemeinsam mit dem Wilhelm-Lehmbruck-Museum in Duisburg vorbereitet worden. Die meisten Exponate stammten aus dem Rodtschenko-Archiv der Familie des Künstlers in Moskau, ergänzt durch wichtige Leihgaben der Tretjakow-Galerie, Moskau, des Russischen Museums, Leningrad, und des Radischtschew-Kunstmuseums, Saratwo.
- ☐ Im Frühjahr 1983 veranstaltete die Staatliche Kunsthalle Baden-Baden eine Ausstellung „Alexej Jawlensky (1864–1941)". Diese Ausstellung wurde gemeinsam mit der Städt. Galerie im Lembachhaus in München realisiert.
- ☐ Im Frühsommer 1984 wurde in der Städtischen Galerie der Stadt Esslingen, der Villa Merkel, die „Sammlung Semjonow – Russische Kunst des 20. Jahrhunderts" gezeigt (vgl. A 3.5.1).
- ☐ Im März/April 1985 hat die Staatsgalerie Stuttgart eine Ausstellung „Russische und sowjetische Kunst – Tradition und Gegenwart" veranstaltet. Der Ausstellung mit rd. 300 Exponaten aus dem 15. Jh. bis zur Gegenwart ging die in Moskau gezeigte Ausstellung „Mensch und Landschaft in der zeitgenössischen Malerei und Grafik der Bundesrepublik Deutschland" voraus.
- ☐ In Moskau selbst zeigten im Frühjahr 1988 der Mannheimer Kunstfotograf Hauser und im Frühsommer 1989 Professor H. Hajek ausgewählte Werke in vielbeachteten Ausstellungen.
- ☐ Hinzuweisen ist auch auf kommunale Aktivitäten insbesondere in Mannheim, wo regelmäßig sowjetische Kulturtage stattfinden. Das städtische Reiß-Museum zeigte im Frühjahr 1989 die aus der UdSSR übernommene Ausstellung „Schätze aus dem Kuban-Gebiet".

b) Theater/Ballett

Seit Anfang der 80er Jahre fanden zwischen großen Theatern der Sowjetunion und Theatern in Baden-Württemberg einige herausragende Gastspiele statt. Chronologisch waren dies:

- ☐ 1981: Gastspiel des Maxim-Gorki-Theaters aus Minsk im Rahmen des Theater-Sommers bei den Württembergischen Staatstheatern,
- ☐ Mai 1983: Gastspiel des Bolschoi-Balletts bei den Württembergischen Staatstheatern,
- ☐ März 1985: Gastspiel des Balletts der Württembergischen Staatstheater in Moskau und Leningrad,
- ☐ Mai 1985: Gastspiel des Bolschoi-Theaters mit der Oper „Boris Godunow" an der Stuttgarter Staatsoper.
- ☐ Im Rahmen des Internationalen Theater-Festivals „Theater der Welt" 1987 gab es in Stuttgart ein Gastspiel des Theaters an der Taganka und des Moskauer Studiotheaters Tabakow.
- ☐ Im September 1989 gastierte die Staatsoper Stuttgart in der Sowjetunion (Moskau, Leningrad) im Rahmen des Festivals „Musik der Bundesrepublik Deutschland heute".
- ☐ Das Badische Staatstheater Karlsruhe führt 1990 das Opernfragment „Salammbo" von Modest Mussorgskij in der Sowjetunion auf.

Mit dem Theaterverband der russischen Zentralrepublik wird z. Zt. über einen Gastspielaustausch verschiedener Bühnen aus Baden-Württemberg und der RSFSR in den Jahren 1990/91 verhandelt. Im Bereich des Amateurtheaters besteht eine zunehmende Zahl von Kontakten. 1988 nahmen z. B. verschiedene Amateurtheatergruppen an einem Festival in der Sowjetrepublik Tadschikistan teil.

Links: Anne-Sophie Mutter, rechts: Richard Cragun, bei der UdSSR-Tournee des Stuttgarter Balletts 1985; Bild: Württembergische Staatstheater

c) Musik/Konzerte

Gastspiele und Kontakte im Musikbereich erfreuen sich einer Intensivierung. Nach Konzerten der Internationalen Bachakademie in Moskau (1985) und einem Gastspiel der Leningrader Symphoniker (1988) in Freiburg fand Ende 1988 in Moskau die „Erste Bachakademie Moskau" statt (J. S. Bach, Weihnachtsoratorium). Fortsetzung und Ausbau dieser Kontakte werden von der Internationalen Bachakademie angestrebt.

In diesem Zusammenhang ist auf die schon seit Jahren immer wieder stattfindenden Jazz-Konzerte hinzuweisen, bei denen Berufsmusiker aus Baden-Württemberg mit finanzieller Unterstützung der Landesgirokasse Stuttgart in der UdSSR gastieren.

Außerdem geben von Zeit zu Zeit Laienmusikgruppen in der UdSSR unter Förderung des Ministeriums für Kultus und Sport einzelne Konzerte.

d) Literatur

In der Württembergischen Landesbibliothek Stuttgart wurde Anfang 1983 die Ausstellung „Fjodor M. Dostojewskij 1821–1881 - Leben und Werk" gezeigt. Sie vermittelte einen Einblick in die verschiedenen Perioden im Leben und Werk des Dichters und gab einen Überblick über die Rezeption seiner Werke.

e) Film

Im Frühjahr 1987 konnte zum 1. Mal der Trickfilm der Bundesrepublik in Moskau gezeigt werden. Sowjetische Trickfilmtage hat daraufhin das Institut für Auslandsbeziehungen 1989 in Stuttgart veranstaltet.

Das Trickfilmfestival 1988 in Stuttgart wurde von einem großen Kontingent russischer Trickfilme erfolgreich beschickt. Im Rahmen des Festivals fand eine Ausstellung von Filmzeichnungen von Sergeji Eisenstein statt.

Im Juni 1989 wurden die Sowjetischen Filmtage, die im Rahmen des deutsch-sowjetischen Kulturabkommens von der Bundesrepublik und der Sowjetunion im Zweijahresrhythmus als gegenseitige Gastspiele veranstaltet werden, in Stuttgart eröffnet.

A 4.3.2 Tschechoslowakei

Bei der darstellenden Kunst gab das Nationaltheater Prag im Rahmen der Europäischen Kulturtage in Karlsruhe 1988 ein Gastspiel am Badischen Staatstheater.

Auf dem Gebiet der Musik wurde 1987 die erste Internationale Bachakademie in Prag durchgeführt. Die Musikhochschule Stuttgart bereitet einen Austausch mit der Musikhochschule in Bratislava vor. - Ein Austausch findet auch im Bereich der Laienmusik statt; insbesondere erfreut sich der „Prager Winter" großer Beliebtheit bei baden-württembergischen Laien-Musikgruppen.

Im Ausstellungssektor unterhält das Badische Landesmuseum Karlsruhe Kontakte zu tschechischen Glaskünstlern und Museen. Es hat bereits 1974 in Zusammenarbeit mit dem Art Centrum und dem Kunstgewerbemuseum Prag die Ausstellung „Böhmisches Glas der Gegenwart" vorbereitet. 1987 hat der in der Tschechoslowakei lebende Künstler Oldrîch Plîva in Karlsruhe einige seiner Werke ausgestellt. Eine förmliche Kooperationsvereinbarung über gegenseitigen Erfahrungsaustausch, Leihverkehr und Beratung in Restaurierungsfragen und beim Medieneinsatz hat das Landesmuseum für Technik und Arbeit in Mannheim mit dem Nationalen Technikmuseum in Prag abgeschlossen.

Hier muß auch das Hus-Haus in Konstanz erwähnt werden, wo die Regierung der Tschechoslowakei kunstgewerbliche Ausstellungen präsentiert.

A 4.3.3 Polen

Bei den Theatern finden zwischen der Staatsoper Warschau und dem Badischen Staatstheater Karlsruhe regelmäßig kulturelle Kontakte statt. So gab das Ballett des Badischen Staatstheaters im Mai/Juni 1987 ein Gastspiel in Warschau und Lodz. Im Gegenzug gastierte die Akademia Ruchu, Warschau, anläßlich der Europäischen Kulturtage 1988 am Badischen Staatstheater Karlsruhe. Das Ballett der Württembergischen Staatstheater trat anläßlich der Deutschen Kulturwoche im Oktober 1988 in Warschau auf. Im Februar 1990 führt das Badische Staatstheater das Opernfragment „Salammbo" von Modest Mussorgskij in Warschau auf.

Im Bereich der Musik fand im September/Oktober 1986 die erste Internationale Bachakademie in Krakau statt. Eine zweite soll 1990 veranstaltet werden. Im Februar 1989 gastierte im Rahmen des 5. Internationalen Festivals der Knabenchöre der Stuttgarter Hymnus-Chor in Polen. Die Polnische Kammer-Philharmonie trat im Juli 1989 bei den Ludwigsburger Schloßfestspielen auf.

Am Eurotreff Musik nehmen jährlich etwa 5 polnische Gruppen teil.

Reges Interesse besteht bei polnischen Schulen an musikalischen Begegnungen mit Schulen aus Baden-Württemberg. Im September 1989 kam das Orchester des Chopin-Gymnasiums Krakau für eine Woche nach Ochsenhausen, um mit dem Orchester des Königin-Katharina-Stifts Stuttgart eine gemeinsame Arbeitsphase durchzuführen und anschließend gemeinsam in der Öffentlichkeit zu musizieren.

Im Herbst 1989 wurde zum 1. Mal eine Polnische Filmwoche in Stuttgart durchgeführt.

A 4.3.4 Jugoslawien

Das Ensemble „The Open Stage Obala Sarajewo" trat im Rahmen der Europäischen Kulturtage 1988 am Badischen Staatstheater Karlsruhe auf. Im Mai 1989 gastierte der Württembergische Kammerchor Stuttgart mit fünf Konzerten in Lopud.

Das Theodor-Heuss-Gymnasium Esslingen unterhält seit vielen Jahren musikalische Kontakte mit der Stadt Velenje und tauscht mit dortigen Schulen regelmäßig seinen Schulchor aus.

Plakat zur Ausstellung des Esslinger Kunstvereins in Warschau; Bild: Kunstverein Esslingen

A 4.3.5 Ungarn

Das Jósef-Katona-Theater, Budapest, gastierte im Rahmen des Internationalen Theater-Festivals 1987 zum ersten Mal in Stuttgart und in der gesamten Bundesrepublik. Bei den Europäischen Kulturtagen 1987 gab das Ensemble des Szigligeti-Theater, Szolnok, ein Gastspiel am Badischen Staatstheater Karlsruhe. Im Juni 1989 gastierte das Budapester Katona-Theater erneut in Baden-Württemberg, und zwar im Rahmen der Ludwigsburger Festspiele.

Im September 1989 fand in Budapest eine Bach-Akademie mit Dozenten, Chor- und Orchestermitgliedern der Internationalen Bach-Akademie Stuttgart statt.

1988 waren baden-württembergische Schulmusiker 2 Mal nach Ungarn gereist, um direkte Austauschmaßnahmen zu entwickeln. 1989 wurde eine Musikpartnerschaft zwischen dem Kodaly-Gymnasium Keczkemet und dem Wildermuth-Gymnasium (Gymnasium mit Musikzug) Tübingen vereinbart. Referendare und Musiklehrer des Landes besuchen musikalische Ferien-Fortbildungskurse in Ungarn.

Ein reger Austausch besteht bei der Laienmusik. Aus Baden-Württemberg nehmen jährlich mehrere Gruppen an internationalen Treffen in Ungarn teil. Verstärkt haben sich in den letzten Jahren auch die Gegenbesuche.

Auf folgende kommunale Aktivitäten ist hinzuweisen:

- Im September/Oktober 1989 veranstaltete die Stadt Mannheim Ungarische Kulturtage (zusammen mit Wirtschaftsveranstaltungen).
- Organisatorisch, konzeptionell und finanziell beteiligt sich die Stadt Fellbach am Entstehen des „Nicolaus-Lenau-Hauses“ in Fünfkirchen/Pecs; das Land unterstützt die Stadt Fellbach dabei mit 50 TDM. Dieses 1,5 Mio. DM-Projekt, das zur Hälfte vom Bund und von Mittlerorganisationen finanziert wird, ist ein zentrales Kulturinstitut für Ungarndeutsche. Es arbeitet eng mit dem Goethe-Institut in Budapest zusammen.

Ministerpräsident Dr. h. c. Lothar Späth bei der Eröffnung der Ausstellung „Ungarische Malerei“ 1986 in der Städtischen Galerie Esslingen; Bild: Galerie Esslingen, Villa Merkel

A 4.4 **Internationale Zusammenarbeit mit Ländern und Regionen des amerikanischen Kontinents**

A 4.4.1 Ontario/Canada:

Im Juli 1989 hat die Regierung der Provinz Ontario/Canada in Stuttgart ein eigenes Büro eröffnet, dem auch die Pflege der gemeinsamen kulturellen Beziehungen als Aufgabe übertragen wurde. Der Eröffnung dieses Büros ging u. a. ein Gastspiel des Canadischen Nationalballetts bei den Ludwigsburger Festspielen voraus.

Im Juni 1985 hatte das Nationalballett von Canada bereits ein Gastspiel an den Württembergischen Staatstheatern gegeben. Das Ballett der Württembergischen Staatstheater gastierte im Rahmen einer Amerikatournee, die im Mai/Juni 1986 stattfand, auch in Canada.

Im März 1989 wurde die Matthäus-Passion unter Leitung von Helmuth Rilling mit dem Toronto-Mendelssohn-Choir, dem Toronto-Children-Chorus und dem Toronto-Symphonie Orchestra in der Royal Thompson Hall aufgeführt. Außerdem wurde 1989 ein Gesangverein des Badischen Sängerbunds bei einer Konzertreise durch die Provinz Ontario gefördert (Laienmusikgruppe).

A 4.4.2 USA

Das Ballett der Württembergischen Staatstheater gastierte schon mehrfach in den USA. Die letzte Tournee fand im Mai/Juni 1986 statt.

Im Musikbereich konzertierte das Stuttgarter Kammerorchester während einer Tournee im April 1988 z. B. in Las Vegas, Los Angeles und Davis. Im Februar 1989 konzertierte der Kammerchor Stuttgart in mehreren Städten der USA, z. B. in Louisville, San Franzisco, Seattle, Las Vegas und Washington, D.C. Der Kammerchor des Karlsruher Helmholtz-Gymnasiums bereiste im Mai 1989 auf Einladung amerikanischer Chorverbände mehrere Bundesstaaten der USA.

Im Museumsbereich hat die Staatliche Kunsthalle Baden-Baden 1988 von S. R. Guggenheim in New York die Ausstellung „Josef Albes" übernommen. Im September/Oktober 1989 wurde die Ausstellung „Indianer Wisconsins" im Linden-Museum gezeigt.

Der Württembergische Kunstverein zeigte 1989 die Ausstellung amerikanischer Kunst der späten 80er Jahre „THE BINATIONAL", zusammengestellt vom Institute of Contemporary Art und dem Museum of Fine Arts in Boston.

A 4.4.3 Länder in Mittel- und Südamerika

Das Staatsorchester Stuttgart gab auf seiner Tournee durch Südamerika im Juli 1988 Konzerte in Argentinien und Brasilien. Im Sommer 1989 gastierte das Karlsruher Studio Vocale in São Paulo, Porto Allegre und nahm am „1. Brasil Cantat" teil.

Das Ballett der Staatstheater Stuttgart gastierte im Mai 1988 in Brasilien (Rio de Janeiro, São Paulo, Porto Allegre), Santiago de Chile, Montevideo (Uruguay) und Caracas (Venezuela) und im Frühjahr 1989 in Buenos Aires.

Das Fanny-Leicht-Gymnasium und das G. Daimler-Gymnasium (beide in Stuttgart) haben musikalische Kontakte zu Schulen in Brasilien aufgenommen und erste Konzertreisen mit entsprechenden Gegenbesuchen ausgerichtet. Die Musikhochschule Karlsruhe hat mit der Musikfakultät der Universität Rio de Janeiro eine förmliche Partnerschaft vereinbart und war an dieser Universität und in dieser Stadt bereits mehrmals zu Gastkonzerten eingeladen. Kontakte zu Mexiko und verschiedenen Ländern in Südamerika unterhält das Linden-Museum Stuttgart.

Gastspiel der Musikhochschule Karlsruhe in Brasilien mit G. Puccini, „Gianni Schicchi"; Bild: Staatliche Hochschule für Musik Karlsruhe

A 4.5 **Internationale Zusammenarbeit mit afrikanischen Staaten**

Aus Mitteln, die zur Förderung internationaler Begegnungen zur Verfügung stehen, hat das Ministerium für Wissenschaft und Kunst schon mehrfach kulturelle Projekte im Rahmen der Zusammenarbeit mit dem Senegal (vgl. A 3.2.5) gefördert: eine Ausstellung des Künstlerbunds Baden-Württemberg mit Werken bildender Künstler aus dem Senegal, Gastkonzerte der „Musica Nova" 1986 und 1988 im Senegal und einen workshop und Konzerte mit senegalesischen Musikern in Stuttgart.

Das Landesjugendjazzorchester gastierte bereits zweimal in Afrika. Das Linden-Museum zeigte Ende 1988 die Ausstellung „Raffia-Textilien aus dem Kuba-Reich (Zaire)".

1989 wurden die kulturellen Beziehungen zu afrikanischen Staaten in Baden-Württemberg durch die beiden folgenden Projekte gepflegt:

- ☐ Das Ballett der Württembergischen Staatstheater gastierte im November zum 1. Mal in Kairo.
- ☐ Das Linden-Museum Stuttgart zeigte im Oktober/November die Ausstellung „Marokkanische Keramik".

A 4.6 **Internationale Zusammenarbeit mit Ländern und Regionen Asiens**

A 4.6.1 Israel

Aus Anlaß des 40-jährigen Bestehens des Staates Israel wurde das Ballett der Württembergischen Staatstheater zum Israel-Festival 1987 eingeladen. Im Juni 1989 fanden mehrere Vorstellungen in Jerusalem und Cäsarea statt. – Im Bereich der Amateurtheater finden Austauschmaßnahmen vor allem mit Givatayim statt, einer Partnerstadt des Landkreises Esslingen.

Im April 1989 gastierte das Karlsruher Universitätsorchester in Israel. Im Juni 1990 wird die Gächinger Kantorei zusammen mit dem Israel Philharmonic Orchestra 13 Mal in Israel auftreten.

Jährlich fördert das Land etwa 20 Projekte der Jugendbegegnung, die stets auch kulturelle Themen zum Inhalt haben.

A 4.6.2 Volksrepublik China:

Der Kulturaustausch mit der Volksrepublik China stellt besondere Anforderungen sowohl an die baden-württembergischen als auch an die chinesischen Künstler und Ensembles und ihr jeweiliges Publikum. Die erfolgversprechenden Ansätze sollten später fortgeführt werden.

a) Ballett/Theater/Konzerte

1987 gastierte in Stuttgart das Pekinger Jugendsymphonieorchester.

Durch einige Gastspiele des Balletts der Staatstheater Stuttgart und des Ensembles der Ludwigsburger Festspiele in der Partnerregion Liaoning (Hauptstadt Shengyang), aber auch in den Metropolen Peking und Schanghai wurde im September/Oktober 1988 ein besonderer Akzent („Baden-württembergischer Kulturherbst 1988") in China gesetzt. Als „kulturelle Gegenleistung" gastierte das Volkskundetheater Peking an den Württembergischen Staatstheatern und die Peking-Oper an den Staatstheatern in Stuttgart und Karlsruhe.

b) Ausstellungen

In der Kunsthalle Baden-Baden fand in den ersten Monaten des Jahres 1985 eine Ausstellung zur Malerei der Ming- und Quin-Dynastie „Im Schatten hoher Bäume" statt.

Das Linden-Museum hat im Sommer 1987 die Dian-Ausstellung veranstaltet. Die archäologischen Objekte (in erster Linie Bronzen) wurden dem Linden-Museum vom Provinz-Museum Kumning (Provinz Yünnan) zur Verfügung gestellt.

c) Amateur- und Schülertheater

Als eine Besonderheit innerhalb der Bundesrepublik Deutschland gelten die erfolgreichen Begegnungsveranstaltungen von Amateur- und Schülertheatern mit Partnern in der Provinz Liaoning. 1985 gastierte eine Schülertheatergruppe des Landesverbandes der Amateurtheater in der chinesischen Partnerregion. 1986 besuchte eine Theatergruppe aus Liaoning das Land Baden-Württemberg.

A 4.6.3 Japan

Ein intensiver Kulturaustausch besteht mit Japan. Er erstreckt sich auf mehrere Sparten der professionellen Kunst und den Bereich Amateur- und Schultheater.

a) Theater/Ballett

Seit Jahren besteht ein intensiver Gastspielaustausch des Balletts der Württembergischen Staatstheater mit dem Tokio-Ballett. Im April/Mai 1984 fand eine Japan-Tournee des Balletts statt, und im Oktober 1987 gastierte die Ballett-Companie in den Städten Tokio, Yokohama, Osaka, Hiroshima und Vukuoka.

Am internationalen Theaterfestival „Theater der Welt" nahmen im Juni 1987 in Stuttgart folgende Ensembles und Künstler teil: Die Kompanie von Toga, die Gruppe Garyokai, Kazuo Ohno Miwa Akihairo und Charlotta Ikeda.

b) Konzerte

Im Dezember 1988 gastierten die Stuttgarer Philharmoniker mit insgesamt 16 Konzerten in Japan; im Mai/Juni 1989 war die Südwestdeutsche Philharmonie (Bodensee-Symphonieorchester) Konstanz auf einer Konzerttournee und gab u. a. ein Konzert im Rahmen der „Yokohama Exotic Showcase 1989". Ebenfalls im Mai 1989 war das Stuttgarter Kammerorchester auf einer Konzerttournee durch Japan. Die Internationale Bachakademie führte im April/Mai 1989 die 6. Bach-Akademie in Sendai durch. Mit großem Erfolg gastierten die Ludwigsburger Schloßfestspiele im November/Dezember 1989 drei Wochen lang in verschiedenen japanischen Städten. Auch das Jugendkammerorchester der Stuttgarter Musikschule veranstaltete 1989 eine Konzert- und Begegnungsreise nach Japan.

c) Bildende Kunst

Die Kunsthalle Baden-Baden hat 1984 japanische Pinselzeichnungen und Holzschnittbilder aus dem 16. bis 19. Jahrhundert unter dem Titel „Aus der fließenden – vergänglichen Welt" gezeigt. Ein Jahr später präsentierte das Badische Landesmuseum Karlsruhe die Ausstellung „Neues Glas aus Japan". Das Linden-Museum Stuttgart zeigte im April/Mai 1989 mit großem Erfolg eine Japan-Ausstellung.

Abschlußvorstellung des Stuttgarter Balletts in Tokio bei der Japan-Tournee 1984; Bild: Württembergische Staatstheater

d) Amateur- und Schülertheater

Bereits seit Jahrzehnten bestehen Beziehungen zwischen der Spielberatungsstelle Baden-Württemberg und dem Hochschulinstitut Kanagawa. Auf der Grundlage dieser Beziehungen gastierte 1985 die Theatergruppe „ä und ö“ Stuttgart bei einem Internationalen Festival in Kanagawa. Zeitgleich war das Schülertheater Konstanz auf dem Internationalen Schülerfestival in Toyama. 1987 war als Gegenbesuch eine Theatergruppe aus Kanagawa in Baden-Württemberg. Dieser Besuch wurde beim internationalen Amateur-Theaterfestival in Kanagawa 1989 erwidert. Eine weitere Einladung zur Teilnahme am internationalen Schüler-Theaterfestival in Toyama liegt vor.

A 4.6.4 Korea

Das Ballett des Badischen Staatstheaters Karlsruhe war zu einem Gastspiel im Rahmen des Kulturprogramms der Olympischen Sommerspiele nach Korea eingeladen. Ende September 1988 fanden Vorstellungen in Seoul, Kwangju und Cheju statt. Das Gastspiel galt als Gegeneinladung für die Teilnahme des Theaters aus Kwangju an den Europäischen Kulturtagen in Karlsruhe.

Im Sommer 1988 fand auch eine Konzertreise des Stuttgarter Kammerchors zu den „Olympischen Kunstspielen in Seoul“ statt.

Das Linden-Museum hat im Sommer 1988 die Ausstellung „CHASU – Koreanische Seidenstickerei“ gezeigt. Diese Ausstellung wurde durch eine Foto-Ausstellung über Korea im Hinblick auf die Olympischen Sommerspiele 1988 ergänzt.

Ballett des Badischen Staatstheaters „Danza viva“, Gastspiel in Korea anläßlich der Olympischen Spiele 1988, künstlerische Leitung: Germinal Cassado; Bild: Badisches Staatstheater Karlsruhe

B. Perspektiven

B 1 Weitere Pflege der Kulturtradition des deutschen Sprachraumes in Osteuropa

B 1.1 Donauschwäbisches Zentralmuseum

Zur weiteren Intensivierung der Pflege der Kulturtradition des deutschen Sprachraumes in Südosteuropa will die Landesregierung von Baden-Württemberg dazu beitragen, daß in Kürze ein donauschwäbisches Zentralmuseum errichtet werden kann. Entsprechende Verhandlungen mit den Städten Ulm und Sindelfingen sind aufgenommen worden. Dieses Museum mit Galerie soll deutsches Kulturgut in Südosteuropa entsprechend der Grundsatzkonzeption zur Weiterführung der ostdeutschen Kulturarbeit in Baden-Württemberg überregional vorstellen. Dazu müssen Exponate aus den ehemaligen deutschen Gebieten in Südosteuropa beschafft werden.

B 1.2 Weitere kulturelle Aktivitäten der Donauschwäbischen Kulturstiftung

Zu den künftigen kulturellen Aktivitäten der Donauschwäbischen Kulturstiftung gehören folgende Maßnahmen:

- ☐ dramaturgische, technische und künstlerische Beratung der deutschen Bühne Szekszard, Förderung von Produktionen, technische Ausstattung und Künstleraustausch und
- ☐ wechselseitige Musikworkshops für etwa 30 jugendliche Teilnehmer je eine Woche in Bietigheim-Bissingen und Szekszard.

B 2 Verstärkung der kulturellen Beziehungen zur Deutschen Demokratischen Republik

Das Land strebt eine Intensivierung des Austauschs von Gastspielen der Berufstheater mit der DDR an. Nach den bisher getroffenen Absprachen zur Kostenverteilung bei nichtkommerziellen Veranstaltungen trägt die entsendende Seite die Kosten für die Personenbeförderung zum ersten und vom letzten Aufenthaltsort im Empfangsstaat und die empfangende Seite die im Aufenthaltsprogramm vorgesehenen Reisekosten, die Aufenthaltskosten und die Kosten für die Benutzung von Einrichtungen. Für Projekte in der Bundesrepublik trägt der Bund die Beförderungs- und Aufenthaltskosten und evtl. Barstipendien. Die Länder tragen im wesentlichen nur die Unterhaltskosten und die indirekten Kosten (z. B. regionale Werbung, Katalogkosten, Planungskosten). Auch im Amateurbereich werden zur Zeit Verhandlungen mit diesem Ziel geführt.

Die Museen bemühen sich bereits um eine Verstärkung ihrer Beziehungen zu gleichartigen Einrichtungen in der Deutschen Demokratischen Republik (vgl. A 2.4).

Die Stadt Sindelfingen plant in Zusammenarbeit mit der Staatlichen Akademie der bildenden Künste Stuttgart für 1990 die Ausstellung „Akademiebegegnung Dresden-Stuttgart". Partner in der DDR ist die Hochschule für bildende Künste in Dresden, die ihr 225-jähriges Bestehen feiert und als die bedeutendste Kunstakademie der DDR angesehen werden muß. In einer groß angelegten Ausstellung sollen in Sindelfingen die Werke der Lehrer der freien Kunstausbildung beider Akademien gegenübergestellt werden. Eine derartige Begegnung der freien Künste aus der DDR und der Bundesrepublik ist bisher einmalig und wird auch überregional auf großes Interesse beim Publikum stoßen.

B 3 Internationale Aktivitäten in den einzelnen Kunstsparten

B 3.1 **Gastspielaustausch im Theaterbereich**

Während es im professionellen Bereich bereits eine - wenn auch noch zu geringe - Möglichkeit gibt, daß Bühnen mit finanzieller Unterstützung des Landes im Ausland gastieren, gibt es umgekehrt noch keine Möglichkeit für Gastspiele ausländischer Theater, vor allem aus dem Ostblock, die von den Theatern in Baden-Württemberg besonders gewünscht wären. Die meisten dieser Theater sind freie Gruppen und erhalten deshalb keine öffentlichen Zuschüsse. Die zur Einladung bereiten baden-württembergischen Theater können jedoch ihrerseits die erforderlichen Mittel nicht aufbringen. Aus diesem Grund gestalten sich die Kontakte zwischen den Theatern des In- und Auslandes im Augenblick sehr einseitig. Die Theater in Baden-Württemberg sind jedoch sehr daran interessiert, die Arbeit der ausländischen Theater dem hiesigen Publikum näherzubringen; sie versprechen sich durch den Austausch auch eine wesentliche Bereicherung ihrer eigenen Arbeit. Bisher konnten Gastspiele ausländischer Ensembles in Baden-Württemberg aber nicht gefördert werden. Es wird auch zukünftig nicht daran gedacht, professionelle Tourneen ausländischer Ensembles zu fördern. Vielmehr sollte als Zuschußnehmer das baden-württembergische Theater auftreten, das die Kontakte hergestellt hat und bereit ist, mit einem Ensemble zu kooperieren.

Es sollte die Möglichkeit geschaffen werden, daß baden-württembergische Bühnen, die eine Partnerschaft mit ausländischen Bühnen unterhalten oder anstreben, dafür im Bedarfsfall besondere Zuschußmittel erhalten können.

B 3.2 **Internationale Beziehungen in der Musik**

Ein lebendiges Musikleben ist ohne internationale Begegnungen nicht denkbar; es bedarf der Anregungen ausländischer Musikkulturen und muß auch seine Leistungen im Ausland vorstellen und sich selbst an internationalen Maßstäben messen können. Bei prominenten Künstlern und internationalen Spitzenensembles haben sich internationale Kontakte seit langem eingespielt. Allerdings reicht das noch nicht aus, damit im Ausland ein Bild von der Mannigfaltigkeit der hiesigen Musiklandschaft entsteht oder gar ständige Auslandsbeziehungen wachsen.

Der Förderung bedürfen folgende Bereiche:

B 3.2.1 Stärkung der musikalischen Beziehungen zu den Partnerregionen

Die musikalischen Beziehungen zwischen Baden-Württemberg und den Partnerregionen stehen noch am Anfang. Die Ursache liegt in den unterschiedlichen kulturellen Strukturen. Vor allem in Ländern mit zentralistischer Tradition liegen die kulturellen Zentren nicht unbedingt in den Partnerregionen.

Das Land stellt in Einzelfällen bereits jetzt Mittel bereit, um die fachlichen und künstlerischen Beziehungen zwischen professionellen Musikern, Komponisten, Musikwissenschaftlern und Ensembles in Baden-Württemberg und den Partnerregionen zu entwickeln. Konkrete Vorhaben sind jetzt schon z. B. die Hochschulpartnerschaft der Musikhochschule Trossingen mit Lyon (Region Rhône-Alpes) und ein Austausch von Ensembles (Streicher, Gitarristen, Schlagzeuger) zwischen baden-württembergischen Musikhochschulen einerseits und Einrichtungen in Barcelona und Lerida (Region Katalonien) andererseits.

Die bisher gefundenen Ansätze sind zu stärken. Der Gedanke der Partnerschaft legt nahe, nicht nur einzelne Gastspiele zu fördern, sondern zu Projekten zu ermutigen, die in eine auf Dauer angelegte Kooperation einmünden. So wäre z. B. an gemeinschaftliche Projekte verschiedener Ensembles und Künstler (Chor/Orchester/Dirigent/Solist), Gesprächskonzerte mit jeweils muttersprachlichen Kommentatoren, musikwissenschaftliche und musikpolitische Symposien mit gemeinsam interessierenden Fragestellungen, wechselseitige Kompositionsaufträge und die Uraufführung der zustandegekommenen Werke zu denken.

Internationaler Sommerkurs 1988 der Musikalischen Jugend Deutschlands (Jeunesses Musicales) im Schloß Weikersheim; copyright: Robert Schuler, Weikersheim

B 3.2.2 Interregionales Projekt der Musikhochschulen:

Im Anschluß an das Projekt „4 Motoren für Europa“ (vgl. B 4.3) bietet sich nahezu von selbst an, daß die Musikhochschulen des Landes und der anderen Regionen ein gemeinsames Orchesterprojekt ins Leben rufen. Das Orchester sollte sich aus Studierenden aller beteiligten Hochschulen zusammensetzen. Geht man von einer durchschnittlichen Besetzungsgröße von etwa 100 Spielern aus, so bedeutet das für kein Institut eine unzumutbare Belastung. Vielmehr könnten sie besonders qualifizierte Studierende zur Mitwirkung in diesem Orchester einladen, was als Auszeichnung zu verstehen wäre. Die Besetzung des Orchesters könnte auch jährlich wechseln.

Das Orchester sollte jährlich zu einer Arbeitswoche zusammengeführt werden. In Baden-Württemberg bietet sich dafür die Landesakademie Ochsenhausen (vgl. Kap. 2, B 3.4) an. Ähnliche Möglichkeiten wurden auch von anderen Regionen bereits genannt.

Nach den jeweiligen Arbeitswochen könnten Konzerte in den vier Regionen stattfinden, wobei Ort und Zeit in Zusammenhang mit anderen gemeinsamen Aktivitäten festgelegt werden sollten (z. B. Messen, Kongresse und Ausstellungen).

Für das Programm, das von diesem Orchester aufgeführt wird, sollten einige Akzente gesetzt werden, nämlich:

- ☐ Kompositionsaufträge an Komponisten aus den vier Regionen,
- ☐ Aufführungen von Werken von Komponisten, die „Opfer der Gewalt“ wurden (Fortsetzung früherer Aktivitäten der Musikhochschule Stuttgart) als Beitrag zur musikalischen Vergangenheitsbewältigung,
- ☐ Auswahl von Werken, die die musikalischen Verbindungen und gegenseitigen Beeinflussungen der betreffenden Länder (bzw. Regionen) darstellen, und
- ☐ Vermeidung des ausschließlich konventionellen Programmangebots.

Als Dirigenten für das Orchester sollten junge, am Anfang ihrer Laufbahn stehende Musiker ebenso wie bereits bekannte, auch international erfahrene Dirigenten aus den vier Regionen verpflichtet werden.

Auch die Solisten sollten aus allen vier Regionen gewonnen werden, wobei Preisträger internationaler Wettbewerbe bevorzugt werden könnten. Denkbar wäre auch, Stipendiaten zu nehmen, die z. B. an der Akademie Schloß Solitude ein Atelier bewohnen.

B 3.2.3 Internationale jugendmusikalische Begegnungen

1985 wurden für den internationalen jugendmusikalischen Austausch durch das „Jahr der Jugend“ und das „Europäische Jahr der Musik“ zwei starke, zukunftweisende Impulse gesetzt. Diese Entwicklung wird durch die entstehenden Regionalpartnerschaften verstärkt, die naturgemäß eine europaorientierte Jugend ansprechen. Obwohl im Landesjugendplan die für den internationalen jugendmusikalischen Austausch zur Verfügung stehenden Mittel in letzter Zeit stetig angehoben worden sind, müssen die Anstrengungen erheblich erweitert werden, damit die Jugendmusik so in den internationalen Austausch eingebunden werden kann, wie es ihrer Vitalität und ihrem Auftrag entspricht.

Dazu sind folgende Maßnahmen erforderlich:

a) Regionalkonzerte beim „Eurotreff Musik Baden-Württemberg“

Zur stärkeren Verankerung des Gedankens der Regionalpartnerschaft ist es erforderlich, in den „Eurotreff“ auch Regionalkonzerte einzubinden.

b) Interregionales Jugendmusikfestival

Außerdem wird vorgeschlagen, ein interregionales Jugendmusikfestival einzurichten. Dabei ist an das Zusammentreffen von jeweils ca. 30 jugendlichen Musikern gedacht, die sich in ihrer Region qualifiziert haben. Sie sollen gemeinsam ein oder mehrere Werke erarbeiten, die in verschiedenen Konzerten in allen Regionen vorgestellt werden. Das Festival könnte von Jahr zu Jahr zwischen den Regionen wechseln. Das Projekt sollte an der Landesakademie für die musizierende Jugend in Ochsenhausen (vgl. Kap. 2, B 3.4) angesiedelt werden.

c) Europäischer Jugendchor

Nicht nur auf Bundesebene, sondern auch im internationalen Bereich gibt es verschiedene Ansätze, zentrale jugendmusikalische Ensembles zusammenzuführen. Auf der Ebene des Bundes gibt es das Bundesjugendorchester; Ansätze für einen Bundesjugendchor haben sich bisher nicht realisieren lassen. Auf internationaler Ebene hat Großbritannien das Europäische Jugendorchester ins Leben gerufen. Die in Berlin ansässige Föderation der Jeunesses Musicales unterhält ein Weltjugendorchester und bereitet z. Zt. einen Weltjugendchor vor.

Aus Baden-Württemberg stammt der Vorschlag, als Vorstufe eines Weltjugendchores einen Europäischen Jugendchor ins Leben zu rufen. Nach der Projektbeschreibung soll der Chor etwa 120 Sänger umfassen, denen ein begleitendes Orchester an die Seite gestellt wird. Sänger und Musiker sollen jährlich zu einer Arbeitsphase zusammengerufen werden, die mit einer anschließenden ein- bis zweiwöchigen Konzerttournee durch Europa verbunden wird. Als möglicher Standort für die Arbeitsphasen ist die Landesakademie für die musizierende Jugend in Ochsenhausen (vgl. Kap. 2, B 3.4) vorgeschlagen worden.

d) Stärkung der Organisationskraft der Verbände

Die Vorbereitung von Austauschmaßnahmen mit Partnerregionen ist eine neue Aufgabe, die wegen ihres hohen organisatorischen und koordinierenden Aufwands hohe Personalintensität erfordert. Es sollten deshalb beim Landesmusikrat, beim Landesverband der Musikschulen und beim Landesjugendring jeweils eine Stelle für diese Aufgaben geschaffen werden.

B 3.3 **Europäisches Literaturzentrum**

Eine Konsequenz aus der Öffnung gegenüber Europa müßte auch die Öffnung der seit dem Ersten Weltkrieg immer mehr in die Isolierung geratenen Nationalliteraturen des alten Europas zueinander sein. Europa wäre dabei wieder im Sinne der früheren kulturellen Einheit zu verstehen und bezöge die Literaturen des östlichen Europas und die jüdische Literatur ein.

Diese Öffnung soll ein Europäisches Literaturzentrum ermöglichen, fördern und vorantreiben durch Autorenbegegnungen, Arbeitstreffen, gemeinsame Projekte, Übersetzungsvorhaben, Arbeitsaufenthalte, Lesungen und Buchpräsentationen und Veranstaltungen auch außerhalb des Standortes, die die Aktivitäten anderer anregen und ergänzen.

Der Standort sollte Freiburg sein, das als Mitträger aufgrund seiner künftigen neuen Zentralität die günstigsten Voraussetzungen sowohl durch die verkehrsmäßige Anbindung als auch die bereits vorhandene Infrastruktur (in Universität, Bibliotheken, Theater, Rundfunkanstalt) bietet.

B 3.4 **Internationaler Austausch auf dem Gebiet der bildenden Kunst**

B 3.4.1 Ausstellungsaustausch

Staatliche und nichtstaatliche Museen und Ausstellungsinstitutionen empfinden es als ein Defizit, daß das Land bisher keine Fördermittel für den Austausch von Ausstellungen mit ausländischen Partnerinstitutionen bereitstellen kann. Die modellhaft gewährte Förderung von Kooperationsprojekten mit der Region Rhône-Alpes im Bereich der bildenen Kunst zeigt, daß eine finanzielle Förderung dazu beitragen kann, mit beachtlichen Publikumserfolgen Ausstellungen mit fremden Ländern und Partnerregionen auszutauschen.

B 3.4.2 Förderung von Ausstellungen baden-württembergischer Künstler im Ausland:

Die Förderung von Ausstellungen deutscher Künstler im Ausland ist grundsätzlich Angelegenheit des Auswärtigen Amtes und des von ihm beauftragten Instituts für Auslandsbeziehungen in Stuttgart. Gelegentlich werden die damit gegebenen, beschränkten Möglichkeiten als unzureichend empfunden, insbesondere bei Ausstellungsvorhaben in Staaten und Institutionen mit geringen Ressourcen. In ausgewählten Einzelfällen, wo solche Bedingungen vorliegen und eine hervorragende künstlerische Qualität es rechtfertigen kann, könnte daher bei baden-württembergischen Künstlern an eine ergänzende finanzielle Leistung des Landes gedacht werden, um dem ausländischen Ausstellungsprojekt zu einem angemessenen Gelingen zu verhelfen. Das Land würde dabei seinen Komplementärbeitrag an Auswahlmodus und Dotierung des Auswärtigen Amtes und des Instituts für Auslandsbeziehungen anknüpfen.

B 3.4.3 Triennale moderner europäischer Kunst:

Einer Idee aus Rhône-Alpes folgend, sollte im Rahmen der europäischen Regionalpartnerschaften des Landes Baden-Württemberg an die Einrichtung eines periodisch - etwa alle 3 Jahre - wiederkehrenden Ausstellungsereignisses aktueller Kunst gedacht werden. Die Triennale könnte jeweils neue Beiträge von Künstlern internationalen Formats aus den Partnerregionen vereinen und als Wanderausstellung in diesen Regionen gezeigt werden. Zugleich würde damit für die Kunstkooperation unter den Partnerregionen ein dauerhaftes Instrument geschaffen.

B 4 Spartenübergreifende Projekte in der internationalen kulturellen Zusammenarbeit

B 4.1 **Künftige Schwerpunkte der kulturellen Beziehungen im Drei-Länder-Eck am Oberrhein (Regio)**

Bei der kulturellen Zusammenarbeit in der Regio sollen im Blick auf den Europäischen Binnenmarkt 1992 vornehmlich folgende Ziele verfolgt werden:

- ☐ Schaffung eines europäischen Kulturraumes,
- ☐ Förderung der europäischen audiovisuellen Industrie,
- ☐ Zugang zu den kulturellen Ressourcen (Projekte: Europäische Kulturkarte u. a.),
- ☐ Aus- und Weiterbildung im kulturellen Bereich (Kulturbeauftragte, Berufe im Bereich Bild- und Tontechnik, Restauration von Kunstwerken, Übersetzer und Dolmetscher).

Dafür ist es erforderlich, daß die vorhandene Basis für kulturelle Begegnungen verstärkt und verbreitert wird. Dazu gehört z. B. der Ausbau des Projekts „Lerne die Sprache des Nachbarn“. Dieses Projekt wird auf deutscher und französischer Seite mit großem Interesse angenommen. Im ehemaligen badischen Landesteil nehmen etwa 19.000 Grundschüler am Französisch-Unterricht teil. Begegnungen und Partnerschaften in diesem Programm wirken sich auf die familiären Bereiche der Schüler aus. Persönliche Kontakte zwischen den Schülern, ihren Eltern und den Gastfamilien sind in großem Umfang entstanden. Es soll durch verstärkten Lehreraustausch und die Einrichtung einer Bi-Lingua-Zone am Oberrhein ausgebaut werden. Zur Förderung des europäischen Gedankens soll auch die Rheinfahrt für Schulklassen von Basel bis Rotterdam mit Exkursionen zu den wichtigsten europäischen Kulturstätten links und rechts des Rheins als Projekt „Rhin sans frontière“ fest installiert werden. Ein deutsch-französisch-schweizerischer Lehrertag soll dieses Programm abrunden.

Eine weitere Säule für kulturelle Begegnungen werden das deutsch-französische Schullandheim (in der Jugendherberge Breisach) und die Nachbarschaftstage am Oberrhein abgeben, die erstmals 1990 in Breisach/Neu-Breisach im Zusammenhang mit der Eröffnung eines ersten deutsch-französischen Museums stattfinden werden. 1992 sollen die Heimattage Baden-Württemberg im Regierungsbezirk Freiburg unter dem Motto „Heimat Europa" auf die Öffnung der europäischen Grenzen 1992 vorbereiten. Diese Veranstaltung wird in Zusammenarbeit mit den Rundfunkanstalten Südwestfunk, Radio Basel und FR III Alsace geplant.

Im eigentlichen kulturellen Bereich sollen bei den Museen die Seminare der Museumsleiter der Regio fortgesetzt werden. Es soll ein Austausch- und Informationssystem für die Museen der Regio geschaffen und ein Kulturkalender über Veranstaltungen im Dreiländereck eingerichtet werden.

Im Bereich der Literatur ist an die Einrichtung einer Goethe-Literatur-Route Elsaß-Baden gedacht. Außerdem sollen die Bibliothekare am Oberrhein in Seminaren zusammengeführt und zu einer engeren Kooperation motiviert werden.

Bei der darstellenden Kunst wird allgemein an die Aktivierung des Theateraustausches gedacht. Insbesondere wird ein Künstleraustausch zwischen Deutschland und Frankreich bei Kinder- und Jugendtheatern vorbereitet, bei dem Veranstaltungen in den Schulen in der jeweils anderen Sprache geplant sind.

Im Bereich der bildenden Kunst sollen die Ausstellungen über Tendenzen zeitgenössischen Kunstschaffens in der Regio fortgesetzt werden.

B 4.2 **Deutsch-französischer Fernsehkulturkanal**

Sowohl die öffentlich-rechtlichen als auch die privaten Rundfunkanstalten betonten zur Recht ihre Unabhängigkeit von staatlichen Stellen. Trotzdem wird das Fernsehen an dieser Stelle in der Kunstkonzeption (vgl. auch Kap. 4, B 4) behandelt; denn die audiovisuellen Medien sind bedeutende Träger und Vermittler der Kultur. Ihnen fällt eine große Rolle für die Förderung des kulturellen Schaffens zu. Vor dem Hintergrund der europäischen Integrationsbestrebungen gewinnen die europäische kulturelle Zusammenarbeit und die Darstellung der europäischen Kultur im Rundfunk zunehmend an Bedeutung. Die Förderung dieses europäischen Aspektes im öffentlich-rechtlichen Rundfunk ist deshalb unter Berücksichtigung der Rundfunkfreiheit ein besonderes Anliegen der Landesregierung. Aus diesem Grund setzt sie sich für die Realisierung des deutsch-französischen Fernsehkulturkanals ein.

Beide Seiten sind sich darin einig, daß der Verwirklichung dieser Idee eine hohe europa- und medienpolitische Bedeutung zukommt. Gelingt es, dieses Vorhaben durchzuführen, wird damit eine neue Qualität in der europäischen Rundfunkzusammenarbeit erreicht. Programmkonzeption und -organisation werden die unterschiedlichen Mentalitäten, Lebensgewohnheiten und Darstellungsformen gleichermaßen berücksichtigen können. Die kulturelle Identität Europas einerseits und die kulturellen Besonderheiten der europäischen Staaten andererseits sollen in dem neuen Programm zum Ausdruck kommen. Ebenso ist eine verstärkte sprachliche Förderung für die Europäer unterschiedlicher Sprachgebiete ein wesentliches Ziel des angestrebten Projekts. Damit würde ein wichtiger Grundstein für ein vertieftes Verständnis und Zusammenwachsen des deutschen und französischen Volkes gelegt. Es wäre eine weitere Keimzelle für das kulturelle Zusammenwachsen der Bürger Europas und die Bildung eines europäischen Bewußtseins.

Das Programm würde auch zu einer Intensivierung der deutsch-französischen und europäischen Koproduktionen führen und so einem weiteren wichtigen Anliegen beider Staaten Rechnung tragen.

Die Ministerpräsidenten der Länder haben sich im Juni 1989 dafür ausgesprochen, daß das Projekt durchgeführt wird, und eine Arbeitsgruppe aus Vertretern der Länder Baden-Württemberg, Rheinland-Pfalz und Hamburg beauftragt, zusammen mit der ARD und dem ZDF die rechtlichen und organisatorischen Voraussetzungen zu klären und ein Konzept für die Firmen zu entwickeln.

Die Organisation soll ihren Sitz in Straßburg haben, dem Sitz des Europarates. Dies ist als Signal für die umfassende europäische Zielsetzung dieses Programms zu verstehen. Die Öffnung dieses Kulturkanals für andere europäische Rundfunkveranstalter ist deshalb ein weitreichendes, wichtiges Anliegen beider Länder. Nur über den Weg einer Erweiterung der beteiligten Träger kann die letztlich bezweckte europäische Zielsetzung für dieses Kulturprogramm erfüllt werden.

B 4.3 **Ausstellungsprojekt „4 Motoren für Europa"**

Im Anschluß an die „Feierliche Deklaration zur Europäischen Union", die der Europäische Rat im Juni 1983 in Stuttgart unterzeichnet hat, haben sich die Präsidenden des Landes Baden-Württemberg, der Generalitat de Cataluñia, der Regione Lombardia und der Région Rhône-Alpes am 9. September 1988 wiederum in Stuttgart darauf verständigt, auf regionaler Ebene zur Verwirklichung dieser Ziele beizutragen und dafür in Ergänzung ihrer jeweiligen bilateralen Zusammenarbeit eine lose Arbeitsgemeinschaft ohne institutionellen Charakter zu bilden. Im Rahmen dieser Arbeitsgemeinschaft wird u. a. das Ausstellungsprojekt „4 Motoren für Europa" durchgeführt, das nacheinander in jeder der vier Regionen im Rahmen einer etablierten Messeveranstaltung präseniert wird und die Partner jeweils einem möglichst großen Publikum umfassend vorstellen soll.

In dem Memorandum, das die Präsidenten in Stuttgart unterzeichnet haben, heißt es:

„Die gemeinsame Präsentation soll dazu beitragen, die Menschen der vier Regionen zusammenzuführen und die Kenntnis und das Wissen über die jeweils anderen Regionen zu verstärken".

Die beteiligten Regionen verstehen sich abei als „Motoren, Schrittmacher und Innovatoren" auf dem Weg zur Realisierung des europäischen Binnenmarkts bis Ende 1992. Dies gilt insbesondere in wirtschaftlicher, technischer, touristischer und sportlicher, wissenschaftlicher und kultureller Hinsicht. Die Präsidenten haben deshalb das als Wanderausstellung konzipierte Vorhaben unter die vier Leitthemen

- ☐ Neue Technologien (Katalonien),
- ☐ Design und Mode (Lombardei),
- ☐ Tourismus und Sport (Rhône-Alpes),
- ☐ Kunst und Kultur (Baden-Württemberg)

gestellt. Die Ausstellung wird im April 1990 in Mailand, im Juni 1990 in Barcelona, im Januar 1991 in Stuttgart und im April 1991 in Lyon gezeigt.

B 5 Ausländische Kulturinstitute

B 5.1 **Kulturinstitut der Republik Ungarn**

Entsprechend einer Vereinbarung, die am 9. Juni 1989 zwischen der Bundesrepublik Deutschland und der Republik Ungarn geschlossen wurde, wird in der Bundesrepublik Deutschland ein „Kultur- und Informationszentrum der Volksrepublik Ungarn" eingerichtet. Dieses ungarische Kulturinstitut wird im Frühjahr 1990 in Stuttgart eröffnet (vgl. A 1.2, B 1).

Das Institut

- ☐ unterhält eine Bibliothek/Mediothek, in der Bücher, gedruckte und vervielfältigte Materialien einschließlich Zeitschriften, Tageszeitungen, Ton- und Bildträger den Interessenten zur Verfügung gestellt werden;
- ☐ führt kulturelle und wissenschaftliche Veranstaltungen, Vorträge, Schriftstellerlesungen, Seminare, Symposien, Ausstellungen, Filmaufführungen, Konzerte und Theateraufführungen sowie andere künstlerische Darbietungen durch;
- ☐ führt Sprachkurse durch und unterstützt die Ungarisch-Lehrer und diejenigen, die die ungarische Sprache erlernen möchten;
- ☐ fördert die wissenschaftlichen Forschungen, die sich mit dem Leben, der Vergangenheit und der Gegenwart des ungarischen Volkes befassen;
- ☐ verbreitet Publikationen und Informationsmaterialien über Ungarn.

B 5.2 **Kulturinstitut der Sowjetunion**

Entsprechend einer Vereinbarung vom 13. Juni 1989 zwischen der Bundesrepublik Deutschland und der Sowjetunion werden in beiden Ländern Kulturinstitute des jeweiligen Vertragspartners eingerichtet. Das sowjetische Kulturinstitut für die Bundesrepublik Deutschland wird seinen Sitz in Stuttgart haben. Seine Aktivitäten entsprechen denjenigen des ungarischen Kulturinstituts.

B 6 Indien-Festival in der Bundesrepublik Deutschland

Aufgrund einer Vereinbarung von Bundeskanzler Kohl und Ministerpräsident Gandhi wird das „Festival of India" in der Bundesrepublik Deutschland durchgeführt. Die Veranstaltung ist ein Teil der weltweiten Präsentation des großen kulturellen Erbes des indischen Subkontinents und seiner heutigen Entwicklung. Die Aufführungen Hunderter von Künstlern und Interpreten aus allen Sparten werden an verschiedenen Orten der Bundesrepublik ein Bild des indischen Kulturraums zeichnen.

An der Durchführung der Festspiele werden sich 8 Bundesländer beteiligen. Stuttgart wird neben Berlin und Hamburg eines der drei Zentren des Indien-Festivals sein (September 1991 bis April 1992).

B 7 Langfristigkeit und Kontinuität

Die Fülle der internationalen kulturellen Kontakte, die in der Bestandsaufnahme dargestellt sind, darf nicht darüber hinwegtäuschen, daß es sich oft um mehr oder minder zufällige Einzelmaßnahmen handelt, die z. B. anläßlich von Wirtschafts- oder Wissenschaftsverhandlungen vereinbart worden sind. In anderen Fällen gaben Initiativen einzelner international bekannter Künstlerpersönlichkeiten, Dirigenten, Intendanten, Hochschulrektoren und Museumsdirektoren, den Anstoß für solche Aktivitäten.

Gezielter Ausbau und beständige Pflege internationaler kultureller Beziehungen können aber nicht länger dem Zufall überlassen werden. Wenn es das politische Ziel der Landesregierung ist, internationale Kulturpolitik in Abstimmung mit wirtschaftlichen, wissenschaftlichen und technologischen Interessen langfristig zu planen und beständig zu betreiben, so müssen dafür neue institutionelle, personelle und organisatorische Voraussetzungen geschaffen werden:

B 7.1 **Schaffung eines internationalen Kulturreferats**

Es sollte geprüft werden, ob für Planung, Ausbau und Pflege internationaler kultureller Beziehungen eine neue organisatorische Einheit geschaffen werden kann, die in der Administration der Landesregierung angesiedelt wird und dieses Aufgabenfeld als Koordinierungsaufgabe in allen Sparten der professionellen und Laienkunst auf Dauer übernimmt. Die personelle Ausstattung muß so angelegt sein, daß neue und auf Dauer angelegte Beziehungen angeregt, internationale Verhandlungen geführt und die verschiedenartigen Maßnahmen bezogen auf die jeweilige Regional- oder Landesebene koordiniert werden können.

B 7.2 **Einbeziehung des Instituts für Auslandsbeziehungen**

Zur Organisation internationaler Kulturkontakte bedarf es einer Einrichtung, die von der Landesregierung mit der Durchführung bestimmter Projekte beauftragt werden kann. Hier bietet sich an, auf das Institut für Auslandsbeziehungen (IfA) in Stuttgart zurückzugreifen, das schon seit Jahrzehnten internationale kulturelle Kontakte unterhält und sich vor der ganzen Weltöffentlichkeit als erfolgreiches Institut der Kulturvermittlung dargestellt hat. Das IfA hat von sich aus der Landesregierung angeboten, bei der Pflege der internationalen kulturellen Kontakte des Landes stärker als bisher mitzuwirken.

Das IfA ist eine Landesanstalt des öffentlichen Rechts, die finanziell überwiegend vom Bund getragen wird, an der sich aber auch Land und Landeshauptstadt Stuttgart mit namhaften Beträgen beteiligen. Im Abkommen über die gemeinsame Finanzierung ist ausdrücklich vorgesehen, daß jeder Träger mit zusätzlichen Projektmitteln weitere Aufträge an das Institut geben kann.

Ausstellung zum Sowjetischen Trickfilm im Institut für Auslandsbeziehungen in Stuttgart 1989; Bild: Institut für Auslandsbeziehungen

B 7.3 **Finanzierung**

Internationale kulturelle Aktivitäten sind bisher von der Landesregierung grundsätzlich nach dem Territorialprinzip gefördert worden, d. h. daß – z. B. bei einem Künstler- oder Ausstellungsaustausch – der in Baden-Württemberg stattfindende Teil bezuschußt wurde. Dieses Prinzip soll trotz aufgetauchter Schwierigkeiten beibehalten, im Einzelfall aber nach besonderer Prüfung des Landesinteresses durch besondere Vereinbarungen aufgehoben werden.

Für die Durchführung von Kooperations- und Austauschprojekten im Rahmen der grenzüberschreitenden Kulturpflege soll künftig folgende grundsätzliche Regelung gelten:

- ☐ Die Transport-, Reise-, Visa- und Zollkosten trägt jeweils das entsendende Land, dafür übernimmt das gastgebende Land auf eigene Rechnung die Aufenthaltskosten der Gäste und trifft alle notwendigen organisatorischen Vorkehrungen.
- ☐ Bei Ausstellungskooperationen gilt der Grundsatz, daß die im Bereich jeder Seite anfallenden Kosten von dort getragen werden.
- ☐ Beim gegenseitigen Besuch von Delegationen übernimmt das gastgebende Land die Aufenthaltskosten der Gäste.

Wenn die grenzüberschreitenden kulturellen Kontakte in der Zukunft verstärkt werden sollen, muß dieses auch seinen finanziellen Niederschlag finden. Zwar gibt es für Gastspiele baden-württembergischer Theater- und Musikensembles im Ausland schon jetzt eine Finanzierungsmöglichkeit. Diese ist aber zu gering und muß im Interesse der Intensivierung der internationalen Beziehungen erheblich verstärkt werden. Das gilt sowohl für professionelle Ensembles wie für den Amateurbereich und auch für die Ensembles der Schulmusik und die Jugendensembles. Einen Einstieg hierfür hat der Ministerrat am 12. Juni 1989 gefunden, als er für die Verstärkung der kulturellen Beziehungen zu den Partnerregionen des Landes für die Jahre 1989 und 1990 einen Betrag von insgesamt 900 TDM beschlossen hat. Auf lange Sicht muß aber sichergestellt werden, daß die internationalen kulturellen Beziehungen aus einem besonderen Etat finanziert werden, der nicht aus Wettmitteln, sondern aus Steuereinnahmen finanziert wird.

STICHWORTVERZEICHNISSE

(zu den Kapiteln 1–12, ohne Bildlegenden)

Verzeichnis der Sachgebiete

(einschl. Ausbildung, Kurse etc.)

Verzeichnis der Gemeinden und Städte des Landes

(ohne Land Baden-Württemberg und ohne Städte der Bundesrepublik außerhalb des Landes)

Verzeichnis der Städte und Territorien außerhalb der Bundesrepublik Deutschland

Verzeichnis der Behörden und Länder in der Bundesrepublik Deutschland

Verzeichnis der Namen, Einrichtungen und Veranstaltungen

(ohne Ausbildung, Kurse etc.)

Verzeichnis der Preise, Stipendien und Wettbewerbe